财政部规划教材
全国财政职业教育教学指导委员会推荐教材
全国高职高专院校财经类教材

证券投资分析

（第二版）

主　编　王　妍
副主编　和　慧

中国财经出版传媒集团
经济科学出版社
Economic Science Press

图书在版编目（CIP）数据

证券投资分析/王妍主编．—2 版．—北京：经济科学出版社，2019.6

财政部规划教材．全国财政职业教育教学指导委员会推荐教材．全国高职高专院校财经类教材

ISBN 978－7－5218－0393－8

Ⅰ．①证…　Ⅱ．①王…　Ⅲ．①证券投资－投资分析－高等职业教育－教材　Ⅳ．①F830.91

中国版本图书馆 CIP 数据核字（2019）第 051737 号

责任编辑：刘殿和
责任校对：蒋子明
责任印制：李　鹏

证券投资分析
（第二版）
主　编　王　妍
副主编　和　慧
经济科学出版社出版、发行　新华书店经销
社址：北京市海淀区阜成路甲 28 号　邮编：100142
教材分社电话：010－88191355　发行部电话：010－88191522
网址：www.esp.com.cn
电子邮件：esp@esp.com.cn
天猫网店：经济科学出版社旗舰店
网址：http://jjkxcbs.tmall.com
北京密兴印刷有限公司印装
787×1092　16 开　20 印张　480000 字
2019 年 6 月第 2 版　2019 年 6 月第 1 次印刷
ISBN 978－7－5218－0393－8　定价：56.00 元

前言

《证券投资分析》一书自2014年出版以来，受到多所高等职业院校财经类专业师生的喜爱，作为编者深感荣幸。

本书出版以来，我国证券市场发生了许多变化，同时，由于证券从业人员资格考试科目改革、新三板挂牌、《证券法》《会计法》修订等因素，也使原教材不再具有指导性作用。为了更好地服务于学生学习，我们认真地对全书进行了修订。本次修订主要坚持以下原则：

1. 本教材（第二版）总体设计思路依然是以证券投资过程为逻辑主线，依据完成证券投资任务的需要，兼顾证券从业资格考试《金融市场基础知识》《证券投资分析》科目的知识与技能要求选择知识。

2. 基于证券投资过程，兼顾学生认知特点，序化知识、体现岗位的实践性，以“项目任务”为载体聚集知识，融理论与实践于一体，“教”“学”“做”相结合，让学生在完成实训任务的过程中自我建构知识、技能和经验。

3. 对原有“想一想”“看一看”“学一学”“做一做”“扩展阅读”等栏目继续保留，并对其内容进行了更新。

本书共分8个项目，在介绍证券投资分析基本知识的基础上，分别就证券市场信息的获取与运用、宏观经济分析、行业分析、上市公司分析、证券价格走势分析、技术指标分析、证券投资策略分析等内容展开论述。

本书由王妍担任主编，和慧担任副主编。教材编写分工如下：王妍（内蒙古财经大学职业学院）编写项目一、项目二、项目四；和慧（内蒙古财经大学职业学院）编写项目三、项目五；张茜（山西财政税务专科学校）编写项目六；张永刚（太原大学）编写项目七；邓强（内蒙古财经大学职业学院）编写项目八。全书由王妍总纂和最后定稿。

本书在修订过程中，参考了大量国内外相关文献资料，在此对相关作者表示感谢。

编　者

2018年12月

目录

项目一

证券投资分析的基本知识

学习目标

通过本项目的学习，应当掌握以下知识和技能：

知识目标

- 理解证券投资分析的含义
- 理解证券投资分析的基本流程
- 掌握证券投资分析的主要方法
- 掌握网上证券行情分析软件的基本操作

技能目标

- 认知证券投资分析的流程
- 认知证券投资分析的方法
- 能正确认识证券投资分析的重要性
- 熟练使用网上证券行情分析软件

【情景导入】

证券投资的步骤

证券投资是一个比较复杂的经济活动，是风险和收益共存的过程。通常，证券投资过程包括五个基本步骤，这五个步骤是相辅相成、密切联系的一个有机整体。

第一步，确定合理的投资策略。投资策略的确定是投资决策的第一步，投资者根据自身资产及风险承受能力来确定投资目标，选择组合中的证券种类和数量。

第二步，进行证券投资分析。证券投资分析是证券投资的基础和核心。证券投资分析过程中要对各种不同类型的金融资产的特征进行考察分析，为构造投资组合提供充分的依据。

第三步，组建证券投资组合。这一过程是投资成败的关键。投资者在对各类证券进行专业而深入分析的基础上，依据投资策略和目标，即可确定具体投资的证券品种及其大致的分配比例。

第四步，投资组合的修正。证券投资过程是一个动态过程，这是由投资对象和投资环境的动态性所决定的。作为投资对象的证券价值，会随着公司经营情况的变化而变化，也会随着宏观经济形势的变化而变化。因此需要通过一些必要的操作卖掉现有组合中一些证券，并购买一些新的证券来对旧组合进行调整，以形成新的组合。这一过程本是对前三个过程的定期重温，而组合修正的目的就是要降低交易成本，以提高投资的边际收益。

第五步，投资组合绩效评价。证券投资组合绩效评价是证券投资过程中的最后一步，是对证券投资结果进行总结与评价环节。由于证券投资有风险，因此，投资的实际结果不一定如投资者所愿。投资者通过证券投资绩效综合评价，了解自已在证券投资的各个阶段的收益情况，不断总结经验，提升投资理念，驾驭投资活动，提高投资收益。

➲ 课前思考

你认为在证券投资时，必要的投资分析可以为投资者下一步的投资布局做哪些准备？

模块一　认知证券投资分析的流程和方法

任务描述

本模块的主要任务是认知证券投资分析的含义、意义和流程，掌握证券投资分析的主要方法，并能认知各种分析方法的优缺点和适用范围。

任务一　认知证券投资分析的意义和流程

任务指引

1984 年初，巴菲特的母校哥伦比亚大学发生一场著名的辩论。辩论的内容是关于有效市场观点是否正确，也就是证券投资分析是否有用。辩论的正方是金融学术界的泰斗迈克尔·詹森，反方是巴菲特。在辩论中，詹森讲述了他著名的随机漫步理论。他说，“没错，一些人连续 5 年战胜了市场，但是如果你让 100 万人同时抛硬币，一定有些人会连续 5 次抛出正面。掷硬币没什么技巧，投资也是一样。”

而巴菲特的反驳则异常精彩：假设是数百万只猩猩一起进行抛硬币比赛，到了某一个环节，215 只连续抛出 20 次正面的猩猩胜出。如果这 215 只猩猩在全国范围内随机分布，他们的成功可以用运气解释。但如果其中的 40 只来自于同一个动物园，那就一定不仅仅是运气成分了。

➲ 问题思考

1. 辩论的正反方各持什么观点？
2. 你会同意哪方的观点？为什么？

知识准备

一、证券投资分析的含义

证券投资是指投资者（法人或自然人）购买股票、债券、基金等有价证券以及这些有价证券的衍生品，以获取红利、利息及资本利得的投资行为和投资过程，是直接投资的重要形式。

证券投资分析是指人们通过各种专业性分析方法，对影响证券价值或价格的各种信息进行综合分析，以判断证券价值或价格及其变动的行为。它是证券投资过程中的一个核心环节，占有相当重要的地位。它是投资人在确定了证券投资目标和政策之后，对投资的对象和时机进行分析和判断，为证券投资的实施进行必不可少的科学准备，起到了基础的作用。

二、证券投资分析的意义

证券投资分析的意义主要体现在以下四个方面：

（一）有利于提高投资决策的科学性

不同的投资者在资金拥有量、风险承受能力、收益要求等多方面存在差异。由于受到多种因素的影响，不同的证券在风险—收益特性方面同样存在不确定性，投资者可以通过证券市场转让证券以达到转嫁风险的目的。因此，投资者应当正确认识每一种证券在风险性、收益性、流动性和时间性等方面的特点，以便选择同自己的需求相匹配的投资对象，并制定相应的投资策略。进行证券投资分析正是使投资者正确认识证券特征的有效途径，是证券投资决策的依据和前提。进行证券投资分析有利于减少投资决策的盲目性，从而提高投资决策的科学性。

（二）有利于正确评估证券的投资价值

投资者之所以对证券进行投资，是因为证券具有一定的投资价值。证券的投资价值受多方面因素的影响，并随着这些因素的变化而发生相应的变化。投资者在决定投资某种证券前，首先应该认真评估该证券的投资价值。只有当证券处于投资价值区域时，投资该证券才有利可图，否则可能会导致投资失败。证券投资分析正是对可能影响证券投资价值的各种因素进行综合分析，来判断这些因素及其变化可能会对证券投资价值带来的影响，因此它有利于投资者正确评估证券的投资价值。

（三）有利于降低投资者的投资风险

投资者从事证券投资是为了获得投资回报（预期收益），但这种回报是以承担相应风险为代价的。一般来说，预期收益水平和风险之间存在一种正相关关系。预期收益水平越高，投资者所要承担的风险也就越大；预期收益水平越低，投资者所要承担的风险也就越小。然而，每一证券都有自己的风险——收益特性，而这种特性又会随着各相关因素的变化而变化。因此，对于某些具体的证券而言，由于判断失误，投资者在承担较高风险的同时却未必能获得较高收益。理性投资者通过证券投资分析来考察每一种证券的风险——收益特性及其变化，可以较为准确地确定哪些证券是风险较大的证券，哪些证券是风险较小的证券，从而避免承担不必要的风险。从这个角度讲，证券投资分析有利于降低投资者的投资风险。

（四）科学的证券投资分析是投资者投资成功的关键

证券投资的目的是证券投资净效用（即收益带来的正效用减去风险带来的负效用）的最大化。因此，在风险既定的条件下投资收益率最大化和在收益率既定的条件下风险最小化是证券投资的两大具体目标。证券投资的成功与否往往是看这两个目标的实现程度。但是，影响证券投资目标实现程度的因素很多，其作用机制也十分复杂。只有通过全面、系统和科学的专业分析，才能客观地把握住这些因素及其作用机制，并作出比较准确的预测。证券投资分析正是采用专业分析方法和分析手段对影响证券回报率和风险的诸因素进行客观、全面和系统的分析，揭示这些因素影响的作用机制以及某些规律，用于指导投资决策，从而在降低投资风险的同时获取较高的投资收益。

【看一看】

股票投资分析的必要性

“乐也股票，愁也股票”，这是报纸上在报道股市中某些情况时用到的字眼。它从某个侧面触及了股票投资的高收入与高风险等方面的特征，提醒投资者应注意从股票投资分析中来掌握股价走势的重要性。

进行股票投资分析的必要性在于：

第一，股票属于风险性资产，其风险由投资者自负，所以每一个投资者在走每一步的时候都应谨慎行事。高收益带来的也是高风险，在从事股票投资时，为了争取尽可能大的收益，并把可能的风险降到最低限度，我们首先要做的就是认真进行股票投资分析。这样在买卖过程中，我们才会有信心，使我们看到可能发生的风险，及时避开隐蔽的陷阱，以确保我们投资的安全。

第二，股票投资是一种智慧型投资。长期投资者要注重基本方法，短期投资者则要注重技术分析。而要在股市上进行投机，更是一种需要高超智慧与勇气的举动，其前提是看准了时机才去投资。而时机的把握需要投资者综合运用自己的知识、理论、技术和方法，进行详尽周密的分析、科学的决策，以获得有保障的投资收益。这与盲目的、碰运气的赌博性投资行为有根本的区别。

第三，从事股票投资要量力而行，适可而止。要时刻保持冷静的头脑，坚决杜绝贪念，要想到，哪怕只有一次要赌一把的心血来潮的冲动，也会让你追悔莫及的。

三、证券投资分析的流程

证券投资分析师是如何开展证券分析工作的呢？这就要把证券分析从整个投资过程中独立出来，并划分为更具体的操作步骤。合理地确定进行证券投资分析的各个步骤，并科学地安排每一个阶段的各项工作，对提高证券分析的效率，形成正确的分析结论都有着十分重要的意义。一般来说，在操作层次上，比较合理的证券分析应该由以下四个步骤构成。

（一）信息资料的收集与整理

作为证券投资分析的起点，这个阶段的主要工作包括：

1. 证券投资分析信息资料的收集。分析师通过订阅各种书报资料和研究出版物、参加各种会议、进行计算机联网查询、跟踪交易所实时行情、购买和阅读各种电子出版物以及实地访查等方式获取有关证券投资方面的信息资料。一般来说，不论是通过公开渠道或是商业渠道获得，进行证券投资分析的信息主要来自以下三个方面：（1）历史资料。指过去通过各种渠道发布或获得的有关世界经济、某个国家的政治经济和某个地区经济政策方面的信息，包括行业发展状况、公司状况和股票状况的信息以及其他有关信息。（2）媒体信息。主要是指通过各种书刊、报纸、杂志、其他公开出版物以及电视、广播、互联网等媒体公开发布的信息，包括国家的法律法规、政府部门发布的政策信息、上市公司的年度报告和中期报告等。（3）现场访查。实地访查是指证券分析师直接到有关的证券公司、上市公司、交易所、政府部门等机构实地了解进行证券分析所需的第一手信息资料。

2. 信息资料的分类。根据不同的分类标准对所收集的证券投资信息资料进行分类归档，编制分类目录，便于查阅。

3. 信息资料的保存和使用管理。大部分信息资料都不是用完一次就不再使用了，而是要重复使用的。有时，一份资料需要使用很长时间或被好几个分析人员使用。这样，就必须要做好信息资料的保存和使用管理工作，确保信息资料能发挥比较高的效益。

（二）实地调研

实地调研是指分析师就自己的研究分析主题到实际工作部门或公司企业等单位进行实地的考察、调查。证券投资分析过程中的实地考察主要出于两个目的：一是就信息资料的真实性到实际工作部门或公司企业进行调查核实；二是就某些阶段性分析结论的公正性和客观性到实际工作部门或公司企业进行调查核实。

实地考察、调查的方式主要有：（1）亲自到有关部门和企业与有关人员进行面对面的交谈；（2）通过电话、电传、传真等方式进行查询核实；（3）通过发调查问卷的方式进行调查核实。

实地调研是成本相对较高的信息收集和校验方式，这样就存在成本和收益的比较问题，因此如何选取性价比比较高的调研手段也是在信息采集和校验时需要考虑的一个因素。同时在实地调研阶段需要特别警惕的就是分析师所看到的正是对方想让你看到的东西。

【看一看】

分析师进行实地调研有价值吗？

分析师实地调研是指证券分析师在撰写分析报告前，通过各种渠道收集公司信息并主动前往公司所在地，与其高层管理人员等进行面对面交流、参观其产品线等一系列实地调查研究行为。它是证券分析师了解公司经营状况、分析公司竞争态势、对公司未来盈利能力作出预测及给出投资建议等一系列后续工作的基础。

在调研之前，分析师会通过各种途径做大量的准备工作，这些准备工作的主要信息来源是公开信息。如通过近三年年报及季报了解调研对象的主营业务、产品特征、基础财务数据，通过近期公告了解近期重大事件等信息。根据对这些信息的读解和分析，分析师整理出自己的疑问和亟待了解的问题，如需要对公司某些决策、对公司下一阶段的发展思路及某个财务数据的困惑等获得更深入的了解。

实地调研是分析师收集信息的重要途径，相对于分析师被动接受公开信息而言，分析师在实地调研中具有一定的主动性，对信息的关注有自主选择性，应该是对公开信息的进一步补充和确认。从信息来源分析，公开的信息是分析师读解上市公司的重要来源，但是在决定信息价值的及时性和可靠性等信息质量属性上，上市公司公开披露的信息存在其固有的局限性。另外，实地调研可以为分析师提供关于公司的一些额外信息，而且这些信息相对于已有公开信息具有价值增量。

首先，实地调研中，分析师在掌握上市公司公开披露信息的基础上，就公司公开信息中的疑问与公司高管进行直接对话，是分析师进一步认识和理解公司经营状况的重要途径。其次，分析师通过实地考察上市公司的生产线、仓库、研发部门等，增进对上市公司经营情况的直接认识，可以降低公开信息中的不确定性，也可能为分析师发现问题提供机会。最后，分析师往往就公司并购计划、重大项目的实施进展等与公司高管进行沟通，这种及时跟进能够提供公司重要项目的最新信息，得到对公司前景更为及时全面的信息。

综上，与诸如定期报告等上市公司自身披露的公开途径信息相比，分析师通过实地调研获得的第一手信息有其自身的价值。一方面，其能够提供更为及时、相关的信息；另一方面，更为重要的是，实地调研是分析师接近公司客观的重要途径，通过与公司高管的对话，分析师对公司公开信息有更深入的理解，可以降低公开信息中的不确定性，同时也是分析师对公司公开信息进行判断和确认的过程，是一个去伪存真的过程。

资料来源：贾琬娇，洪剑峭，徐媛媛．我国证券分析师实地调研有价值吗？——基于盈余预测准确性的一项实证研究［J］．投资研究，2015（4）．

（三）案头研究

在充分占有了证券投资方面的信息资料并进行了效验后，接下来的关键工作是进行案头研究。首先是根据自己的研究主题和分析方向，确定所需的信息资料。例如，进行宏观经济分析，就可以寻找各种经济指标的统计资料；进行行业分析，就可以寻找有关行业的法规、政策、发展状况、竞争情况等方面的资料；进行公司分析，就可以寻找有关公司的经营管理、财务、销售、市场等方面的资料；进行技术分析，就可以寻找股票行情、交易量等有关数据资料。其次是利用证券投资分析的专门方法和手段，对占有的资料进行仔细的分析。证券投资分析所采用的分析方法和手段，是持续的理论研究的成果和长期实践经验的总结，它们所揭示的是影响证券价格变化的一些带有客观规律性的东西。利用这些专门的分析方法和分析手段，可以发现各种宏观经济指标、行业指标、公司指标及市场指标对证券内在投资价值和市场价格走势的影响方向和影响力度。案头研究就是要找出这些指标与证券价格走势之间的关系。最后是作出结论，也就是得出有关指标与证券价格之间相关关系的正式结论。这个结论将包含对某种投资行为的推荐。以上这些内容都将成为最终生成的投资分析报告的主干素材。

（四）撰写分析报告

证券投资分析的最后一个步骤是撰写投资分析报告，也就是将分析师的分析结论通过书面形式反映出来。写作是分析师的一项重要工作和基本技能。一份优秀的研究报告会被投资委员会或一家投资管理公司的资产组合经理看重，或分发给经纪公司的零售或机构客户。分析报告具体可以包括有关上市公司、投资基金等投资工具投资价值的分析报告，有关投资风险的分析报告，有关某个项目经济效益的分析报告，有关某项产品的市场覆盖程度的分析报告，有关某个行业发展前景的分析报告，有关国家政策、法规对行业、企业及产品影响的分析报告等。尽管分析报告的种类很多，但总归会落实到宏观、中观（行业）或者微观（企业）三个层次的某一个上面。

无论是什么样的分析报告，它们必然有一些共同点。权益证券的研究报告一般总是会包括这样一些基本要素：对事实的描述，对行业或者企业的分析和预测以及明确的价值评估和投资建议。更精确些，在公司级的投资分析报告中必须包含以下几个方面的内容：研究分析的主题；所使用的数据来源和数据种类；采用的分析方法和分析手段；所得出的分析结论及投资建议或者推荐，包括预测的目标价格区间；形成分析结论的理由和价值估计的技术；分析结论和建议的适用期限；对风险因素的提示；报告提供者或撰写者；分析报告形成的日期。

任务二　认知证券投资分析的主要方法

任务指引

一般而言，证券投资分析结论的正确程度实际上取决于三个方面：（1）分析师占有信息量的大小以及分析时所使用的信息资料的真实程度；（2）所采用的分析方法和分析手段的合理性和科学性；（3）证券分析过程的合理性和科学性。它们实际上也是证券投资分析的三个基本要素：信息、方法和步骤。有了上一任务中科学的投资分析流程作为基础，则证券投资分析的方法直接决定了证券投资分析的质量。

➲ 问题思考

1. 证券投资分析的三个基本要素是什么？
2. 你所知道的证券投资分析的方法有哪些？

知识准备

证券投资分析方法主要有四大类：基本分析法、技术分析法、证券组合分析法、行为金融分析法。

一、基本分析法

（一）基本分析法的定义

基本分析又称基本面分析，是指证券分析师根据经济学、金融学、财务管理学及投资学等基本原理，对决定证券价值及价格的基本要素（如宏观经济指标、经济政策走势、行业发展状况、产品市场状况、公司销售和财务状况等）进行分析，评估证券的投资价值，判断证券的合理价位，提出相应的投资建议的一种分析方法。

（二）理论基础

证券投资基本分析的理论基础主要来自四个方面；（1）经济学，包括宏观济学和微观经济学两个方面。经济学所揭示的各经济主体、各经济变量（如 GDP、国民收入、经济增长速度、进出口、通货膨胀、物价指数、投资规模、居民消费等）之间的关系原理，为探索经济变量与证券价格之间的关系提供了理论基础。（2）财政金融学。一国的财政货币政策直接影响着一国的证券市场。财政金融学所揭示的财政政策指标（如政府支出、税率、财政赤字、政府债务规模）、货币政策指标（如货币供给、利率水平、汇率水平、贷款规模与结构等）之间的关系原理，为探索财政政策和货币政策与证券价格之间的关系提供了理论基础。（3）财务管理学。财务管理学所揭示的企业财务指标之间的关系原理为探索企业财务指标与证券价格之间的关系提供了理论基础。（4）投资学。投资学所揭示的投资价值、投资风险、投资回报率等的关系原理为探索这些因素对证券价格的作用提供了理论基础。

（三）分析内容

基本分析主要包括以下三个方面的内容。

1. 宏观经济分析。宏观经济分析主要探讨各种经济指标和经济政策对证券价格的影响。宏观经济分析主要包括两个方面的内容：（1）宏观经济运行分析。判断宏观经济运行的总体势态和发展方向十分重要。首先，投资者应该对宏观经济状况进行评价和预测；其次，投资者要研判宏观经济状况与股票市场的关系。要判断宏观经济所处的态势，投资者要熟悉一些描述宏观经济的关键经济统计变量。这些变量包括国内生产总值、通货膨胀率、失业率、利率、财政赤字、汇率等。这些经济变量的变动趋势反映了宏观经济的运行趋势。（2）宏观经济政策分析。凯恩斯等经济学家普遍认为，政府适度的干预经济能减缓市场衰退的幅度和时间，因此政府将会在经济紧缩的时候采取刺激经济的政策，而在经济过度繁荣的时候采取紧缩的政策。政府干预经济的主要手段是财政政策和货币政策，政府采用不同的政策对证券市场的影响很大。

2. 行业分析。行业分析的重点在于如何考察影响行业发展的重要因素，如行业生命周期、行业对宏观经济的敏感度、竞争情况、政府政策倾斜、社会公众偏好以及技术进步等，考察这些因素以确定行业的发展前景及投资的可行性，可以缩小分析范围，从而甄别出行业内有价值的公司，并对其进行财务报表及其他方面的分析。因此，行业分析在宏观经济分析与公司因素分析间起着衔接作用，也是投资决策的重要环节。

3. 公司分析。公司分析是估计证券价值的关键，公司分析的内容包括公司基本素质的分析和公司财务报表分析。反映公司基本素质的内容包括许多方面，如公司在同行业中的竞争地位，公司的技术装备程度，公司的盈利能力和发展水平，公司的企业管理能力和管理程度等。这些问题的研究与分析有助于投资者进一步把握企业成长发展的前景，对全面判断公司状况及其成长性有一个感性认识。财务报表分析是根据一定的原则和方法，通过对公司财务报表数据进行进一步分析、比较、组合、分解，求出新的数据，用这些新的数据来说明企业的财务状况是否健全、企业的经营管理是否妥善、企业的业务前景是否光明。财务报表分析的主要目标有公司的获利能力、公司的财务状况、公司的偿债能力、公司的资金来源状况和公司的资金使用状况。财务报表分析的主要方法有趋势分析法、比率分析法和垂直分析法。

（四）优缺点及适用范围

1. 基本分析的优缺点。基本分析的优点主要有两个：（1）能够比较全面地把握证券价格的基本走势；（2）应用起来相对简单，容易识别和操作。基本分析的缺点主要有两个：

（1）预测的时间跨度相对较长，对短线投资者指导作用比较弱；（2）预测的精确度相对较低。

2. 适用范围。基本分析主要适用于以下几个方面：（1）周期相对比较长的证券价格预测；（2）适用于相对成熟的证券市场；（3）适用于预测精确度要求不高的投资领域。

二、技术分析法

（一）技术分析法的定义

技术分析是指直接从证券市场入手，以证券价格的变动规律为研究对象，结合对证券交易数量和投资心理等市场因素的分析，来帮助投资者选择投资时机和投资方式，以获得证券投资收益的方法。

简单地说，技术分析是从证券的市场行为来分析和预测证券价格走势的，不考虑别的因素。所谓市场行为包括三方面的内容：（1）市场的价格；（2）成交量；（3）达到这些价格和成交量所用的时间。也就是所谓的“价、量、时、空”。

（二）技术分析的理论基础

由于主要是依靠经验积累，传统的技术分析的理论基础相对薄弱。技术分析的理论基础是建立在三个假设之上的，即市场行为涵盖一切信息、证券价格沿趋势移动、历史会重演。

1. 市场行为涵盖一切信息。这一假设是进行技术分析的基础。其主要思想是：任何一个影响证券市场的因素，最终都必然体现在证券价格的变动上，所有影响股票价格的因素，无论是外在的还是内在的、政策的还是心理的因素，都会在证券市场行为中得到反映。因此，投资者与其费时费力地去收集公司的信息，分析公司基本面，深究造成证券价格波动的基本原因，不如去研究价格的变化规律。即只需关心这些因素对市场行为的影响效果，而不用关心导致证券价格变化的具体原因是什么。

2. 价格沿趋势移动。这一假设是进行技术分析最根本、最核心的条件。其主要思想是：证券价格的变动是有一定规律的，即保持原来运动方向的惯性。证券价格只有遵循一定的规律，我们才能找出这种规律，并据此对实际的投资活动进行指导。如果证券价格没有规律，那我们研究价格、研究趋势，将没有任何意义，更无法指导我们的投资活动。因此，价格沿趋势运动，是证券投资技术分析核心。

另外，价格沿趋势移动的假设的合理性还在于，证券价格的运动方向是由证券的供求关系决定的，供求关系一旦确定，证券价格的变化趋势就会一直持续下去。只要供求关系不发生根本改变，证券价格的走势就不会发生反转。

3. 历史会重演。这一假设是进行技术分析的一个重要条件，是从人的心理学的角度考虑的。其主要思想是：在证券市场上，过去某种市场环境下价格变动的结果，将会再现于当前或未来相类似的市场环境。如一个人在某种情况下按一种方法进行操作取得成功，那么以后遇到相同或相似的情况，其就会按同一方法进行操作。

历史会重演的假设同样具有一定的合理性。这是因为证券市场中是由人组成的市场，最终决定证券价格变化的还是人的交易行为，而人的行为必然要受到其心理因素的影响。证券投资是一种追求利润的行为，在这种心理状态下，市场交易行为将趋于一定的模式，由此导致过去出现过的价格趋势和变动方式，今后会不断出现。

（三）技术分析的内容

技术分析的主要内容包括三个方面：一是趋势分析，即通过对股价、成交量和时间等因素的分析，预测证券市场价格变动的趋势；二是形态分析，即将股票价格记录在特定的图表上，通过对图表走势的分析预测股价的变化趋势；三是指标分析，即使用数学公式计算出技术指标，依据技术指标的变动对市场进行预测。如果将技术分析内容再细分，可以分为道氏理论、波浪理论、移动平均线、循环周期、技术形态、K 线形态、技术指标等。几乎所有的技术分析方法都可以归入以上类别中。技术分析是仅从证券的市场行为来分析证券价值未来变化趋势的方法。证券的市场行为有多种表现形式，其中证券的市场价格、成交量、价和量的变化，以及完成这些变化所经历的时间是市场行为最基本的表现形式。

（四）技术分析的优点和缺点

技术分析的优点是同市场接近，考虑问题比较直接。与基本分析相比，通过技术分析指导证券买卖见效快，获得利益的周期短。此外，技术分析对市场的反映比较直接，分析的结果也更接近实际市场的局部现象。

技术分析的缺点是眼光太短，考虑问题的范围相对较窄，对市场长远的趋势不能进行有益的判断。因为有很多东西是技术分析所无能为力的，对大大影响市场的宏观政策方面的因素，技术分析一点用处也没有。

正是由于这个原因，技术分析在给出结论的时候，只能给出相对较短的结论。在中国市场，要进行长时间的预测，仅仅依靠技术分析是不够的。

（五）技术分析的适用范围

从技术分析的优点和缺点出发，就可以明白技术分析的适用范围。简单地说，技术分析适用于进行时间上较短的行情预测，要进行周期较长的分析必须依靠别的因素，这是应用技术分析最应该注意的问题。技术分析的另一个值得注意的问题是，它所得到的结论不是绝对的命令，仅仅是一种建议的性质，得到的结论都应该是以概率的形式出现，不要把它当成万能的工具。

【想一想】

基本分析法和技术分析法有哪些不同？

三、证券组合分析法

（一）证券组合分析法的定义

证券投资是一种高风险高收益的投资方式。风险是指投资损失的可能性，不同证券具有不同的风险收益特征，有的证券投资风险大，有的投资风防小。投资者在进行证券投资时，不但希望投资收益最大化，同时也希望投资风险最小化。证券组合分析法就是通过组合投资，有效地降低投资风险，以达到投资收益与投资风险平衡的分析方法，即求解在风险一定的条件下，实现收益的最大化，或在收益一定的条件下使风险达到最低的投资组合的方法。

（二）证券组合分析的理论基础

证券组合分析法分两类：一类为传统的证券组合分析法；另一类为现代证券组合分析法。两类分析方法的共同目的是通过多元化证券组合来有效降低非系统性风险，但是两者的理论基础不同。传统的证券组合分析法依靠经验，用非定量分析的方法构建和调整证券组合中各证券的比例关系；现代证券组合分析法是一种数量化的组合管理方法，它是运用定量化的方法求解证券组合中各证券的最佳比例关系，以实现投资收益与风险的最佳平衡。现代证券组合分析法的理论基础主要有：马柯威茨的均值方差模型、夏普的资本资产定价模型（CAPM），以及罗斯的套利定价理论（APT）等。

（三）证券组合分析法的内容

现代证券组合理论具有十分丰富的内容，而且还在不断发展中。根据已有的研究成果，现代证券组合理论可分为以下三大部分。

1. 马柯威茨的均值方差模型。该理论是证券组合分析的主要理论基础。它在一系列严格假设的基础上，以证券或证券组合的期望收益率来表示其收益，以期望收益率的方差来衡量其风险，通过建立一个二次规划模型求解有效证券组合，并根据投资者的无差异曲线确定投资者最满意的证券组合的方法。

2. 资本资产定价模型。马柯威茨均值方差模型面临的最大问题是其计算量太大，同时不能对风险进行有效的分类和管理，严重阻碍了马柯威茨方法在实际中的应用。威廉·夏普等人，在马柯威茨均值方差模型的基础上，提出了一种新的风险计量指标，即证券的 β 系数，用于衡量证券投资的系统风险，建立了证券投资的期望收益率与系统风险的关系，即资本市场线和证券市场线，同时提出了单因素模型和多因素模型，极大地简化了马柯威茨均值方差模型的计算。

3. 套利定价理论。资本资产定价模型在金融领域盛行十多年。然而，该模型的致命弱点是无法用经验事实来检验。史蒂夫·罗斯在多因素模型基础上，提出了套利定价理论。这一理论认为，只要任何一个投资者不能通过套利获得收益，那么期望收益率一定与因素风险相联系。这一理论需要较少的假定，罗尔和罗斯在 1984 年认为这一理论至少在原则上是可以检验的。

（四）证券组合分析法的优缺点及适用范围

证券组合分析法的优点主要是在投资分析中，对风险进行了分类和定量化描述，建立了收益与风险之间的关系，从理论上证明了证券组合可以有效降低非系统风险的基本思想，并运用定量化的方法求解证券组合中各证券的最佳比例关系，克服了传统证券组合法在确定各证券投资比例时的盲目性，以实现投资收益与风险的最佳平衡。

证券组合分析法的缺点主要有：在确定各证券的最佳比例关系时，计算比较复杂；模型对证券市场的假设条件过于严格，与实际市场之间存在较大的差距；在计算投资比例时，需要大量的预测数据，同时，模型也没有考虑一些难以定量化的因素，因此，模型得出的结论仅是投资决策的一个参考。

根据证券组合分析法的优缺点，此种分析法主要应用在大规模的投资组合管理以及相对成熟的证券市场和预测精确度要求较高的领域中，特别是在科学化和数字化投资理念占据主导地位的今天，数量化方法更合乎时代发展的趋势。

【学一学】

盘点证券组合投资四大原则

在实际的投资活动中，投资者若要恰当地选择投资对象，建立适宜的证券投资组合，就必须尽量规避投资风险，力求获得较高收益，掌握证券组合投资的原则。

第一，掌握各类证券的风险特征。对各种不同证券风险特征的了解和掌握，是投资者建立适宜的证券投资组合的首要环节。只有了解和熟悉各种证券的风险特征，才能恰当地选择投资对象，建立合理的证券投资组合，防范风险，获取较高收益。

第二，根据资金实力进行投资选择。投资者的资金实力是建立证券投资组合的物质前提。从理论上分析，投资组合中证券种类越多，分散、降低风险的效果越大；但在客观上分析，投资组合的建立受到资金实力的限制。同时，资金实力也制约着投资者的风险承受能力。如果投资者资金实力雄厚，风险承受能力就较强，在建立证券投资组合时，可以较多地选择购买各种股票。

第三，设定合理的风险和收益目标。建立投资组合是为了分散、降低投资风险，保持较高的收益水平，而风险与收益具有同步增减的关系，因此投资者在建立投资组合前，应设计一个适合自身的风险和收益目标。在设计这一目标时，一方面要了解不同证券的风险和收益差别；另一方面要正确估价自身的资金实力和风险承受能力。

第四，经常不断地修正投资组合。投资组合建立以后，由于各方面情况的变化，该证券组合的适应性也发生变化。投资者必须随着时间的推移和各种影响因素的变动，经常不断地修正已建立的投资组合，即调换组合中证券的种类及价值比例。修正投资组合的方法一般分事先调整和事后调整两种。事先调整是投资者根据对未来股价走势的预测和判断，在实际股价变动之前进行调整，然后在股价变化的机会中获取利益或避免损失。事后调整是股市行情发生了变化，投资者根据变化后的股价价位的高低和股票价值的比例进行调整。修正投资组合，不仅能够使投资者获得高收益，还能够降低投资者在证券组合投资中的风险。

资料来源：腾讯财经 http：//finance. qq. com

四、行为金融分析法

（一）行为金融分析法的含义

20 世纪 80 年代以来，证券市场上不断出现与经典理论相悖的金融异象。行为金融分析方法，是以这些金融异象为研究对象，从对标准金融理论的质疑开始，以行为科学为基础，研究投资者心理行为，进而为投资决策提供服务的一种分析方法。行为金融分析揭示了基于新古典传统的经济学和金融学的一个致命性缺陷，即完全理性人的假设。

（二）行为金融分析法的内容

在理论发展的同时，行为金融也积极运用于投资实践，其一直沿着两条主线在发展：一是深入研究投资者的行为与心理机制，具体就是研究行为与心理机制在金融市场中的直接运用；二是系统研究有限理性行为对市场总体运行的影响。第一条主线衍生出了金融心理学和行为资产管理；第二条主线则衍生出了行为定价理论、行为资产组合理论和行为公司金融。

1. 投资者心理分析。主要分析投资者在投资活动中的心理特征以及投资者应具备的心理素质等，包括：在投资活动中，投资者具有的心理特征，如过度自信、意识账户、典型启示、损失厌恶与后悔厌恶等；投资者应具备的心理素质，如善于总结和调整的心理素质、正确对待以前的错误和成功的心理素质、理性对待价格变化的心理素质、沉着果断和保持一种客观态度的心理素质等。

2. 以有限理性人为基本假设的行为金融学模型。该模型包括：由 Barberis、Shlefer 和 Vishny 提出的“选择性偏差和保守性偏差”的 BSV 模型，由 Daniel、Hirsheifer 和 Subramanyam 提出的“有信息的投资者存在过度自信和有偏的自我归因”的 DHS 模型，以最大效用准则为基础的羊群效应模型，以研究价格偏离为重点的 DSSW 噪声交易模型等多个模型，这些模型对投资行为起到了较好的指导作用。

3. 行为公司金融与行为资产管理。行为公司金融主要研究在有限理性条件下，经理人有限理性与公司融资、公司投资、公司并购和股利分配等内容。而行为资产管理理论则建立在行为资产组合理论的基础上，结合投资中可能产生的认知偏差，提出相应的行为投资策略和行为投资过程管理。

（三）行为金融分析法的优缺点及适用范围

行为金融分析法的优点是能够使投资者在证券投资过程中保证正确的观察视角，特别是在市场重大转折点的心理分析上，往往具有较好的效果。基于这一认识，1993 年，富勒—泰勒资产管理公司成为世界上首家专门采用行为投资策略和行为投资管理理念的投资公司。此后，国外出现了部分行为金融基金，中国 2007 年开始有少数几家基金公司开始尝试采用行为投资策略。

行为金融分析法也存在一定的缺点，该方法基于人的不同理性行为和心理假设，因此，很难得到统一的结论和用于指导投资者的具体投资行为。因而，行为金融分析法主要运用在市场重大转折的分析以及培养投资者正确心态上，而单独使用行为金融分析法将较为局限。但是，将行为金融分析法与技术分析法或基本分析法进行结合，可以使两种投资分析方法更好地对投资决策起到指导作用。

扩展阅读

证券投资分析师应具备的执业条件

分析师在证券市场上从事证券业研究工作，不但需要有理论根基和具备实战经验的能力，同时还要有强烈的事业心和敬业精神，以及高度的责任感、使命感等高尚品德。

在证券市场上执业，客观上需要有三个基本条件和两个必要条件。

第一个条件：具有宏观经济理论知识，懂得有效收集处理与金融市场，尤其与证券市场有关的利率、汇率、通货膨胀率、就业率、GDP 增长率、财政收入和国际收支状况，国民经济综合景气指数、居民消费物价指数（CPI）以及市场预测心理状况等数据和信息。只有对经济运行趋势有科学合理的判断分析能力，才能指导对证券市场的分析，要求既懂得经济金融，又要懂得证券市场。

第二个条件：具有投资学知识，善于对实体经济投资项目进行调研论证，并积累起丰富的实践经验，来挑选成功概率大、投资周期短、利润最大化、风险尽量小的实体经济投资项目的上市公司。

第三个条件：具有会计学、审计学、法律知识，能全面分析年度报告、中期报告、招股说明书等所刊登的财务指标和数据，能避免被虚假财务报表所迷惑而招致的投资失策。

第四个条件：要通晓证券市场有关技术分析各方面的理论知识，形成一套独特而有效的证券市场技术分析方法。同时要拥有高质信息渠道，以获取丰富、完善、及时、准确的情报信息网络。

第五个条件：要积累一手丰富有价值实践的经验、有良好的心理综合素质。对证券市场有“悟”性、敏锐力，能始终保持冷静清晰的头脑，养成独立思考的习惯。

以上五个条件是一个证券分析师的执业条件，同时也是证券分析师综合素质的反映，具备条件越充分，其本身素质、智慧和能力就越高，那么提供给证券市场投资者的“知识产品”——证券分析研究报告质量就越高，价值就越大，反之亦然。

资料来源：中证网 http：//www. cs. com. cn

工作任务

任务 1

1. 任务内容：认知证券分析师。
2. 任务步骤：

（1）知识准备：了解证券投资分析的流程和投资分析方法。

（2）5 名学生一组，分别对你所了解的证券分析师职业进行阐述，互相交流。

（3）自我评价。

3. 任务操作提示（具体说明任务完成的步骤和学生应注意的事项）：学生可登录百度百科，搜索“证券分析师”词条，了解证券分析师的职业定义、职业发展、素质要求、从业资格、工作内容、职业特征等内容，为后续项目的完成打下良好的基础，同时也为下一步学生职业生涯的规划做准备。

任务 2

1. 任务内容：注册网上证券模拟交易系统账户。

2. 任务步骤：

（1）知识准备：了解证券投资分析的流程和投资分析方法。

（2）成立投资团队（5~8 人），成员对投资目标及投资分析方法的选择进行交流。

（3）登录校内实训室金融模拟交易客户端，注册网上证券模拟交易账户。

3. 任务操作提示：没有安装金融模拟交易客户端的学校，学生登录上海证券交易所 http：//www. sse. com. cn/官方网站，点击进入投资者教育网站，点击模拟训练营，选择模拟炒股系统，注册账户，进行在线模拟股票交易，或登录叩富网 http：//www. cofool. com/官方网站注册账号。

模块二　证券行情分析软件的应用

任务描述

本模块的主要任务是认知网上行情分析软件，下载和安装行情分析软件，掌握行情分析软件的基本操作，能解读行情软件中证券即时价格走势的基本信息。

任务一　下载和安装证券行情分析软件

任务指引

信息技术能够带来高效率和低成本，已经成为全球证券界的共识。诞生于 20 世纪 90 年代初的中国沪、深证券交易所顺应了国际资本市场的发展潮流，一开始就应用了计算机技术，实现了交易、清算、通信、信息传播的全程电子化。同时与行情揭示、交易、分析等相关的证券交易分析软件在中国也受到了关注与发展。1993 年，深圳的汇金软件公司开发推出了第一个集行情分析、委托买卖、查询回报于一体的实时股票分析软件，为中国证券分析软件开创了一条里程碑式的技术创新道路，并由此创造、引导、满足了证券客户自助委托、交易分析的需求。其后，1994 ~1996 年上海乾隆高科技有限公司与北京胜龙科技股份有限公司先后推出了适合企业和个人的证券交易分析软件，并迅速占领了券商营业部和个人用户市场。而近年来，随着股市复苏，非现场交易的不断普及，4G 网络技术的发展成熟，手机炒股软件已然成为证券投资者的首选之一。

➲ 问题思考

1. 证券行情分析软件能给投资者提供哪些帮助？
2. 从哪里可以下载证券行情分析软件？

知识准备

一、证券行情分析软件概述

证券行情分析软件更准确的称谓应该是证券分析软件或证券决策系统，它的基本功能是信息的实时揭示（包括行情信息和资讯信息），所以早期的软件会被叫作行情软件。

现在的证券行情分析软件包括证券公司现场行情分析软件、网上证券行情分析软件和手机炒股软件（本质上属于网上证券行情分析软件）三种，本次任务主要探讨网上证券行情分析软件的情况。投资者通过网络平台可以进行证券行情分析，也可以进行网上证券交易，一般来说网上交易系统是集成在网上证券行情分析系统中的，但也有网上证券交易系统和网上证券行情分析系统是分开的。

二、主流证券行情分析软件介绍

证券行情分析软件所提供的股票行情信息和指标参数，已成为投资者交易买卖时的重要依据，而实时交易的便利也使网上证券行情分析软件深受广大投资者喜爱。目前，证券公司提供给交易者免费使用的主流软件主要有以下四种：杭州核心软件公司出品的“同花顺”、深圳通达信公司出品的“通达信”、上海大智慧网络公司出品的“大智慧”、上海乾隆科技公司出品的“钱龙”。这四种软件广泛应用于各大证券公司，各有特色，但总体功能大同小异。下面我们就对这几种软件电脑版进行简要介绍。

（一）钱龙证券分析系统

钱龙证券分析系统①是我国最早出现的证券分析软件之一，所以，钱龙软件是老股民最为熟悉的股票分析软件。而后出现的很多股票分析软件的许多功能都沿袭了钱龙软件的界面和操作习惯。

钱龙附带港股行情，这对于判断 A 股、H 股价格的联动走势大有好处。在处理港股行情上，钱龙原汁原味地提供了经济排位的功能。此外，钱龙系统还有内置视频播放功能，为广大投资者提供包括央视一套、央视二套、第一财经、交易日等在内的权威财经电视节目，帮助投资者拓宽视野、收获更多财富。其流畅稳定的播放性能，开创了多媒体证券分析软件的典范。

钱龙软件特别针对传统客户的使用习惯和功能需求设计，行情刷新实时迅捷、界面操作家喻户晓、分析功能与时俱进，并且安装程序小巧，下载和运行都非常流畅。

（二）大智慧证券信息平台

大智慧证券信息平台②是由上海大智慧软件开发有限公司开发的一套用来进行行情显示、行情分析并同时进行信息即时接收的软件系统。大智慧软件的界面，基本延续了钱龙经典的黑底黄字设置，满足了大多数老股民的习惯。而软件本身也提供了自定义界面背景、字体、图形的功能，你可以在自己喜欢的色彩环境下参看行情，进行操作。

大智慧独有的“信息地雷”功能使盘中出现的重要市场评论及预测、买卖参考等内容，都会在相应的分时走势图上出现地雷标志，用户只要点击查看，就能接受到分析师对于个股作出的最新评价。同时，大智慧还具有个股区间统计功能，可以帮助用户迅速统计选定的阶

① 该软件可以登录研发公司网站下载安装，公司网址：http：//www. qianlong. com. cn/

② 该软件可以登录研发公司网站下载安装，公司网址：http：//www. gw. com. cn/

段内的累计涨幅、跌幅、金额、换手率、均价等，从中了解到个股的压力支撑力度，掌握主力资金运作规律。而个人理财功能不仅能够实时计算盈亏，更能从不同角度汇总每笔交易，结合市场实际迅速调整资金比例和持仓结构，理性操作，从容进出。

此外，大智慧软件的信息是通过卫星直接传输，因此速度比同类软件快 3～12 秒。软件公司还会定期、不定期地举行一系列免费路演或咨询会活动，股民还可以通过声讯电话、网上交流、下载电子期刊了解软件以及个股行情的相关信息。

（三）同花顺证券分析系统

同花顺证券分析系统①是由国内最大证券交易方案供应商——上海核新软件精心打造的专业的股票证券行情资讯平台。主打行情、数据、交易、社区、资讯等五大投资者最需要的金融证券交易客户端核心功能。还可边看盘边与股友社区即时互动，免费查看 29 个国家的股指和港股。所以是一个强大的资讯平台，能为投资者提供文本、超文本（HTML）、信息地雷、财务图示、紧急公告、滚动信息等多种形式的资讯信息，能同时提供多种不同的资讯产品（如港澳资讯、巨灵资讯等），能与券商网站紧密衔接，向用户提供券商网站的各种资讯。而且个股资料、交易所新闻等资讯都经过预处理，让您轻松浏览、快速查找。

丰富的资讯信息与股票的行情走势密切结合，使用户能方便、及时、全面地享受到券商全方位的资讯服务。速度快、功能强大、资讯丰富、操作人性化，是国内目前功能最强大的行情分析软件之一。

（四）通达信证券分析系统

通达信证券分析系统②是由深圳市财富趋势科技有限责任公司推出的一款优秀的证券分析软件，是 2002 年以后网上交易领域市场份额上升最快的厂商之一。通达信自 2002 年进入网上交易领域以来，被多家证券公司所采用，并受到了广大投资者以及证券从业人员的欢迎。

通达信证券分析系统能够进行各种证券品种的分析，功能强大，操作方便，界面简洁，支持互联网实时接收行情，适合各类证券投资者使用，一直是网上证券交易系统业务创新和技术性能指标领先的软件供应商之一。南方地区最主要的几家证券公司均采用通达信的网上证券行情分析软件。

通达信证券分析系统允许用户自由划分屏幕，并规定每一块对应哪个内容。如我们可以设定，左边一栏是自选股和十大权重股的行情报表，右边上方是某股票走势图和大盘走势图，下方是这个股票的 K 线图和行情信息，这样的屏幕布局是其他很多软件难以提供的。

至于快捷键，也是通达信的特色之一。最简单的周期分析切换，在很多软件中需要按 F5 键，而在通达信中却可以利用快捷键切换到特定周期，如按 F6 键及回车键，就能直接切换到小时线，W 键及回车键直接切换到周线，方便得很。

通达信还有一个功能，就是“在线人气”，可以了解哪些是当前关注，哪些是持续关注，又有哪些是当前冷门，可以更直接了解各个股票的关注度。

---

① 该软件可以登录研发公司网站下载安装，公司网址：http：//www. 10jqka. com. cn/

② 该软件可以登录研发公司网站下载安装，公司网址：http：//www. tdx. com. cn/

三、网上证券行情分析软件的下载与安装

目前，我国各家证券公司都已经推出网上证券行情分析软件。由于网络环境的逐步完善和家庭宽带网络的普及，使得网上证券交易显示出巨大的生命力。一般来说，下载安装网上证券行情分析软件包括以下几个步骤：

第一步，选择一家证券公司开户。选择证券公司要看该公司的信用、实力、网点分布和交易系统的快捷程度。

第二步，登录该证券公司的网站。每家证券公司部有自己的网站，开户时可以拿到该公司的网址，按照网址正常上网找到下载窗口并选择适合自己的软件下载。

第三步，下载后的安装。软件下载到电脑后，点击安装软件图标，按照安装提示进行安装。安装完成后，联网登录就可以进行网上证券行情分析和网上证券交易了。

【看一看】

网上交易软件安全使用注意事项

网上证券交易作为一种新的委托方式，多数人对其缺乏一些较深层次的了解，防范风险意识相对较弱，有时因使用操作不当等原因会使股票买卖出现失误。因此，掌握一些必要注意事项，对于确保正确地网上证券交易和资金安全是非常重要的。

第一，要到官方网站去下载软件。一般投资者在证券公司开户后，就会获得该证券公司官方网站，投资者登录后下载并安装。

第二，要正确设置交易密码。为保证个人资金和股票的安全，对网上交易者来说，必须高度重视网上证券交易密码的保管，密码忌用出生年月、电话号码等易猜数字，并应定期修改、更换。

第三，要谨慎操作。证券公司网上证券交易开通协议中明确说明：“要求客户在输入文字信息时必须准确无误，否则造成损失，证券公司概不负责。”因此，在输入网上买入或卖出信息时，一定要在仔细核对相关选项后，方可单击确认。

第四，及时退出交易系统。交易系统使用完毕后如不及时退出，有时可能会因为家人或同事的误操作，造成交易指令的误发。尤其是在网吧等公共场所登录交易系统，使用完毕后更要立即退出，以免造成股票和资金损失。

第五，注意做好防黑、防病毒工作。目前，网络黑客猖獗，各种病毒泛滥，为保证交易的安全，防止股票交易密码等个人资料的泄露，安装必要的防黑、防病毒软件是确保网上证券交易安全的重要手段。

资料来源：赵文君等．证券投资基础与实务［M］．北京：清华大学出版社，2010：344－345.

任务二　认知证券行情分析软件的基本功能

任务指引

随着国内证券分析技术和软件技术的不断提升，如今的股票软件更加实用化、功能化，从动态行情

分析，实时新闻资讯，智能选股，委托交易等方面做了更深的研究，使得广大的投资者在基本面分析、技术面分析、新闻资讯汇集、个性选股、自动选股、自动委托交易、止赢止损等方面获得更快、更全、更好的服务。

证券软件的实质是通过对市场信息数据的统计，按照一定的分析模型来给出数（报表）、形（指标图形）、文（资讯链接），用户则依照一定的分析理论，来对这些结论进行解释，也有一些傻瓜式的易用软件会直接给出买卖的建议。但投资者应结合自己的投资经验，经过摸索之后，形成一套行之有效的软件应用法则，而机械地轻信软件自动发出的进场离场的信号，往往会谬以千里。

➲ 问题思考

1. 证券行情分析软件有哪些基本功能？
2. 个人投资者选择软件会注重哪些功能？

知识准备

目前，大多数证券公司网站免费提供网上证券行情分析软件和交易软件电脑版、手机版的下载，它们操作方法和主要功能都基本相同，本任务以同花顺软件电脑版为例，简单介绍证券行情分析软件的应用。

一、同花顺软件电脑版的主界面介绍

投资者打开电脑桌面同花顺软件图标，首先出现的是上证指数实时走势图，如图 1－2－1 所示。主界面由菜单栏、工具条、主窗口、资讯栏、状态栏和信息栏等组成。

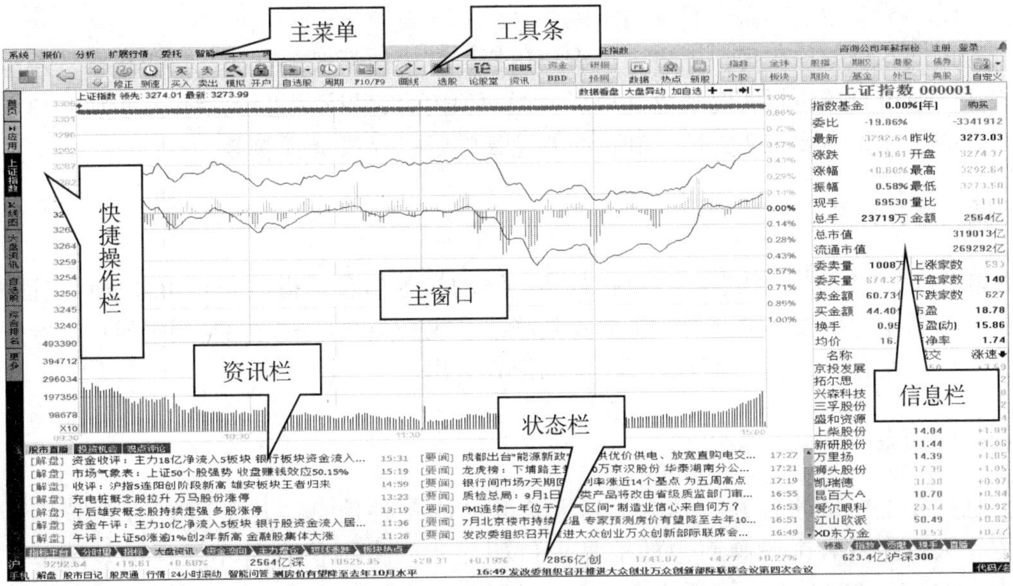

图 1－2－1　同花顺软件主界面

（一）主菜单栏

打开“同花顺”，可以看见系统、报价、分析、扩展行情、委托、智能、工具、资讯、帮助等菜单（见图1-2-2）。在这里您能找到几乎所有的功能。单击菜单栏上的各个功能项目，即可使用相应的功能。

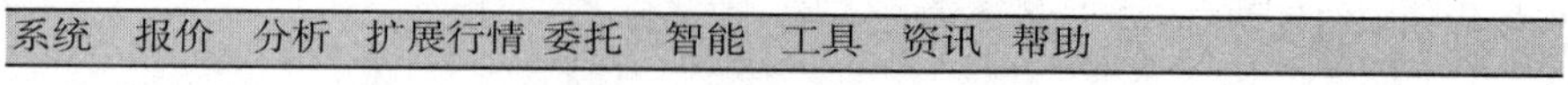

图1-2-2　主菜单栏

（二）工具条

工具条中聚集了菜单中一些最常用的功能，点一下图标就可以直接调用功能，如图1-2-3所示。在“工具”菜单下面的“工具栏设置”选项里汇集了有关工具栏的一些常用功能。可以在这里修改工具栏的内容、显示方式。另外，在工具栏上点击鼠标右键同样可以调用这些功能。“自动隐藏”时只有当鼠标移动到主菜单下方时才会弹出工具栏。在“定制工具栏”里，你可以选中希望显示的工具栏名称，点击添加按钮。你想删除某个已使用的工具栏按钮，同样先选中，再点击删除按钮。

图1-2-3　工具条

（三）资讯栏

新版的同花顺软件主窗口下方，设有资讯栏，其中包括股市直播、投资机会、观点评论三个板块。股市直播包括实时解盘和市场要闻两项内容，投资机会包括热点板块和热点股票的资讯，观点评论主要有名人博文和论股堂论坛帖子以供投资者参考。

（四）状态栏

在软件主窗口下方，状态栏中有指数条、滚动栏等信息。指数条是用来显示上证指数、深证指数、创业板指数、沪深300指数及其涨跌、成交金额。滚动栏是用来显示证券公司或合作资讯厂商发布的消息，文字会以滚动的形式播出。

（五）信息栏

信息栏在主窗口的右方。显示了当天该商品的各种信息，几乎所有的数据都要看这个地方。大盘指数和个股画面中的信息窗口所显示的数据信息是不一样的。图1-2-4中，大盘的信息窗口显示数据有：委比、最新（指数）、（指数）涨跌、涨（跌）幅（度）、（指数）振幅、现手、总手、昨（日）收（盘）、（今日）开盘、（今日）最高、（今日）最低、量比、（总成交）金额、总市值、流通市值、委卖量、委买量、卖金额、买金额、换手（率）、均价、上涨家数、平盘家数、下跌家数、市盈（率）、（动态）市盈（率）、市净（率）等。

图 1-2-4　信息栏

二、同花顺软件基本功能的使用

（一）基本键盘操作

基本键盘操作如表 1-2-1 所示。

表 1-2-1　基本键盘操作功能一览

操作热键	热键功能	备注
Ctrl + P、Ctrl + N	切至前一天、后一天，在以天为单位的画面中（如涨跌幅排名等），按这两个组合键，就可以把画面往前或往后切一天	
—	自动翻页开关 如果在某一个画面中按了自动翻页开关“—”，这个画面就会开始每隔若干秒翻一页，再按一下开关“—”，它就会停止翻页。其实，它就相当于系统每隔若干秒按一下 PageDown	自动翻页时间可在系统工具/系统配置工具中进行设置
↑、↓	技术分析画面中放大、缩小图形	
←、→	左右移动游标	
Home、End	游标移至最前、最后	
PageUp、PageDown	上一只股票、下一只股票或上一页、下一页	
*、/	技术分析画面中上一个指标、下一个指标	

续表

操作热键	热键功能	备注
Esc	关闭当前窗口，一般情况下都是指关闭整个画面窗口。不过也有例外：在技术分析画面中，如果曾经单击鼠标，显示出明细小窗口，在这种情况下按 Esc 键，就是把这个明细小窗口隐藏起来	
+	通过“+”可以切换子功能窗口的显示内容	
Tab	在个股分析画面和智能报表画面中，通过 Tab 依次切换画面下方的标签	
01 + Enter（F1）	即时分析画面切换至分笔成交明细 技术分析画面切换至每日成交明细	
02 + Enter（F2）	即时分析画面切换至价量分布图	
03 + Enter（F3）	画面切换至上证领先分时走势图	
04 + Enter（F4）	画面切换至深证领先分时走势图	
05 + Enter（F5）	即时走势画面、技术分析画面、多周期同列画面间循环切换	
06 + Enter（F6）	画面切换至自选股	
07 + Enter（F7）	画面切换至恒生指数分时走势图	
08 + Enter（F8）	在技术分析画面切换周期类型	
12 + Enter（F12）	启动网上委托程序	

【想一想】

如何从分时走势图切换到 K 线图？

（二）键盘精灵

当投资者按下键盘上任意一个数字、字母或符号的时候，都会弹出“键盘精灵”。投资者可以在这里面输入中英文和数字搜索其想要的东西，如图 1－2－5 所示。

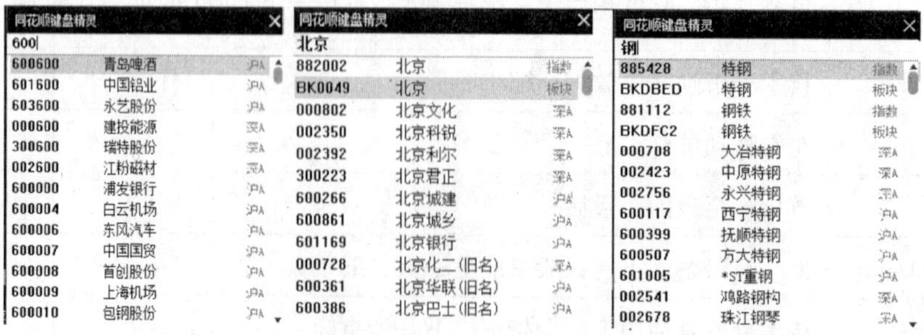

图 1－2－5　键盘精灵

投资者可以通过输入代码、名称或名称的汉语拼音首字母来搜索对应的商品（股票、基金、债券、指数等），按 Enter 键进入相关页面。也可以通过输入指标（如 KDJ）的中英文名称，来利用键盘精灵方便地更换指标窗口里的指标。还可以通过拼音来调出板块（见图 1-2-5），如“北京”“房地产”等板块。

该软件支持汉字输入和模糊查找，不仅可以用键盘精灵实现股票的输入，还可以用来做股票的快速搜索。例如，输入“钢”字，就会看到所有名称中包含“钢”字的指数、板块或股票（见图 1-2-5），然后用上下键就可以选择查看了。

在搜索商品时，键盘精灵会把所有符合的词都找出来，不管字母是在商品名称的什么地方。例如，输入“MS”时，不仅会找到“民生银行 MSYH”“模塑科技 MSKJ”，还能找到“陕民生（旧名）SMS”等股票。这样即使投资者不记得股票的全名，也能方便地找到所需要的股票。

（三）“报价”菜单

在主菜单栏里的“报价”菜单中，可以调用各种报价分析的页面：在“沪深指数”里包含了沪深两市各类股价指数，如图 1-2-6 所示；“涨幅排名”里是各种商品的涨跌幅排名，如图 1-2-7 所示；“综合排名”里的页面是同时包含 12 项排名的页面，如图 1-2-8 所示；“沪深股票”里列示了沪深 A 股、沪深 B 股、中小板、创业板，如图 1-2-9 所示，分别点击即可获得相应的股票列表。如图 1-2-10 所示，“股转系统（新三板）”中选择挂牌公司进行新三板股票交易；“分时同列”里是同时列出多个股票的分时走势页面；“K 线同列”里是同时列出多个股票的技术走势页面；“多窗看盘”是为实时看盘特制的页面，同时提供个股列表和个股走势、报价、成交等数据，点击个股列表的分类标签选择板块，然后选中股票即可查看相关数据；“主力大单”记录了每笔成交金额在 100 万元以上的成交，帮助投资者准确地捕捉市场主力的活动状况；“板块热点”反映当日市场上交投比较活跃，成交量比较大，板块内个股活跃度高于市场平均水平的概念、行业或地域板块。

这里“报价”菜单的大多数选项都可以通过在“键盘精灵”里输入数字来方便地调用。

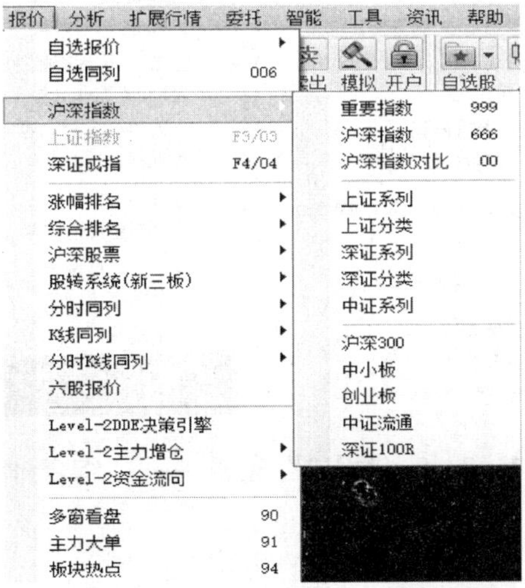

图 1-2-6 “报价”——“沪深指数”

图 1-2-7 “报价”菜单——“涨幅排名”

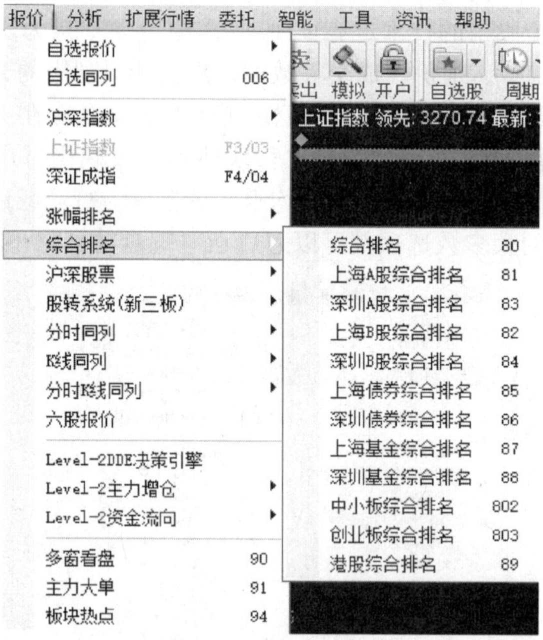

图 1-2-8 “报价”菜单——“综合排名”

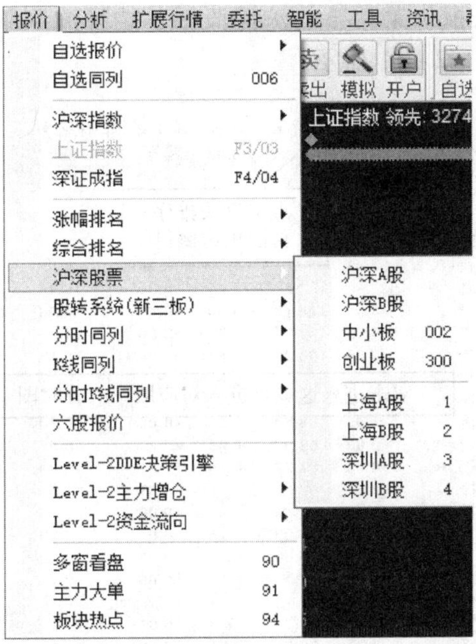

图 1－2－9 “报价”菜单——“沪深股票”

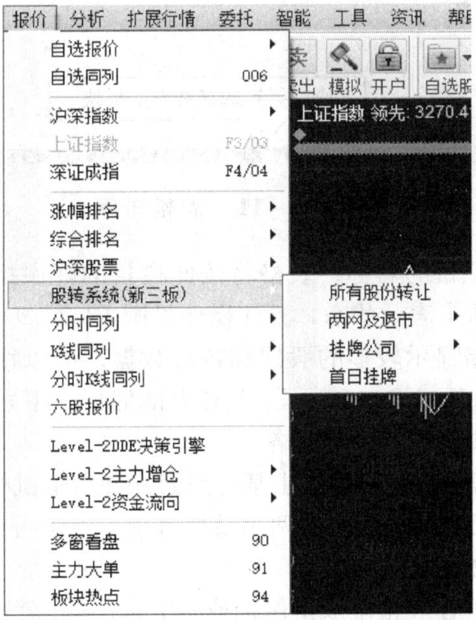

图 1－2－10 “报价”菜单——“股转系统”

（四）使用表格

表格是软件中显示各种数据的最基本形式，对于某一个股票来说，表格虽然不如实时走势、技术分析页面丰富和直观，但它可以实现同时浏览多个股票。下面以综合行情报价表为例说明怎样使用表格。点击报价菜单下的沪深股票，选择沪深 A 股，显示界面就是沪深 A 股综合行情报价表，如图 1－2－11 所示。

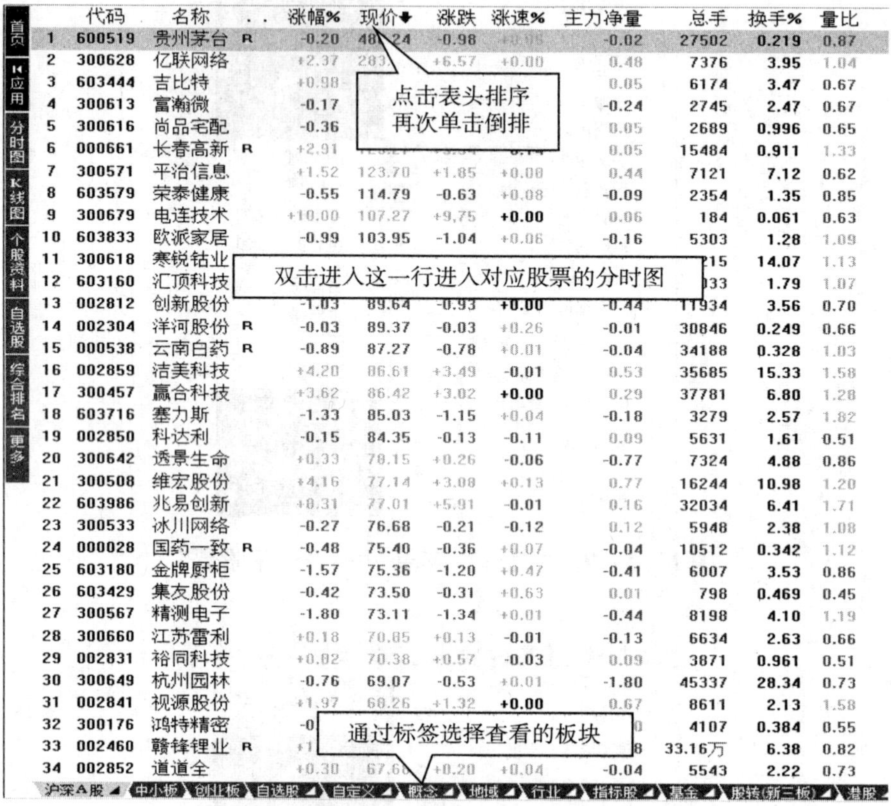

图 1－2－11　表格排序

1. 排序。单击表格中栏目的名称，表格将按此栏目的降序排列表格，再次单击则按升序排列（在栏目名称旁有箭头表示状态，具体操作见图 1－2－9）。

2. 移动表格。由于表格显示较多的股票和各种数据，所以往往难以在一个屏幕里显示所有的内容。可以用“PageUp、PageDown”来对表格翻页，用光标键“←、→”对表格左右移动，也可以用鼠标点滚动条来移动表格。

3. 加入自选股、板块股。在表格里点击某一股票，并点击鼠标右键，会出现图 1－2－12 的界面，其中有加入自选股、加入板块股两个重要选项。点击可以将这一行所对应的股票加入到自选股或所选择的板块股里。

4. 直接查看商品走势。在表格里双击鼠标或按 Enter 键，就可以进入这一行对应商品的分时走势页面。

5. 选择查看的板块。软件根据一定的标准（如概念、地域、行业等）设置了相关板块（见图 1－2－11）。投资者可以根据自己的喜好选择所要查看的板块，点击标签旁的“◢”展开标签，选择需要的板块；如果没有“◢”，则直接点击标签。

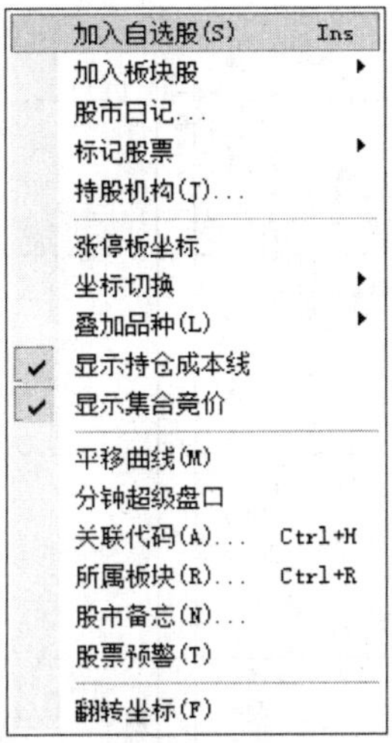

图 1－2－12　加入自选股

（五）F10 的应用

在分时走势或技术分析页面下按 F10 键，可以查看个股资料，有“最新提示”“公司概况”“财务分析”“行业分析”等。图 1－2－13 是浦发银行的个股资料截面图。

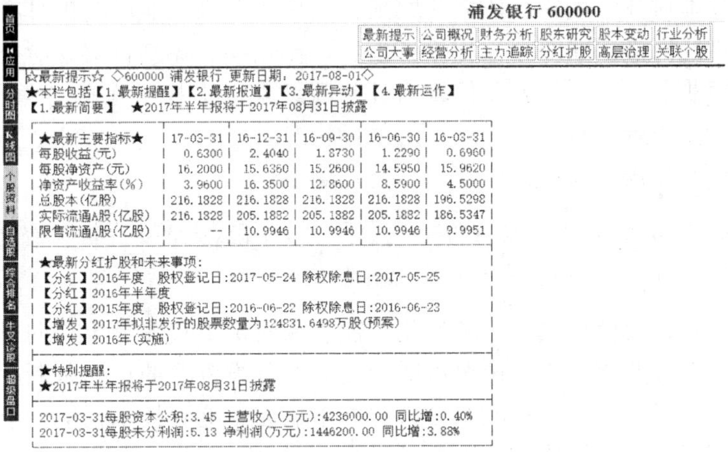

首页 应用 分时图 K线图 个股资料 自选股 综合排名 牛叉诊股 超级盘口

浦发银行 600000

最新提示 公司概况 财务分析 股东研究 股本变动 行业分析
公司大事 经营分析 主力追踪 分红扩股 高层治理 关联个股

☆最新提示☆ ◇600000 浦发银行 更新日期：2017-08-01◇
★本栏包括【1.最新提醒】【2.最新报道】【3.最新异动】【4.最新运作】
【1.最新简要】 ★2017年半年报将于2017年08月31日披露

★最新主要指标★	17-03-31	16-12-31	16-09-30	16-06-30	16-03-31
每股收益(元)	0.6300	2.4040	1.8730	1.2290	0.6960
每股净资产(元)	16.2000	15.6360	15.2600	14.5950	15.9620
净资产收益率(%)	3.9600	16.3500	12.8600	8.5900	4.5000
总股本(亿股)	216.1828	216.1828	216.1828	216.1828	196.5298
实际流通A股(亿股)	216.1828	205.1882	205.1882	205.1882	186.5347
限售流通A股(亿股)	--	10.9946	10.9946	10.9946	9.9951

★最新分红扩股和未来事项:
【分红】2016年度 股权登记日:2017-05-24 除权除息日:2017-05-25
【分红】2016年半年度
【分红】2015年度 股权登记日:2016-06-22 除权除息日:2016-06-23
【增发】2017年拟非发行的股票数量为124831.6498万股(预案)
【增发】2016年(实施)

★特别提醒:
★2017年半年报将于2017年08月31日披露

2017-03-31每股资本公积:3.45 主营收入(万元):4236000.00 同比增:0.40%
2017-03-31每股未分利润:5.13 净利润(万元):1446200.00 同比增:3.88%

图 1－2－13　浦发银行个股资料

【做一做】

打开行情软件，查找银行板块的股票信息，并找出其中总股本规模最大的上市银行股票。

（六）K 线复权功能

当上市证券发生权益分派、公积金转增股本、配股等情况，交易所会在股权登记日下一交易日对该证券作除权、除息处理。在 K 线图上往往表现为向下的缺口，如图 1－2－14 所示。

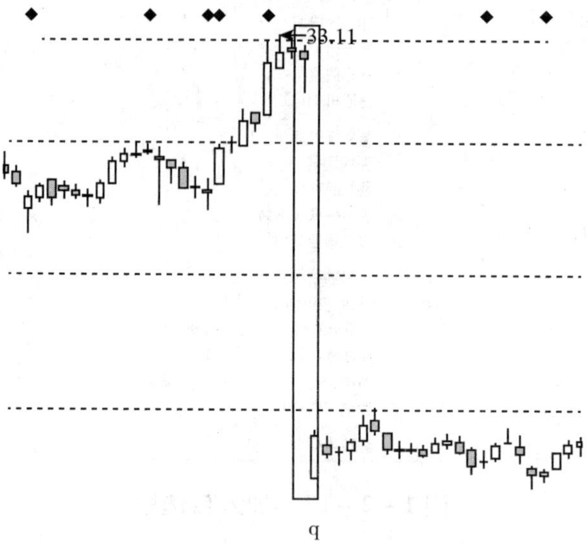

图 1－2－14　除权、除息缺口

除权、除息的基本思想就是“股东财富不变”原则，意即分红事项不应影响股东财富总额，这是符合基本财务原理的。依据此原则，交易所在除权前后提供具有权威性的参照价格，作为证券交易的价格基准即除权、除息报价。在除权、除息日交易所公布的前收盘价是除权、除息报价而非上一交易日收盘价，当日的涨跌幅以除权、除息参考报价为基准计算，所以能够真实反映投资者相对上一交易日的盈亏状况。

目前沪深交易所除权、除息报价的基本公式如下：

除权(息)参考价＝[(前收盘价—现金红利)＋配(新)股价格×流通股份变动比例]÷(1＋流通股份变动比例)

除权、除息之后，股价随之产生了变化，往往在股价走势图上出现向下的跳空缺口，但股东的实际资产并没有变化。这种情况可能会影响部分投资者的正确判断，看似这个股价很低，但有可能是一个历史高位，在股票分析软件中还会影响到技术指标的准确性。因此，行情分析软件一般都提供了复权功能。

所谓复权就是对股价和成交量进行权息修复，按照股票的实际涨跌绘制股价走势图，并把成交量调整为相同的股本口径。复权有前复权和后复权之分。前复权就是保持现有价位不变，将以前的价格缩减，将除权前的 K 线向下平移，使图形吻合，保持股价走势的连续性。图 1－2－15 为宇通客车前复权的 K 线，对照图 1－2－14，日 K 线保持连续，除权当日开盘价为除权参考价 17.5 元；后复权就是保持先前的价格不变，而将以后的价格增加。图 1－2－16 为宇通客车后复权的 K 线。两者最明显的区别在于，前复权的当前周期报价和 K 线显示价格完全一致，而后复权的报价大多低于 K 线显示价格。

投资者如果需要在软件中对 K 线进行“复权”和“除权”的切换，可以在 K 线画面右键点击“复权”选择。

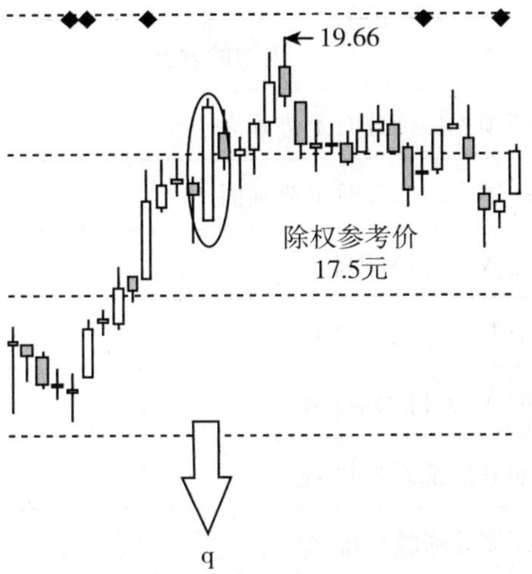

图 1-2-15　前复权 K 线图

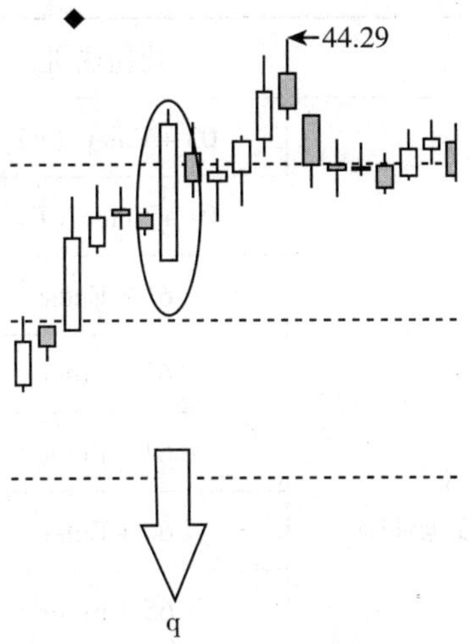

图 1-2-16　后复权 K 线图

（七）键盘操作热键

很多投资者都有一些经常习惯查看的画面，如上证 A 股涨跌幅排名、自选股报价分析等。为了解决这个问题，可以用画面热键寻找，只要在智能键盘中打几个数字，按 Enter 键后就可以直接跳到想去的画面。记住这些常用的快捷键，可以使投资看盘时能够更灵活地切换各种分析界面，提高投资分析的效率。表 1-2-2 是网上证券行情分析软件操作的部分键盘操作热键。

表 1-2-2　常用画面操作热键一览

	快捷热键	热键的含义
报价分析	1 + Enter	上证 A 股报价分析
	2 + Enter	上证 B 股报价分析
	3 + Enter	深证 A 股报价分析
	4 + Enter	深证 B 股报价分析
	5 + Enter	上证债券报价分析
	6 + Enter	深证债券报价分析
	7 + Enter	上证基金报价分析
	8 + Enter	深证基金报价分析
	9 + Enter	中小板块报价分析

续表

	快捷热键	热键的含义
大盘涨跌幅排名	03 + Enter（F3）	上证领先指标分时走势画面
	04 + Enter（F4）	深证领先指标分时走势画面
	61 + Enter	上证 A 股涨跌幅排名
	62 + Enter	上证 B 股涨跌幅排名
	63 + Enter	深证 A 股涨跌幅排名
	64 + Enter	深证 B 股涨跌幅排名
	65 + Enter	上证债券涨跌幅排名
	66 + Enter	深证债券涨跌幅排名
	67 + Enter	上证基金涨跌幅排名
	68 + Enter	深证基金涨跌幅排名
	69 + Enter	中小企业板涨跌幅排名
公告信息	71 + Enter	沪市证券信息
	72 + Enter	深市证券信息
	73 + Enter	股份转让公告
	74 + Enter	券商信息
	75 + Enter	上海证交所公告
	76 + Enter	深圳证交所公告
综合指标排名	81 + Enter	上证 A 股综合指标排名
	82 + Enter	上证 B 股综合指标排名
	83 + Enter	深证 A 股综合指标排名
	84 + Enter	深证 B 股综合指标排名
	85 + Enter	上证债券综合指标排名
	86 + Enter	深证债券综合指标排名
	87 + Enter	上证基金综合指标排名
	88 + Enter	深证基金综合指标排名
	89 + Enter	中小企业板综合指标排名

续表

	快捷热键	热键的含义
个股信息操作	10 + Enter（F10）	上市公司资讯
	11 + Enter（F11）	当前商品的基本资料（财务数据简表）
	15 + Enter	个股公告信息
	Alt – F10	权息校正
	Alt – Z	将当前商品加入到自选股板块
	Ctrl – Z	将当前商品加入到板块

任务三　解读即时行情数据

任务指引

图 1 –2 –17 是行情软件中个股分时走势图，也是投资者在进行股票交易中常用到的行情数据。

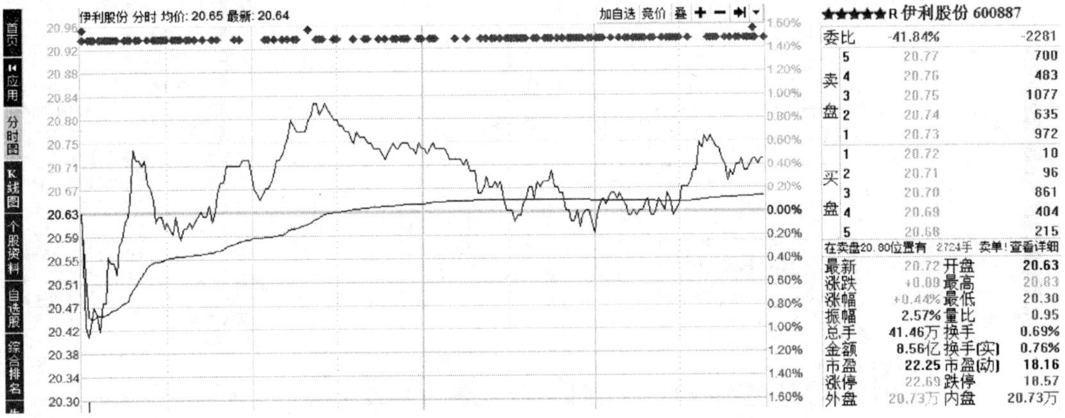

图 1 –2 –17　伊利股份分时走势

➲ 问题思考

1. 从行情软件中如何获取某一上市公司股票的历史价格走势和即时价格走势？
2. 你能读懂个股分时走势图中的信息吗？

知识准备

证券即时行情是证券交易所实时对外公布（包括交易价格、成交量等）的各种证券的交易信息，包括大盘即时行情和个股即时行情。大盘即时行情反映整个证券市场总体交易情况的有关信息；个股（单个证券）即时行情反映具体的股票（证券）交易情况的有关信息。

证券即时行情是投资者研判证券价格走势、选择买卖时机的重要依据，因此，准确、客观地解读证券即时行情是每一位投资者进行证券交易的前提。

一、大盘即时行情解读

投资者进行证券投资应首先读懂大盘行情。大盘行情只是一种通俗的说法，就是指股票市场价格的总体走势。目前，我国沪、深证券交易所分别从不同角度编制并公布了多个反映市场价格总体走势的股票价格指数，其中最有代表性的分别是上证指数（1A0001）、上证180指数（1B0007）、深证成指（399001）和深证综指（399106）。下面以上证指数为例，解读大盘即时行情。

很多行情软件登录后，在主界面状态下即是上证指数分时走势图，如图1－2－18所示。在分时走势图中，坐标的横轴是开市的时间，纵轴上半部分是股价或指数，属于主图；下半部分是成交量或技术指标，属于辅图。

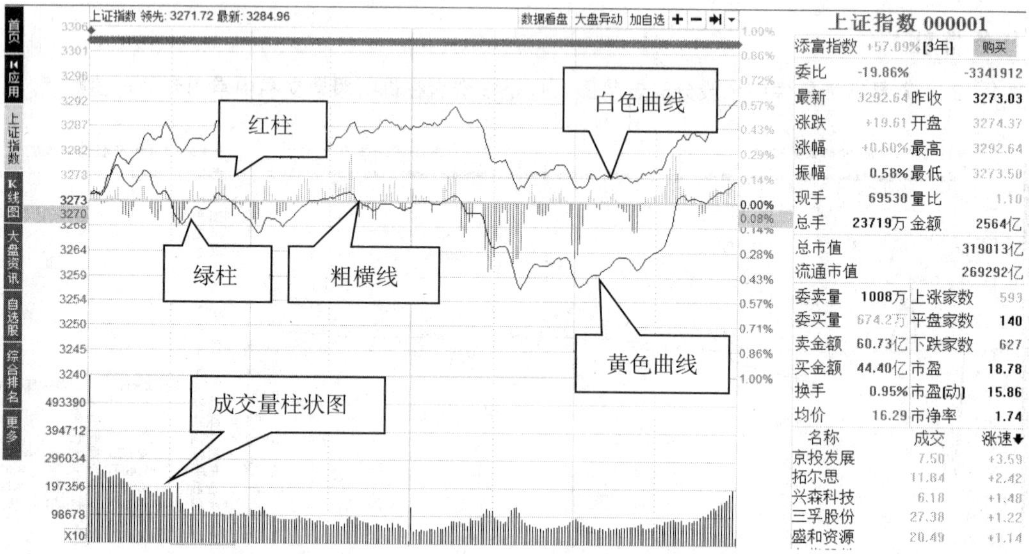

图1－2－18　大盘分时走势

（一）粗横线

位于分时走势图中间的粗横线（见图1－2－18）表示上一交易日指数的收盘点数，它是当日大盘上涨和下跌的分界线。它的上方是大盘的上涨区域，下方是大盘的下跌区域。

（二）红、绿柱状线

在图1－2－18的中间，以昨日收盘价的水平线为基准，在其上显示的是红色柱线，在其下显示的是绿色柱线，这些红、绿色柱线反映着上证指数当时上涨或下跌的强弱度。

当红色柱状线的长度在往上延伸时，表示此时上证指数上涨的力量在逐渐增强；当红色柱状线的长度在往下缩短时，表示此时上证指数上涨的力量在逐渐减弱。当绿色柱状线的长度在往下延伸时，表示此时上证指数下跌的力量在逐渐增强；当绿色柱状线的长度在往上缩短时，表示此时上证指数下跌的力量在逐渐减弱。

如果绿色柱状线的长度在往上缩短后，还没来得及翻红就又开始成为绿色柱状线并往下延伸，则意味着连绵的下跌开始来临；反之，当红色柱状线的长度在往下缩短后，还没来得及翻绿就又开始成为红色柱状线并往上延伸，则意味着连绵的上涨开始来临。

上证指数在上涨过程中，红色柱状线越长，表示上涨的动能越充分，大盘越容易往上走；在下跌过程中，绿色柱状线越长，表示下跌的动能越强，大盘越容易往下跌。

（三）白、黄色两条曲线

1. 白、黄色曲线的含义。图 1－2－18 中有白色和黄色两条曲线，表示上证指数的分时走势。白线是指加权的上证指数走势图，由上海证券交易所发布并编制，在计算时采取加权算术平均法。当交易者听到媒体报上证指数时，所报的点数就是白线所处位置的点数；黄线是指不含加权的上证指数走势图，由各大行情分析软件自行编制，在计算时采取简单算术平均法。该线仅对白线的走势有对比参考的作用，不具备其他的意义。

采取简单算术平均法计算出来的黄线，因为各股票的权重都相等，因而可以很好地体现小盘股的价格变动痕迹；采取加权算术平均法计算出来的白线，因为各股票的权重不一样，而各大指数基本上是以总股本来计算权重的，所以总股本大的股票，其涨跌幅度对指数的影响就比较大。因此，一般认为白线代表的是大盘股，黄线代表的是小盘股。

2. 白、黄色曲线位置关系。参考白、黄色曲线的位置关系，投资者可以得到以下信息：

（1）当上证指数上涨时，如果白线在上方，说明大盘的上涨主要是由于大盘股的整体上涨而造成的，大盘股的整体涨幅要比中小盘股的整体涨幅大。

（2）当上证指数上涨时，如果黄线在上方，说明大盘的上涨主要是由于中小盘股的整体上涨而造成的，中小盘股的整体涨幅要比大盘股的整体涨幅大。

（3）当上证指数下跌时，如果白线在下方，说明大盘的下跌主要是由于大盘股的整体下跌而造成的，大盘股的整体跌幅要比中小盘股的整体跌幅大。

（4）当上证指数下跌时，如果黄线在下方，说明大盘的下跌主要是由于中小盘股的整体下跌而造成的，中小盘股整体跌幅要比大盘股的整体跌幅大。

（四）成交量柱状图

在大盘分时走势图的下方的柱状线（见图 1－2－18）表示成交量，每一条长短不一的柱状线代表每一分钟上海证券交易所 A 股和 B 股的累积成交量之和。该处以手为单位（1 手——100 股），柱线越长，表明在这一分钟里，上海证券交易所 A 股和 B 股的总成交量越大。在上证指数上涨过程中，柱状线越长（黄色），表明市场上主动性买盘越大，上证指数的上涨动能越充分；而在上证指数下跌过程中，柱状线越长（蓝色），表明市场上主动性抛盘越大，上证指数下跌的动能越大。

（五）行情数据含义

在大盘分时走势图的右侧信息栏（见图 1－2－18）是大盘行情的有关数据，从上往下依次排列的主要数据有以下内容：

委比是衡量某一时段买卖盘相对强度的指标，其大小每时每刻都随买入手数与卖出手数变化。委比的取值自 -100 ~ +100，+100 表示全部的委托均是买盘，涨停的股票的委比一般是 +100，而跌停是 -100。委比为 0，意思是买入（托单）和卖出（压单）的数量相等，即委买 : 委卖 = 5 : 5。其计算公式为：

$$\text{委比}=\frac{A-B}{A+B}\times 100\%$$

其中：A 表示委买手数，是所有个股委托买入上五档的总数量；B 表示委卖手数，是所有个股委托卖出下五档的总数量。当委比值为正值并且委比数大，说明其市场买盘强劲；当委比值为负值并且负值大，说明市场抛盘较强；委比值的变化从 -100% ~ +100%，说明买盘逐渐增强，卖盘逐渐减弱的一个过程。相反，从 +100% ~ -100%，说明买盘逐渐减弱，卖盘逐渐增强的一个过程。在图 1-2-18 中，"委比 -19.86%"出现在收盘时，说明收盘时卖出成交量有所增加，指数在收盘时上涨趋缓。

最新指数：即当前上证指数的最新点位。在图 1-2-18 中，最新指数为收盘时点位，"最新指数 3 292.64"表示上证指数以 3 292.64 点收盘。

指数涨跌：即当前上证指数比前一个交易日收盘点位上涨或下跌的绝对数。在图 1-2-18 中，指数涨跌 = 3 292.64 - 3 273.03 = +19.61。

涨跌幅度：即当前上证指数涨跌与前一交易日收盘点位的比值。在图 1-2-18 中，涨跌幅度 =（19.61 ÷ 3 273.03）× 100% = 0.60%。

昨日收盘：表示前一交易日上证指数的收盘点位。

今日开盘：表示当天上证指数的开盘点位。

今日最高：表示上证指数当天曾达到的最高点位。

今日最低：表示上证指数当天曾达到的最低点位。

总成交量（总手）：表示当日上海证券交易所从交易开始累计到目前的总成交量。图 1-2-18 中显示的是当天收盘后的大盘分时走势图，故总手是 23 719 万手，是当天累计成交量。

总成交额：表示当日上海证券交易所从交易开始累计到目前的总成交金额。图 1-2-18 中显示的总成交额 2 564 亿元，是当日累计总成交额。

委比：委比是委买手数、委卖手数之差与之和的比值，它是衡量一段时间内场内买、卖强弱的一种技术指标，其计算公式是：委比 =（委买手数 - 委卖手数）÷（委买手数 + 委卖手数）× 100%。委比值的变化范围为 -100% ~ +100%。一般而言，当委比数值正值很大的时候，表示买方比卖方力量强，指数上涨概率大；当委比为负值的时候，表示卖方比买方力量强，指数下跌概率大。

上涨家数：表示当前上海证券交易所上市公司股价高于前一交易日其收盘价的家数。图 1-2-18 中显示的是当日收盘时的上涨家数 593 家。

平盘家数：表示当前上海证券交易所上市公司股价与前一交易日其收盘价相等的家数。图 1-2-18 中显示的是当日收盘时的平盘家数 140 家。

下跌家数：表示当前上海证券交易所上市公司股价低于前一交易日其收盘价的家数。图 1-2-18 中显示的是当日收盘时的下跌家数 627 家。

二、个股即时行情解读

运行行情软件，在主界面状态下，输入股票代码或股票简称拼音的第一个字母，即可查看到相应的个股行情。通常，默认的界面是个股即时行情走势。

（一）分时价位线和均价线

分时价位线就是个股分时走势图 1－2－19 中的白色曲线，即分时价位线，表示该股票的分时成交价格。分时均价线就是个股分时走势图 1－2－19 中的黄色曲线，表示该种股票的平均价格。它是从当日开盘到现在平均交易价格画成的曲线，其作用类似移动平均线。

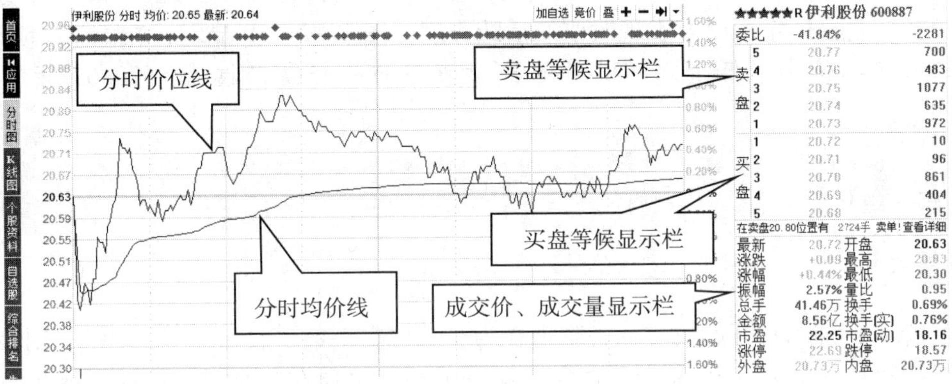

图 1－2－19　伊利股份分时走势

（二）个股信息栏

1. 卖盘等候显示栏。在个股分时走势图右边的信息栏中有“卖一、卖二、卖三、卖四、卖五”表示该个股当前时刻委托卖出的最低/次低/第三低/第四低/第五低价格。按照“价格优先，时间优先”的原则，谁卖出的报价低谁就排在前面，如卖出的报价相同，谁先报价谁就排在前面，而这一切都由电脑自动计算，绝对公平，不存在营私舞弊现象。其中卖一的出价最低，也是最易成交的一笔卖出委托。卖一、卖二、卖三、卖四、卖五后面的数字为价格，再后面的数字为等候卖出的股票手数。如图 1－2－19 中伊利股份卖盘等候显示栏“卖一 20.73　972”表示第一排等候卖出的报价是 20.73 元，共有 972 手股票，即有 97 200 股在这个价位等候卖出。

2. 买盘等候显示栏。信息栏中有“买一、买二、买三、买四、买五”表示该个股当前时刻委托买入的最高/次高/第三高/第四高/第五高价格。依次等候买进，与等候卖出相反，谁买进的报价高谁就排在前面，如果买进的报价相同，谁先报价谁就排在前面。如图 1－2－19 显示伊利股份：“买一　20.72　10”，表示在第一排等候买入的报价为 20.72 元，共有 10 手股票，即有 1 000 股在这个价位等候买进。

3. 成交价格、成交量显示栏。图 1－2－19 中，成交价格、成交量显示栏有 18 个内容，下面对其中重要的事项加以说明（不同的股票分析软件有可能显示的内容不同）。

（1）最新：即买卖双方的最新一笔成交价。当日收盘时的最后一笔成交价，为当日收盘价，图 1－2－19 中显示："最新 20.72"，则这个即时成交价是发生在 15：00 的最后一笔交易，因此，20.72 元就是该股当日的收盘价。

（2）涨跌：即当日该股最新价与前一交易日收盘价相比上涨和下跌的绝对值，以元为单位。图 1－2－19 显示："涨跌＋0.09"，表示当日该股最新成交价与前一交易日收盘价 20.63 元相比上涨了 0.09 元。

（3）涨幅：即当日成交到现在的上涨或下跌的幅度，幅度的大小用百分比表示。若幅度为正值，数字颜色显示为红色，表示股价在上涨；若幅度为负值，数字颜色显示为绿色，表示股价下跌。收盘时涨跌幅度即为当日的涨跌幅度，图 1－2－19 显示："涨幅 ＋0.44%"，表示该股当日涨幅为 0.44%。

（4）振幅：即股票开盘后的当日最高价和最低价之间的差的绝对值与前一交易日收盘价的百分比，它在一定程度上表现股票的活跃程度。图 1－2－19 显示："振幅 2.57%"，表示当日该股最高价和最低价之间的差的绝对值与前一交易日收盘价 20.63 元的百分比是 2.57%。

【想一想】

股票的涨跌幅和振幅的区别？

（5）总手：即当日开始成交一直到现在为止总成交手数。收盘后"总手"，则表示当日成交的总手数。图 1－2－19 显示："总手 41.46 万"出现在收盘时，这就说明当日成交的总手数量是 41.46 万手。

（6）金额：即成交金额，对个股来说，成交金额表示到最近 1 笔成交为止该股的累计成交金额，单位为元。图 1－2－19 显示："金额 8.56 亿"出现在收盘时，这就说明当日该股当日共成交了 8.56 亿元。其计算公式为：

$$成交金额 = \sum 成交价格 \times 成交量$$

（7）开盘：即当日的开盘价。开盘价是每个交易日的第一笔成交价。按上海证券交易所规定，如开市后某只股票半小时内无成交，则以该股上一个交易日的收盘价为当日开盘价。

（8）最高：即开盘到现在买卖双方成交的最高价格。收盘时"最高"后面显示的价格为当日成交的最高价格。

（9）最低：即开盘到现在买卖双方成交的最低价格。收盘时"最低"后面显示的价格为当日成交的最低价格。

（10）量比：是衡量相对成交量的指标。它是开市后每分钟平均成交量与过去 5 个交易日每分钟平均成交量之比。其计算公式为：

$$量比 = \frac{现成交总手数}{(5\ 日平均总手 \div 240) \times 当前累计开市分钟} \times 100\%$$

量比是投资者分析行情短期趋势的重要依据之一。若量比数值大于 1，且越来越大时，表示现在这时刻的成交总手数较多，即成交量在放大；若量比数值小于 1，且越来越小时，表示现在这时刻的成交总手数较少，即成交量在萎缩。这里要注意的是，并非量比大于1，且越来越大就一定对买方有利。通常，若股价上涨，价升量增，这当然是好事，投资者可积极看多、做多，但此时如果股价在往下走，价跌量增，这就不一定是好事了。总之，量比要同股价涨跌联系起来分析，这样才会减少失误，提高投资成功率。

（11）换手：即换手率，也称周转率，指在一定时间内股票转手买卖的频率，是反映股票流通性强弱的指标之一。其计算公式为：

$$换手 = \frac{成交股数}{流通股数} \times 100\%$$

股票的换手率越高，意味着该只股票的交投越活跃，人们购买该只股票的意愿越高，属于热门股；反之，股票的换手率越低，则表明该只股票少人关注，属于冷门股。

【学一学】

教你看懂换手率

股票在一段区域内换手率越高，意味着该股的股性越活跃，而换手率较高的多为市场热门股、题材股或庄股，是短线或者阶段性操作的最佳对象。

一般来说，日换手率小于3%，属于冷清不活跃；日换手率在3%～7%之间，属活跃，表示有主力机构在积极活动（但受消息一时形成的换手率除外）；日换手率大于7%，且常常超过10%，则表明市场筹码在急剧换手，这往往是短线资金追逐的对象，投机性较强，股价起伏较大，风险也相对越大，此时，就必须要对该股进行判断。通常如果发生在高位，尤其是在高位缩量横盘之后，很可能是主力机构出货（此时往往有相应消息配合）。但如果发生在低位，尤其是通过第一个阻力区时，很可能是强庄积极进货。因此，在操作上，我们可以据此将10日平均换手率大于3%作为一个选股的基本条件，重点研究那些比较活跃的股票，以提高选股效率。尤其对那些已被高度控盘的股票，10日平均换手率大于5%，而后又缩量至换手率小于3%的股，要重点关注。

（12）市盈：即市盈率，又称本益比，是某种股票每股市价与每股盈利的比值。市盈率反映投资者为每股股票愿意付出的成本，是估计普通股价值的最基本、最重要的指标之一。一般认为该比率保持在20～30倍是正常的，数值小说明股价低、风险小，值得购买；过大则说明股价高、风险大，购买时应谨慎。但高市盈率股票多为热门股，低市盈率股票可能为冷门股。市场广泛谈及的市盈率通常指的是静态市盈率。

【想一想】

选择市盈率高的股票好，还是市盈率低的股票好？

（13）涨停和跌停：为抑制投机行为，证监会对每交易日中每只股票的成交价格，相对于前一交易日收盘价的最大涨跌幅度作了一个限制，即涨跌幅限制。普通股票的涨跌幅度限制是10%，ST股票和S股票的涨跌幅度限制是5%。例如普通股票的涨跌幅度限制是10%，即当日成交价只能在前一交易日收市价 ±10% 内，当成交价为前一交易日收市价 +10% 时，此成交价即为涨停板，亦即涨停；当成交价为前一交易日收市价 -10% 时，此成交价即为跌停板，亦即跌停。但新股上市当日股票无涨跌幅限制。

（14）外盘和内盘：外盘是指在成交量中以主动性叫买价格成交的数量，所谓主动性叫买，即是在实盘买卖中，买方主动以高于或等于当前卖一的价格挂单买入股票时成交的数量，显示多方的总体实力。内盘是指在成交量中以主动性叫卖价格成交的数量，所谓主动性叫卖，即是在实盘买卖中，卖方主动以低于或等于当前买一的价格挂单卖出股票时成交的数量，显示空方的总体实力。通常在股票软件中，红色数字表示外盘，绿色数字表示内盘。

【学一学】

巧妙应用内盘与外盘

内盘和外盘这两个统计指标是由软件自己计算的，并不是交易所计算后传出来的。当软件收到一笔新数据时就会将成交价与上一次显示的买①和卖①进行比较，如果成交价小于或等于买①，那么相应的成交量就被加到内盘指标上去，如果大于或等于卖①，那么对应的成交量就被加到外盘指标上去。如果在两者之间则内外盘各分一半，这样内盘加上外盘就等于总的成交量。

由于各个通信站点接收信号有差异，所以不同的软件所计算出来的内盘和外盘是不一样的。根据计算方法我们似乎应该相信，内盘大股价要跌而外盘大则股价要涨。不过这样理解还是比较片面，对于一个成交量较小的小盘股来说，下面的案例很能说明问题。

假设 1：当天大盘跌幅超过一个百分点。

假设 2：当天股价上涨超过一个百分点。

假设 3：内盘明显大于外盘。

满足这些假设的场景经常会在盘中出现。由于内盘明显大于外盘，所以我们往往会以为主动性抛盘很多，股价将下跌。很多情况下确实是这样，但我们还是应该再仔细观察一下挂单的变化情况，这是我们看盘的重点。

由于盘小量小，所以挂单的价差比较大。值得关注的是尽管内盘在不断增加但股价却并没有明显下跌，我们必须对此给出一个合理的解释。

比如某股现在买①和卖①的价位是 10.46 元和 10.50 元。有抛盘陆续砸出，买①变成 10.43 元而卖①没有变，这些抛盘自然被计入内盘中。接着有一笔较大的买单挂在 10.44 元，买①变为 10.44 元。接着又是几笔抛盘砸出，买①成为 10.43 元，这些量自然继续被加到内盘上。后来再出现一笔大买单挂在 10.45 元上面，买①和卖①恢复为 10.45 元和 10.50 元。

以上的挂单变化在当天的交易中经常出现，它已经给出了合理的解释，那就是有大单在吸纳随大盘下跌而抛出来的散单，而且是以相对较高的价格。所以本案例的结论正好相反，股价很有可能在最近上涨，尽管内盘明显大于外盘。

对于成交量较小的小盘股来说只要满足以上三个假设，那么大单吸筹的结论可以成立，不过据此还不能断定是否立刻上涨。如果我们把上面的三个假设全部颠倒过来则结论正好相反。

资料来源：内盘与外盘的应用经验［OL］. 正点财经，2017-03-28.

扩展阅读

网上证券模拟交易系统

叩富网模拟证券交易系统是一个专业的证券交易联系平台，由国泰君安证券公司开发。该系统历经多次升级，技术已非常成熟。系统采用 Web 方式进行证券模拟交易，行情与交易所同步，成交撮合、闭市清算流程和交易所完全一致。无论是对于准备入市或刚入市的新股民，还是已有实盘炒股经验的老股民，它都是训练炒股技术、积累炒股经验的最佳工具。目前，全国各地许多的大学和广大投资者均在广泛使用。

登录叩富网 http：//www. cofool. com，点击网页左上角“免费注册”栏，进入注册页面，建议进入第三主站，选择本金 100 万元的普通组进行注册，并按提示一步步完成注册。

注册成功后，进入“模拟炒股用户登录页面”，在第三主站进行登录。登录成功后，进入“模拟炒股”页面。

叩富网模拟炒股采用的股票行情信息和交易所实时同步，用户点击系统最上方的“实时行情”即可以查询股票实时行情数据，无需安装行情软件，方便快捷，还可以查看 K 线走势图。在实时行情界面中，按指数、深圳 A 股、上海 A 股、权证、封闭基金、指数基金七类对交易所的行情进行了分类。同时，可以按股票当前价、当天涨跌幅、股票当天振幅、当天成交量、成交金额进行排序，找出当日强势股、弱势股。

在实时行情多股同列中，直接点股票代码或输入股票代码或股票名称就可以查询某只股票的详细行情信息。在股票的详细行情信息中，可以点击“即时走势图”或“K 线图”查看股票的走势图形。此外，在查看实时行情时，可以将关注的股票加入自选股中，在股票代码栏输入“0000”即可以查询到所有的自选股信息。也可以直接点击买入或卖出查看股票。

叩富网模拟炒股采用的股票行情信息和交易所实时同步，用户点击系统最上方的“实时行情”即可以查询股票实时行情数据，无需安装行情软件，方便快捷，还可以查看 K 线走势图。

工作任务

任务 1

1. 任务内容：下载并安装证券行情分析软件。

2. 任务步骤：

（1）选择一款适合自己的证券行情分析软件。

（2）登录其官方网站下载并安装。

（3）自我评价。

3. 任务操作提示：学生通过登录证券公司网站，了解各家证券公司服务宗旨和内容，掌握行情分析软件特点，从中选择适合自己的软件下载、安装。

任务 2

1. 任务内容：查看上证指数、深证成指分时走势图。

2. 任务步骤：

（1）知识准备：掌握证券行情分析软件键盘操作热键。

（2）登录行情分析软件，查看当日上证指数、深证成指分时走势图，并根据当前界面上的数据进行盘面分析。

（3）自我评价。

3. 任务操作提示：通过键盘操作热键 F3、F4，学生可以调阅大盘分时走势，根据盘面特征和行情数据反映的内容，对盘面进行分析。

任务 3

1. 任务内容：查找家乡上市公司的基本情况（上市公司家数，某一上市公司基本情况）。

2. 任务步骤：

（1）知识准备：掌握证券行情分析软件基本功能。

（2）登录行情分析软件，按地域板块查看某一地域上市股票，并根据当前界面上的数据统计上市股票数量、上市公司家数。

（3）点击某一股票，调阅其公司基本资料。

（4）自我评价。

3. 任务操作提示：掌握选择板块的方法与 F10 键的应用。

项目自测

一、单项选择题

1. 证券投资分析的目标是（　　）。

A. 证券风险最小化　　B. 证券投资净效用最大化

C. 证券投资预期收益与风险固定化　　D. 证券流动性最大化

2. 以宏观经济形势、行业特征及上市公司的基本财务数据作为投资分析对象与投资决策基础的投资分析方法是（　　）。

A. 基本分析方法　　B. 技术分析方法

C. 证券组合分析法　　D. 行为金融分析法

3. 查看上证指数分时图、深证指数分时图按（　　）快捷键。

A. F2、F3　　B. F3、F4　　C. F4、F5　　D. F1、F2

4. 查看上证综合排名、深圳综合排名按（　　）快捷键。

A. 81、82　　B. 81、84　　C. 81、83　　D. 82、83

5. 查看沪市 A 股涨幅排行、深市 A 股涨幅排行按（　　）快捷键。

A. 61、62　　B. 62、62　　C. 61、63　　D. 62、64

二、多项选择题

1. 证券投资分析的意义主要体现在（　　）。

A. 有利于正确评估证券的投资价值　　B. 有利于投资者降低投资风险

C. 有利于提高投资决策的科学性　　D. 可以保证投资者获得较高收益

2. 技术分析的理论基础是建立在（　　）假设之上的。

A. 投资者对风险有共同的偏好　　B. 价格沿趋势移动

C. 市场的行为包含一切信息　　D. 历史会重复

3. 证券行情分析软件的基本功能主要有（　　）。

A. 查看即时行情　　B. 查看静态、动态技术指标

C. 查看大盘指数和个股的历史走势　　D. 辅助分析和辅助选股功能

4. 投资者可以利用行情软件输入（　　）热键，查询到上交所和深交所 A 股报价。

A. 1 + Enter　　B. 2 + Enter　　C. 3 + Enter　　D. 4 + Enter

5. 在证券行情软件主界面状态下，输入（　　）即可进入上证指数分时走势图。

A. F3　　B. 1A0001　　C. 81 + Enter　　D. 03 + Enter

三、判断题（将正确的画上√，错误的画上×）

1. 证券投资分析有利于降低投资者的投资风险。（　　）

2. 技术分析法对证券市场的影响难以数量化、程式化，受投资者主观能力的制约较大。（　　）

3. 证券投资分析是指通过各种专业性分析方法，对影响证券价值或价格的各种信息进行综合分析，以判断证券价值或价格及其变动的行为。（　　）

4. 技术分析法对使用者的定量分析技术有较高要求，不易被普通公众所接受。（　　）

5. 基本分析的内容包括宏观经济分析、行业和区域分析以及基本心理分析三部分。（　　）

项目二

证券市场信息的获取与运用

学习目标

通过本项目学习，应当掌握以下知识和技能：

知识目标

- 理解证券市场信息的传递机制
- 理解证券市场信息的获取渠道
- 掌握影响股票投资价值的有关信息
- 掌握影响债券投资价值的有关信息
- 掌握影响证券投资基金投资价值的有关信息

技能目标

- 认知证券市场信息披露制度
- 认知证券市场信息传递机制
- 能迅速获取证券市场有关信息
- 能有效地甄别影响股票、债券、证券投资基金投资价值的相关信息

【情景导入】

拿破仑的滑铁卢与罗斯柴尔德的凯旋门

罗斯柴尔德家族是欧洲乃至世界久负盛名的金融家族，发迹于19世纪初，其创始人是梅耶·罗斯柴尔德（Mayer Amschel Rothschild）。他和他的5个儿子即“罗氏五虎”先后在英国伦敦、法国巴黎、奥地利维也纳、德国法兰克福、意大利那不勒斯等欧洲著名城市开设银行。

1815年6月18日，在比利时布鲁塞尔近郊展开的滑铁卢战争，不仅是拿破仑和威灵顿两支雄师之间的生死决斗，也是成千上万投资者的巨大赌博，赢家将获得空前的财富，输家将损失惨重。伦敦股票交易市场的空气紧张到了极点，所有的人都在焦虑地等待着滑铁卢战争的终极结果。假如英国败了，英国公债的价格将跌进深渊；假如英国胜了，英国公债将冲上云霄。到傍晚时分，拿破仑的败局已定，一个名叫罗斯伍兹的罗斯柴尔德快信传递员亲眼目睹了战况，他立即骑快马奔向布鲁塞尔，然后转往奥斯坦德港。当他于6月19日清晨到达英国福克斯顿的岸边时，内森·罗斯柴尔德亲自等候在那里。内森快速打开信封，浏览了战报标题，然后策马直奔伦敦的股票交易所。内森冲着环侍在身边的罗斯柴尔德家族的交易员们递了一个深邃的眼色，大家立即一声不响地冲向交易台，开始抛售英国公债。大厅里立时一阵骚动，这时，相当于数十万美元的英国公债被猛然抛向市场，公债价格开始下滑，然后更大的抛单像海潮一般一波比一波猛烈，公债的价格开始崩溃。交易大厅里终于有人发出惊叫：“罗斯柴尔德知道了！”“罗斯柴尔德知道了！”“威灵顿战败了！”所有的人立即像触电一般回过味来，抛售终于变成了恐慌。人在猛然失去理智的时候，跟随别人的行为成了一种自我强制性行为。每个人都想立即抛掉手中已经毫无价值的英国公债，尽可能地留住一些

所剩无几的财富。经过几个小时的狂抛，英国公债已成为一堆垃圾，票面价值仅剩下5%。而此时的内森像一开始一样，仍然是漠然地看着这一切。他的眼睛以一种不经过长期练习就不可能读懂的眼神稍微地闪动了一下，但这次的信号却完全不同。他身边的众多交易员立即扑向各自的交易台，开始买进市场上能见到的每一张英国公债。6月21日晚11点，威灵顿勋爵的信使亨利·珀西终于到达了伦敦，消息是拿破仑雄师在8个小时的苦战后被彻底打败了，损失了1/3的士兵，法国完了！这个消息比内森的情报晚了整整一天！而内森在这一天之内，狂赚了20倍的金钱，超过拿破仑和威灵顿在几十年战争中所得到的财富的总和！

滑铁卢一战使内森一举成为英国政府最大的债权人，从而主导了英国日后的公债发行，英格兰银行被内森所控制。英国的公债就是未来政府税收的凭证，英国人民向政府缴纳各种税赋的义务，变成了罗斯柴尔德银行向全民变相征税。英国政府的财政支出是靠发行公债来筹集的，换句话说，英国政府由于没有货币发行权而必须向私人银行借钱花，而且要支付8%左右的利息，所有本息都是以金币结算。当内森手里攥着具有压倒性上风数目的英国公债的时候，他实际上操控着公债的价格，左右着整个英国的货币供给量，英国的经济命根子被牢牢地捏在了罗斯柴尔德家族的手中。

资料来源：宋鸿兵. 货币战争［M］. 北京：中信出版社，2007.

➲ 课前思考

1. 从这个故事中，你认为信息对证券市场价格的作用是什么？
2. 如何甄别证券信息的真伪，使其有效地为投资者作出正确的投资决策服务？

模块一　获取证券市场信息

任务描述

本模块的主要任务是认知证券市场信息的传递机制及其重要性，掌握证券市场信息体系构成，掌握证券市场信息的获取渠道，通过网络等各种途径搜集到影响证券价格的有关信息。

任务一　认知证券市场信息

任务指引

在证券市场上，不确定性和风险是构成证券特征和影响证券价格的重要因素。由于信息的获取可以改变对证券不确定性和风险的评价，从而信息对证券市场的价格发现和价格均衡也就具有直接作用和决定性的意义。从本质上看，证券市场是一个信息市场，市场的运作过程就是信息的处理过程，正是信息在指引着社会资金流向各实体部门，从而实现证券市场的资源配置功能。要建立和发展一个成功的证券市场，必然依赖于市场对投资者利益的切实保护和投资者对市场的信心。因而政府必须强制性地要求证券发行公司将所有相关信息公之于众，以应对证券市场中欺诈行为和内幕交易等市场失灵现象，改善市场中客观存在的不公平竞争状态。

➲ 问题思考

1. 信息在证券市场运作和功能发挥过程中起什么作用？
2. 信息披露的充分与否、及时与否、真实与否对市场的有效性有哪些影响？

知识准备

一、证券投资信息的定义

（一）信息的定义

对于信息的认识，人们从不同的角度作出了多种描述："信息就是谈论的事情、新闻和知识"（牛津辞典）；"信息，就是在观察或研究过程中获得的数据、新闻和知识"（韦氏字典）；"信息是所观察事物的知识"（广辞苑）；"信息是通信系统传输和处理的对象，泛指消息和信号的具体内容和意义，通常需通过处理和分析来提取"（辞海，1989年版）。

尽管众说纷纭，但广义上可作如下概括：信息是能够通过文字、图像、声音、符号、数据等为人类获知的知识。一般来说，信息是指与客观事物相联系，反映客观事物的运动状态，通过一定的物质载体被发出、传递和感受，对接受对象的思维产生影响并用来指导接受对象的行为的一种描述。从本质上说，信息是反映现实世界的运动、发展和变化状态及规律的信号与消息。

（二）信息构成要素

1. 信源。信源是指信息的主体，可以是各种客观存在。信息总是一定主体的信息，总要反映一定的客观存在，没有信源或者说无主体的信息是不存在的。不同的信源所具有的信息量、发出信息的能力和对信息的控制能力是不同的。掌握信息首先要了解信源，不了解信源就不可能掌握信息的内涵。

2. 语言符号。任何信息都是通过一定的语言符号来表达的。语言符号可分为自然语言和人工语言。自然语言是在客观事物之间长期交流和发展中形成的，以不同的形式和符号，按照某种客观存在的规则而构成的，包括人类的语言、表情、动植物和其他客观事物之间交流信息的形式等。人工语言是人类为了表达、交流、传递和理解信息的需要而创造出来的一些符号，如文字、各种符号、编码等。

3. 载体。信息必须附着在一定的物质之上，通过这个物质载体进行储存、加工、传递和反馈。

4. 信道。信道指信息在收发双方之间传递的通道。

5. 信宿。信宿是指信息的接收者。

6. 媒介。任何信息都离不开传递，不能传递就不能称之为信息。信息传递要通过一定的媒介，语言、载体、信道都属于信息传递的媒介形式。

（三）证券投资信息的定义

证券投资信息就是与证券活动相关的，以文字、数字、符号、语言、图像等介质来表示的，用来作为证券投资决策依据的各种消息的总和。

证券投资与信息存在着密切的联系。这一联系主要表现在：一是证券价格随着信息的变化而变化；二是伴随着证券投资活动的进行生成了信息运行体系，这一体系又反过来作用于证券投资活动。信息在证券投资分析中起着十分重要的作用，是进行证券投资分析的基础。来自不同渠道的信息最终都将通过各种方式对证券的价格发生作用，导致证券价格的上升或下降，从而影响证券的收益率。

同时，我们也注意到一个发达的证券市场，信息披露的充分与否、及时与否、真实与否，直接决定了市场的有效性和有效程度。信息披露制度是证券市场赖以存在和发展的基础，也是保护投资者利益的有力手段和武器。

证券投资信息是研判、分析证券投资状态、进行证券投资决策的基本依据；准确、充分、及时地把握证券投资信息是证券监管有效进行的基本前提；收集、处理和利用证券投资信息的能力是证券投资成败的关键所在；证券投资信息产业本身是现代经济、金融的重要构成部分。

【看一看】

信息披露制度的起源

上市公司信息披露制度是证券市场发展到一定阶段，相互联系、相互作用的证券市场特性与上市公司特性在证券法律制度上的反映。世界各国证券立法莫不将上市公司的各种信息披露作为法律法规的重要内容，信息披露制度源于英国和美国。

英国的“南海泡沫事件”（South Sea Bubble）导致了1720年“诈欺防止法案”（Bubble Act of 1720）的出台，而后1844年英国合股公司法（The Joint Stock Companies Act 1844）中关于“招股说明书”（prospectus）的规定，首次确立了强制性信息披露原则（the principle of compulsory disclosure）。

但是，当今世界信息披露制度最完善、最成熟的立法在于美国。它关于信息披露的要求最初源于1911年堪萨斯州的《蓝天法》（Blue Sky Law）。1929年华尔街证券市场的大阵痛，以及阵痛前的非法投机、欺诈与操纵行为，促使了美国联邦政府1933年的《证券法》和1934年的《证券交易法》的颁布。在1933年的《证券法》中，美国首次规定实行财务公开制度，这被认为是世界上最早的信息披露制度。

二、证券市场信息的传递机制

证券市场信息是指证券管理部门、证券交易所、上市公司及其他机构按照法定程序发布的有关证券的发行、交易及其相关活动的信息；证券经营机构、证券咨询机构等依法向公众提供预测证券市场走势等可能影响证券市场价格的分析报告、评论等。

从系统论的角度来看，证券市场信息传递和运行是一个系统，它由信源的信息供给、信息通道和信宿的信息需求所组成。

（一）信息供给主体

证券市场上有六大信息供给主体：

1. 政府部门。政府部门是国家宏观经济政策的制定者，是信息发布的主体，是一国证券市场上有关信息的主要来源。与证券市场相关的政府部门有以下八个部门：国务院、中国证券监督管理委员会、财政部、中国人民银行、国家发展和改革委员会、商务部、国家统计局、国务院国有资产监督管理委员会。我国四大宏观调控部门包括：财政部、中国人民银行、国家发展和改革委员会、商务部。

2. 证券交易所。我国沪、深证券交易所是不以营利为目的的会员制事业法人。证券交易所向社会公布的证券行情，按日制作的证券行情表，以及就市场内成交情况编制的日报表、周报表、月报表与年报表等，这些资料成为技术分析中的首要信息来源。

3. 上市公司。上市公司作为信息供给主体，主要是履行法律、法规的有关规定和要求，将公司的经营方向、经营状况以及财务状况向社会予以公布。上市公司公布的信息基本上是企业的微观经济信息。上市公司作为经营主体，其经营状况的好坏直接影响到投资者对其价值的判断，从而影响其股价水平的高低。因此，上市公司所公布的有关信息是投资者对其证券进行价值判断最重要的来源。

4. 证券中介机构。证券中介机构是指为证券市场参与者如发行人、投资者等提供各种服务的专职机构。其中包括：证券经营机构、证券投资咨询机构、证券登记结算机构以及从事证券相关业务的会计师事务所、资产评估事务所、律师事务所、信用评级机构等。证券中介机构主要是以其拥有的证券分析研究人员，对证券市场的基本面、技术面及其变化进行调查与研究，并将各种分析结果予以公布，如行业分析报告、投资价值分析报告等。

5. 媒体。首先，媒体是信息发布的主体之一；其次，媒体同时也是信息发布的主要渠道。具体内容包括书籍、报纸、杂志，其他公开出版物以及电视、广播、互联网等媒体披露有关信息。

6. 投资者。投资者公开提供的信息主要有：一是投资者行为信息，如持股比例、持股种类、个人投资收益状况；二是投资者作为证券市场的参与者和研究者，自己对市场的研判与分析通过口头或书面的形式予以公布。

（二）信息通道

证券市场的信息通道就是证券市场信息的发布渠道，主要包括以下几个方面。

1. 证券交易中介系统，它主要是以交易所系统为中心的证券商信息网络。交易所系统作为信息通道主要反映证交所上市的证券交易信息。证券商作为信息通道，一方面提供交易所实时行情报道，同时向所属投资者提供有关咨询、技术解盘等服务。

2. 新闻媒体，包括电台、电视台、报纸、杂志和互联网信息平台。它们构成一个多时效、多层次、多形式的信息传输网，使信息能得到及时、快捷、广泛的传播。

3. 其他传播渠道。如证券咨询研究机构设立的信息网络，各地开设的声讯信箱，各地举办的不定期的讲习班、俱乐部等正式或非正式的信息通道。投资者还可以通过实地调研、专家访谈、市场调查等获得有关的信息，也可以通过家庭成员、朋友、邻居等获得有关信息，其他包括内幕的信息。

（三）信息需求主体

证券市场上所有参与者都是信息的需求主体。包括证券市场监管部门、投资主体、上市公司。不同的需求主体在信息的要求上，在信息收集的途径与内容上，在信息加工处理的能力上都有不同。市场监管部门的主要任务是监管整个市场的运行，规划市场的发展前景，规定相应的规章制度。除了有关国内外宏观经济政策、金融政策方面的信息之外，还要了解市场参与者行为的信息，包括对上市公司、证券商、投资者以及新闻媒介机构行为的信息。机构投资者的目的是利润最大化，个人投资者则是实现投资收益最大化。信息是实现其目的的一个重要手段，他们花费大量的人力和财力，采用一切可以采用的手段进行信息的收集和加工。

三、证券信息对证券价格变动的影响机制

证券信息包括证券行情（价格）信息和影响证券价格的信息两大类，本项目所涉及的主要是影响证券价格的信息。

（一）证券市场价格的形成与变动

证券价格是由市场供求关系决定的，如图 2－1－1 所示。S 表示证券的供给，是促使证券价格下降的因素；D 表示证券的需求，是促使证券价格上升的因素。二者之间相交于 E 点，在 E 点，供给与需求相等，从而形成均衡价格 P_0和均衡数量 Q_0。

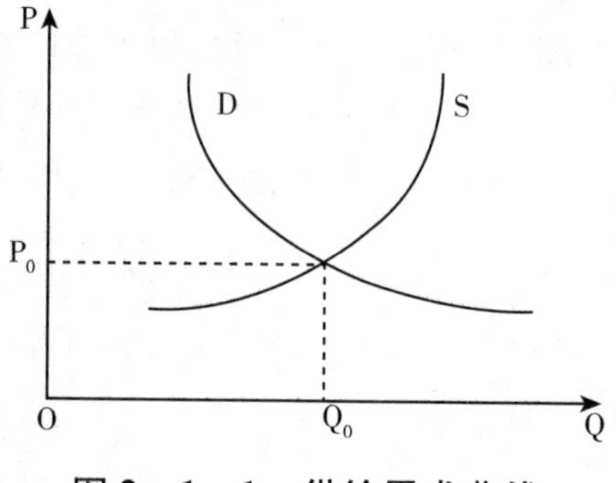

图 2－1－1　供给需求曲线

当均衡价格 P_0形成以后，可以作以下分析：

第一，假设股票供给保持不变，市场出现某种有利于增加证券需求的信息，如央行出台大幅降息的货币政策，其对证券市场价格影响的传导机制如下：

$$\text{大幅降息}\Rightarrow\left[\begin{array}{l}\text{经济增长加速}\Rightarrow\text{上市公司盈利增加}\\ \text{银行资金流入证券市场}\end{array}\right]\Rightarrow\text{对证券的需求增加}$$

而此时证券的供给保持不变，则证券价格上升。相反，假设供给不变，央行出台大幅升息的货币政策，其对证券市场价格影响的传导机制如下：

$$\text{大幅升息}\Rightarrow\left[\begin{array}{l}\text{经济增长放慢}\Rightarrow\text{上市公司盈利减少}\\ \text{证券市场资金流入银行}\end{array}\right]\Rightarrow\text{对证券的需求减少}$$

而此时证券的供给保持不变，则证券价格下降。

第二，假设需求保持不变，市场出现某种有利于扩大证券供给的信息，如国家证券监督管理机关批准某大型集团公司大规模上市融资，此时会导致证券市场价格下降。相反，假设需求保持不变，市场出现某种于减少供给的信息，如国家证券监督管理机关宣布在未来一年内不批准新的上市融资项目，此时会导致证券市场价格上升。

当然，上述分析是非常机械的，而且是建立在诸多假设基础之上的，在实际的投资过程中，投资者要尽可能多搜集和分析有关信息，力求使自己的投资行为尽可能理性和合理。

（二）证券信息对证券价格变动的影响机制

信息通过影响供求关系来影响证券价格。当市场出现某一信息之后，投资者对会这一信息进行分析和判断，再根据分析判断的结论来买进（需求增加）、卖出（供给增加）或保持观望（供求不变），从而导致市场供求发生变化，证券价格也随之变化。

在某一特定时期内，当对证券市场发展有利的信息超过了对证券市场发展不利的信息时，大部分投资者会采取买入证券或者停止卖出证券的行动，此时，证券需求力量超过供给力量，证券价格会上升；反之，当对证券市场发展不利的信息超过了对证券市场发展有利的信息时，大部分投资者会采取卖出或者停止买入证券的行动，此时，证券供给力量超过需求力量，证券价格会下降。

任务二　获取证券市场信息

任务指引

绝大多数的投资人，很少系统地阅读并收集与股市有关的资讯，有些人连上网都很少，只有少数有心的投资人，不但每天看各种资讯，而且将有关资讯系统地整理、归档、记录，甚至还做笔记。过去资讯尚未发达之时，将报纸上的资料剪下后，分门别类地贴起来，装订成册，等需要的时候再查阅。现在资讯来源很多，包括报纸、杂志、电视、广播电台、网络等各种传播媒体，有时还可以在有关的专题座谈会或演讲会上，得到一些资讯。此外，证券交易所还会提供上市公司的会计报告以及对股市各项统计报告等。上市公司本身也会提供给股东有关的报告，有些研究机构也会出版一些研究报告。

问题思考

1. 目前，证券信息的来源渠道有哪些？
2. 现在与过去相比，搜集证券市场信息的渠道和方式有哪些变化？

知识准备

一、获取证券市场信息的主要途径

在证券市场上，投资者只有充分地占有信息，才能作出准确和有价值的评价。如果他们的信息来源不可靠，来路不正，即使他们的分析技术很过硬，其分析结果也不过是“垃圾”，因此而进行的投资行为甚至会对市场造成伤害。所以，关注证券投资分析的信息来源是非常必要的。

目前，我国证券市场信息的来源主要有11种途径：（1）上市公司年报、半年报和季报；（2）各类新闻媒体对上市公司经营的相关报道；（3）本公司或其他证券公司有关部门；（4）学术性图书刊物；（5）对上市公司进行电话访问；（6）到上市公司进行走访；（7）证券交易或监管部门，如交易所、证管办或证监会；（8）会计师事务所、律师事务所或投资顾问等中介；（9）当地政府有关部门；（10）上市公司新闻发布会；（11）私下交谈或传闻。

二、证券市场信息的搜集方法

一般来说，证券信息可以分为两大类：第一类是证券价格（行情）信息；第二类是影响证券价格的相关信息。搜集证券信息的方法多种多样（见表2-1-1），主要包括查看证券行情分析软件、浏览财经网站（证券公司网站）、收听（看）广播电视财经节目、阅读财经报纸杂志等，其中，在信息和网络技术高度发达的今天，上网查询证券信息是最方便、最快捷的方法之一。

表2-1-1　　证券信息种类及其搜集方法一览

<table>
<tr><th colspan="3">证券信息种类</th><th>搜集方法</th></tr>
<tr><td rowspan="8">证券价格信息</td><td rowspan="2">股票价格信息</td><td>大盘信息（股价指数）</td><td rowspan="8">查看证券行情分析软件，浏览财经网站（证券公司网站），收听（看）广播电视财经节目，阅读财经报纸杂志</td></tr>
<tr><td>个股信息</td></tr>
<tr><td rowspan="2">债券价格信息</td><td>债券价格指数</td></tr>
<tr><td>单只债券价格信息</td></tr>
<tr><td rowspan="2">基金价格（净值）信息</td><td>基金指数</td></tr>
<tr><td>单只基金的价格（净值）</td></tr>
<tr><td colspan="2">权证价格信息</td></tr>
<tr><td colspan="2">其他信息</td></tr>
<tr><td rowspan="5">影响证券价格的相关信息</td><td colspan="2">宏观政治、经济信息</td><td rowspan="5">查看证券行情分析软件，浏览财经网站（证券公司网站），收听（看）广播电视财经节目，阅读财经报纸杂志，登录上市公司（基金管理公司）网站</td></tr>
<tr><td colspan="2">行业信息</td></tr>
<tr><td colspan="2">上市公司信息</td></tr>
<tr><td colspan="2">基金管理人（公司）信息</td></tr>
<tr><td colspan="2">市场传闻及其他信息</td></tr>
</table>

在上述两类信息中，证券价格（行情）信息及证券自身信息相对容易搜集，如查询上市公司交易代码，可以通过两种方式查询：一是知道了上市公司的简称，可以将其简称每个字拼音的第一个字母输入证券交易软件，即可得知该上市公司的交易代码；二是到证券交易所网站查询，我国沪、深证券交易所可以查到上市公司代码列表、基金代码列表、债券代码列表、权证代码列表等信息。

就影响证券价格（行情）的有关信息来讲，市场投资者在接受到这类信息后，会通过各种方法来分析和判断这些信息对证券价格（行情）的影响，进而采取相应的投资行为，如买进、卖出或观望等。正是投资者的这些行为共同影响和决定了市场供求，进而决定证券的市场价格（行情）。由此可见，这类信息至关重要，是证券信息搜集的重点与关键。

【学一学】

股票信息的收集方法

影响股票价格的信息纷繁复杂，作为一名投资者，可以通过查看证券行情分析软件、浏览财经网站（证券公司网站）、收听（看）广播电视财经节目、阅读财经报纸杂志等多种途径收集影响股票价格指数和单个股票价格走势的信息。下面以工商银行为例作简单介绍：

1. 查看证券行情分析软件中个股的F10键。具体方法是：登录行情分析软件，通过“键盘精灵”输入“GSYH”（股票简称的首个拼音字母）或“601398”（股票的代码），进入工商银行的分时走势界面，再点击F10进入工商银行的背景信息界面，如图2－1－2所示。

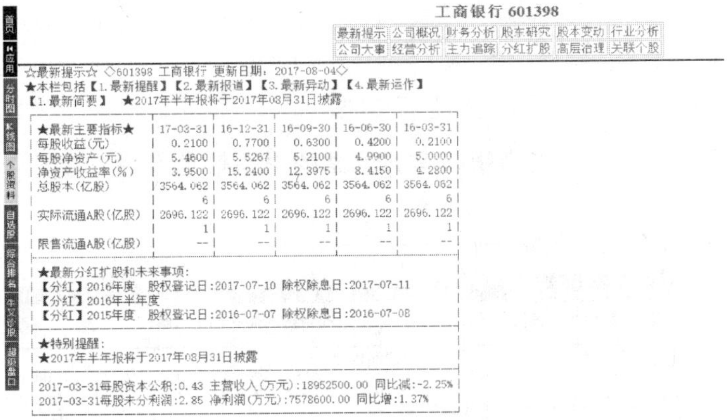

图2－1－2 工商银行的公司基本资料界面（部分）

通过这个界面，可以查看到工商银行的公司概况、财务分析、股东研究、股本股改、风险因素、公司报道、行业分析、公司大事、港澳分析、经营分析、主力追踪、分红扩股、高管治理、业内点评、关联个股等多方面信息。

2. 登录工商银行的官方网站。通过工商银行的官方网站（http：//www.icbc-ltd.com/icbcltd/），可以了解到工商银行的基本情况、主要产品与服务、投资者关系、公司治理等相关深度信息。通过该网站的投资者关系专栏，可以查询到该公司的财务信息（见图2－1－3），这是关于该公司经营状况的权威信息和重要信息，非常值得投资者关注和研究。

3. 浏览财经网站（证券公司网站）。目前，提供股票信息的财经网站很多，可以对这些网站作如下分类：第一类，证券监管机构、证券交易所和证券行业协会网站，包括中国证监会网站、证券业协会网站、上海证券交易所网站、深圳证券交易所网站、各地方证券业协会网站等。第二类，《中国证券报》《上海证券报》《证券时报》等三大证券报纸的网站，包括中证网（中国证券报主办）、中国证券网（上海证券报主办）、全景网（证券时报主办）。第三类，证券公司（券商）、投资咨询公司网站，如中信证券、银河证券、海通证券、广发证券、国泰君安证券、中金公司等。第四类，综合性的专业财经网站，如和讯网、证券之星、中国债券信息网、中国基金网等。第五类，综合性网站、门户类网站的财经专栏等，如人民网、新华网、搜狐网、新浪网、网易等的财经专栏。第六类，其他网站，如中国统计信息网（由中国国家统计局主办，提供权威的宏观经济统计数据）、中国宏观经济信息网（由中国宏观经济学会、中宏基金等机构共同主办）、国研网（国务院发展研究中心主办）等。以和讯网为例，在研报栏目中查看公司研报，如图 2－1－4 所示。

简体中文 繁体中文 English

ICBC 中国工商银行

首页 关于我行 产品与服务 投资者关系 公司治理 社会责任 职业发展 网上银行登录

投资价值 / 公司公告 / 财务信息 / 财务概要 / 信用评级 / 财务报告 / 财务补充 / 监管资本 / 股票及分红 / 业绩发布 / 投资者日志 / 投资者服务 / 下载中心

您现在的位置：首页 > 投资者关系 > 财务信息 > 财务概要

财务信息 主要财务指标：主要财务指标 历年财务概要：历年财务概要

2016年度业绩要点

盈利能力指标(%)	2016年1-12月	2015年1-12月	变化百分点
平均总资产回报率	1.20	1.30	-0.10
加权平均权益回报率	15.24	17.10	-1.86
成本收入比	27.40	26.69	0.71

资产质量指标(%)	2016年12月31日	2015年12月31日	变化百分点
不良贷款率	1.62	1.50	0.12
拨备覆盖率	136.69	156.34	-19.65

资本充足率指标(%)	2016年12月31日	2015年12月31日	变化百分点
核心一级资本充足率	12.87	12.87	0
资本充足率	14.61	15.22	-0.61

注：根据《商业银行资本管理办法（试行）》计算。

相关链接：全部公告 / 财务报告 / 业绩发布 / 投资者论坛 / 下载中心

投资者服务：邮件订阅 / 常见问题 / 联系我们

图 2－1－3　工商银行官方网站的财务信息专栏（部分）

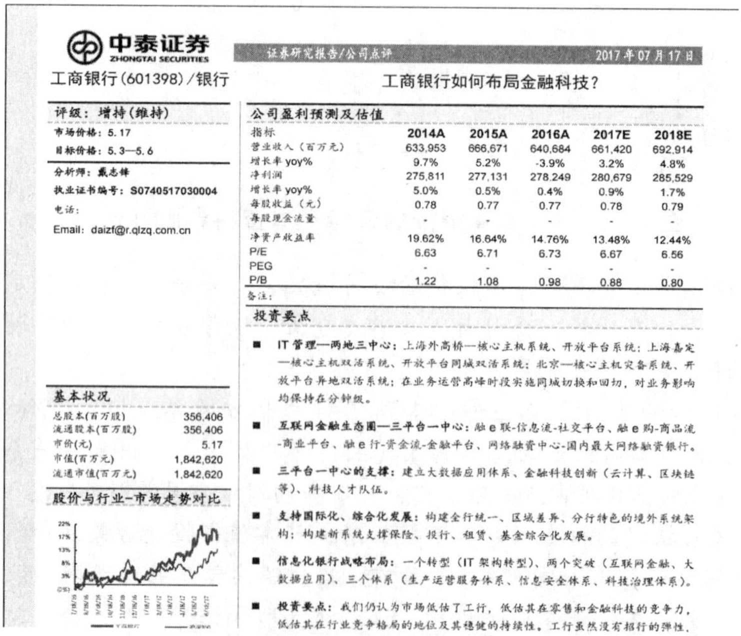

中泰证券 ZHONGTAI SECURITIES

证券研究报告/公司点评 2017 年 07 月 17 日

工商银行(601398)/银行

工商银行如何布局金融科技？

评级：增持(维持)

市场价格：5.17

目标价格：5.3—5.6

分析师：戴志锋

执业证书编号：S07405170300004

电话：

Email：daizf@r.qlzq.com.cn

公司盈利预测及估值

指标	2014A	2015A	2016A	2017E	2018E
营业收入（百万元）	633,953	666,671	640,684	661,420	692,914
增长率 yoy%	9.7%	5.2%	-3.9%	3.2%	4.8%
净利润	275,811	277,131	278.249	280,679	285,529
增长率 yoy%	5.0%	0.5%	0.4%	0.9%	1.7%
每股收益（元）	0.78	0.77	0.77	0.78	0.79
每股现金流量	-	-	-	-	-
净资产收益率	19.62%	16.64%	14.76%	13.48%	12.44%
P/E	6.63	6.71	6.73	6.67	6.56
PEG	-	-	-	-	-
P/B	1.22	1.08	0.98	0.88	0.80

备注：

投资要点

■ IT 管理—两地三中心：上海外高桥—核心主机系统、开放平台系统；上海嘉定—核心主机双活系统、开放平台同城双活系统；北京—核心主机灾备系统、开放平台异地双活系统；在业务运营高峰时段实施同城切换和回切，对业务影响均保持在分钟级。

■ 互联网金融生态圈—三平台一中心：融 e 联-信息流-社交平台、融 e 购-商品流-商业平台、融 e 行-资金流-金融平台、网络融资中心-国内最大网络融资银行。

■ 三平台一中心的支撑：建立大数据应用体系、金融科技创新（云计算、区块链等）、科技人才队伍。

■ 支持国际化、综合化发展：构建全行统一、区域差异、分行特色的境外系统架构；构建新系统支撑保险、投行、租赁、基金综合化发展。

■ 信息化银行战略布局：一个转型（IT 架构转型）、两个突破（互联网金融、大数据应用）、三个体系（生产运营服务体系、信息安全体系、科技治理体系）。

■ 投资要点：我们仍认为市场低估了工行，低估其在零售和金融科技的竞争力，低估其在行业竞争格局的地位及其稳健的持续性。工行虽然没有招行的弹性，

基本状况

基本状况	
总股本(百万股)	356,406
流通股本(百万股)	356,406
市价(元)	5.17
市值(百万元)	1,842,620
流通市值(百万元)	1,842,620

股价与行业-市场走势对比

图 2－1－4　工商银行公司研报（部分）

扩展阅读

证券市场信息的不对称性

信息不对称通常表现为交易一方拥有较多的甚至完全的信息，而另一方只拥有较少的信息，从而可能导致信息弱势方交易决策失误，或者信息优势方作出不利于交易弱势方的行为。不同的市场因发育程度与信息流动机制的不同，信息不对称的程度存在差异。我国证券市场信息的不对称性表现在以下的两个方面。

一是发行者与投资者之间的信息不对称性。发行者作为市场的信息源，对自身经营、财务状况、信用能力、实际盈利水平等影响证券质量的信息有着最真切、最充分的了解。投资者作为证券的购买方拥有的信息主要来源于发行者对外公布的各种资料和报告。但是情况往往是，公开的信息有较多的虚假成分，不少公司为了实现股票发行、上市或为了保住配股、上市资格，在中介机构的参与下进行虚假包装、操纵利润、掩盖亏损。同时，公开信息还表现为数量上不充分、时间上不及时。

二是机构投资者与个人投资者之间信息的不对称性。一方面，机构投资者比个人投资者更容易获得信息。这主要是因为机构投资者持股量大，拥有雄厚的资金实力且与发行人联系密切。最重要的是，机构投资者都试图隐藏、垄断获取的信息或向市场提供虚假的信息。另一方面，机构投资者比个人投资者更会处理信息，拥有理财专家是其优势的明显表现。

资本市场是基于信息定价的交易市场。信息不对称严重侵害中小投资者权利和利益。由于证券发行人及其控股股东、实际控制人是证券信息的产生者和控制者，处于信息占有的绝对优势地位；证券经营机构及其他中介服务机构处于近距离获取信息的相对优势地位；广大中小投资者则处于最外围的劣势地位，加上知识、经验和专业能力的缺乏，难以及时获取真实准确的信息。这种信息不对称的状况，容易产生代理人诚信问题，误导中小投资者。

资料来源：根据 MBA 智库百科整理。

工作任务

任务 1

1. 任务内容：认知证券市场信息披露制度。

2. 任务步骤：

（1）知识准备：了解我国证券市场信息披露的主要特点及对信息披露的有关规定。

（2）5 名学生一组，分工查找我国证券市场信息披露和有关政策规定。

（3）自我评价。

3. 任务操作提示：学生登录中国证券监督管理委员会官方网站 http：//www. csrc. gov. cn/，进入法律法规专栏，查找《上市公司信息披露管理办法》《证券投资基金信息披露管理办法》。

任务 2

1. 任务内容：收集影响证券价格变动的相关信息。

2. 任务步骤：

（1）知识准备：掌握证券信息对证券市场价格的影响机制。

（2）由3~5名学生组成小组，讨论影响证券市场供给、需求变动的因素有哪些？

（3）自我评价。

3. 任务操作提示：学生可以登录证券监管机构、证券交易所和证券行业协会网站、证券报纸的网站、证券公司或投资咨询公司网站、综合性的专业财经网站、中国统计信息网、中国宏观经济信息网、国研网等查找相关信息。

任务3

1. 任务内容：收集某一开放式基金的净值信息及有关信息。

2. 任务步骤：

（1）知识准备：掌握证券信息的收集方法。

（2）由3~5名学生组成小组，收集某一开放式基金的净值信息及有关信息。

（3）自我评价。

3. 任务操作提示：学生通过登录专业性的基金网站，如中国基金网 http：//www. cnfund. cn/，或综合财经网站的基金专栏，如和讯网 http：//www. hexun. com/的“和讯基金”专栏，在这类网站同样可获得所有基金（开放式、封闭式）的净值（价格）及有关信息；或基金管理公司网站，如易方达基金管理公司网站、南方基金管理公司网站等，这类网站可以获得该公司旗下所属各基金的净值和价格信息及有关信息。

模块二　影响证券投资价值的市场信息

任务描述

本模块的主要任务是认知影响证券投资价值的主要因素，能快速、全面地获得和有效地甄别影响股票、债券、基金（净值）价格变动的相关信息，并能准确地分析各类信息对股票、债券、基金（净值）价格走势的影响（程度）。

任务一　影响股票投资价值的有关信息

任务指引

股票市场信息中，最重要的莫过于上市公司的半年报和年报，投资者认真研究上市公司的有关信息往往会有意想不到的收获。例如，西藏城投2010年发布半年报的时候有一个说明，就是手上拥有现金比当时西藏城投股票市值的一半还多。再看看西藏城投每股净资产，每股收益都非常糟糕，已经处于破产的边缘，那它为什么这么多现金在手呢？从半年报中看到，这笔钱是农业银行、建设银行等银行的贷款。这么一家濒临破产的公司，这些大银行还贷款给它？半年报里有个非常不合理的地方——难道银行都是傻子。再从半年报中看西藏城投的最大股东竟然是上海国资委，后台很硬。那这笔现金就明了了，投资者可以大胆猜测背后有力量要让这家公司起死回生。很快，2010 年 9 月，市场上就有游资发现了半年报的这个不合理的地方，资金大胆介入，结果一个月不到，西藏城投的股价就翻倍了。

➲ 问题思考

1. 上市公司自身的哪些因素会影响股票市场价格的变动？
2. 有效地研判影响股票市场价格的各种信息，需要投资者具备哪些基本素质？

知识准备

一、股票的价值评价

股票是一种特殊的商品，它有自己的价值和价格，这是因为股票能够给持有者带来股息收入，是一种依托资本所有权而获得股息和红利的凭证。下面介绍股票主要的价值与价格形式。

（一）股票的价值

1. 票面价值。股票的票面价值（价格）简称面值，即在股票票面上标明的金额。股票的票面价值仅在初次发行时有一定意义，如果股票以面值发行，则股票面值的总和即为公司的资本金总额。票面价格可以用来确定每一股份对公司资本所有权所占的比例。通常，股票票面价格的高低取决于公司的筹资总额、公司发行股票的股数等因素。

2. 账面价值。股票的账面价值又称为股票的净值或每股净资产，是指每股股票所代表的实际价值。账面价值是一个会计概念，是指公司按照其会计分录所反映的价值，通过从资产中扣除一切负债来计算的，余额代表总账面价值。对普通股来说，它是普通股每股所含实际资产的价值，其计算公式为：

$$\text{普通股每股账面价值}=\frac{\text{公司资产净值}-\text{优先股账面价值}}{\text{普通股股份数}}$$

对投资者来说，账面价值的意义在于股票实际代表的资产价值究竟有多少。所以，投资者在进行长期投资决策时，会对股票的账面价值有兴趣，而一般投资者更关心的则是每服股票收益的多少。

3. 清算价值。股票的清算价值是指在公司撤销或解散时，公司清理后每一股份所代表的实际价值。公司清理时要变卖全部资产，其变卖收入在清理全部债务后的余额，再支付优先股的股金，其剩余部分除以全部普通股份，二者之商便是股票的清算价值。

从理论上讲，清算价值应与账面价值保持一致，但实际上二者往往不一致，大多数情况下，清算价值总是低于账面价值，因为一般公司资产在清算时只有压低价格才能出售。只有当清算时资产的实际作价销售金额与财产报表所反映的账面价值一致时，每股股票的账面价值才能等于清算价值。

4. 内在价值。股票的内在价值又称预期价值，是一种理论价值。它是人们经过分析后得出的股票所能真正代表的价值，即人们通过对公司财务状况、盈利前景及其他影响公司增长的因素的分析，并对其进行评估之后确定的股票的价值。在某种程度上，这种所谓的内在价值取决于分析家和投资者个人的看法。对同一公司的股票，不同的分析家和投资者可能得出不同的结论，正因为如此，人们对股票内在价值与市场价格的看法多有不同。投资者总是购买那些内在价值大于市场价格的股票，而抛售手中内在价值等于或小于市场价格的股票。

（二）股票的价格

股票价格通常是指股票的市场价格，又称股票行市，是股票在证券市场上买卖的价格。除了市场价格之外，股票还有其他的价格形式。股票的价格可以从以下几个方面进行分类。按价格形成的方式划分，股票价格可以分为理论价格和市场价格；按股票市场划分，股票的价格可以分为发行价格和流通价格；按交易时间及涨落情况划分，股票价格还可以分为开盘价、收盘价、最高价和最低价；按股东权益对价格的影响划分，股票价格又可以分为复权价格和除权价格。

二、影响股票投资价值的有关信息

证券价值是证券市场价格的基础，证券的市场价格就是围绕证券价值上下波动的。证券的价值可通过证券的基本面分析来进行评估和确定，以此作为投资者判断证券市场价格高低的基准，从而帮助投资者进行投资决策。股票作为证券市场最重要、最基础的交易品种，影响其价格变化的直接原因是供求关系的变化，而引起供求变化的因素除上市公司本身的经营状况以外，宏观经济、行业变动、社会环境等诸多方面因素（信息）的变化都会影响到股票（市场）的供求关系，进而影响股票价格的涨跌。

（一）上市公司的经营状况

上市公司的经营状况是股票价格的基石。一般来说，上市公司经营状况与股票价格同方向变动，上市公司经营状况好，股价上升；反之，股价下跌。上市公司经营状况的好坏，可以从以下各项来分析和研判。

1. 上市公司资产净值。资产净值或净资产是上市公司现有的实际资产，是总资产减去总负债的净值。资产净值是全体股东的权益，也是决定股票价格的重要基准。股票作为投资的凭证，每一股代表一定数量的净值。从理论上讲，每股净值应与股价保持一定比例（即市净率）。一般情况下，市净率与股价有同方向变动的趋势，即净值增加，股价上涨；净值减少，股价下跌。

2. 盈利水平。上市公司业绩好坏集中表现在盈利水平的高低，上市公司的盈利水平是影响股票价格的基本因素之一。在一般情况下，上市公司盈利增加，股息也会相应增加，股票的市场价格上涨；上市公司盈利减少，股息相应减少，股票市场价格下降。但值得注意的是，股票价格的涨跌和上市公司盈利的变化并不是同时发生的，通常股价的变化要先于盈利的变化，股价的变动幅度也要大于盈利的变化幅度。

3. 上市公司的派息政策。上市公司的派息政策直接影响股票价格。一般情况下，股息与股票价格同方向变动，通常股息高，股价涨；股息低，股价跌。

股息来自于上市公司的税后盈利，上市公司盈利的增加只为股息派发提供了可能，并非盈利增加，股息就一定增加。上市公司为了把盈利合理地运用到扩大再生产和回报股东支付股息等用途，制定了一定的派息政策。派息政策体现了上市公司的经营作风和发展潜力，不同的派息政策对各期股息收入有不同影响。此外，上市公司对股息的派发方式（如是派发现金股息，还是派送股票股息，或是在送股的同时再派息）也会给股价波动带来影响。投资股票的一个重要目的是获取股息，因此，每年在上市公司公布分配方案到除息除权前后是股价波动较大一个阶段。

4. 股票分割。股票分割又称拆股、拆细，是将一股股票均等地拆成若干股。股票分割一般在年度决算月份进行，通常会刺激股价上升。股票分割给投资者带来的不是现实的利益，但是投资者持有的股票数增加了，给投资者带来了今后可多分股息和更高收益的希望，因此股票分割往往比增加股息派发对股价上涨的刺激作用更大。

5. 增资和减资。上市公司因业务发展需要增加资本额而发行新股，在没有产生相应效益前减少每股收益，会促成股价下跌。但增资对不同上市公司股票价格的影响不尽相同，对那些业绩优良、财务结构健全、具有发展潜力的上市公司而言，增资意味着将增加上市公司经营实力，会给股东带来更多回报，股价不仅不会下跌，可能还会上涨。当上市公司宣布减资时，多半是因为经营不善、亏损严重、需要重新整顿，所以股价会大幅下降，但如果上市公司为缩小规模、调整主业而减资，则有提高业绩、刺激股价上涨的效果。

6. 销售收入。上市公司的盈利来自销售收入，销售收入增加，说明上市公司销售能力增强，利润增加，股价随之上涨。值得注意的是，销售收入增加并不意味着利润一定增加，还要分析成本、费用和负债状况。另外，股价的变动一般也先于销售额变动。

7. 原材料供应及价格变化。原材料是上市公司成本的重要项目，原材料供应情况及价格变化也会影响股价的变动，特别是所需原材料是稀缺资源或是依赖国外进口的上市公司，其原材料供应情况及价格变化对股价影响更大。如石油价格的变化会立即引起世界各国股价迅速变动。

8. 主要经营者更替。上市公司主要经营管理者的更换会改变上市公司的经营方针、管理水平、财务状况和盈利水平。一个锐意进取、管理有方的经营者可能使一个濒临破产的上市公司起死回生，而一个因循守旧、不善管理的经营者也可能使有过辉煌业绩的上市公司江河日下。

9. 上市公司改组或合并。上市公司合并有多种情况，有的是为了扩大规模、增强竞争能力而相互合并，有的是为了消灭竞争对手，有的是为了控股，也有的是为操纵市场而进行恶意兼并。上市公司改革或合并总会引起股价剧烈波动，但要分析上市公司合并对上市公司是否有利，合并后是否改善上市公司的经营状况，这是决定股价变动方向的决定因素。

10. 意外灾害。因发生不可预料和不可抵抗的自然灾害或不幸事件，而损失又得不到相应赔偿，股价会下跌。

（二）外界经济因素

宏观经济发展水平和状况是影响股票价格的重要因素。宏观经济影响股票价格的特点是波及范围广、干扰程度深、作用机制复杂和股价波动幅度较大。

1. 经济增长。一个国家或地区的社会经济是否能持续稳定地保持一定发展速度，是影响股票价格能否稳定上升的重要因素。当一国或地区运行势态良好，一般说来，大多数企业的经营状况也较好，它们的股票价格会上升，反之股票价格会下降。

2. 经济周期循环。国民经济运行经常表现为扩张与收缩的周期性交替，每个周期一般都要经过繁荣、衰退、萧条、复苏四个阶段。经济周期循环对股票市场的影响非常显著，一般情况下，经济周期变动与股价变动的关系是：复苏阶段→股价回升，繁荣阶段→股价上涨，危机阶段→股价下跌，萧条阶段→股价低迷。

值得重视的是，股票价格的变动通常比实际经济的繁荣或衰退领先一步，即在经济繁荣后期股价已率先下跌；在经济尚未全面复苏之际，股价已先行上涨。

3. 货币政策。中央银行的货币政策对股票价格有直接的影响。货币政策是政府重要的宏观经济政策，中央银行通常采用存款准备金制度、再贴现政策、公开市场业务等货币政策手段调控货币供应量，从而实现发展经济、稳定货币等政策目标。无论中央银行采取何种货币政策，以及最终的货币供应量变化，都会影响股票价格。我们将在“项目三”中详细介绍货币政策对证券市场的影响。

4. 财政政策。财政政策也是政府的重要宏观经济政策。财政是国家为实现其职能的需要对一部分社会产品进行的分配活动，它体现着国家与其有关各方面发生的经济关系。国家财政资金的来源，主要来自于企业的纯收入。其大小取决于物质生产部门及其他事业的发展状况、经济结构的优化、经济效益的高低，以及财政政策的正确与否。财政支出主要用于经济建设、公共事业、教育、国防及社会福利。国家合理的预算收支及措施会促使股价上扬，重点使用的方向，也会影响到股价。财政规模和采取的财政政策对股市有着直接影响。假如财政规模扩大，只要国家采取积极的财政政策，股价就会上涨；相反，国家财政规模缩小，或者显示将要紧缩财政的预兆，则投资者会预测未来景气不好而减少投资，因而股价就会下跌。虽然股价反应的程度会依当时的股价水准而有所不同，但投资者可根据财政规模的增减，作为辨认股价转变的根据之一。

5. 市场利率。绝大部分上市公司都负有债务，若市场利率提高，利息负担加重，上市公司净利润和股息相应减少，股票价格下降。若利率下降，利息负担减轻，上市公司净盈利和股息增加，股票价格上升。

6. 通货膨胀。通货膨胀对股票价格的影响较复杂，它既有刺激股票市场的作用，又有抑制股票市场的作用，要结合具体情况进行分析。通货膨胀是因为货币供应过多造成货币贬值、物价上涨。在通货膨胀之初，上市公司会因产品价格的提升和存货的增值而增加利润，从而增加可以分派的股息，并使股票价格上涨。在物价上涨时，股东实际股息收入下降，上市公司为股东利益着想，会增加股息派发，使股息名义收入有所增加，也会促使股价上涨。通货膨胀给其他收益固定的证券带来了不可回避的通货膨胀风险，投资者为了保值，增加购买收益不固定的股票，对股票的需求增加，股价也会上涨。但是当通货膨胀严重、物价居高不下时，企业因原材料、工资、费用、利息等各项支出增加，使得利润减少，引起股价下降。同时严重的通货膨胀会使社会经济秩序紊乱，使企业无法正常地开展经营活动，所以对股票价格的负面影响更大。

7. 汇率变化。汇率的调整对整个社会经济影响很大，有利有弊。一般而言，汇率下降，即本币升值，不利于出口而有利于进口；汇率上升，即本币贬值，不利于进口而有利于出口。汇率变化对股价的影响要看对整个经济的影响而定。若汇率变化趋势对本国经济发展影响较为有利，股价会上升；反之，股价会下降。具体地说，汇率的变化对那些在原材料和销售两方面严重依赖国际市场的国家和企业的股票价格影响较大。

【看一看】

人民币贬值预期缓解 国际投行纷纷看多

人民币对美元汇率已经连续3个月表现强劲，近期市场看涨人民币汇率的热情不断高涨。对此，中国人民大学财政金融学院教授、国际货币研究所特约研究员何青对《证券日报》记者表示，当前人民币对美元汇率双向波动的态势逐渐形成，人民币汇率趋于稳定，有助于增加人民币资产的吸引力和定价。

何青表示，股票资产相对风险较高，因此，相比而言，我国固定资产如国债对外资更具有吸引力，而人民币币值的相对稳定，则更有助于增加外资对人民币资产的吸引力和购买力；同时，在人民币逐渐趋稳并有小幅回升的态势下，也有助于增加中国居民对人民币资产的吸引力。

据《证券日报》记者统计，2017年7月，人民币对美元汇率累计升值0.68%，并实现连续3个月上行，回到2016年10月中旬水平，贬值预期进一步缓解。2017年初至8月，人民币对美元累计升值幅度达3.2%。

另外，近年来，随着人民币的储备货币地位逐渐被认可，越来越多的央行和货币当局投资人民币作为储备资产，人民币在全球官方外汇储备中的占比有所提高。6月中旬，欧洲央行发布公告称，2017年上半年通过出售美元，共增加等值5亿欧元的人民币外汇储备，这是欧洲央行首次将人民币纳入外汇储备。欧洲央行认为，购买人民币资产并纳入外储，反映了人民币作为全球货币的地位。欧洲央行此举有较明显的示范和带动效应。

欧洲央行执行委员会委员科尔还称，购买人民币作为外汇储备是第一步，后续还将有其他动作，相信人民币在多元化投资组合中有重要地位。

资料来源：节选自作者傅苏颖，证券日报，2017-08-02.

8. 国际收支状况。一般情况下，若一国国际收支连续出现逆差，政府为平衡国际收支会采取提高国内利率和提高汇率的措施，以鼓励出口减少进口，股价就会下跌；反之，股价会上涨。

（三）其他因素

除了上市公司经营状况和外界经济这些因素外，对股票价格会产生影响的市场信息还包括政治因素、投资者心理因素。

1. 政治因素。政治因素对于股票价格也会产生非常复杂的影响，具体表现在以下几个方面。

（1）战争。战争会对一国家（或地区）的社会生产力造成破坏，有的战争还会导致对经济的毁灭性打击。在战争期间，除军工企业以外的绝大多数企业都会不同程度地出现停产、生产减少、产品滞销、收入减少、利润下降等现象。在生命财产安全得不到基本保障的情况下，人们对于股票的投资意愿会大幅下降，股价也会因此而大幅下跌。

（2）政权更迭、领导人更替。政权更迭、领导人更替会对一个国家（或地区）的经济和社会发展产生重大的、实质性影响，同时也会从很大程度上影响投资者的预期和投资行为，进而引起股票价格的变化。

（3）重大政策出台。政府关于经济、社会发展的重大政策、发展规划和重要法规的颁布，会影响到投资者对经济社会发展前景的预期，从而会引起股价变化。

（4）国际社会政治、经济变化。随着世界经济一体化的进程，国家之间、地区之间的政治、经济关系更趋紧密，加之当前网络等先进通信工具的运用，国际关系的细微变化可能引致各国股市产生敏感的联动。

2. 心理因素。投资者的心理变化对股价变动影响很大。在大多数投资者对股市抱乐观态度时，会有意无意夸大市场有利因素的影响，并忽视一些潜在的不利因素，从而脱离上市公司实际业绩而纷纷买进股票，促使股价上涨；反之，在大多数投资者对股市前景过于悲观时，会对潜在的有利因素视而不见，而对不利因素特别敏感，甚至不顾上市公司的优良业绩而大量抛售股票，致使股价下跌。

当大多数投资者对股市场保持观望态度时，市场交易量就会减少，股价往往呈现盘整或下跌格局。股票市场中的中小投资者由于信息不灵，缺乏必要的专业知识与投资技巧，往往有严重的盲从心理，而有的人就利用这一心理故意制造假象、渲染气氛，诱使中小投资者在股价上涨时追涨，或者在股价下跌时杀跌，从而加大了股价涨跌的幅度。

3. 稳定市场的政策与制度安排。为保证证券市场的稳定，各国的证券监管机构和证券交易所会制定相应的政策措施和作出一定的制度安排。如我国《证券法》规定，证券交易所依照证券法律、行政法规制定上市规则、交易规则、会员管理规则，并经国务院证券监督管理机构批准，因突发事件而影响证券交易的正常进行时，证券交易所可以采取技术性停牌措施；因不可抗力的突发性事件或者维护证券交易的正常秩序，证券交易所可以决定临时停市等。

4. 人为操纵因素。股市评论中常提及的“做庄”“庄家”等即是指操纵市场的行为和操纵市场的人。股票价格脱离实际经济因素的剧烈涨跌，除了受政治因素影响外，还可能存在某些人或机构在背后人为地操纵价格的因素。在股票市场中，操纵股价的方法是多种多样的，其中最常见最普遍的方法，就是一些金融集团利用股市在疲软之时，低价大量买进，然后设法哄抬价格，以便低进高出。一般在哄抬股价的过程中，仍在不断买进，并散发各种似是而非的谣言，以引诱散户跟进，从而使股市形成一种“利多”气氛效应，待股价达到相当高位时，再不声不响地将低价购进的股票高位抛出，这样大进大出就赚取了巨额暴利。相反的，某机构也可以在股价高峰，不断卖出，并设法压底行情，造成一种股价下跌的气氛，等股价低到某一价位时，再把高价卖出的股票全部买回，以达到高出低进的目的，这一出一进就可使操纵者获取暴利。

任务二　影响债券投资价值的有关信息

任务指引

债券投资者关心的信息首先应该是他所投资的某只或某几只债券的基本信息。因为这种信息直接关系着投资者的投资决策与盈亏。中国债券信息网（www. chinabond. com. cn）等专业网站都会随时公布并不断更新各个债券的基本信息，投资者要想了解某只债券的相关基本信息，就可以登录中国债券信息网，通过中国债券信息网进行查询。投资者需要首先打开中国债券信息网的主页，然后找到债券信息一栏，点击进入之后就可以输入所要查询的债券代码进行查询了。

➲ 问题思考

1. 有哪些因素会影响债券的投资价值？
2. 用什么来评价债券投资价值的高低？

知识准备

一、债券的价值评价

债券的投资价值通常用其收益率来表示。一般来说，债券收益率有多种形式，以下主要介绍债券的当前收益率、内部到期收益率、持有期收益率。

（一）当前收益率

在投资学中，当前收益率被定义为债券的年利息收入与买入债券的实际价格的比率。其计算公式如下：

$$Y = \frac{C}{P} \times 100\%$$

式中：Y——当前收益率；C——每年利息收益；P——债券价格。

【做一做】

假定某投资者以940元的价格购买了面值为1 000元、票面利率为10%、剩余期限为6年的债券，那么该投资者当前收益率为多少？

当前收益率度量的是债券年利息收益占购买价格的百分比，反映每单位投资能够获得的债券年利息收益，但不反映每单位投资的资本损益。

（二）内部到期收益率

在投资学中，债券内部到期收益率被定义为把未来的投资收益折算成现值，使之成为购买价格或初始投资额的贴现率。对于一年付息一次的债券，用下列公式计算内部到期收益率：

$$P = \frac{C}{1+Y} + \frac{C}{(1+Y)^2} + \cdots + \frac{C}{(1+Y)^n} + \frac{F}{(1+Y)^n}$$

式中：P——债券价格；C——每年利息收益；F——到期价值；n——时期数（年）；Y——内部到期收益率。

已知 P、C、F 和 n 的值并代入上式，在计算机上用试错法便可算出 Y 的数值。

对于半年付息一次的债券来说，其计算公式如下：

$$P=\frac{C}{1+Y}+\frac{C}{(1+Y)^2}+\cdots+\frac{C}{(1+Y)^n}+\frac{F}{(1+Y)^n}$$

式中：P——债券价格；C——每半年利息收益；F——到期价值；n——时期数（年数乘以 2）；Y——半年利率。

就半年付息一次的债券来说，将半年利率（或称周期性收益率）Y 乘以 2 便可得到年内部到期收益率。按此收益率得出的年收益因低估了实际年收益而被称为“债券等价收益率”。

（三）持有期收益率

在投资学中，持有期收益率被定义为从买入债券到卖出债券期间所获得的年平均收益（包括当期发生的利息收益和资本利得）与买入债券实际价格的比率。持有期收益率度量的是持有债券期间的收益占购买价格的百分比，反映每单位投资能够获得的全部收益。其计算公式为：

$$Y=\frac{C+(P_1-P_0)\div N}{P_0}\times 100\%$$

式中：Y——持有期收益率；C——每年利息收益；P_1——债券卖出价格；P_0——债券买入价格；N——持有年限。

【做一做】

假定某投资者按 1 000 元的价格购买了年利息收入为 80 元的债券，并持有 2 年后以 1 060 元的价格卖出，那么该投资者的持有期收益率是多少？

二、影响债券投资价值的有关信息

债券的市场价格由其投资价值所决定，并受到市场供求关系的影响。债券的投资价值受到内、外部因素的同时影响。

（一）内部因素

1. 债券的期限。一般来说，在其他条件不变的情况下，债券的期限越长，其市场价格变动的可能性就越大，投资者要求的收益率补偿也越高。

2. 债券的票面利率。债券的票面利率越低，债券价格的易变性也就越大。在市场利率提高的时候，票面利率较低的债券的价格下降较快。但是，当市场利率下降时，它们的增值潜力也很大。

3. 债券的提前赎回条款。债券的提前赎回条款是债券发行人所拥有的一种选择权，允许债券发行人在债券到期前按约定的赎回价格部分或全部偿还债务。这种规定在财务上对发行人是有利的，因为发行人可以在市场利率降低时发行较低利率的债券，取代原先发行的利率较高的债券，从而降低融资成本。但对投资者来说，提前赎回使他们面临较低的再投资利率。这种风险要从价格上得到补偿。因此，具有较高提前赎回可能性的债券应具有较高的票面利率，其内在价值相对较低。

4. 债券的税收待遇。一般来说，免税债券的到期收益率比类似的应纳税债券的到期收益率低。此外，税收还以其他方式影响着债券的价格和收益率。例如，由于附息债券提供的收益包括息票利息和资本收益两种形式，美国把这两种收入都当作普通收入而进行收税，但是对于后者的征税可以等到债券出售或到期时才进行。因此，在其他条件相同的情况下，大额折价发行的低利附息债券的税前收益率必然略低于同类高利附息债券。也就是说，低利附息债券比高利附息债券的内在价值要高。

5. 债券的流动性。债券的流动性是指债券可以随时变现的性质，反映债券规避由市场价格波动而导致的实际价格损失的能力。流动性较弱的债券表现为其按市价卖出较困难，持有者会因此面临遭受损失（包括承受较高的交易成本和资本损失）的风险。这种风险必须在债券的定价中得到补偿。因此，流动性好的债券与流动性差的债券相比，前者具有较高的内在价值。

6. 债券的信用级别。债券的信用级别是指债券发行人按期履行合约规定的义务、足额支付利息和本金的可靠性程度。一般来说，除政府债券以外，一般债券都有信用风险，也称违约风险，只是风险大小不同而已。信用级别越低的债券，投资者要求的收益率越高，债券的内在价值也就越低。

【看一看】

债券的信用评级

债券信用评级可以更深入地了解投资风险。越高等级债券支付的利率趋向越低，低等级债券支付更高的利息。投资者可以选择为得到更高回报而接受高风险，或是保守选择低风险更安全的投资。国际上著名的信用评级机构有美国的标准普尔公司、美国穆迪公司等。评级被规定为简化的字母系统（见表 2－2－1），三个 A（AAA 或 AM）表示最高等级。评级并不保证债券付息的安全性，它仅仅是指发行人应该有能力尽其还本付息的义务。换句话说，评级是基于金融状况的研究和分析之上的一种意见。如果债券发行人不能支付利息，则被称为“违约”。

表 2－2－1　　债券信用级别的含义

信用等级	等级含义	等级说明	投资类型
AAA	最高级	安全性最高，偿还本息有最大保障	投资类
AA	中高级	安全性高，偿还本息有很高的保障	
A	中高级	安全性较高，偿还本息保障程度适当	
BBB	中级	安全性一般，偿还本息保障程度尚属适当，遇未来经济情况变化时，偿还本息保障程度将下降，有一定的投资风险	

续表

信用等级	等级含义	等级说明	投资类型
BB	中低级	具有一定的投机性，偿还本息保障程度中等，投资风险大	投机类
B	半投机性	半投机性，偿还本息保障程度低，投资风险大	
CCC CC	投机性	一般投机性，偿还本息保障程度很低，投资风险极大，CC 级比 CCC 级更差	
C	充分投机性	充分投机性，偿还本息保障程度极低，投资风险最大	
D	极端投机性	极端投机性，品质最差，履约无望	

（二）外部因素

1. 基础利率。基础利率是债券定价过程中必须考虑的一个重要因素，在证券的投资价值分析中，基础利率一般是指无风险证券利率。一般来说，短期政府债券风险最小，可以近似看作无风险证券，其收益率可被用作确定基础利率的参照系。此外，银行的信用度很高，这就使得银行存款的风险较低，况且银行利率应用广泛，因此基础利率也可参照银行存款利率来确定。

2. 市场利率。市场利率是债券利率的替代物，是投资于债券的机会成本。在市场总体利率水平上升时，债券的收益率水平也应上升，从而使债券的内在价值降低；反之，在市场总体利率水平下降时，债券的收益率水平也应下降，从而使债券的内在价值增加。

3. 其他因素。影响债券定价的外部因素还有通货膨胀水平以及外汇汇率风险等。通货膨胀的存在可能使投资者从债券投资中实现的收益不足以抵补由于通货膨胀而造成的购买力损失。当投资者投资于某种外币债券时，汇率的变化会使投资者的未来本币收入受到贬值损失。这些损失的可能性都必须在债券的定价中得到体现，使债券的到期收益率增加，债券的内在价值降低。

上述是影响债券投资价值的内部因素和外部因素，投资者关键是能判断这些因素和债券投资价值的相关关系。这些相关关系可以用表 2－2－2 和表 2－2－3 表示。

表 2－2－2　　内部因素和债券投资价值相关关系

内部因素	因素变化	对债券投资价值的影响
期限	期限越长	市场价格变动的可能性越大
票面利率	票面利率越低	市场价格易变性越大
提前赎回条款	提前赎回可能性越高	内在价值越低
税收待遇	具有税收待遇	内在价值越高
流动性	流动性越高	内在价值越高
信用级别	信用级别越高	内在价值越高

表 2-2-3 外部因素和债券投资价值相关关系

外部因素	因素变化	对债券投资价值的影响
基础利率	上升	内在价值下降
市场利率风险	上升	内在价值下降
通货膨胀水平	上升	内在价值下降
外汇汇率风险	所投资债券的币种币值下降	内在价值下降

任务三 影响基金投资价值的有关信息

任务指引

虽然高考录取只看一次成绩，我们却不能用一时的表现来“录取”基金。一般而言，基金在过去 6 个月以内的回报率属于短期业绩，很难据此推断基金经理团队的能力，还是要看过去较长一段时间的业绩表现，过去一年以上的回报率是非常重要的指标。

另外，在基金业绩排行榜中，星级评价也是投资者选择基金应关注的。以晨星评级为例，不同星级的标准是什么呢？是综合考虑基金的回报率和风险后，给基金打分，如果一只基金回报率较高，但风险也非常高，不一定给评五星级。根据晨星“风险调整后的预期年化收益”指标由大到小，前 10% 被评为五星，接下来 22.5% 被评为四星，中间 35% 被评为三星，随后 22.5% 被评为二星，最后 10% 被评为一星。看星级可以比较全面地知道一只基金过去的业绩表现，五星级基金无疑是同类基金中的好学生。好学生的成绩可能退步，排行榜也不是万能的，但它给了广大投资人一个重要的参考。

投资的效率在很大程度上取决于市场上信息的流通效率，及时、全面、准确地获得有关基金的信息是投资基金的必要前提。

问题思考

1. 基金的投资价值如何来衡量？
2. 投资基金与投资股票、债券有哪些不同？

知识准备

证券投资基金是通过发售基金份额，将众多投资者的资金集中起来，形成独立财产，由基金托管人托管、基金管理人管理，以投资组合的方法进行证券投资的一种利益共享、风险共担的集合投资方式。

一、基金资产的价值评价

（一）基金的资产净值

基金的资产净值是基金经营业绩的指示器，也是基金在发行期满后基金单位买卖价格的计算依据。基金的单位资产净值可用下面的公式来表示：

单位资产净值 =（基金资产总值 − 各种费用）÷ 基金数量

基金资产总值，是指一个基金所拥有的资产（包括现金、股票、债券及其他资产）于每个营业日收市后，根据收盘价格计算出来的总资产价值。

基金单位净资产价值是基金单位的内在价值，基金单位价格与其净资产值一般是趋于一致的，净资产值增长，基金单位的价格也跟着增长。因此，基金单位净资产价值的一个重要用途是用它来计算基金单位的交易价格。

（二）基金净值增长率

选择基金应该重点看它的净值增长能力和持续盈利能力，不应该过于看重当前的净值高低。同时计算投资基金的净值增长率也是为了与其他不同的投资渠道相比较，如同期的银行存款储蓄利率。若基金的收益率一直低于银行的利率，投资者当然不会把资金投在基金上面，何况存入银行的风险还要远小于投资于基金。

计算基金净值增长率的公式如下：

净值增长率 =（期末资产净值 − 期初资产净值）÷ 期初资产净值

如果在此期间有分红，则上边的公式变为：

净值增长率 =（期末资产净值 − 期初资产净位 + 分红）÷ 期初资产净值

【做一做】

假定某投资者 2016 年 7 月在一级市场以每单位 1 元的价格购入基金 1 000 份，2016 年 11 月初的时候该基金进行了分红，单位派现额为 0.05 元。而目前的价格为 1.25 元，如果该投资者以这样的价格将该基金卖出，那么他实现的总收益率是多少？

【学一学】

通过比较基金净值增长率来选择基金

小张打算用他的 10 000 元买基金，A 基金的净值为 2 元，B 基金的净值为 1 元，则买 A 基金他将拿到 10 000/2 = 5 000 份；买 B 基金则可以拿到 10 000/1 = 10 000 份。

假如过了一段时间后两只基金的单位净值都涨了 0.05 元，那么 A 基金的收益是 5 000 × 0.05 = 250 元，B 基金的收益是 10 000 × 0.05 = 500 元。

同样的钱，两只基金的净值增长相向，但这样计算出来的收益差别都很大。可看出买入净值低的基金明显收益大。那么，我们的小张是不是购买基金时就要选净值低的呢？让我们算一算净值增长率再做决定。

在刚才的计算中，A 基金涨了 0.05 元，净值增长率是 0.05 ÷ 2 = 2.5%，B 基金也涨了 0.05 元，但净值增长率是 0.05 ÷ 1 = 5%，很明显，B 基金的收益率要高于 A 基金。这么说，选择 B 基金是个正确的选择。

问题是高净值基金和低净值基金哪个净值增长率大？在差不多时间成立的基金中，高净值基金之所以累计净值高，往往就是因为它具有较稳定持续的高净值增长率，所谓强者恒强。当然，不排除低净值基金中的后起之秀，这要看投资者的眼光了。

所以，选择基金应该重点看它的净值增长能力和持续盈利能力，不应该过于看重当前的净值高低。

资料来源：王擎.15分钟玩转基金［M］.成都：西南财经大学出版社，2007.

二、影响基金净值及其价格走势的主要因素

（一）影响基金净值的主要因素

基金净值主要取决于基金的投资收益，而基金的投资收益主要取决于两个因素：一是基金所投资品种的价格走势与分红情况；二是基金经理的投资能力和基金的投资组合及其调整情况。前者是客观因素，后者是主观因素。

目前，我国大多数基金是股票型、混合型、债券型基金，这三类基金的资产总值约占基金业总资产值的90%以上。也就是说，股票和债券是我国基金的主要投资品种，因而，股票和债券的价格走势及其分红情况是决定和影响基金净值走势的重要因素。

除基金投资品种的价格走势与分红情况以外，基金经理的投资能力也是决定和影响基金净值的重要因素。通常情况下，基金经理的投资能力和基金的投资组合及其调整情况等可以通过基金披露的相关信息获得。根据有关规定，我国基金要公开披露的信息包括：基金招募说明书、基金合同、基金托管协议、基金募集情况、基金份额上市交易公告书、基金资产净值、基金份额净值、基金份额申购与赎回价格，基金财产的资产组合季度报告、财务会计报告及中期和年度基金报告、临时报告、基金份额持有人大会决议、基金管理人和基金托管人的专门基金托管部门的重大人事变动，涉及基金管理人、基金财产、基金托管业务诉讼等。

（二）影响封闭式基金价格的主要因素

封闭式基金的价格和股票价格一样，可以分为发行价格和交易价格。封闭式基金的发行价格由两部分组成：一部分是基金的面值；另一部分是基金的发行费用，包括律师费、会计师费等。封闭式基金的交易价格是指基金在二级市场进行流通的价格。封闭式基金发行期满后即行关闭，投资者不得任意进出基金，基金管理公司不办理基金份额的赎回。一般封闭式基金都申请在交易所上市交易，以满足投资者变现的要求，因此，它的交易价格和股票价格的表现形式一样，可以分为开盘价、收盘价、最高价、最低价、成交价等。

封闭式基金的交易价格主要受到六个方面的影响：基金资产净值、市场供求关系、宏观经济状况、证券市场状况、基金管理人的管理水平以及政府有关基金的政策。其中，确定基金价格最根本的依据是每基金单位资产净值及其变动情况。

（三）影响开放式基金价格的主要因素

开放式基金由于经常不断地按客户要求购回或者卖出自己公司的股份，因此，开放式基金的价格分为两种，即申购价格和赎回价格。申购价格：投资者在购入开放式基金时，除了支付资产净值之外，还要支付一定的销售附加费用。也就是说，开放式基金单位的申购价格包括资产净值和一定的附加费用。赎回价格：开放式基金承诺可以在任一赎回日根据投资者

的个人意愿赎回其基金单位。对于赎回时不收取任何费用的开放式基金来说，赎回价格就等于基金资产净值。

有些开放式基金赎回时是收取费用的，费用的收取是按照基金投资年数不同而设立不同的赎回费率，持有基金券时间越长，费率越低，当然也有一些基金收取的是统一费率。在这种情况下，开放式基金的赎回价格与资产净值、赎回费率的关系是：

$$赎回价格 = 资产净值/(1 + 赎回费率)$$

可见，开放式基金的价格是与资产净值密切相关（在相关费用确定的条件下）的。

【看一看】

4 个 R：判断投资基金的价值标准

挑选钻石的时候，有一套完善的标准去衡量其价值，即“4 个 C”原则。同样道理，当你挑选基金时应用“4 个 R”原则，即收益率、评级、风险和支出比率（分别是 returns，rating，risk，expense ratio）。美国著名的晨星公司就是提供这种信息的一家资讯公司。

1. 收益率。为了更客观地分析基金的历史表现，晨星公司计算了所有基金收益率平均数以便使用者将某一基金与平均数比较，并且还将基金最近 3 年的收益率进行统计学处理，将其收益率与同类其他基金比较所得的百分数排序，分别以 1 ~ 100 的数字代表，数字越小，表明其过往的表现越好。例如，某基金的百分比为 99%，这就意味着该基金在过去 3 年的收益率比同类其他 99% 的基金的收益率都高，因而排名就为“1”。

2. 评级及风险度。晨星公司为了更全面地给各基金评级，将基金作了很细致的划分，然后对各类基金再分别排名。在每类基金里，每一基金又被按照 3 年的实际表现排队。在晨星公司的评级体系中，最著名的是其 3 年的“星级”评级。通过考察该指标，投资者可以在更大的范围内（包括国内股票基金、全球股票基金、需纳税债券基金和市政债券基金）综合判断基金的表现与抗风险能力。

3. 支出比率。支出比率是指基金的年度费用占资产的比例。如果某基金收取的费用高于平均水平，该基金给投资者的回报也同样应该高于平均水平。有些基金收取销售费用，多数情况是因为这些基金是通过经纪人或财务顾问出售的，因此需要为这种服务付费。这些也是应该考虑的。

4. 其他因素。这包括“最差 3 个月的表现”和“管理者任期”两项内容。

资料来源：上海证券报，2000 - 03 - 21.

三、投资基金的投资选择

随着资本市场的快速发展，基金业也成长很快，越来越多的个人投资者希望通过专家理财的方式获得更稳定的收益，因此购买基金成为许多投资者的首选。但需要指出的是，如何正确地选择基金公司和基金品种是投资者成功的关键。

（一）基金管理公司的选择

投资者在选择管理公司时，必须从以下几个方面进行分析。

1. 基金管理公司的业绩。基金管理公司业绩的好坏是投资者选择基金管理公司的首要因素，因为对于投资者而言，获利的根本保证是基金业绩表现良好；而表现良好的投资基金通常有良好的专业判断力，这样才能在不断地投资过程中为投资者赚钱，不断盈利的前提是要有准确而有效的信息。

另外，投资者应将考察基金业绩的期限拉长到3~5年，这是因为，投资基金适合于长期投资，投资者不仅要看其在牛市中的业绩，而更应看其在熊市中的表现。

2. 基金管理公司的服务品质与收费标准。投资者购买基金，不仅是购买基金未来的增值潜力，同时还购买基金的一系列服务，而这些服务不是免费的。因此，投资者应分析基金管理公司的服务内容是否是自己所需要的，是否可以接受基金的收费标准。一般而言，投资基金所包含的费用有基金公司收取的管理费、通过银行申购时的手续费以及适当的保管费。通常情况下，股票型基金的申购手续费比债券型基金高。从投资者的角度考虑，为了降低投资成本，在基金管理公司具有一定的业绩表现及服务水平的前提下，应该选取管理费用较低的基金进行投资。

3. 基金管理公司的市场评价。投资者应通过各种信息来分析自己所想投资的基金管理公司的市场表现。良好的基金管理公司不仅在证券市场上表现良好，而且其投资方式与分析、判断能力也会受到同行或投资者的肯定。因此，投资者应着重投资于市场评价良好的基金。

4. 基金管理公司的诚信度。投资者在投资前必须考虑基金管理公司的诚信度。基金管理公司从广大投资者手中募集到资金后，如果不将投资者的利益放在第一位，而是全力追求公司报酬与风险的平衡，那么就会危害投资者的权益。所以，投资者应分析基金管理公司主要决策者的背景、诚信度、处事原则，确定其不会损害投资者的利益时，才可以放心地进行投资。

5. 基金管理公司的持续经营能力。投资基金是一种适合长期投资的有价证券。长期投资可以达到储蓄投资与减少风险的目的。因此，投资者应分析基金公司的持续经营能力的高低，以确定公司的投资价值。判断基金公司的持续经营能力，投资者可以从基金的经营业绩、基金的资产结构、基金的规模大小及以前的成长速度、基金的财务状况及主要持有者状况这几个方面来考察。

（二）单个基金的选择

投资者在选择投资基金前先要做好一系列充分的准备工作。

1. 基金品种的选择。首先，投资者需要了解所投资基金的投资目标属于何种类型，是成长型基金、收入型基金还是平衡型基金。投资者在投资前只有充分了解基金的投资特性，并确定其属性是否符合本身需求，才能作出最适当的选择。其次，投资者需要了解基金的投资策略，并配合资本市场的变化进行正确的选择。最后，投资者必须了解所要投资基金的风险与绩效表现如何，因为在投资基金的过程中，风险与收益同等重要；而且投资者应以基金长期绩效作为投资的参考，并与其他同类型的基金相互比较以对投资基金的绩效表现有全面的了解。

2. 基金的业绩。对于普通的投资者而言，基金的业绩是他们选择和评估基金的主要依据。不过，投资者在对基金业绩作出判断时，首先，要注意基金的回报是单式回报还是复式回报；其次，要注意基金的回报数据是否已经将所有的费用计算在内；再次，不要仅仅了解基金过去一段时间的平均业绩表现，还要设法搞清楚这期间基金业绩的变动情况，同时，对基金业绩的考察应该与基金的投资风险状况结合起来；最后，就是在对不同基金的回报率作比较时，应注意其可比性，要尽量将所考察基金与那些具有相近背景的基金作比较。

3. 基金的投资风险。投资者在对基金的业绩作出评估时，必须将风险因素引入。分析的指标主要有两个：一是波幅；二是回报与风险比率。波幅是最常用的代表基金风险的指标，一般以百分比或者标准差来表示，基金过去的波动越大，意味着未来基金达到平均回报率的概率越低。回报率越高的基金，其波幅往往也越高。

如果两只基金的波幅相近，回报率高的基金显然更具吸引力；如果两只基金的回报率相同，则波幅小的基金就更易为投资者所认可。

4. 基金的周转率。基金的周转率即换手率。基金周转率高，代表买卖证券频繁。由于每一笔交易都要付出手续费、交易税，这些费用全部将由投资人负担。所以，如果高周转率不能提升基金绩效，甚至还远落后于大盘的表现，投资人就应远离这些基金。

扩展阅读

证券市场信息的判断与利用

正式的信息与市场传闻有时真假难辨，有些是真实的，但发布较晚；有的是别有用心的庄家散布出来的，一定要认真去研判。对个人投资者来说，一定要牢记对市场传闻“不可不信、也不可全信”，通常要注意以下几个方面。

1. 要善于甄别所搜集信息的可信程度。一般而言，政府、中央银行和具有权威性的全国性新闻媒体发布的消息较为真实可靠。

2. 要注意积累资料，保持信息的连续性。尤其在分析经济形势、行业发展、公司业绩时不是凭季报、中报、年报就可找出其发展趋势的，要依据相同口径的长期历史资料进行排比分析，才能从中受益。

3. 要学会将不同方面、不同层次、不同角度、不同时期的信息联系运用、综合分析，才能作出准确、合乎实际的判断。

在对信息作出了比较准确的分析之后，便可利用其来进行操作了。基本操作方法：

（1）遇到真正的利好消息就应大胆地跟进，因为实质性的利好在市场上的作用比较持久。遇到真正的利空消息就毫不犹豫地出货，真正的利空对股市的影响也是长远的，不及时出货就可能成为套牢一族。

（2）当遇到好消息时如果股市不上升，甚至反跌，说明此时的市场已处于极弱的情况，对好消息已经麻木，反而是做安全出货的机会，此时应顺势而为；遇坏消息不跌而且反升，说明市场处于强势中，这时可以买入，但要警惕，可快进快出。

（3）当市场无消息股价盘整且又处于中间价值区时，不宜买入，因为股市走势不明确，应静待大势动向。

（4）在中国新兴的证券市场，当大势处于极度低迷时，遇利好消息应买入，但如果股价炒过了头，说明必定有很多非正常渠道的资金介入，这些资金不可能长久留在股市，在股市极度疯狂时，不论利好利空正是开溜之时。所以对待市场应掌握消息的作用。

（5）股价升幅可观，利好兑现应卖出。聪明的投资者往往在股价高位盘整，利好还处于朦胧时就可卖出，往往利好兑现之日，就是股价下跌之时。股价跌幅较大、利空证实应吸纳。利空消息在出台前，股价已大幅下投，充分消化了不良孳息，甚至某些机构还会借机砸盘，以求在低位买入。所以利空消息一经证实，下跌动力就消失了，此时应大胆吸纳。

（6）对于升幅可观股价在高位时出现的利好消息和传言，宁可信其无，不可信其有，因为高位时出现利好，往往是庄家或主力出货的题材和良机。对于跌幅较大或刚刚启动的股票，市场有种种利多消息，此时应宁可信其有，不可信其无，因为其股价处于低位，盘整时间较长，风险已极度释放，适当参与往往会有较大的收获。

工作任务

任务1

1. 任务内容：查找《上市公司信息披露管理办法》《证券投资基金信息披露管理办法》。

2. 任务步骤：

（1）登录中国证券监督管理委员会官方网站 http：//www. csrc. gov. cn/。

（2）进入法律法规专栏，了解其主要特点及对信息披露的有关规定。

（3）自我评价。

3. 任务操作提示：学生通过登录证券监管部门网站，了解我国证券市场信息披露法律制度。

任务2

1. 任务内容：收集21国债（7）的基本信息。

2. 任务步骤：

（1）知识准备：掌握证券市场信息的收集方法。

（2）登录行情软件和相关财经网络收集21国债（7）的基本信息。

（3）自我评价。

3. 任务操作提示：学生利用行情软件输入债券代码或名称查找任务目标，通过F10热键，查看21国债（7）的相关信息，也可通过搜索引擎收集有21国债（7）基本信息的财经网站。

任务3

1. 任务内容：收集宝钢股份的相关信息，分析和预测其中期和短期价格走势。

2. 任务步骤：

（1）知识准备：掌握股票信息的收集方法和影响股票投资价值的相关信息。

（2）登录行情分析软件，利用宝钢股份的相关信息获取公司经营信息、财务信息、公司大事和行业动态发展等信息。

（3）总结后评价其股票价格的中、短期走势。

（4）自我评价。

3. 任务操作提示：掌握 F10 键的应用，并对影响股票投资价值的有关信息作出评价。

项目自测

一、单项选择题

1. （　　）是一国证券市场上有关信息的主要来源。

A. 上市公司　　B. 媒体　　C. 政府部门　　D. 证券交易所

2. 关于证券投资分析的信息来源，下列说法错误的是（　　）。

A. 媒体是证券市场信息发布的主要渠道之一

B. 政府部门是国家宏观经济政策的制定者，是一国证券市场上有关信息的主要来源

C. 上市公司公布的有关信息是投资者对证券进行价值判断的最重要来源

D. 证券登记结算公司向社会公布的证券行情是技术分析中的首要信息来源

3. 下列影响股票投资价值的外部经济因素中，不属于宏观经济因素的是（　　）。

A. 货币政策　　B. 财政政策　　C. 通货膨胀　　D. 产业政策

4. 下列关于影响股票投资价值因素的说法，错误的是（　　）。

A. 在一般情况下，股利水平越高，股价越高；股利水平越低，股价越低

B. 股份分割往往比增加股利分配对股价上涨的刺激作用更大

C. 从理论上讲，公司净资产增加，股价上涨；净资产减少，股价下跌

D. 公司增资一定会使每股净资产下降，从而促使股价下跌

5. 下列关于影响债券投资价值的因素的分析中，说法错误的是（　　）。

A. 信用级别越低的债券，债券的内在价值也越低

B. 市场总体利率水平下降时，债券的内在价值也下降

C. 债券的票面利率越低，债券价值的易变性越大

D. 流动性好的债券比流动性差的债券有较高的内在价值

二、多项选择题

1. 证券投资分析的信息来源包括（　　）。

A. 上市公司年度报告和中期报告

B. 国家的法律法规、政府部门发布的政策信息

C. 通过家庭成员、朋友、邻居等获得的有关信息，甚至包括内幕信息

D. 投资者通过实地调研、专家访谈、市场调查等渠道获得的有关信息

2. 上市公司向投资者披露其经营状况的有关信息的形式有（　　）。

A. 年度报告　　B. 中期报告　　C. 审计报告　　D. 临时公告

3. 影响债券投资价值的外部因素有（　　）。

A. 信用级别　　B. 流动性　　C. 基础利率　　D. 市场利率

4. 一般而言，当市场利率下降时，债券的收益率水平也下降，因而（　　）。

A. 债券的市场需求上升　　B. 债券的市场价格将下降

C. 债券的市场价格将上升　　　　　D. 债券的内在价值将上升

5. 根据有关规定，我国基金要公开披露的信息包括（　　）。

A. 基金招募说明书　　　　　B. 基金合同

C. 基金资产净值　　　　　D. 基金份额申购与赎回价格

三、判断题（将正确的画上√，错误的画上×）

1. 信息在证券投资分析中起着辅助作用，对证券投资的收益率影响不大。（　　）

2. 证券交易所向社会公布的证券行情、按日制作的证券行情表以及就市场内成交情况编制的日报表、周报表、月报表与年报表等成为技术分析中的首要信息来源。（　　）

3. 一般来说，证券市场上的各种信息主要来自于三个渠道：政府部门、媒体和实地访查。（　　）

4. 一般来说，公司增发新股的行为会造成本公司股票的市场价格下跌。（　　）

5. 选择基金应该重点看它的净值增长能力和持续盈利能力，不应该过于看重当前的净值高低。（　　）

项目三

宏观经济分析

学习目标

通过本项目学习，应当掌握以下知识和技能。

知识目标

- 熟悉宏观经济各项指标
- 掌握宏观经济运行和证券市场的关系
- 掌握宏观经济政策对证券市场的影响规律
- 熟悉国际金融市场对证券市场的影响规律
- 理解股票市场供给和需求的决定因素与变动特点
- 了解影响我国证券市场供求关系的基本制度的变革

技能目标

- 能够运用宏观经济的基本变量研判整体宏观经济状况
- 会通过搜集和分析宏观经济数据评价和判断对当前证券市场走势的影响
- 能从宏观经济政策的调整变化中判断对证券市场的影响
- 会根据国际经济环境的变化评价对国内证券市场的影响
- 能够根据我国股票的市场供求方现状分析股票的交易价格的变化走势

【情景导入】

2016年宏观经济数据

根据2017年1月20日国家统计局公布的数据显示，2016年全年国内生产总值744 127亿元，GDP增速为6.7%，相较于2015年GDP增速下降0.2个百分点，总体经济下行压力尚存。但考虑到2015年GDP增速较2014年下降0.4个百分点，2016年GDP增速降幅收窄，经济下行的同时有所趋稳。从波动幅度来看，2016年1~4季度我国GDP增速波幅更为平缓，1~4季度的GDP同比增速均维持在6.7%，GDP同比增速的小幅波动显示经济或正L型寻底，宏观经济形势呈现企稳迹象。

- **固定资产投资增速有所回落**

2016年全年，全国固定资产投资累计完成额同比增长8.10%，相较2015年全年固定资产投资同比增速下降了1.90个百分点，固定投资增速首次降至个位数。

2016年全年制造业固定资产投资累计增速与新增固定投资累计增速为-4.50%~19.90%，分别较2015年下降12.60%和35.80%，产能过剩与供给侧改革对传统制造业的制约更加凸显。得益于2014年以来楼市刺激政策所驱动的楼市回暖、政府财政扩张加码以及PPP项目的推广，2016年房地产投资与基建投资在年初大幅冲高，之后稳步回调，最终整体优于或大致持平于2015年，2016年全年房地产投资增速与基建投资增速分别为6.90%和15.71%，分别较2015年上升5.90%和下降1.58%，均处于相对高位。

- **就业在总体平稳中呈现分化走势**

2016年前三季度，城镇新增就业1 067万人，提前一个季度超额完成了全年预期目标任务。而国家统计局31个大城市的城镇调查失业率也一直保持稳定，多数月份处于5%～5.1%。在经济下行压力的情况下，就业继续稳定向好，既有经济规模效应、产业升级效应的重要贡献，也体现了宏观政策的积极支持效应。

但2016年以来就业结构分化特征也十分明显。一方面，随着传统制造业的持续调整和去产能力度的加大，投资和就业面临较大压力。另一方面，产业升级和“双创发展”创造了更多就业机会。除服务业和高技术产业快速增长对就业形成较强支撑外，网上购物这一新业态的快速发展也创造了许多新就业机会。目前，我国快递员数量超过200万人，而两年前仅90万人。1～9月，全国快递服务企业业务量和收入同比分别增长54.0%和43.9%，比去年同期分别加快8.0个和10.7个百分点。

- **CPI呈现温和上涨态势**

2016年CPI增长2.0%，PPI增长－1.4%，分别较2015年上涨0.6个和3.8个百分点。

由于供给侧结构性改革去产能与去库存的强力推进以及国际大宗商品行情回暖，2016年下半年以来黑色系与石油系价格出现显著回暖，PPI同比增速于2016年9月结束自2012年以来的持续下降首次转正，并于11月超过同期CPI增速，最终于12月超过CPI同比3.20个百分点。PPI涨幅持续扩大显示2016年我国工业生产和需求增长稳定，去产能、去库存政策效果显现，生产活跃度明显提升。而CPI同样呈现温和上涨态势，显示通缩周期特征有所减弱，通胀因素或有所加强。

2016年供给侧改革进度超预期强化市场对于供需格局改善的预期，大宗商品尤其是去产能重点对象的铁矿石、煤炭与钢铁价格涨幅超出预期，工业企业利润同比增速步入上行通道。工业品价格上涨向工业传递利好信号，工业企业已在2016年进入补库存周期。考虑到2016年末大宗商品价格仍延续上涨态势，工业企业补库存将延伸到2017年第一季度末或第二季度初，并对经济企稳起强有力支撑。

资料来源：国家统计局网，2017－01－20.

课前思考

1. 案例中有哪些宏观经济指标，反映出2016年我国什么样的宏观经济状况？
2. 根据案例中的数据预测我国未来宏观经济状况。

模块一　宏观经济对证券市场的影响

任务描述

本模块的主要任务是学习宏观经济运行和证券市场的关系、宏观经济政策和国际金融环境对证券市场的影响，掌握宏观经济分析的具体内容。

任务一　宏观经济运行分析

任务指引

图3－1－1是1998年1月至2017年1月CPI、PPI与上证指数同比涨幅走势图。

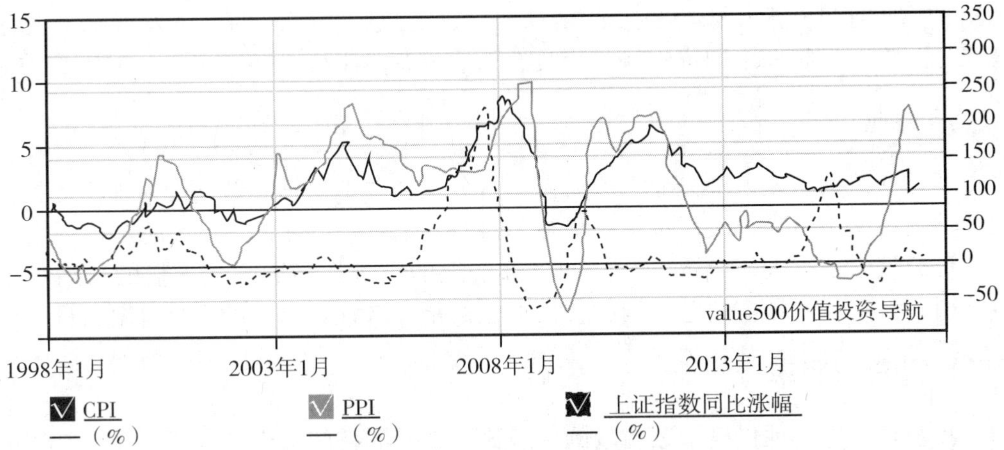

图 3-1-1　1998 年 1 月至 2017 年 1 月 CPI 与上证综指的关系

问题思考

从图 3-1-1 中你能读懂什么信息？

知识准备

一、宏观经济分析的基本变量

（一）国内生产总值与经济增长率

1. 国内生产总值（GDP）。国内生产总值是指一定时期内（一般按年统计）在一个国家（或地区）新创造的产品和劳务的价值总额。

统计时，要将出口计算在内，但不计算进口。区分国内生产和国外生产一般以“常住居民”为标准，只有常住居民在一年内生产的产品和提供劳务所得到的收入才计算在本国的国内生产总值之内。常住居民是指居住在本国的公民、暂居外国的本国公民和长期居住在本国但未加入本国国籍的居民。因此，一国的国内生产总值是指在一国的领土范围内，本国居民和外国居民在一定时期内所生产的、以市场价格表示的产品和劳务的总值。也就是在一国的国民生产总值（GNP）中减去“国外要素收入净额”后的社会最终产值（或增加值）以及劳务价值的总和。

GDP = GNP - 本国居民在国外的收入 + 外国居民在本国的收入
　　 = GNP - 国外要素收入净额

在宏观经济分析中，国内生产总值指标占有非常重要的地位，具有十分广泛的用途。国内生产总值的持续、稳定增长是政府着意追求的目标。

2. 经济增长率也称经济增长速度。它是反映一定时期经济发展水平变化程度的动态指标，也是反映一个国家经济是否具有活力的基本指标。

GDP 的增长速度一般用来衡量经济增长率，这是反映一定时期经济发展水平变化程度的动态指标，也是反映一个国家经济是否具有活力的基本指标。

（二）失业率

失业率是指劳动力人口中失业人数所占的百分比，并不包括有劳动能力却不寻找工作的自愿失业情况。其中劳动力人口是指年龄在 16 岁以上具有劳动能力的人的全体。当失业率很高时，资源被浪费，人们收入减少，同时经济上的困难还会影响到人们的情绪和家庭生活，进而引发一系列的社会问题。因此，低失业率是经济社会追求的一个重要目标。

（三）通货膨胀率

通货膨胀是指用某种价格指数衡量的一般价格水平的持续上涨。一般来说，常用的指标有三种：零售物价指数、批发物价指数、国民生产总值物价平减指数。这三种指标在衡量通货膨胀时各有优缺点，且所涉及商品和劳务的范围不同，计算口径不同，即使在同一国家的同一时期，各种指数所反映的通货膨胀程度也不尽相同。一般来说，零售物价指数使用的最多、最普遍。

通货膨胀常被视为经济发展的头号大敌，各国政府都曾为控制通货膨胀采取过猛烈的行动。通货膨胀对社会经济会产生的影响主要有：收入和财富的再分配，扭曲商品相对价格，降低资源配置效率，促发泡沫经济乃至损害一国的经济基础和政权基础。

通货膨胀有被预期和未被预期之分，从程度上则有温和的、严重的和恶性的三种。温和的通货膨胀是指年通胀率低于 10% 的通货膨胀，严重的通货膨胀是指两位数的通货膨胀，恶性通货膨胀则是指三位数以上的通货膨胀。为抑制通货膨胀而采取的货币政策和财政政策通常会导致高失业和 GDP 的低增长。

（四）利率

利率，或称利息率，是指在借贷期内所形成的利息额与所贷资金额的比率。利率直接反映的是信用关系中债务人使用资金的代价，也是债权人出让资金使用权的报酬。

从宏观经济分析的角度看，利率的波动反映出市场资金供求的变动状况。在经济发展的不同阶段，市场利率有不同的表现。在经济持续繁荣增长时期，资金供不应求，利率上升；当经济萧条市场疲软时，利率会随着资金需求的减少而下降。

除了与整体经济状况密切相关之外，利率影响着人们的储蓄、投资和消费行为，利率结构也影响着居民金融资产的选择，影响着证券的持有结构。随着市场经济的不断发展和政府宏观调控能力的不断加强，利率，特别是基准利率已经成为中央银行一项行之有效的货币政策工具。

（五）汇率

汇率是外汇市场上一国货币与他国货币相互交换的比率，实质上可以将汇率看作是以本国货币表示的外国货币的价格。一方面，一国的汇率会因该国的国际收支状况、通货膨胀水平、利率水平、经济增长率等因素的变化而波动；另一方面，汇率及其适当波动又会对一国的经济发展发挥重要作用。特别是在当前国与国之间经济联系日益密切的情况下，汇率的变动对一国的国内经济、对外经济以及国际间经济联系都会产生重大影响。

（六）国际收支

国际收支一般是一国居民在一定时期内与非居民在政治、经济、军事、文化及其他往来中所产生的全部交易的系统记录。这里的“居民”是指在国内居住一年以上的自然人和法人。

国际收支包括经常项目和资本项目。经常项目主要反映一国的贸易和劳务往来状况；资本项目则集中反映一国同国外资金往来的情况，反映着一国利用外资和偿还本金的执行情况。全面了解和掌握国际收支状况，有利于从宏观上对国家的开放规模和开放速度进行规划、预测和控制。

（七）固定资产投资规模

固定资产投资规模是指一定时期在国民经济各部门、各行业固定资产再生产中投入资金的数量。投资规模是否适度，是影响经济稳定与增长的一个决定因素。投资规模过小，不利于为经济的进一步发展奠定物质技术基础；投资规模安排过大，超出了一定时期人力、物力和财力的可能，又会造成国民经济比例的失调，导致经济大起大落。

在经济增长上升时期，尤其要注意控制固定资产投资规模，防止投资规模的膨胀。我国曾多次出现固定资产投资领域盲目建设、重复建设现象，各地方盲目扩大投资规模，导致社会总需求的膨胀，物价大幅度上涨，影响经济的协调发展，最终又不得不回过头来压缩投资规模，从而造成资源的巨大浪费。因此，适度安排固定资产投资规模是宏观经济得以合理、高效运行的必要前提。

【想一想】

宏观经济分析的基本变量有哪些？

【看一看】

经济软着陆

国民经济的运行是一个动态的过程，各年度间经济增长率的运动轨迹不是一条直线，而是围绕潜在增长能力上下波动，形成扩张与回落相交替的一条曲线。

一般来说，当经济增长速度过快，出现了严重的通货膨胀时，一国就要利用紧缩性政策来压制通胀，但是这时候社会总需求会下降从而经济速度增长变缓或者出现负增长，这就可以形象地称为经济“着陆”。“软着陆”即是一种回落方式。

经济软着陆是指国民经济的运行经过一段过度扩张之后，平稳地回落到适度增长区间。

“软着陆”是相对于“硬着陆”即“大起大落”方式而言的。“大起大落”由过度的“大起”而造成。国民经济的过度扩张，导致极大地超越了其潜在增长能力，严重地破坏了经济生活中的各种均衡关系，于是用“急刹车”的办法进行“全面紧缩”，最终导致经济增长率的大幅度降落。

二、宏观经济运行对证券市场的影响

宏观经济因素是影响证券市场长期走势的唯一因素，其他因素可以暂时改变证券市场的中期和短期走势，但改变不了证券市场的长期走势。宏观经济运行对证券市场的影响主要表现在以下几个方面。

（一）企业经济效益

公司的经济效益会随着宏观经济运行周期、宏观经济政策、利率水平和物价水平等宏观经济因素的变动而变动。如果宏观经济运行趋好，企业总体盈利水平也会提高，证券市场市值自然上涨；如果政府采取紧缩银根的宏观调控政策，企业的投资和经营会受到影响，盈利下降，市值缩水。

（二）居民收入水平

在经济周期处于上升阶段或在提高居民收入政策的作用下，居民收入水平提高会在一定程度上拉动消费需求，从而增加相关企业的经济效益。另外，居民收入水平的提高也会直接促进证券市场投资需求。

（三）投资者对股价的预期

当宏观经济趋好时，投资者预期公司效益和自身收入水平会上升，证券市场自然人气旺盛，从而推动市场平均价格走高；反之，则会令投资者对证券市场信心下降。

（四）资金成本

国家经济政策发生变化，居民、单位的资金持有成本将随之变化。如利率水平降低和利息税的征收，会促使部分资金由银行储蓄变为投资，从而影响证券市场的走向。

三、宏观经济变动与证券市场波动的关系

（一）国内生产总值（GDP）变动对证券市场的影响

证券市场作为经济的“晴雨表”如何对 GDP 的变动作出反应呢？我们必须将 GDP 与经济形势结合起来进行考察，不能简单地以为 GDP 增长，证券市场就将伴之以上升的走势，实际上有时恰恰相反；关键是看 GDP 的变动是否将导致各种经济因素（或经济条件）的恶化。下面对几种基本情况进行具体分析。

1. 持续、稳定、高速的 GDP 增长。在这种情况下，社会总需求与总供给协调增长，经济结构逐步合理并趋于平衡，经济增长来源于需求刺激并使闲置的或利用率不高的资源得到更充分的利用，从而表明经济发展的良好势头，这时证券市场将基于以下原因而呈现上升走势。

一是伴随总体经济成长，上市公司利润持续上升，股息和红利不断增长，企业经营环境

不断改善，产销两旺，投资风险也越来越小，从而使公司的股票和债券得到全面升值，价格上扬。

二是人们对经济形势形成了良好的预期，投资积极性得以提高，从而增加了对证券的需求，促使证券价格上涨。

三是随着 GDP 的持续增长，国民收入和个人收入都不断得以提高，收入增加也将增加证券投资的需求，从而使证券价格上涨。

2. 高通货膨胀下的 GDP 持续增长。当经济处于严重失衡下的高速增长时，总需求大大超过总供给，这将表现为高的通货膨胀率，这是经济形势恶化的征兆，如不采取调控措施，必将导致未来的“滞胀”（即通货膨胀与增长停滞并存）。这时经济中的矛盾会突出地表现出来，企业经营将面临困境，居民实际收入也将降低，因而失衡的经济增长必将导致证券市场下跌。

3. 宏观调控下的 GDP 增长。当 GDP 呈失衡的高速增长时，政府可能采取宏观调控措施以维持经济的稳定增长，这样必然减缓 GDP 的增长速度。如果调控目标得以顺利实现，而 GDP 仍以适当的速度增长，未导致 GDP 的负增长或低增长，则说明宏观调控措施十分有效，经济矛盾逐步得以缓解，为进一步增长创造了有利条件。这时证券市场也将反映这种好的形势而呈现出稳中渐升的态势。

4. 转折性的 GDP 变动。如果 GDP 一定时期以来一直负增长，当负增长速度逐渐减缓并呈现向正增长转变的趋势时，表明恶化的经济环境逐步得以改善，证券市场走势也将由下跌转为上升。

【做一做】

近年来某一国家的 GDP 增长率一直保持在 10% 左右，为了调整经济结构，政府采取了一系列调控措施使该国下一年度的 GDP 增长率降为 5% 左右，该国证券市场未来（一年内）的走势会如何?

（二）经济周期与股价波动的关系

所谓经济周期是指宏观经济的周期性波动，它形成一种规律性的模式，每一个周期一般要经历四个阶段，即萧条、复苏、繁荣和衰退。因此经济周期对证券市场走势的影响可以从它的四个阶段的运行轨迹来分析（见表 3－1－1）。

表 3－1－1　　不同经济周期阶段的市场表现

周期阶段	周期市场的表现
萧条时期	经济衰退至尾声，百业不振，投资者已远离股票市场，每日成交寥寥无几；有识之士默默吸纳股票，股价渐升
复苏时期	经济渐复苏时股价已升至一定水平，股价不停攀升
繁荣时期	有识之士悄然抛出股票，虽还涨，但供需渐渐转变
衰退时期	投资者认清经济形势，股价开始下跌

1. 萧条阶段。在萧条阶段，经济下滑至谷底，百业不振，公司经营情况不佳，证券价格持续低位徘徊。由于预期未来经济状况不佳，公司业绩得不到改善，大部分投资者都已离场观望，只有那些在不断地搜集和分析有关经济形势并合理判断经济形势即将好转的投资者在默默吸纳。

2. 复苏阶段。当经济走出萧条，步入复苏阶段时，公司经营状况开始好转，业绩上升，资信提高。此时，由于那些有预见的投资者的不断吸纳，证券价格实际上已经回升至一定水平，初步形成底部反转的态势。随着各种媒介开始传播萧条已经过去、经济日渐复苏的消息，投资者的认同感不断增强，投资者自身的境遇也在不断改善，从而推动证券价格不断走高，完成对底部反转趋势的确认。

3. 繁荣阶段。随着经济的日渐活跃，繁荣阶段就会来临，公司的经营业绩也在不断提升，并通过增资扩大生产规模，占有市场。由于经济的好转和证券市场上升趋势的形成得到了大多数投资者的认同，投资者的投资回报也在不断增加，因此，投资者的投资热情高涨，推动证券市场价格大幅上扬，并屡创新高，整个经济和证券市场均呈现一派欣欣向荣的景象。此时，一些有识之士在充分分析宏观经济形势的基础上认为，经济高速增长的繁荣阶段即将过去，经济将不会再创高潮，因而悄悄地卖出所持有的证券。证券价格仍在不断上扬，但多空双方的力量在逐渐发生变化，因此，价格的上扬已成强弩之末。

4. 衰退阶段。由于繁荣阶段的过度扩张，社会总供给开始超过总需求，经济增长减速，存货增加，同时经济过热造成工资、利率等大幅上升，使公司营运成本上升，公司业绩开始出现停滞甚至下降趋势，繁荣之后衰退的来临不可避免。在衰退阶段，更多的投资者基于对衰退来临的共同认识加入到抛出证券的行列，从而使整个证券市场完成中长期筑顶，形成向下的趋势。

证券市场价格的变动周期虽然大体上与经济周期一致，但在时间上并不与经济周期完全相同。从实证上来看，证券市场走势一般会提前于经济周期几个月到半年时间，也就是说证券市场走势对宏观经济运行具有预警作用。这就是通常所说“证券市场是经济的‘晴雨表’”的原因所在，也是在经济指标分析中证券价格指数作为先行指标的理由。当然，证券市场的“晴雨表”功能是就其长期趋势而言的，证券市场的每一次波动，特别是短期波动，并不表示宏观经济状况的变好或趋坏。

应该注意的是，不同的具体行业受经济周期的影响程度是不一样的。对具体某种证券的行情进行分析时，应深入细致地探究该波动周期的起因及政府控制经济周期采取的各种政策措施，并结合行业特征及发行公司的“公司分析”综合地进行。

（三）通货膨胀对证券市场的影响

通货膨胀一直是困扰各国政府的主要经济问题。通货膨胀存在的原因以及它对经济的影响，是一个十分复杂的问题，而政府对通货膨胀进行控制的宏观经济政策往往只能以一定的代价（如增加失业率）来实现。

1. 通货膨胀对股票市场的影响。通货膨胀对股价特别是个股的影响，并无永恒的定势，它完全可能同时产生相反方向的影响，对这些影响做具体分析和比较必须从该时期通货膨胀的原因和程度，并结合当时的经济结构和形势以及政府可能采取的干预措施等的分析入手，其复杂程度可想而知。这里，我们只能就一般性的原则做如下几点说明。

（1）温和的、稳定的通货膨胀对股价的影响较小。

（2）如果通货膨胀在一定的可容忍范围内增长，而经济处于景气（扩张）阶段，产量和就业都持续增长，那么股价也将持续上升。

（3）严重的通货膨胀是很危险的，经济将被严重扭曲，货币每年以超常的速度贬值，这时人们将会囤积商品、购买房屋以期对资金保值。这可能从两个方面影响股价：其一，资金流出金融市场，引起股价下跌；其二，经济扭曲且失去效率，企业筹集不到必需的生产资金，同时，原材料、劳务价格等成本飞涨，使企业经营严重受挫，盈利水平下降，甚至破产倒闭。

（4）政府往往不会长期容忍通货膨胀的存在，因而必然会动用某些宏观经济工具来抑制通货膨胀，这些政策必然对经济运行造成影响，这种影响将改变资金流向和企业的经营利润，从而影响股价。

（5）通货膨胀时期，并不是所有价格和工资都按同一比率变动，也就是说，相对价格会发生变化。这种相对价格的变化可引致财富和收入的再分配，以及产量和就业的扭曲，因而某些公司可能从中获利，而另一些公司可能蒙受损失。与之相对应的是获利公司的股价上涨；相反，受损公司的股价下跌。

（6）通货膨胀不仅对经济产生影响，还可能对社会产生影响，并影响公众的心理和预期，从而对股价产生影响。

（7）通货膨胀使各种商品价格具有更大的不确定性，也使得企业未来经营状况具有更大的不确定性，从而影响市场对股息的预期，并增大获得预期股息的风险，从而导致股价下跌。

（8）通货膨胀对企业的微观影响可以从税收效应、负债效应和存货效应等方面作具体的分析。但长期的通货膨胀必然使经济环境和社会环境恶化，股价必受大环境的影响而下跌，短期效应的表现便不复存在。

综合来看，适度的通货膨胀下，人们为避免损失，将资金投向股市。在通货膨胀初期，物价上涨，生产受到刺激，企业利润增加，股价因此看涨。但在持续增长的通货膨胀下，企业成本增加，而高价格下需求下降，企业经营状况恶化。特别是，政府此时不得已采取严厉的紧缩政策，犹如雪上加霜，企业资金周转失灵，一些企业甚至倒闭，股市在恐慌中狂跌。

2. 通货膨胀对债券市场的影响。

（1）通货膨胀提高了投资者对债券收益率的要求，从而引起债券价格的下跌。

（2）未预期到的通货膨胀增加了企业经营的不确定性，提高了还本付息的风险，从而导致债券价格的下跌。

（3）过度的通货膨胀将使企业经营困难甚至倒闭；同时投资者将资金转移到实物资产和交易上以寻求保值，从而导致债券的需求减少，价格下跌。

【学一学】

通货膨胀对股价的双重作用

通货膨胀是影响股票市场价格的一个重要宏观经济因素。这一因素对股票市场趋势的影响比较复杂，它既有刺激股票市场的作用，又有压抑股票市场的作用。通货膨胀主要是由于过多地增加货币供应量造成的。货币供应量与股票价格一般呈正比关系，即货币供给量增大使股票价格上升；反之，货币供给量缩小则使股票价格下降。但在特殊情况下又有相反的趋势。

货币供给量对股票价格的正比关系，有三种表现：

（1）货币供给量增加，一方面可以支持生产扶持物价，阻止利润下降；另一方面对股票的需求增加，又成为股价止跌回升的重要因素。

（2）货币供给量增加引起社会商品的价格上涨，股份公司的销售相应增加，从而使得以货币数量表现的股利（即股票的名义收益）有一定幅度的上升，使股票需求增加，从而股票价格也相应增加。

（3）货币供给量的递增引起通货膨胀，通货膨胀带来的往往是虚假的市场繁荣，最终出现企业利润上升的假象。保值意识使人们倾向于将货币投向贵重金属、不动产和短期证券，股票需求量也会增加，从而使股票价格相应增加。

由上述可见，货币供给量的增减，是影响股价的重要原因之一。货币供给量增加，扩大的社会购买力就会投资于股票上，从而把股价抬高。反之，如果通货膨胀到一定程度，甚至超过了两位数，将会推动利率上涨，从而使股价下跌。

总之，当刺激作用大时，股票市场的趋势与通货膨胀的趋势一致；当压抑作用大时，股票市场的趋势与通货膨胀趋势相反。

货币供给量减少，社会购买力降低，投资就会减少，失业率就会增加，因而股价也必定会受影响。这是问题的主要方面。

资料来源：证券之星——投资学堂。

（四）利率水平对证券市场的影响

对证券市场及证券价格产生影响的种种因素中最直接者莫过于金融因素。在金融因素中，利率水平的变动对证券市场行情的影响最为直接和迅速。一般来说，利率下降时，证券的价格就会上涨；利率上升时，证券的价格就会下跌。因此，利率的高低以及利率与证券市场的关系，势必成为证券投资者据以买进和卖出证券的重要依据。

利率的升降与证券价格的变化呈上述反向变动关系的主要原因有以下三个：

1. 利率上升时，不仅会增加公司的借款成本，而且还会使公司难以获得必需的资金。这样，公司就不得不削减生产规模，而生产规模的缩小又势必会减少公司的未来利润。因此，证券价格就会下降；反之，证券价格就会上涨。

2. 利率上升时，投资者据以评估证券价值所需的折现率也会上升，证券价值因此会下降，从而也会使证券价格相应下降；反之，利率下降时，证券价格就会上升。

3. 利率上升时，一部分资金从投向证券市场转向银行储蓄，从而会减少市场上的证券需求，使证券价格出现下跌；反之，利率下降时，储蓄的获利能力降低，一部分资金就可能回到证券市场中来，从而扩大对证券的需求，使证券价格上涨。

上述利率与证券价格运动呈反向变化是一般情况，但不能将此绝对化。在证券市场发展的历史上，也有一些相对特殊的情形。以股市为例，美国在 1978 年就曾出现过利率和股票价格同时上升的情形。当时出现这种异常现象主要有两个原因：一是许多金融机构对美国政府当时维持美元在世界上的地位和控制通货膨胀的能力没有信心；二是当时股票价格已经下降到极低点，远远偏离了股票的实际价格，从而使大量的外国资金流向了美国股市，引起了股票价格上涨。1981 年在香港也曾出现过同样的情形。当然，这种利率和股票价格同时上升和同时回落的现象迄今为止还是比较少见的。

【想一想】

利率升降和证券价格走势有什么关系？

（五）价格变动对证券市场的影响

普通商品价格变动对证券市场也有重要影响。一般情况下，物价上涨，证券价格也上涨；物价下跌，证券价格也下跌。商品价格对证券市场价格的影响主要表现在以下四个方面。

1. 商品价格出现缓慢上涨，且幅度不是很大，但物价上涨率大于借贷利率的上涨率时，公司库存商品的价值上升。由于产品价格上涨的幅度高于借贷成本的上涨幅度，于是公司利润上升，证券价格也会因此而上升。

2. 商品价格上涨幅度过大，证券价格没有相应上升，反而会下降。这是因为，物价上涨引起公司生产成本上升，而上升的成本又无法通过商品销售完全转嫁出去，从而使公司的利润降低，证券价格也随之降低。

3. 物价上涨，商品市场的交易呈现繁荣兴旺时，有时正是证券陷于低沉的时候，人们热衷于及时消费，从而使证券价格下跌；当商品市场止涨回跌时，反而成了投资证券的最好时机，从而引起证券价格上涨。

4. 物价持续上涨，引起证券投资者的保障意识增强，因此使投资者将资金从证券市场中抽出来，转而投向动产或不动产，如房地产、贵金属等保值性强的物品上，使证券需求量降低，因而证券价格下跌。

（六）国际收支状况对证券市场的影响

1. 贸易顺差的影响。持续的贸易顺差可以增加国民生产总值，公众收入增长，从而带动证券市场的价格上扬。20 世纪 90 年代初期，东南亚出口顺差，经济增长快，收入增长促使证券市场高涨，但 1997 年危机后，欧美发达国家扩大出口从而改变了这种状况。总之，出口优良的企业其证券价格会有优异的表现。

2. 贸易逆差的影响。一国出口贸易如为逆差，则生产这些产品的企业收益下降，证券发行受到冷遇，其价格在证券市场上表现差。一国若持续贸易逆差，将造成外汇储备减少，进口支付能力恶化，经济受影响而不景气，证券市场也不景气。

3. 国际收支顺差的影响。国际收支长期大幅顺差，容易引发国内通货膨胀，为收购外币，政府将投放过量本币，其中，国际投机资本的大量流入流出，会引发国内金融市场的动荡与本币币值的稳定，证券价格的波动则直接受到影响。

（七）就业状况的变动对证券市场的影响

证券市场的投资不论是机构投资还是个体投资，都是社会大众的投资。就业状况的好坏不仅反映了经济状况，而且与证券市场资金供给的增减变化有密切关系。在经济增长初期，人们就业收入用于支付个人消费，之后人们手中积累了一定的多余货币而投资于证券，随之证券市场发达兴旺。在经济繁荣期，就业率高，收入普遍增长，证券市场资金源源流入并推高证券价格，而投资者因财富效应增加消费信贷，银行业甘愿承担授信品质低的信贷风险。当一些有远见的获利者抛售证券离场时，证券指数下跌，大多数人会补仓推动证券价格上扬，但后续资金匮乏，证券指数终究跌落下来，随着投资者损失加重，消费投资减少，就业机会下降，经济危机爆发，人们纷纷出逃证券市场。接着出现持续的经济衰退，失业率上升，证券市值大幅下降，证券指数运行在一个长期的下跌趋势中。

任务二　宏观经济政策分析

任务指引

当前国内所面临的结构性弊端众多，如传统行业的产能过剩、非金融国有企业的高杠杆以及房地产市场过热等。总结而言，未来经济发展的路径可以简要地概括为：（1）东部与西部的产业地域转移；（2）低端产业向中高端的结构升级；（3）重点扶持国家战略性新兴产业；（4）强力推进民间高技术应用产业。在为实现上述目标前进的路上，首先要解决的就是过剩、低效产能退出的问题，将有效的社会资源释放出来。要解决这个问题，若贸然继续实施宽松货币政策，恐怕会事与愿违，事倍功半，最终陷入“流动性陷阱”。而有“定向刺激”作用的财政工具恰好可以弥补货币工具的缺陷，此时再配合适度偏紧的货币政策，去产能、去库存的效果将会更为明显与迅捷，经济衰退的时间将被有效缩短。财政政策加码带来一些结构性机会，如政府一直大力主导的 PPP 主题板块，与之相关的环保和基建也会获益。

➲ 问题思考

1. 宏观经济政策变化会对证券市场有哪些影响？
2. 针对未来我国经济各项政策的调整，如何作出正确的投资决策？

知识准备

一、财政政策对证券市场的影响分析

财政政策是政府依据客观经济规律制定的指导财政工作和处理财政关系的一系列方针、准则和措施的总称。财政政策主要分为扩张性财政政策和紧缩性财政政策。总的来说，紧缩性财政政策将使得过热的经济受到控制，证券市场也将走弱；而扩张性财政政策将刺激经济发展，使得证券市场走强。具体来看，扩张的财政政策及其对证券市场的影响主要表现在以下几个方面。

一是减少税收，降低税率，扩大减免税范围。其政策的经济效用是：增加微观经济主体的收入，以刺激经济主体的投资需求，从而扩大社会供给。其对证券市场的影响为：增加人们的收入，并同时增加了他们的投资需求和消费支出。前者将直接引起证券市场价格上涨；后者则使社会总需求增加，总需求增加反过来刺激投资需求，企业扩大生产规模，企业利润增加。同时，企业税后利润增加，也将刺激企业扩大生产规模的积极性，进一步增加利润总

额，从而促进证券价格上涨。再者因市场需求活跃，企业经营环境改善，盈利能力增强，进而降低了还本付息风险，证券价格也将因此而上扬。

二是扩大财政支出，加大财政赤字。其政策效应是：扩大社会总需求，从而刺激投资者信心，证券需求增加，证券市场趋于活跃，证券价格自然上扬。特别是与政府购买和支出相关的企业，将最先、最直接从财政政策中获益，因而有关的证券价格将率先上涨。

三是减少国债发行（或回购部分短期国债）。其政策效应是：通过扩大货币流通量来扩大社会总需求，从而刺激生产。这首先将直接对债券市场特别是国债市场产生影响。由于债券供给规模缩小，价格上扬，继而由于货币供给效应和证券联动效应，整个证券市场价格均会上扬。需要指出的是，对于用于定向支出的国债发行，则应视其支出方向来分析对证券市场的影响。如果用发行国债的收入来引导投资和消费，以刺激经济的增长，则会促使证券价格的上扬。

四是增加财政补贴。财政补贴往往使财政支出扩大，其政策效应是：扩大社会总需求并刺激供给增加，从而导致证券市场价格的上扬。

【想一想】

紧缩性财政政策与扩张性财政政策会产生什么样的经济后果呢？

【看一看】

2017年财政政策维持积极基调

2016年预算收支情况

与2017年预算安排受经济增速放缓以及减税降费政策影响，全国一般公共预算收入增速持续下降。2016年全国一般公共预算收入比2015年同口径仅增长4.5%。相对应，全国一般公共预算支出增速放缓。受房地产市场回暖影响，2016年占全国政府性基金主要组成部分的地方政府性基金收入增长迅猛，达12.9%。2017年，全国一般公共预算收入与支出预算增速平稳，全国政府性基金相关支出预算增速大幅提升，主要原因是地方政府专项债增至8 000亿元，比上年翻了1倍。

2017年财政政策依然维持积极基调

2017年我国预算赤字率与2016年相同，仍维持在3%。相较而言，虽然美国经济复苏势头强劲，但其2016年赤字率仍有3.2%，所以我国赤字率水平在发挥稳经济作用方面有很大提升空间。同时，我国债务余额仍处低位，约27.33万亿元，负债率仅为36.7%，未来举债空间巨大，但前提条件是保证政府举债投资形成的资产足够优质，能够覆盖债务利息支出。2017年，政府将继续推动减税降费政策，预计全年降低企业负担5 500亿元。

对于2017年A股市场的投资逻辑，参考多家券商的分析报告，大致可总结为五点：一是PPI回升使生产资料价格从上游采掘向中游原材料和下游加工业传导带来的投资机会，重点是周期性行业；二是基建发力与PPP带来的投资机会，重点是公用事业、环保、轨道交通、城市基础设施、建筑工程等领域；三是降杠杆与市场化债转股带来的投资机会，重点是银行和高杠杆企业；四是推进混合所有制改革带来的投资机会，重点是电力、石油、天然气、铁路、民航、电信、军工七大领域；五是经济新动能——战略性新兴产业，包括新一代信息技术、高端装备、新材料、生物、新能源汽车、新能源等。

资料来源：编者根据和讯网（2017－03－27）和新浪财经（2017－02－06）相关资料整理。

二、货币政策对证券市场的影响分析

货币政策是中央银行为实现一定的宏观经济调控目标而运用各种货币政策工具调节货币供求的方针和策略的总称，是国家宏观经济政策的重要组成部分。就其变动的方向而言，主要有两种：扩张性货币政策和紧缩性货币政策。一般来说，扩张性货币政策将使得证券市场价格上扬，紧缩性货币政策将使得证券市场价格下跌。下面我们就具体的政策工具对证券市场的影响分别进行阐述。

一是存款准备金对证券市场的影响。这里的存款准备金称为法定存款准备金，是指凡具有吸收存款业务的金融机构都必须将吸收的存款按一定的比率交存到中央银行。交存金额占存款总额的比率就称为存款准备金率。这一货币政策工具通常被认为是最猛烈的宏观调控工具之一。当中央银行上调存款准备金率时，货币乘数变小，会有更多的存款从商业银行流向中央银行，使商业银行的资金来源减少，放款能力降低，货币供给就会紧缩，社会资金供应紧张，证券市场价格呈下跌趋势；反之，如果中央银行下调存款准备金率，则有利于证券市场价格的上涨。

【学一学】

存款准备金的调整对证券市场的影响

中国人民银行决定，自2015年2月5日起下调金融机构人民币存款准备金率0.5个百分点。同时，为进一步增强金融机构支持结构调整的能力，加大对小微企业、“三农”以及重大水利工程建设的支持力度，对小微企业贷款占比达到定向降准标准的城市商业银行、非县域农村商业银行额外降低人民币存款准备金率0.5个百分点，对中国农业发展银行额外降低人民币存款准备金率4个百分点。

历次降准后引起的股市层面的波动往往引人关注，表3－1－2梳理了自2010年以来历次央行降准及股市相应的波动情况。

表3－1－2　存款准备金率历次调整及调准后股市表现一览　单位：%

公布日	大型金融机构			中小金融机构			股市
	调整前	调整后	幅度	调整前	调整后	幅度	沪指次日涨幅
2016年2月29日	17.00	16.50	－0.50	13.50	13.00	－0.50	1.68
2015年10月23日	17.50	17.00	－0.50	14.00	13.50	－0.50	0.50
2015年8月25日	18.00	17.50	－0.50	14.50	14.00	－0.50	－1.27
2015年6月27日	18.50	18.00	－0.50	15.00	14.50	－0.50	－3.34
2015年4月19日	19.50	18.50	－1.00	16.00	15.00	－1.00	－1.64

续表

公布日	大型金融机构			中小金融机构			股市
	调整前	调整后	幅度	调整前	调整后	幅度	沪指次日涨幅
2015 年 2 月 4 日	20.00	19.50	-0.50	16.50	16.00	-0.50	-1.18
2012 年 5 月 12 日	20.50	20.00	-0.50	17.00	16.50	-0.50	-0.60
2012 年 2 月 18 日	21.00	20.50	-0.50	17.50	17.00	-0.50	0.30
2011 年 11 月 30 日	21.50	21.00	-0.50	18.00	17.50	-0.50	2.29
2011 年 6 月 14 日	21.00	21.50	0.50	17.50	18.00	0.50	-0.95
2011 年 5 月 12 日	20.50	21.00	0.50	17.00	17.50	0.50	0.95
2011 年 4 月 17 日	20.00	20.50	0.50	16.50	17.00	0.50	0.22
2011 年 3 月 18 日	19.50	20.00	0.50	16.00	16.50	0.50	0.08
2011 年 2 月 18 日	19.00	19.50	0.50	15.50	16.00	0.50	1.12
2011 年 1 月 14 日	18.50	19.00	0.50	15.00	15.50	0.50	-3.03
2010 年 12 月 10 日	18.00	18.50	0.50	14.50	15.00	0.50	2.88
2010 年 11 月 19 日	17.50	18.00	0.50	14.00	14.50	0.50	-0.15
2010 年 11 月 10 日	17.00	17.50	0.50	13.50	14.00	0.50	1.04
2010 年 5 月 2 日	16.50	17.00	0.50	13.50	13.50	0.00	-1.23
2010 年 2 月 12 日	16.00	16.50	0.50	13.50	13.50	0.00	-0.49
2010 年 1 月 12 日	15.50	16.00	0.50	13.50	13.50	0.00	-3.09

二是再贴现率对证券市场的影响。再贴现是指商业银行将贴现买入的未到期商业票据提交中央银行，由中央银行扣除再贴现利息后支付贴现款项。如果央行提高再贴现率，商业银行的借入资金成本将增大，这将迫使其提高贷款利率，从而起到减少贷款量和货币供给量的作用；反之，就会加大贷款量和货币供给量。由此可见，再贴现率对证券市场影响的作用机制与存款准备金率是一样的。

三是公开市场业务对证券市场的影响。政府如果通过公开市场购回债券来增大货币供给量，则一方面减少了国债的供给，从而减少证券市场的总供给，使得证券价格上扬，特别是被政府购买的国债品种（通常是短期国债）首先上扬；另一方面政府回购国债相当于向证券市场提供了一笔资金，这笔资金最直接的效应是提高对证券的需求，从而使整个证券市场价格上扬，增加的货币供给量将对经济产生影响。可见，公开市场业务这种调控工具最先也最直接地对证券市场产生影响。

【做一做】

查找资料回答什么是央行逆回购操作？2017 年 7 月 14 日，央行进行了 1 000 亿元 7 天逆回购操作。当日有 1 000 亿元逆回购到期，完全对冲当日到期量，这些操作意味着什么？

三、收入政策对证券市场的影响分析

收入政策是国家为实现宏观调控总目标和总任务，针对居民收入水平高低、收入差距大小在分配方面制定的原则和方针。与财政政策、货币政策相比，收入政策具有更高一层次的调节功能。收入政策不仅制约着财政政策和货币政策的作用方向和作用力度，而且最终也要通过财政政策和货币政策来实现。

收入政策目标包括收入总量目标和收入结构目标。收入总量目标着眼于近期的宏观经济总量平衡，着重处理积累和消费人们近期生活水平改善和国家长远经济发展的关系以及失业和通货膨胀的问题。收入结构目标则着眼于处理各种收入的比例，以解决公共消费和私人消费以及收入差距等问题。

收入总量调控政策主要通过财政、货币机制来实施；此外，还可以通过行政干预和法律调整等机制来实施。财政机制通过预算控制、税收控制、补贴调控和国债调控等手段贯彻收入政策。货币机制通过调控货币供给量、货币流通量、信贷方向和数量、利息率等贯彻收入政策。由此可见，收入总量调控将通过财政政策和货币政策的传导对证券市场产生影响。

随着我国社会主义市场经济体制的建立和完善，我国收入分配格局发生了根本性的变化，从而导致了我国民间金融资产的大幅度增加，并具有相当规模。这些资产必然要寻找出路，或者储蓄，或者投资。由于资金分散，直接的实业投资很难普遍进行，大部分投资须借助于金融市场来实现。民间金融资产的增大以及社会总积累向社会分配的趋势，将导致储蓄增加，同时增加证券市场的需求，促进证券市场规模的扩大和证券价格水平的逐步提高。

【学一学】

收入分配改革股市利多潜力探析

国务院2016年11月7日颁发《关于实行以增加知识价值为导向分配政策的若干意见》(详见11月7日新华社消息)，其中允许科研人员从事兼职新规，属于放权的政策红利。政策对中小板、创业板有利。

更大的启示是涉及收入的政策设计必须改革，不合理的应纠正，体现多劳多得的基本原则，不让老实人吃亏。许多投资者注意到新华社近期聚焦股市减持潮的系列文章，也隐含股市投资收入如何合理分配的改革设想。

实际上，上届监管层本来已出台限制大股东减持的制度，但执行细则被“巧妙”修改了，原限制政策变相失效。本届监管层只要让交易所计算机程序做个小小的修改，就可严格执行上届监管层要求的“每3个月至多只能减持总股本1%”原意。

如果收入分配改革主旨能进入股市，被权威通信社质疑的“大小非”减持制度能被修正，低成本筹码的倾泻得以禁止，那么A股将借势爆发一轮大行情。

资料来源：作者古禅，信息时报，2016-11-14.

任务三　国际金融市场环境分析

任务指引

汇率与股市并非简单正或负相关。汇率和股市都是因变量，主动贬值或被动贬值的股市表现不同。汇率和股市直接的关系不稳定，因为这二者都是因变量，自变量是货币流动性、经济增长。货币宽松、经济增长稳定时，汇率贬值可称为主动贬值，此时无风险利率下降，风险偏好提升，企业盈利有望向好，带来股市上涨。经济受困、基本面恶化时，汇率贬值可称为被动贬值，此时企业盈利恶化，风险偏好随之下降，股市下跌。回顾美国、日本、韩国、俄罗斯历史上的货币贬值经验，整体来看，主动货币贬值时，股市上涨，而被动贬值时，股市则大概率下跌。

主动贬值时，股市上涨。最近几年美国、日本货币贬值都属于主动贬值，股市上涨。美国次贷危机爆发后促使美联储开启 QE，自 2008 年 12 月至 2011 年 11 月，名义美元指数下跌 15%，以美元计 2011 年美国出口总额比 2008 年增长 15%，超过危机爆发前的水平，贬值稳住了美国出口，期间标普大涨 71%。2012 年底日本实施“安倍经济学”，推行大规模量化宽松，日本 10 年期国债收益率从 0.8% 下降到 0.3%，2012 年底到 2015 年 7 月日元对美元贬值 60% 多，贬值促进出口增速上涨，期间日经 225 指数涨幅 130%。

被动贬值时，股市下跌。2007 年 11 月至 2009 年 3 月，受美国次贷危机影响，韩国基本面显著恶化，GDP 同比由正转负，月出口额大幅下滑，韩元被动贬值 43%，韩国综合指数下跌 40%。2014 年 7 月开始布伦特原油价格从 110 美元每桶下跌到 34 美元每桶，俄罗斯经济高度依赖于石油出口，油价的下跌引发俄罗斯卢布大幅度贬值，美元兑卢布从 2014 年 7 月的 32 上升到目前的 66，10 年期国债利率从 8.1% 一度上涨到 14%，股市暴跌了 40% 多。

问题思考

汇率是如何影响股市的？

知识准备

国际金融市场按经营业务的种类划分，可以分为货币市场、证券市场、外汇市场、黄金市场和期权期货市场。这些市场是一个整体，各个市场相互影响。证券市场仅仅是国际金融市场的一部分，国际证券市场对一国证券市场的影响是通过该国国内其他金融市场的传导而发生的。

就目前来看，我国证券市场是有限度的开放，同时人民币还没有实现完全自由兑换。因此，我国的证券市场是相对独立的，国际金融市场对我国证券市场的直接冲击比较小。但是，由于经济全球化的发展，我国经济与世界经济的联系日趋紧密，因此，国际金融市场的剧烈动荡会通过各种途径间接影响我国的证券市场。

一、国际金融市场动荡通过人民币汇率预期影响证券市场

汇率是指单位外币的本币标值。汇率对证券市场的影响是多方面的。一般来讲，一国的经济越开放，证券市场的国际化程度越高，证券市场受汇率的影响越大。

1. 汇率上升，本币贬值，本国产品竞争力强，出口型企业将增加收益，因而企业的股票和债券价格将上涨；相反，依赖于进口的企业成本增加，利润受损，股票和债券价格将下跌。

【想一想】

本币贬值哪些出口型企业会增加收益？

2. 汇率上升，本币贬值，将导致资本流出本国，资本的流失将使得本国证券市场需求减少，从而市场价格下跌。

3. 汇率上升时，本币表示的进口商品价格提高，进而带动国内物价水平上涨，引起通货膨胀。通货膨胀对证券市场的影响须根据当时的经济形势和具体企业以及政策行为进行分析。

为维持汇率稳定，政府可能动用外汇储备，抛售外汇，从而将减少本币的供应量，使证券市场价格下跌，直到汇率回落恢复均衡，反面效应可能使证券价格回升。如果政府利用债市与汇市联动操作达到既控制汇率的升势又不减少货币供应量，即抛售外汇，同时回购国债，则将使国债市场价格上扬。

由于我国人民币实行经常项目的自由兑换和对资本项目的严格控制，因此，官方的人民币汇率不容易受到国际金融市场的冲击。但由于经常项目的自由兑换、心理恐慌形成汇率预期、人民币“黑市”交易的活跃，造成实际汇率的波动，从而影响证券市场。

同时，即使人民币汇率保持稳定，但由于国际金融市场的动荡，导致周边国家（地区）或其他重要贸易伙伴国家货币的贬值，使人民币汇率相对这些货币的汇率升值，也会影响我国证券市场。

由此可见，投资者应当充分考虑汇率变动对证券价格的一般影响，同时参考其他因素的变化，以便作出正确的投资选择。

【看一看】

汇率与股市不得不说的关系

进入2016年后第一个交易周，沪深股市几度出现大跌，并且多次触及了刚设立的熔断阈值。导致股市下跌的原因有很多，但是当前外汇市场上人民币兑美元汇率大幅度贬值，无疑也是其中的一个主要因素。

汇率与股市的关系有点复杂。一般来说，在本币升值时，股市通常比较容易上涨，反之则亦然。这是因为当汇率上升时，客观上表明以本币为代表的本国资产价格上涨，同时本国经济也比较好，股市自然上涨。

当然，也有在汇率贬值时，股市同样也大涨的例子。最近几年日元汇率是下跌的，但是日本股市连续上涨，其中的原因在于日本推行安倍经济学，通过不断释放流动性、引导通胀的办法来实现日元的主动贬值，而这些措施无疑是有利于股市上涨的。当然，当一个国家的本币被动性贬值，其股市就很难不跌了，像发生在1997年的亚洲金融危机，就使相关国家的货币在游资攻击下纷纷败退，不得不贬值，结果引发股市暴跌，进而蔓延为系统性的金融危机。

那么，如何来看待当前我国的人民币贬值呢？2015 年 8 月，央行通过改变结算价格的形成机制，实际上对人民币进行一次性贬值。虽然动静是大了点，但这还算是一次主动性的贬值，因此虽然对当时的股市也有影响，但很快就平复了下来。

最近一段时间，情况则有了新的变化，其特点在于离岸市场的人民币汇率加速下行，并且拖累了境内市场的人民币汇率，内外之间的价差有时甚至达到 1 600 个基点。这表明，一方面央行等还是在试图努力维持人民币汇率的基本稳定，但另一方面来自海外的人民币贬值压力非常大。客观上，由于中国经济增长放缓，外贸连续出现下滑，而美元则进入升息周期，这就导致在不同货币政策背景下两国货币的反向走势。特别是在前段时间，人民币对一篮子货币升值比较多，现在相对于这些货币都有贬值压力，因此导致现时人民币全方位承压和最明显的一次外汇流失。

这种状况，不可能不对股市造成冲击。虽然从合理储备的角度来说，现在中国的外汇储备还是充足的，同时人民币适度贬值对于改善外贸环境，促进内需也有好处，但当贬值成为一种趋势时，必然会导致对于以人民币标价的本国资产价格下跌预期，进而引发抛售潮。股市作为流动性最好的资产交易场所，显然会遭遇到极大的压力。有人试图以中国经济增长仍然快于美国，以及中国商品在美国仍然具有价格优势的说法来否认人民币贬值的态势，强调即便贬值也不会影响股市，这是很短视的。作为一个发展中国家，中国经济增速下滑的风险远远大于美国经济增长缓慢的风险。至于中国商品的价格优势，现在则受到了来自印度以及东南亚各国的强烈挑战，外贸的不景气已经说明了问题。

当然，强调当前人民币的贬值走势，并不是说中国已经面临金融危机了，应该说这种贬值现在还是可控的，但的确不可小看其负面影响。至于股市，在这样的大环境下运行，当然是受冲击的。投资者关注汇率变化，把这个因素考虑进去十分必要。

资料来源：作者桂浩明，证券时报，2016－01－09.

二、国际金融市场动荡通过宏观面间接影响我国证券市场

改革开放以来，我国国民经济的对外依存度大大提高，国际金融市场动荡会导致出口增幅下降、外商直接投资下降，从而影响经济增长率。宏观经济环境的恶化导致上市公司业绩下降和投资者信心下降，最终使证券市场行情下跌。其中，国际金融市场的动荡对外向型上市公司和外贸行业上市公司的业绩影响最大，对其股价的冲击也最大。

2015 年，世界工业生产低速增长，贸易持续低迷，金融市场动荡加剧，大宗商品价格大幅下跌。发达国家经济复苏缓慢，新兴经济体增速进一步回落，世界经济整体复苏疲弱乏力，增长速度放缓。2016 年，世界经济运行中的不利因素和不确定性因素增多，继续低速运行的可能性较大，我国经济的外部环境更为严峻。

未来，中国经济与货币的国际地位有望进一步提升，国内与国际金融之间的相互作用和影响进一步加大。但在这一背景下，国际金融市场动荡也将影响我国证券市场稳定。首先，美联储加息、人民币被纳入 SDR（特别提款权）等，都会导致人民币汇率波动扩大；其次，我国跨境资本的流动性在日益提高，对我国国际收支的影响会越来越大，波动性也将加剧；最后，面对新形势，我国宏观政策必须在汇率稳定、货币政策调控和资本国际流动之间艰难

地寻求平衡。

针对全球金融市场动荡增大的风险，我国可采取以下措施：一是密切监测国际资本流动，关注美联储货币政策动向，做好各种应对预案；二是考虑到金融市场冲击具有多边性甚至全球性，我国可联合其他国家做好防范金融冲击的准备，如加强国际金融监管合作，实施双边或多边货币互换以应对短期流动性和偿债风险；三是必要时可考虑采取限制国际资本流动的措施，如征收托宾税限制外汇投机交易等。

【做一做】

了解2015年8月11日人民币汇率贬值后A股暴跌的事件。

三、国际金融市场动荡通过微观面直接影响我国证券市场

随着中国经济实力的不断壮大，国内企业的国际竞争能力也在不断增强，一些大型企业最近几年来通过跨国兼并参与国际竞争。国内主要上市公司通过购买境外企业的股份，以达到参股或控股的目的。另外一些大型上市公司通过购买境外企业债券进行组合投资套期保值，国际金融市场的动荡造成境外企业的股票和债券价格大幅度缩水，严重影响了上述公司的业绩。

在国际上具备较强的竞争力和资本扩张能力的上市公司，它们在境外的投资直接受到国际市场的影响，导致其A股股价产生巨大波动。这一现象表明，国际金融市场动荡已经从原有的通过宏观层面的间接影响深入到从微观层面直接影响我国A股市场。

此外，国际金融市场动荡会通过H股不断地影响A股市场。香港是一座国际化的金融中心，它与国际金融市场紧密相连。我国内地与香港在经济发展上关系日益密切，反映在证券市场就是A股和H股关联性不断加强。

随着证券市场日益开放，A股与H股的关联性还将进一步加强，主要表现在以下几个方面。

一是股权分置改革的顺利完成将加速A—H股价值的接轨进程。一方面，从公司的价值评估角度看，股权分置改革有利于优化上市公司治理机制，降低风险溢价和资本成本，提升H股的估值水平，同时股权分置改革后上市公司的并购、重组行为也将使其更具投资价值；另一方面，股权分置改革为A股带来的自然除权效应促使了A—H股的价格逐渐接轨。

二是随着QFII和QDII规模的不断扩大，无论是A股对H股的溢价，还是H股对A股的溢价，在套利机制的作用下趋于消失，使两者股价逐步融合。

三是国家有关部门既支持具备条件的国有大型企业通过规范改制实现境内外上市，又鼓励国有H股回归A股，将使更多的大型上市公司同时出现在A股和H股市场。一般来说，由于此类上市公司的权重较大，也会促使A股走势与H股走势趋于相似，使两者关联性不断加强。

在国际金融市场相互影响和日益动荡的今天，可以采取加强监管、降低证券市场风险、提高上市公司的素质等积极措施，促使证券市场的稳健发展。

扩展阅读

宏观分析资料的搜集与处理

在确定分析对象及相应主要指标后，就要下工夫搜集与之有关的历史与现时的数据资料、事实、变革等各种有关的信息。有时资料可能因口径不一致而不可比，或是不反映变量变化规律的异常值，此时还需对数据资料进行处理。

1. 数据资料的来源。宏观分析所需的有效资料一般包括政府的重点经济政策与措施、一般生产统计资料、金融物价统计资料、贸易统计资料、每年国民收入统计与景气动向、突发性非经济因素等。这些资料来源主要有：

第一，从电视、广播、报纸、杂志等了解世界经济动态与国内经济大事。

第二，政府部门与经济管理部门，省、市、自治区公布的各种经济政策、计划、统计资料和经济报告，各种统计年鉴等。如《中国统计年鉴》《中国经济年鉴》《经济白皮书》等。

第三，各主管公司、行业管理部门搜集和编制的统计资料。

第四，部门与企业内部的原始记录。

第五，各预测、情报和咨询机构公布的数据资料。

第六，国家和省市领导人报告或讲话中的统计数字和信息等。

2. 对数据资料的质量要求。

第一，准确性。数据资料必须准确可靠，虚假的数据资料将导致得出不真实的结论。

第二，系统性。数据资料要连续和系统，要有历史各期的统计数据资料。连续而系统的信息资料是分析比较、掌握经济运行规律的基础。支离破碎、零零散散的数据资料对于分析价值不大。

第三，时间性。数据资料要新，要有近期和最新的数据资料。某些数据资料的时效性很强，搜集或处理不及时就会失去利用价值。

第四，可比性。由于社会变革、经济变革、统计制度的变化、物价涨落，以及行政区划、企业归属、市场供应范围的改变等原因，常使历史统计数据不可比，直接使用这些数据将造成很大的误差。因此必须对不可比数据调整口径或进行单位换算，使之具有可比性。

第五，适用性。许多数据资料虽然符合上述四项标准，但与分析目标无关，如果把它们搜集进来，不仅浪费时间和精力，而且不利于提高分析的效率与精确度。

3. 数据的处理方法。进行宏观分析时，各项数据必须口径一致，否则就不能用于直接比较，因此必须对这些数据进行处理。另外，由于一些特殊原因，在搜集到的数据中往往包含一些异常数据，如果直接把这些异常数据用于分析，就会影响分析的结果，得出不确切的结论，不能反映在正常情况下经济运行的规律，因而也需要进行处理加工。

资料来源：编者根据相关资料整理。

工作任务

任务 1

1. 任务内容：利用宏观经济数据研判证券市场价格走势。

2. 任务步骤：

（1）登录中国国家统计局、中国人民银行网站或 WIND、财汇等金融数据库采集网络数据资源，搜集我国现阶段宏观经济数据。

（2）结合所学理论分析我国宏观经济运行与证券市场运行的关系。

（3）自我评价。

3. 任务操作提示：通过搜集和分析我国现阶段宏观经济数据，如 GDP 总量与变动、财政收支状况、货币供应量，通货膨胀率水平、利率、国际收支和就业状况，评价和判断其对当前证券市场走势的影响。

任务2

1. 任务内容：我国现行的宏观经济政策对当前证券市场的影响。

2. 任务步骤：

（1）搜集近 3 年我宏观经济政策与股市变动的资料和数据。

（2）分析二者之间的关系。

（3）结合理论理解我国证券市场的特殊性。

3. 任务操作提示：分析我国现阶段宏观经济政策，评价和判断其对当前证券市场走势的影响。

任务3

1. 任务内容：分析目前国际金融环境变化对我国证券市场不同行业的具体影响。

2. 任务步骤：

（1）知识准备：了解国际金融形势，熟悉国际金融市场动荡对证券市场的影响机制。

（2）成立讨论组（5～8 人），选择某一行业，成员对搜集到的资料进行交流分析。

（3）每组形成一份书面分析报告。

3. 任务操作提示：结合目前国际金融市场环境的变化，可以任选房地产行业、银行业、航空业、钢铁业、石化行业、纺织行业和旅游业，从汇率、宏观面和微观面具体进行分析。

模块二　股票市场供求关系分析

任务描述

本模块的主要任务是学习证券市场供求双方的基本知识，对影响供给和需求的因素及变动特点进行分析，从而判断股价的走势。

任务一　供给因素分析

任务指引

2016 年 11 月以来，IPO 发行明显加速，平均每周有 12 家左右的企业上会，过会率在九成以上，同时每周有近 10 家企业拿到 IPO 批文。市场解读为“类注册制”推行，证监会有意疏解 IPO“堰塞湖”。但伴随着 2017 年春节红包行情后市场的逐步走弱，以及次新股板块在 4 月后的快速崩盘，市场开始聚焦逐步高速 IPO 的影响。

2017 年 6 月 2 日，证监会下发新一批的 IPO 批文，本批新股核发仅有 4 家。与之前一周 10 家的常态相比，本周核发数量大幅减少，募资总额也相应大幅下降，共计不超过 15 亿元。这是继上周单周新股核发数降为 7 家后，证监会连续第二周调降新股发行频率。从全年的情况看，2017 年共有 199 家企业拿到 IPO 批文，其中主板有 102 家，中小板 36 家，创业板 61 家，筹资总额约 1 000 亿元，单批次融资额保持在 50 亿元左右。对比年内单周一般水平，近期 IPO 核发速率快速调降。结合《减持新规》的出台，监管组合拳旨在抑制二级市场潜在股票供给，缓解市场资金面压力意图尽显。

➲ 问题思考

1. 什么是 IPO？我国历史上有几次 IPO 重启？
2. 试分析 IPO 降速后的股票供给？

知识准备

从长期来看，股票的价格由其内在价值即资本收益率决定，但就中、短期的价格分析而言，股票的交易价格由供求关系决定。无论是成熟股票市场还是新兴股票市场，都可以用供给曲线和需求曲线的变化来确定股价的变化轨迹。但不同的是，成熟股票市场的供求关系是由资本收益率引导的供求关系，也就是资本收益率水平对股价有决定性的影响，而像我国这样的新兴股票市场的股价在很大程度上由股票的供求关系决定，即由一定时期内股票总量和资金总量的对比力量决定。当股票市场供过于求时，股票价格下跌，反之则上涨。

一、股票市场的供给方

股票市场的供给主体是上市公司。公司（企业）通过向市场发行股票进行融资。就股票市场来说，2016 年底，我国沪深两市境内上市公司数（A、B 股）已达到 3 052 家（见表 3－2－1），比 2007 年增长了 96.9%。

表 3－2－1　境内上市公司数（A、B 股）　单位：家

年份	2007	2008	2009	2010	2011	2012	2013	2014	2015	2016
上市公司总数	1 550	1 625	1 718	2 063	2 342	2 494	2 489	2 613	2 827	3 052

中国证监会最新数据显示，2016 年我国资本市场 IPO、再融资（现金部分）合计达 1.33 万亿元，同比增长 59%，IPO 家数和融资额创近 5 年来新高，再融资规模创历史新高。我国资本市场 IPO 成绩斐然，有力地促进了股票融资功能的发挥，支持了实体经济发展。同时，证监会发审呈现从严监管态势，也进一步净化了市场环境，提高了 IPO 企业的质量。

另外，2009 年 10 月 23 日，筹备 10 年的深圳证券交易所创业板终于正式开板。截至 2017 年 6 月 30 日，已有 661 家上市公司在创业板挂牌。

【做一做】

查找创业板的最新数据，包括在创业板挂牌上市的公司数、累计筹资额、加权平均股价和平均市盈率。

二、股票市场供给的决定因素与变动特点

股票市场供给主体是上市公司，上市公司的数量和质量是股票市场供给方的主要影响因素。

（一）上市公司的质量

上市公司的质量影响到证券市场的前景、投资者的收益及投资热情、个股价格及大盘指数的变动，这些因素将直接或间接影响证券市场的供给。质量高的上市公司易于为市场接受，因而有利于股票供给的增加；反之，质量低的上市公司对股票供给增加不利。上市公司的质量和业绩情况也影响到公司本身的再筹资，从而影响股票的供给。因此，上市公司质量与效益是影响股票市场供给的最根本因素。

（二）上市公司的数量

上市公司的数量会直接决定股票市场供给。决定上市公司数量的主要因素有以下几个方面。

1. 宏观经济环境。如果宏观经济运行良好，需求旺盛，商品价格上扬，盈利前景看好，投资扩张的企业必然增多，融资的需求必然增加，将有更多的企业申请公开发行股票。良好的宏观经济运行环境也将使投资者的投资收益预期提高，踊跃参与新股的认购，上市公司数量随之增加。这样，上市流通股份的数量就会增加，股票市场的供给也相应增加。

【看一看】

融资规模大幅增长，上市公司超 3 000 家

2017 年 1 月 10 日，凯众股份等 3 只新股网上申购。根据公告，凯众股份首次公开发行不超过 2 000 万股，预计募集资金净额为 2.84 亿元。凯众材料科技股份有限公司有关负责人表示，本次发行募集资金计划投入轿车悬架系统减震产品建设项目、轿车踏板总成生产建设项目等。这是我国资本市场发挥股票融资功能、支持实体经济发展的缩影。

2016 年，沪深股市运行总体平稳，市场机制的内在稳定性增强，对实体经济特别是供给侧结构性改革的支持力度加大。据证监会主席助理宣昌能介绍，2016 年我国资本市场 IPO、再融资（现金部分）合计达 1.33 万亿元，同比增长 59%，IPO 家数和融资额创近 5 年来新高，再融资规模创历史新高。新三板挂牌公司接近翻番，突破 1 万家，全年融资 1 405 亿元。上市公司并购重组较为活跃，涉及交易金额 2.39 万亿元，有力推动了产业转型升级和国有企业改革。

第三方市场研究机构投中研究院统计信息显示，2016 年 A 股市场共有 220 余家企业 IPO，达到 2012 年以来的最高值。从规模上看，尽管 2016 年 IPO 募资规模为 1 498.26 亿元，

与2015年相比下降了5.48%，但总体的股票融资规模发展趋势依然稳中向好。

按交易板块看，上交所主板2016年IPO企业达103家，位居各细分板块榜首，募资规模高达1 017.26亿元，位居A股各细分交易板块之首，并且单笔募资规模较高；深交所共124家，其中创业板77家、主板及中小板47家。2016年12月9日，随着高争民爆、如通股份、易明医药3只新股的上市，A股的上市公司数量首次突破3 000家。

资料来源：作者周琳，经济日报，2017-01-16.

2. 制度因素。影响股票市场供给的制度因素主要有发行上市制度、市场设立制度和股权流通制度等三个方面。

从发行上市制度来看，随着《证券法》的颁布实施和修订，股票发行制度逐步走向市场化，采用了由承销商推荐并辅导企业，各方专家组成的发行审核委员会审核股票发行申请的核准制。这一制度的变化有利于提高上市公司的质量。

从市场设立制度来看，市场的增加或减少会影响市场股票的供给，新增市场会增加整个市场股票的供给，反之，减少市场会减少整个市场股票的供给。目前我国的股票交易场所有上海证券交易所和深圳证券交易所两个主板市场，一般企业都在这两个市场之中的一个上市。增设创业板市场后必然带来更多新的上市公司，这样，上市公司数量即股票市场的供给方将随之增加。

从股权流通制度来看，股权分置改革等股权流通制度的变化也会使股票市场的供给发生改变。

【看一看】

2017年投资风向标

"地产、保险、养老金等资金有望成为增量资金的重要部分，加上新增投资者或将上升、人民币贬值空间有限等有利因素，股市资金供给端有望改善。不过，解禁减持、IPO、互联互通等对资金的需求不可小觑，资金成本的抬升亦值得注意。"广证恒生的苏培海总结道。

首先，解禁减持。根据全年减持计划公告，2016年重要股东减持市值在872亿元左右。预计2017年的解禁规模约为2.9万亿元，略高于2016年的2.3万亿元。苏培海表示："重要股东减持规模将在1 000亿~1 200亿元，需注意9月或为解禁高峰期。"

其次，IPO。2016年新股发行已募集资金总额约为1 500亿元。业内人士预计2017年新股发行的节奏有望加速至每月40家左右，全年500家左右，按照此速度，2017全年融资金额将超2 000亿元。

最后，互联互通。由于港股较A股估值低，相对吸引力大，2017年通过深港通南下的资金规模或将比北上的大，呈现净流出态势。"预计2017年通过深港通和沪港通净流出的资金将在1 000亿元左右。"苏培海表示。

"从政策面、基本面和资金面三方面因素上看，2017年股市将有所表现。"苏培海预计"A股将继续呈现震荡上行、底部抬升的格局，指数向上比向下的空间更大，慢牛可期，波动区间在2 800~3 600点之间"。

资料来源：编者根据新浪财经（2017-02-06）整理。

3. 市场因素。证券市场是广大投资者交易包括上市公司股票在内的各类证券的场所，也是上市公司进行直接融资的主要场所。当市场处于牛市时，大量的场外资金流入股市，为上市公司的IPO、增发、配股营造了好的市场氛围，提供了资金支持，进而能够增加市场上的股票供给量。反之，当市场处于熊市时，市场的资金面压力增大，不利于股票有效供给的增加。

总的来看，上市公司的数量和质量将随国家宏观经济、证券市场监管部门对证券市场监管效率的提高以及上市公司的整体质量等因素的变化而变化。由于我国证券市场规模还小，企业上市筹资的需求仍然很大，证券市场的供给增加将是必然趋势。在今后相当长的一段时期内，我国证券市场的供给量仍然会比较大。

【看一看】

股市筹码供给会越来越多

5 年一次的中央金融工作会议结束了，虽然 A 股市场对其充满了期待，但实际效果大家是看到了的。

今年的金融工作会议只字未提股市，贯穿整个核心的是控制风险，是金融服务实体经济。市场对其的理解见仁见智，但从控制风险的角度看，A 股整体市盈率太高，属于降杠杆的部分，以后不仅不会减弱，而且还要加强；从金融服务实体经济的角度看，要提高直接融资的比重，以后IPO肯定会常态发行，股市筹码供给会越来越多。在这两个因素共同作用之下，A 股昨日的下跌也在情理之中了。

其实，从资本市场目前的走势来看，强调融资功能的同时投资功能却在不断弱化，尽管还有那么几十家公司值得投资，但大部分公司的股价都是虚高的，而要市场自发去降低虚高的估值，市场本身不买账，于是加速IPO，用供给对冲需求。这就是为什么有那么多争议，但监管层依旧勇往直前地发新股。大家可以看看真实的数据，尽管每周 8 ~ 10 只新股 50 亿 ~ 80 亿元的融资压得市场喘不过气，但这个数量比起整个社会的融资水平来说还是差得太多太多。

前面说了，估值太高，杠杆太高，当然这里面有很多是以前所谓金融创新的遗留问题，在这么高的杠杆之下，却对实体经济的贡献微乎其微，只是一大群讲故事的公司把股价和估值炒得高高在上，这肯定说不过去。房价再高，它还有一个居住的功能定位在里面，还有一个能拉动产业链投资的定位在里面，虚高股价之下的股市，能对实体经济有什么作为？

领会了对于资本市场的定位，就不要指望 A 股会有什么牛市。尽管还有什么“漂亮50”。在一个整体趋势越来越明显进入熊市的背景下，没有不跌的股票，“漂亮 50”的整体估值已经不低了，贵州茅台已经跨过 30 倍 PE 了，它还有多大的上涨动力？看看这两天还有什么股在折腾，只有整体平均 PE 还在 10 倍左右的银行股略有抵抗之力，但也是微乎其微。你见过所谓的价值投资是需要每天涨 5% 以上的吗？你能说这两天去炒银行股的资金不是为了快速填平估值洼地而做一个“短平快”？

这就是目前 A 股的现实状况，至于市场最终会如何演绎，让我们继续看。

资料来源：作者刘柯，金融投资报，2017 - 07 - 18.

任务二 需求因素分析

任务指引

股价的涨跌，归根到底是由筹码和资金的对峙关系决定的。由于供给是刚性的，如何在拓宽资金渠道上花力气，就变得非常重要。在这方面，管理层正不断拓宽资金的渠道，如养老金入市，大幅提升 QFII 额度等。但资金渠道的拓展跟资金实际是否入市买股票还不是一回事。理论上渠道大幅拓宽了，但水会不会流进来，还有很多工作要做。

经济学家凯因斯说，市场不缺需求，市场缺乏的是有购买力的需求。从这点看，股市资金渠道拓宽后，努力培养股市的有效需求，就非常迫切。

问题思考

1. 你认为影响股市需求的因素有哪些？
2. 如何培养股市的有效需求？

知识准备

一、股票市场的需求方

证券投资者是股票市场的需求主体，也是市场资金的供给者。投资者的存在使得各种股票的发行有了保证，直接融资渠道得以建立，市场的正常交易得以维持。证券投资者之间的交易保证了股票市场资金和股票转换的连续性。根据投资者的行为主体不同，可以把投资者分为个人投资者和机构投资者。

（一）个人投资者

个人投资者为自然人，指从事证券买卖的居民。居民个人买卖证券是对其剩余、闲置的货币加以运用的一种方式。在发达证券市场上，个人投资者多数不直接参加证券市场的买卖。他们有的通过证券经纪人买卖证券，有的通过购买投资基金的方法间接参与证券市场。我国绝大部分个人投资者是直接参与证券的买卖，或是通过购买基金的方法间接地投资证券市场。

（二）机构投资者

机构投资者是相对于个人投资者而言的。从广义的角度来看，一切参与证券市场投资的法人机构都可以称作机构投资者。它既包括开放式基金、封闭式基金、社保基金，也包括参与证券投资的保险公司、证券公司、合格境外机构投资者，还包括一些投资公司和企业法人。与资金量小、信息不足、缺乏技巧的个人投资者相比，机构投资者具有资金与人才实力雄厚、投资理念成熟、抗风险能力强等特征，因而其发育程度被视为评价市场稳定性的重要指标。在外国成熟的证券市场上，机构投资者是市场的主要参与者，具有举足轻重的作用，也被视为市场成熟的一个标志。

根据投资证券市场的目的不同，可以把投资者分为长期投资者和短期投资者。长期投资者的目的是为了获得公司的分红和资本的长期增值，而短期投资者的目的是为了获得短期资本差价。

二、股票市场需求的决定因素与变动特点

股票市场需求，即股票市场资金的供给，是指能够进入股票市场购买股票的资金总量。影响股票市场需求的主要因素有以下几个方面。

（一）宏观经济环境

如果宏观经济运行状况良好，银根较松，资金供给充足，企业生产经营的外部环境良好，盈利增加，股票投资价值提高，实现了充分就业，人们收入增加，对股票的需求增加。反之，如果宏观经济运行状况不好，中央银行收紧银根，资金供给紧张，企业生产经营的外部环境恶化，盈利减少甚至亏损，股票投资价值下降，对投资者的吸引力降低，同时由于宏观经济运行状况不好，失业增加，人们收入减少，对股票的需求减少。

（二）政策因素

为了防范股票市场的风险，对进入股票市场的投资主体有着严格的规定，一些不符合规定的资金不能进入股票市场。随着证券市场的完善和监管制度的成熟，我国的市场准入制度会逐步放松，现在保险基金、QFII、社保基金、企业年金等原先不准直接进入股票市场的资金逐步获准进入证券市场。包括市场准入、融资融券、金融监管等一系列政策的变革，使进入股票市场的投资主体越来越多，为市场提供新的增量资金，扩大市场的资金供应量，将对证券市场的需求产生影响。

（三）居民金融资产结构的调整

居民的金融资产主要由银行存款、证券投资基金、股票、债券及信托资产等构成。中国居民以前金融资产的绝大部分是银行储蓄，证券投资尤其股票和证券投资基金投资占金融资产的比例相当小。但是，随着人民生活水平的不断提高、金融投资意识的加强，不断有居民将原先的银行储蓄转化为股票和基金投资。股票与基金投资占个人金融资产的比例会不断提高，而且这种变化趋势是长期的。

据统计，2013~2016 年，中国家庭主要金融资产呈逐年增加趋势，从 2013 年底的 64 万亿元增加至 2016 年底的 94 万亿元，年均复合增长率为 14%。在家庭主要金融资产构成中，银行存款的比重虽然逐年下降，但在家庭金融资产中仍占据绝对主导地位，从 2013 年底的 72% 小幅降至 2016 年底的 64%。受金融市场特别是股票市场波动影响，家庭持有的银行理财产品、股票和公募基金产品的比重均出现先升后降式变化，但整体仍呈现显著上升趋势，进而给证券市场带来大量的增量资金，增加我国证券市场的资金供应量。

【学一学】

家庭金融资产结构趋势分析

改革开放以来，我国居民金融资产配置从单一的储蓄存款为主发展为股票、基金、债券、储蓄存款等多元化配置的模式。

第一，手持现金在家庭总资产中所占的比重不断下降。从改革开放初期的44.61%持续下降至2014年的5.07%。主要原因，一是电子货币和电商的迅猛发展使得人们对现金的流动性需求大大降低；二是随着居民理财意识的觉醒，许多家庭认识到可以通过减少现金持有来规避现金贬值风险，从而提高投资回报率；三是目前理财产品的丰富且便捷，使得居民甚至可以实现几乎零现金状态。

第二，中国居民对于储蓄存款的偏好一直没有退减，从统计数据看，储蓄存款的持有比例长期保持在60%左右，在家庭金融资产总量中的比重一直遥遥领先，在1996年达到近年来的最高比重——72.26%；在股票、基金、保险等多种投资渠道快速发展的背景下，储蓄存款仍是中国居民最主要的金融资产配置方式。

第三，我国股票市场25年的发展历程经历了发达国家200多年金融市场的风雨变幻，居民对股票市场的参与度也在逐步增加，股票资产比例呈现出波动攀升的趋势，但总体来看，居民持有股票的比例较低，仅2010年比重为20.34%，其余年份均未突破20%，2015年仅为19%。

第四，我国居民在债券上的投资比重一直处于较低的水平，维持在20%以下。其主要原因是，与储蓄相比，债券投资回报率不高，却要承受一定的风险。但从近几年的发展来看，债券的投资比例正在逐年增长，2011~2014年比例均高于15%，与之前的年份相比有显著增长。这主要由于国债的发行在增加，而国债由国家信用作担保，且实际收益率高于储蓄存款利率。

第五，基金和外币储蓄存款变化趋势类似，都是先升后降，而且占整个资产总量的比重很小，在2%~3%之间徘徊。与西方发达国家的成熟金融市场相比，我国居民的基金参与度确实不高。

第六，保险资产比重呈增长态势。1985~1993年，保险资产比例一直维持在1%以下。随着居民保障意识日益增强，逐渐认识到保险保障对家庭财务安全的重要性，到2014年底，保险资产在总资产中的比重达到了2.13%，但与其他金融资产比较，这个比例显然是非常低的水平。可见，居民的保险意识仍需要提高。

资料来源：作者马燕舞，中国金融，2016（3）.

（四）机构投资者的培育和壮大

相比较个人投资者来说，机构投资者资金实力雄厚，对机构投资者的发展也会吸引更多的资金进入股票市场。从1998年开始，国家管理层开始有计划、有步骤地推出一系列培育机构投资者的政策措施。1997年11月，中国证监会颁布了《证券投资基金管理暂行办法》。1999年下半年，允许三类企业作为战略投资者入市、保险资金入市、银行资金可以通过质押贷款进入证券市场等举措，使得机构投资者入市步伐明显加快。2001年9月，第一只华安创新开放式基金宣告成立，标志着我国的证券市场真正开始步入机构投资者时代。2002年10月16日，首家中外合资基金管理公司获准筹建。2002年11月15日，中国证监会和中国人民银行联合发布《合格境外机构投资者境内证券投资管理暂行办法》，打开了合格境外机构投资者（QFII）直接投资A股的大门。

2004年1月31日，国务院发布了《国务院关于推进资本市场改革开放和稳定发展的若干意见》（以下简称为“国九条”），内容覆盖市场投资理念、多层次市场建设、上市公司治理、投资者权益保护、机构投资者队伍建设、股权分置等方面，是国务院对发展资本市场的政策措施进行整体部署，因此具有重要的现实意义和深远的历史意义。

2004年8月30日，证监会发布《首发股票试行询价制度若干问题的通知》。询价对象是指符合证监会规定条件的证券投资基金管理公司、证券公司、信托投资公司、财务公司、保险机构投资者和合格境外机构投资者（QFII），以及其他经证监会认可的机构投资者，给国内众多投资机构带来了新的赢利点。

2004年10月25日，中国保监会和中国证监会联合发布《保险机构投资者股票投资管理暂行办法》，允许保险资金直接入市。保险公司可参与一级市场和二级市场交易，买卖人民币普通股票、可转换公司债券及保监会规定的其他投资品种。这是一次双赢举措，保险公司拓宽了资金运用渠道，证券市场增添了长期稳定资金的供给。

2016年5月1日起施行的《全国社会保障基金条例》，给股票市场机构投资者队伍的发展注入新的活力，有助于促进资本市场长期稳定健康发展。

目前，我国已形成了以证券投资基金、证券公司、三类企业、保险公司、社会保障基金、QFII、信托公司、财务公司和企业法人等为主体的机构投资者多元化的格局。

（五）资本市场的逐步对外开放

资本市场开放包含两方面的含义，即服务性开放和投资性开放。

资本市场服务性开放是金融服务业开放的主要内容之一。它包括：（1）允许投资银行、可以经营证券的商业银行、资产管理公司、各种基金（如养老基金、对冲基金、保险基金等）及基金管理公司、律师事务所、投资咨询公司等外国资本市场中介机构在本国资本市场上为证券投融资提供各种服务。（2）允许本国资本市场中介机构在其他国家的资本市场上为证券投融资提供各种服务。

资本市场的投资性开放属于资本流动范畴，是与资本账户自由化相关的一个概念，是指资金在国内与国际资本市场之间的自由流动。资本市场的投资性开放包括两方面的含义：（1）融资的开放，即允许本国居民在国际资本市场上融资和外国居民在本国资本市场上融资。（2）投资的开放，即允许外国居民投资于本国的资本市场和允许本国居民投资于国际资本市场。投资性开放的结果是资本可在全球范围内充分配置，使全球任何地方的资本资产的价格趋于一致。

【看一看】

QFII和QDII

QFII（Qualified Foreign Institutional Investors）制度，指合格境外机构投资者，在规定的

额度内汇入一定外汇并兑换为当地货币，通过严格监管的专门账户投资证券市场，是资本利得、股息等兑换成外汇汇出的一种市场开放模式，其实质是一种有限度地引进外资，在人民币还没有完全可自由兑换的情况下，开放证券市场的过渡性制度。截至 2017 年 3 月底，合计有 312 家境外机构获得 QFII 资格。从 2003 年 7 月瑞银华宝第一个拿到 QFII 资格，完成买入第一单后，它们对市场的投资理念就产生了一定的影响。国际投资者注重行业和公司的基本面分析，注重选择蓝筹股、大盘股，对培育市场长期投资、价值投资的理念，推进市场健康发展起到了积极的作用。

QDII（Qualified Domestic Institutional Investors）指合格的本地机构投资者，是在资本项目未完全开放的情况下，允许内地投资者向海外资本市场进行投资，其途径是通过中国政府认可的机构投资者投资海外市场。《合格境内机构投资者境外证券投资管理试行办法》已经于 2007 年 7 月 5 日起施行。截至 2016 年 12 月，获得中国证监会批复的 DQII 资格并得到外汇额度审批的各类金融机构有 123 家。

三、影响我国证券市场供求关系的基本制度变革

（一）《证券法》和《公司法》的重新修订

2014 年 8 月 31 日第十二届全国人民代表大会常务委员会第十次会议第三次修订了《中华人民共和国证券法》，并于 2006 年 1 月 1 日开始施行。新《证券法》共 12 章 240 条。

《中华人民共和国公司法》于 2013 年 12 月 28 日第十二届全国人民代表大会常务委员会第六次会议通过修改的决定，2013 年 12 月 28 日中华人民共和国主席令第八号公布，自 2014 年 3 月 1 日起施行。新《公司法》共 13 章 218 条。两法的修订出台标志着我国证券市场法制建设迈入一个新的历史阶段。

（二）股权分置改革

由于特殊历史原因，我国 A 股上市公司内部普遍形成了“两种不同性质的股票”，即非流通股和社会流通股。这两类股票表现出“不同股、不同价、不同权”的特征，这一特殊的市场制度与结构被称之为“股权分置”。股权分置问题的由来和发展可以分为三个阶段：

第一阶段，股权分置问题的形成。

第二阶段，通过国有股变现解决国企改革和发展资金需求的尝试，开始触动股权分置问题。2001 年 6 月 12 日，国务院颁布《减持国有股筹集社会保障资金管理暂行办法》。

第三阶段，2004 年 1 月 31 日，国务院发布《国务院关于推进资本市场改革开放和稳定发展的若干意见》，明确提出“积极稳妥解决股权分置问题”。于是，中国证监会于 2005 年 4 月 29 日发布了《关于上市公司股权分置改革试点有关问题的通知》，标志着股权分置改革正式启动。2005 年 9 月 4 日，中国证监会颁布《上市公司股权分置改革管理办法》，意味着股权分置改革转入积极稳妥地全面铺开的新阶段。截至 2006 年底，累计完成或进入股改程序的公司数已达 1303 家，总市值约为 60 504.47 亿元，约占沪、深 A 股总市值的 98.55%，股权分置改革已取得决定性胜利。

股权分置改革的完成表明国有资产管理体制改革、历史遗留的制度性缺陷、被扭曲

的证券市场定价机制、公司治理缺乏共同利益基础等一系列问题得到解决，也是推进我国资本市场国际化进程的重要一步。股权分置改革是我国证券市场发展史上的“第二次革命”。解决股权分置问题在一定程度上是恢复资本市场的固有功能，即价格发现功能和对上市公司行为的市场约束功能。同时，解决股权分置问题也有利于国有资产的保值增值以及国有资产管理体制改革的深化，有利于稳定市场预期，有利于资本市场创新和国际化进程。

（三）融资融券业务

融资融券业务是指向客户出借资金供其买入上市证券或者出借上市证券供其卖出，并收取担保物的经营活动。融资融券交易包括券商对投资者的融资、融券和金融机构对券商的融资、融券四种形式。市场通常说的“融资融券”，一般指券商为投资者提供的融资和融券交易。

2006 年 1 月 1 日实施的《证券法》明确证券公司可以按照规定为投资者提供融资融券服务，为证券公司开展融资融券业务奠定了法律基础。

2006 年中国证监会、中国证券业协会、沪深交易所、登记结算公司等主管部门发布的《证券公司融资融券业务试点管理办法》《证券公司融资融券业务试点内部控制指引》《沪深证券交易所融资融券交易试点实施细则》《融资融券试点登记结算业务实施细则》等一系列融资融券规章制度，构建了融资融券业务的制度框架。2008 年 6 月 1 日实施的《证券公司监督管理条例》中，对融资融券业务规则作了进一步的明确规定。

2010 年 1 月 8 日，国务院原则同意开展证券公司融资融券业务试点。证监会将按照“试点先行、逐步推开”的原则，择优选择优质证券公司进行融资融券业务的首批试点，并根据试点情况和市场状况逐步扩大试点范围。

2010 年 3 月 19 日，证监会公布了首批 6 家融资融券试点券商名单。分别是国泰君安、国信证券、中信证券、光大证券、海通证券和广发证券。

2010 年 3 月 30 日，深圳、上海证券交易所正式向 6 家试点券商发出通知，将于 2010 年 3 月 31 日起，接受券商的融资融券交易申报。这标志着经过 4 年精心准备的融资融券交易正式进入市场操作阶段。2011 年 10 月 28 日，融资融券业务由试点转为常规，融资融券业务工作全面开展。

融资融券制度的推出是继股权分置改革全面实施之后，又一个对中国资本市场发展具有根本性影响的制度安排。

融资融券制度的积极影响主要表现在以下几个方面。

1. 作为一种新的交易工具，融资融券业务特别是融券的推出将在我国证券市场形成做空机制，改变目前证券市场只能做多不能做空的“单边市”现状。

2. 融资融券业务将增加资金和证券的供给，增强证券市场的流动性和连续性，活跃交易，大大提高证券市场的效率。

3. 融资融券业务的推出将连通资本市场和货币市场，有利于促进资本市场和货币市场之间资源的合理有效配置，增加资本市场资金供给。

4. 融券的推出有利于投资者利用衍生工具的交易进行避险和套利，进而提高市场效率。

5. 融资融券有利于提高监管的有效性。

然而，融资融券又是一把“双刃剑”。它在促进市场完善、提高市场有效性的同时，也带来一定的风险。主要表现在：（1）融资融券业务对标的证券具有助涨助跌的作用。（2）融资融券业务的推出使得证券交易更容易被操纵。（3）融资融券业务可能会对金融体系的稳定性带来一定威胁。

总之，融资融券业务的推出是加深我国证券市场基本制度建设的一项重要举措，其利大于弊。它将改变我国证券市场“单边市”的状况，改善证券市场中资金和证券的供给和需求关系，对于提高证券市场的效率具有重要意义。

扩展阅读

股市供求关系不能再人为扭曲

以中国股市为例，这几年政府改革的一个心结，就是认为当前中国企业的融资成本高和债务负担重、企业的创新能力弱、金融市场运行效率低及风险高等问题，都与中国金融市场的融资结构不合理及直接融资发展严重滞后有关。因此，按照党的十八届三中全会对中国金融改革的部署，政府希望快速建设好市场化程度高的多层次资本市场，特别是要加快中国股票市场发展，以此来调整中国金融市场结构，增加企业的融资渠道。这样既可化解近十几年来积累下来的房地产市场风险、企业及地方政府的债务风险、金融市场风险，也能够推动中国经济再进入一个新的快速增长期。

无论是2015年中国股市暴涨暴跌，还是2016年以来股市IPO的大跃进，基本上都是在这个思路下推出相应的政策。但是政府从来没有考虑过，中国股市所交易的信用与欧美发达市场的信用是根本不同的。中国股市成了彻头彻尾的政策市。政府不仅可利用手上审批权、定价权主导股市资源分配，来调控股市规模及价格，也可控制股市指数的升跌。

对于中国股市改革来说，就得从信用制度基础入手，比如调整中国股市战略发展思路，约束中国股市绝对权力及让国有上市公司真正成为公众公司等。如果仅从技术性方面来解决股市的问题，这是根本不可能的事情。同时，当股市由绝对权力所主导时，不仅会让整个市场的价格机制丧失，股市价格扭曲，无法通过市场因素来决定资源配置，而且也使得中小投资者的利益随时都可能受到侵害。

要让中国股市成熟起来，就要让市场因素在股市中起决定性作用，而不是以人为方式扭曲股市的供求关系。近一年来，中国股市让IPO快速发行，既人为扭曲了市场供求关系，也会放大政府的绝对权力对市场的干预，如果不把这些绝对权力关在制度的笼子里，中国股市要想好起来是不容易的。

同时，监管理念需要转变，就是要由以往的事后监管转变为事前监管的引导与规范。可以说，2015年中国股市暴涨暴跌的一个重要教训就是监管者对兴起的互联网金融HOMS系统缺乏了解，从而无法制定出事前监管及防范风险的规则，让这个场外融资市场得以疯狂野蛮生长，之后，再采取简单粗糙方式来制止与遏制，引发中国股市的大震荡当然不可避免。最后，中国股市制度安排应公共决策化，这是当前中国股市能否成熟的关键所在。因为，中国股市的制度安排及改革，只有在这种方式下才能平衡好各方的利益关系，才能让所制定的法律法规能够真正落实执行。

也就是说，中国股市改革如果不是从这些基础性问题入手，找到问题的核心所在，而是希望以技术性方式来解决一些表面性问题，那么中国股市要想走好是不可能的。中国股市是这样，中国金融市场改革也是如此，否则要想走出乱象丛生的困境是不可能的。

资料来源：作者易宪容，大众证券报，2017－07－15.

工作任务

任务1

1. 任务内容：了解我国证券市场的供给状况。
2. 任务步骤：
（1）登录上海证券交易所官方网站。
（2）查阅上海证券交易所近几年的统计年鉴，了解市场概况、证券成交、上市公司等相关信息。
（3）自我评价。
3. 任务操作提示：学生通过登录证券交易所网站，主要对我国证券市场的发展概况、股价指数、上市公司、证券公司、投资者和证券成交等现状进行全面认知。

任务2

1. 任务内容：了解融资融券业务的开展情况。
2. 任务步骤：
（1）课后走访2家证券公司营业部。
（2）了解融资融券业务的开展情况。
（3）自我评价。
3. 任务操作提示：通过走访证券公司，了解融资融券业务的开展情况，了解资金入市及大盘的情况。

项目自测

一、单项选择题

1. 证券市场呈现上升走势的最有利的经济背景条件是（　　）。
A. 持续、稳定、高速的GDP增长　　B. 高通胀下GDP增长
C. 宏观调控下GDP减速增长　　D. 转折性的GDP变动
2. 下列关于通货膨胀对证券市场影响的看法中，错误的是（　　）。
A. 严重的通货膨胀是很危险的
B. 通货膨胀时期，所有价格和工资都按同一比率变动
C. 通货膨胀有时能够使股价上升
D. 通货膨胀使得各种商品价格具有更大的不确定性
3. 当政府紧缩银根时，则（　　）。
A. 公司通常受惠于政府调控，盈利上升
B. 居民收入由于升息而提高，将促使股价上升
C. 投资者对上市公司盈利预期上涨，股价上扬
D. 企业的投资和经营受到影响，盈利下降

4. 股票市场供给方面的主体是（　　）。

A. 证券交易所　　B. 证券公司

C. 上市公司　　D. 准备出售股票的投资者

5. 下列对机构投资者的论述不正确的是（　　）。

A. 从广义的角度来看，一切参加证券市场投资的法人机构都可以视为机构投资者

B. 机构投资者包括开放式基金、封闭式基金、社保基金，也包括参与证券投资的保险公司、证券公司、合格境外机构投资者，还包括一些投资公司和企业法人

C. 机构投资者具有资金与人才实力雄厚、投资理念成熟、抗风险能力强等特征

D. 参与证券市场投资、资金在100万元以上的法人机构才是机构投资者

二、多项选择题

1. 宏观经济运行对证券市场的影响途径有（　　）。

A. 企业经济效益　　B. 居民收入水平

C. 投资者对股价的预期　　D. 资金成本

2. 以下能促进证券价格上涨的政策有（　　）。

A. 减少税收，降低税率，扩大减免税范围

B. 减少财政补贴

C. 提高再贴现率

D. 通过公开市场购回债券

3. 财政政策手段主要包括（　　）。

A. 国家预算　　B. 税收　　C. 公开市场业务　　D. 转移支付制度

4. 影响股票市场需求的政策因素包括（　　）。

A. 产业调整　　B. 融资融券　　C. 市场准入　　D. 金融监管政策

5. 融资融券交易包括（　　）。

A. 券商对投资者的融资、融券　　B. 金融机构对券商的融资、融券

C. 央行对商业银行的融资、融券　　D. 银行对投资者的融资、融券

三、判断题（将正确的画上√，错误的画上×）

1. 一国证券市场总是与该国的GDP成正相关的变化。（　　）

2. 一般而言，利率与股票价格成反相关变化。（　　）

3. 严重的通货膨胀能使股票和债券的价格同时下跌。（　　）

4. 紧缩性财政政策将使得过热的经济受到控制，证券市场也将走弱；扩张性财政政策刺激经济发展，证券市场将走强。（　　）

5. 汇率上升，本币贬值，依赖于进口的企业成本增加，利润受损，股票和债券价格将下跌。（　　）

6. 上市公司质量与效益是影响股票市场供给的最根本因素。（　　）

项目四

行业分析

学习目标

通过本项目学习，应当掌握以下知识和技能。

知识目标

- 理解行业的定义和行业分析的地位和意义
- 熟悉我国上市公司行业划分的类别
- 掌握行业市场经济结构特点
- 掌握行业生命周期的发展顺序、表现特征与判断标准
- 熟悉不同周期阶段的行业在证券市场上的不同表现

技能目标

- 认知行业分析的作用
- 认知我国上市公司行业分类
- 熟练运用行业市场结构分析判断行业投资价值
- 能通过行业增长比较分析和行业未来增长预测来作出行业的投资选择
- 会利用各类行业的运行状态与经济周期的关系来作出行业投资的选择

【情景导入】

2017年中国白酒行业市场现状及产量分析预测

2003年至今，尽管白酒产量逐年增长，但增速已明显换挡。除2008年因金融危机导致白酒产量增速下降外，2003～2011年白酒产量呈现加速增长；2012～2014年白酒行业三年寒冬期间，白酒产量增速持续下降至个位数；2015年至今白酒行业加速复苏，产量进入个位数增速阶段。2016年，我国规模以上白酒企业完成酿酒总产量1358.36万千升，同比增长3.23%；2017年1～4月，白酒产量为444.40万千升，同比增长3.70%。如图4－1－1所示。

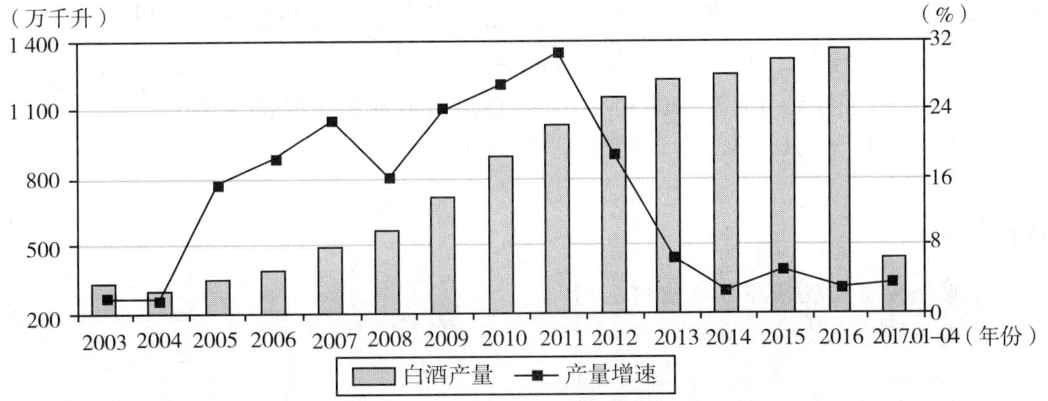

图4－1－1　2003～2017年4月白酒产量及增速

截至2016年末，规模以上白酒企业共1 578家，其中亏损企业113家，企业亏损面为7.16%。规模白酒企业2016年共完成销售收入6 125.74亿元，同比增长10.07%；实现利润总额797.15亿元，同比增长9.24%；亏损酒企共亏损10.54亿元，同比下降15.92%。2015～2016年，收入和利润的加速增长印证了白酒行业复苏的趋势。如图4－1－2和图4－1－3所示。

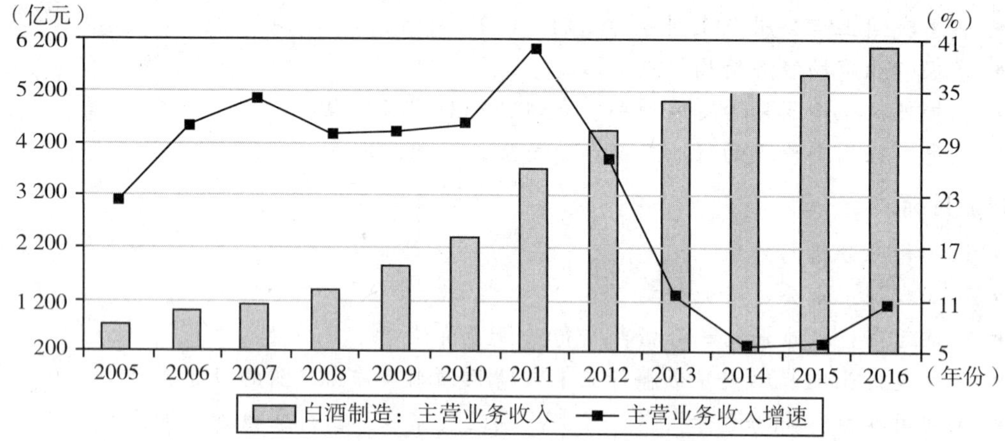

图4－1－2　2005～2016年白酒行业销售收入及增速

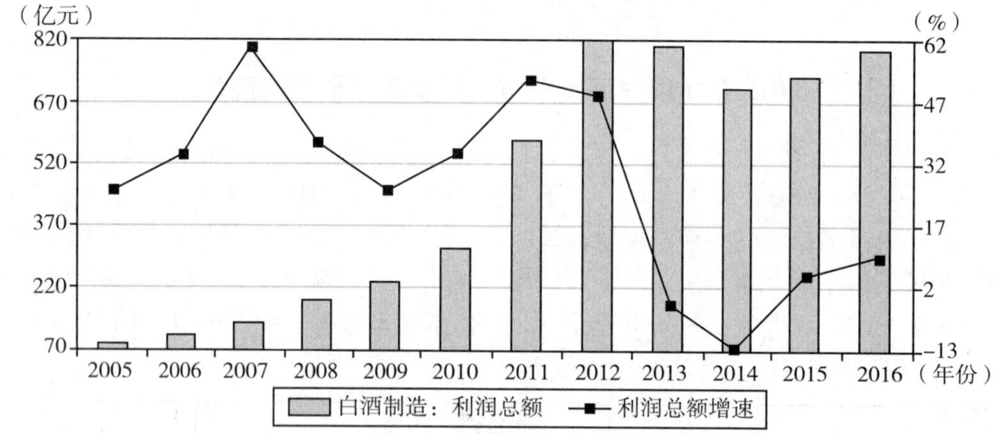

图4－1－3　2005～2016年白酒行业利润总额及增速

资料来源：中国产业信息网据公开资料整理，2017－07－24.

➲ 课前思考

1. 行业分析与宏观经济分析有何不同？
2. 行业分析的主要任务有哪些？

模块一 认知行业分析方法

任务描述

本模块的主要任务是认知行业分析的地位和意义，熟悉我国上市公司行业的划分类别，掌握行业分析的主要方法，能正确认识证券投资分析的重要性。

任务一 认知上市公司行业划分

任务指引

上市公司行业信息是上市公司对外应披露信息的重要方面。上市公司行业分类方法的科学与否，对于规范和提高上市公司信息披露质量、市场参与者对公司股票进行定价、投资者进行投资决策都有着直接的影响。由于各种原因，在我国证券市场建立之初，对上市公司没有统一的分类，上海、深圳交易所根据各自工作的需要，分别对上市公司进行了简单划分：上海交易所将上市公司分为工业、商业、公用事业和综合等四类；深圳交易所则分为工业、商业、公用事业、金融和综合等五类。近年来，随着证券市场的发展，上市公司数量的激增，两交易所原有分类的不足越来越明显地表现出来：分类过粗，给市场各方对上市公司进行分析带来了很多不便。因此，我国股票市场上迫切需要一个科学的上市公司行业分类标准。2001 年的《上市公司行业分类指引》就是在这种背景下制定出台的。2012 年，为提高证券市场信息质量，规范上市公司行业分类信息，中国证监会对 2001 年制定的《上市公司行业分类指引》又进行了修订，并于 11 月 16 日对外发布、实施。

问题思考

1. 了解上市公司行业信息对股票投资会有什么影响？
2. 证券市场上的行业划分标准和其他领域的划分标准有哪些区别？

知识准备

一、行业的定义

所谓行业是指从事国民经济中同性质的生产或其他经济社会活动的经营单位和个体等构成的组织结构体系，如林业、汽车业、银行业、房地产业等。行业是一个企业群体，这个企业群体的成员由于其产品（包括有形的与无形的）在很大程度上的可相互替代性而处于一种彼此紧密联系的状态，并且由于产品可替代性的差异而与其他企业群体相区别。

【想一想】

行业和产业有哪些不同？

严格地讲，行业与产业有差别，主要是适用范围不一样。构成产业一般具有3个特点：（1）规模性，及产业的企业数量、产品或服务的产出量达到一定规模。（2）职业化，即形成了专门从事这一产业活动的职业人员。（3）社会功能性，即这一产业在社会经济活动中承担一定的角色，而且是不可缺少的。

二、上市公司行业的划分

目前有多种上市公司行业分类方法，如道·琼斯分类法、联合国国际标准行业分类法以及我国国民经济行业分类法等。这些分类方法一般是适应宏观经济管理的需要，根据行业的技术特点来进行分类的。从证券投资的角度来看，一般的投资者既不可能懂得各种各样的技术，也不实际参与公司的经营管理，他们所关心的只是他们的证券投资能否保值增值，因此证券市场的行业分类要重点反映行业的赢利前景；而按技术特征进行行业分类对证券投资来说一般意义不大。中国证监会于2012年11月16日公布实施了《上市公司行业分类指引》（2012年修订），将2001年《上市公司行业分类指引》中13个门类扩展为19个门类、90个大类。具体见表4-1-1。

表4-1-1　我国证券市场上市公司行业分类

门类代码	类别名称	包括大类说明
A	农、林、牧、渔业	本门类包括01~05大类
B	采矿业	本门类包括06~12大类
C	制造业	本门类包括13~43大类
D	电力、热力、燃气及水生产和供应业	本门类包括44~46大类
E	建筑业	本门类包括47~50大类
F	批发和零售业	本门类包括51和52大类
G	交通运输、仓储和邮政业	本门类包括53~60大类
H	住宿和餐饮业	本门类包括61和62大类
I	信息传输、软件和信息技术服务业	本门类包括63~65大类
J	金融业	本门类包括66~69大类
K	房地产业	本门类为70大类
L	租赁和商务服务业	本门类包括71和72大类
M	科学研究和技术服务业	本门类包括73~75大类
N	水利、环境和公共设施管理业	本门类包括76~78大类
O	居民服务、修理和其他服务业	本门类包括79~81大类
P	教育	本门类为82大类
Q	卫生和社会工作	本门类包括83和84大类
R	文化、体育和娱乐业	本门类包括85~89大类
S	综合	本门类为90大类

资料来源：中国证监会网站。

【看一看】

行业分类标准（主要以 GICS 为基础）

国内外比较权威的行业分类标准，主要有六种。总的来说，这六种分类标准可划分为两种类型：管理型和投资型。联合国国际标准产业分类（ISIC）、北美行业分类系统（NAICS）和国家统计局的行业分类标准属于典型的管理型，而北美行业分类系统（Global Industry Classification Standard，由摩根斯坦利公司和标准普尔公司联合发布，简称 GICS）、富时全球分类系统（FTSE）则属于投资型，中国证监会发布的《上市公司行业分类指引》虽然是针对上市公司进行行业划分，但由于其以国家统计局分类标准为主要基础，同时参考了国外主要的管理型分类标准，因此仍是属于政府管理型。上证 180 指数在编制时即采用了投资型的 GICS 作为行业分类标准。CICS 分类标准见表 4－1－2。

表 4－1－2　　CICS 行业分类标准

行业名称	行业主要类别
能源（Energy）	能源设备与服务，石油与天然气
原材料（Materials）	化学产品，建筑材料，容器与包装，金属与采矿，纸与木材品
工业（Industrials）	宇航与国防，房屋产品，建筑工程，电力设备，综合性工业，机械制造，工业品贸易与销售，商业服务，航空货运与快递，定期航班，海运，公路和铁路，运输基础设施
可选消费（Consumer Discretionary）	车零配件，汽车，家庭耐用消费品，休闲设备及产品，纺织品和服饰，餐饮住宿和休闲，媒体，批发，零售，因特网和邮购、直销等清单销售，专业零售
主要消费（Consumer Staples）	食品药品零售，饮料生产加工，食品生产加工，烟草，家庭用品，个人用品
健康护理（Health Care）	健康护理设备与消耗品生产，健康护理的提供和服务，生物技术，制药
金融（Financials）	银行，保险，房地产，多样化金融
信息技术（Information Technology）	因特网软件及服务，信息技术咨询与服务，软件，网络设备，计算机和外围设备，电子设备和仪器，办公电子设备，半导体设备和产品
电信（Telecommunication）	电信设备，多样化电信服务，无线电信服务
公用事业（Utilities）	电力，气体，水，多种公用事业

资料来源：中国证监会网站。

任务二　认知行业分析的主要方法

任务指引

选择行业进行投资，最重要的在于如何正确预测所观察行业的未来业绩。这种观察可以从三个方面着手：一是该行业的历史增长状况如何；二是其未来增长的趋势又会怎样；三是投资者更为关心该行业在过去的销售和收入的增长如何，其业绩与国民生产总值增长相比较，情况又怎样。解决以上问题，我们可以运用经济学原理，综合应用统计学、计量经济学等分析工具来进行分析。

问题思考

1. 行业分析的主要任务是什么？
2. 进行行业分析要运用哪些分析手段和方法？

知识准备

一、历史资料分析法

历史资料研究法是通过对已有资料的深入研究，寻找事实和一般规律，根据这些信息去描述、分析和解释过去，同时揭示当前状况，并对未来进行预测。这种方法的优点是省时、省力并节省费用；缺点是只能被动地局限于现有资料。各个行业都在不断地发展，如果从行业的发展历程来认识它，更有助于较为全面深刻地认识和理解该行业，并把握它的发展脉搏。

历史资料的来源包括：（1）政府部门；（2）专业研究机构；（3）行业协会和其他自律组织；（4）高等院校；（5）相关企业和公司；（6）专业媒介（书籍和报纸杂志等）；（7）其他机构。比如，国家统计局和各级地方统计部门定期发布的统计公报，定期出版的各类统计年鉴；各种经济信息部门、各行业协会和联合会提供的定期或不定期信息公报；国内外有关报纸、杂志等大众传播媒介，各种国际组织、外国商会等提供的定期或不定期统计公告或交流信息；国内外各种研讨会、座谈会、报告会等专业性、学术性会议上所发放的正式文件和学术报告；企业资料；各级政府公布的相关政策法规；研究机构、高等院校、中介机构发表的学术论文和专业报告等。这些资料可以通过图书馆查阅或通过互联网搜索得到，或者向政府部门、行业协会、相关中介机构索取，也可以通过学术交流、学术报告等途径得到。

二、调查研究法

调查研究法是科学研究中一个常用的方法。它通过抽样调查、实地调研、深度访谈等形式，通过对调查对象的问卷调查、访查、访谈获得资讯，并对此进行研究。调查研究是收集第一手资料用以描述一个难以直接观察的群体的最佳方法。这种方法的优点是可以获得最新的资料和信息，研究者可以主动提出问题并获得解释，适合对一些相对复杂的问题进行研究时采用。缺点是这种方法能否成功取决于研究者和访问者的技巧和经验。在向相关部门的官员咨询行业政策、向特定的企业了解特定事件、与专家学者探讨重大话题的时候，特别适合用这种方法。

1. 问卷调查或电话访问。问卷调查涉及问卷的设计、分发（邮寄或传真）、回收和整理，其中问卷的回收率比较重要。回收率偏低将会导致据此分析得出的结论不能代表总体属性。同时，还应该注意回收问卷的有效性。具有低回收率但回收问卷都经过验证且没有偏差，也许会比高回收率但问卷有较大偏差的情况更令人满意。电话访问的优点在于即时性和互动性，而且在遇到敏感问题的时候，由于受访者不曾露面可能会得到更真实的答案。这种方法的缺点是电话会被轻易地挂断从而终止访问。

2. 实地调研。实地调研特别适合那些不宜简单定量的研究课题。它通过尽可能完全直接的观察与思考对研究课题进行深入和周全的探索。它还特别适合对进行中的重大事件的研究，研究者能够在行为现场观察并且思考，具有很大的弹性。实地调研前，研究者需要实现搜索和准备相关的资料，然后和研究对象建立联系并保持友善的关系，把一切过程完整真实地记录下来。

3. 深度访谈。深度访谈可以较为深入地研究和分析复杂问题，可以得到较为充分和详细的回答。但是深度访谈的缺点是受访者可能会受到访问者的影响。

三、归纳法、演绎法

归纳法是从个别出发以达到一般性，从一系列特定的观察中发现一种模式，这种模式在一定程度上代表所有给定事件的秩序。但是值得注意的是，这种模式的发现并不能解释为什么这个模式会存在。

演绎法是从一般到个别，从逻辑或者理论上预期的模式到观察检验预期的模式是否确实存在。演绎法是先推论后观察，归纳法则是从观察开始。

如果用归纳法来研究问题，首先从观察开始。第一步是收集相关资料；第二步是根据实际观察结果找出一个最能代表或者描述资料特点的模式。当然，在实际运用中，始终是通过永无止境的“演绎—归纳—演绎”的交替过程来完成的。

在演绎法中，研究的角度就是用经验去检验每一个推论，看看哪一个在现实（研究）中言之有理，从而获得理论的验证。而在归纳法中，研究的角度则是通过经验和观察试图得到某种模式或理论。由此可见，逻辑完整性和经验实证性两者都不可或缺。一方面，只有逻辑并不够；另一方面，只有经验观察和资料搜集也不能提供理论或解释。

四、比较研究法

比较分析法是行业分析中比较常用的方法。比较可以采用横向和纵向两种比较方法。横向比较是取某一时点的状态某一固定期间（如 1 年）的指标，对研究对象和其比较对象进行比较研究，如将不同行业进行比较，研究本行业的成长性。纵向比较主要是利用行业的历史数据，如销售收入、利润、企业规模等，分析过去的增长情况，预测行业的未来发展趋势。

（一）行业增长比较分析

分析某行业是否属于增长型行业，可利用该行业的历年统计资料与国民经济综合指标进行对比。具体做法是取得某行业历年的销售额或营业收入的可靠数据并计算出年变动率，与国民生产总值增长率、国内生产总值增长率进行比较。

通过比较，可以作出以下判断：第一，确定该行业是否属于周期性行业。如果国民生产总值或国内生产总值连续几年逐年上升，说明国民经济正处于繁荣阶段；反之，则说明国民经济正处于衰退阶段。观察同一时期该行业销售额是否与国民生产总值或国内生产总值同向变化，如果在国民经济繁荣阶段行业的销售额也逐年同步增长，或是在国民经济处于衰退阶段时行业的销售额也同步下降，说明这一行业很可能是周期性行业。第二，比较该行业的年增长率与国民生产总值、国内生产总值的年增长率。如果在大多数年份中该行业的年增长率都高于国民经济综合指标的年增长率，说明这一行业是增长型行业；如果行业年增长率与国民生产总值、国内生产总值的年增长率持平甚至相对较低，则说明这一行业与国民经济增长保持同步或是增长过缓。第三，计算各观察年份该行业销售额在国民生产总值中所占比重。如果这一比重逐年上升，说明该行业增长比国民经济平均水平快；反之，则较慢。

通过以上分析，基本上可以发现和判断增长型行业，但要注意，观察不可过少，如过少可能会引起判断失误。

（二）行业未来增长率的预测

利用行业历年销售额与国民生产总值、国内生产总值的周期资料进行对比，只是说明过去的情况，投资者还需要了解和分析行业未来的增长变化，因此还需要对行业未来的发展趋势作出预测。预测的方法有多种，使用较多的方法有以下两种：一种方法是将行业历年销售额与国民生产总值标绘在坐标图上，用最小二乘法找出两者的关系曲线，也绘在坐标图上，这一关系曲线即为行业增长的趋势线。根据国民生产总值的计划指标或预计值可以预测行业的未来销售额。另一种方法是利用行业历年的增长率计算历史的平均增长率和标准差，预计未来增长率。使用这一方法要使用行业在过去 10 年或 10 年以上的历史数据，预计的结果才较有说服力。如果某一行业是与居民基本生活资料相关的，也可利用历史资料计算人均消费量及人均消费增长率，再利用人口增长预测资料预计行业的未来增长。

扩展阅读

行业分析的意义

分析上市公司所属的行业与股票价格变化关系的意义非常重大。

首先，它是国民经济形势分析的具体化。我们在分析国民经济形势时，根据国民生产总值等指标可以知道或预测某个时期整个国民经济的状况。但是整个经济的状况与构成经济总体与各个行业的状况并非完全吻合。当整个经济形势好时，只能说明大部分行业的形势较好，而不是每个行业都好；反之，经济整体形势恶化，则可能是大多数行业面临困境，而可能某些行业的发展仍然较好。分析国民经济形势也不能知道某个行业的兴衰发展情况，不能反映产业结构的调整。只有进行行业分析，我们才能更加明确地知道某个行业的发展状况，以及它所处的行业生命周期的位置，并据此作出正确的投资决策。如果只进行国民经济形势分析，那么我们顶多只能了解某个行业的笼统的、模糊的轮廓。

其次，进行行业分析可以为更好地进行公司分析奠定基础。行业是由许多同类型公司构成的群体。如果我们只进行公司分析，则虽然我们可以知道某个公司的经营和财务状况，但不能知道其他同类公司的状况，无法通过横向比较知道目前公司在同行业中的位置。而这在充满着高度竞争的现代经济中是非常重要的。另外，行业所处生命周期的位置制约着或决定着公司的生存和发展。如果某个行业已处于衰退期，则属于这个行业中的公司，不管其资产多么雄厚，经营管理能力多么强，都不能摆脱其阴暗的前景。投资者在考虑新投资时，不能投资那些快要没落和淘汰的“夕阳”行业。投资者在选择股票时，不能被眼前的景象所迷惑，而要分析和判断公司所属的行业是处于初创期、成长期，还是稳定期或衰退期，绝对不能购买那些属于衰退期的行业股票。

工作任务

任务 1

1. 任务内容：查看沪深上市公司行业划分的类别。

2. 任务步骤：

（1）登录证券行情软件或中国证监会官网（www. csrc. gov. cn）。

（2）查阅沪深两市行业划分的类别。

（3）自我评价。

3. 任务操作提示：学生通过登录证券行情软件，根据各行情软件功能，点击快捷操作工具栏“行业”，即可查看沪深上市公司行业划分的类别。也可登录中国证监会官网查询我国 2012 年修订的《上市公司行业分类指引》进行了解。

任务 2

1. 任务内容：利用比较研究法分析汽车行业的发展趋势。

2. 任务步骤：

（1）通过网络渠道收集汽车行业销量和 GDP 增长率之间关系的资料。

（2）查找汽车行业近 5 年销售收入、利润、企业规模等数据。

（3）分析和预测行业未来发展趋势。

3. 任务操作提示：学生通过网络了解我国近几年汽车行业销量和 GDP 增长率之间的关系，并收集近 5 年销售收入、利润、企业规模等数据，绘制曲线图，通过数据变化来分析汽车行业发展规律，并结合我国宏观经济发展、产业政策等因素预测行业发展趋势。

模块二　分析行业的一般性特征

任务描述

本模块的主要任务是掌握行业的市场结构类型及行业市场竞争结构特点，掌握行业与经济周期变化的关系，会依据行业市场结构和竞争结构特点来分析判断行业投资价值，会利用各类行业的运行状态与经济周期的关系来作出行业投资的选择。

任务一　分析行业的市场特征

任务指引

划分一个行业属于什么类型的市场结构，主要依据有三个方面：第一，本行业内部的生产者数目或企业数目。如果本行业就一家企业，那就可以划分为完全垄断市场；如果只有少数几家大企业，那就属于寡头垄断市场；如果企业数目很多，则可以划入完全竞争市场或垄断竞争市场。一个行业内企业数目越多，其竞争程度就越激烈；反之，一个行业内企业数目越少，其垄断程度就越高。第二，本行业内各企业生产者的产品差别程度。这是区分垄断竞争市场和完全竞争市场的主要区别。第三，进入障碍的大小。所谓进入障碍，是指一个新的企业要进入某一行业所遇到的阻力，也可以说是资源流动的难易程度。一个行业的进入障碍越小，其竞争程度越高；反之，一个行业的进入障碍越大，其垄断程度就越高。

问题思考

1. 行业的市场结构是由哪些特征决定的？
2. 行业市场结构分析的意义？

知识准备

一、行业的市场结构类型

行业分析中十分重要的一个问题是行业的市场结构。行业的市场结构是指一个行业内部买方和卖方的数量及其规模分布、产品差别的程度和新企业进入该行业的难易程度的综合状态，也可以说是某一市场中各种要素之间的内在联系及其特征，包括市场供给者之间、需求者之间、供给和需求者之间以及市场上现有的供给者、需求者与正在进入该市场的供给者、需求者之间的关系。

通过对该行业生产企业数量的多少、进入限制和产品差别等的分析可以确定行业的市场结构。根据西方经济学的研究，行业基本上可分为以下四种市场结构类型：完全竞争、垄断竞争、寡头垄断和完全垄断（见表 4-2-1）。

表 4-2-1 行业的市场结构类型

市场类型	厂商数量	产品性质	典型行业	对价格控制程度	新厂商加入难易度	超额利润	
						短期	长期
完全竞争	很多	无差别	农产品	无	容易	有	无
垄断竞争	较多	有差异	轻加工业	有一定控制	较易	有	无
寡头垄断	几家	有差异或同质	石油、钢铁、民航等	有相当控制	难度较大	一般有	一般有
完全垄断	一家	产品独特	公用事业	程度较高	很难	有	有

（一）完全竞争

完全竞争型市场是指竞争不受任何阻碍和干扰的市场。完全竞争型市场具有以下六个特点：

1. 生产者众多，各种生产资料可以完全流动。
2. 产品不论是有形的还是无形的，都是同质的、无差别的。
3. 没有一个企业能够影响产品的价格，企业永远是价格的接受者。
4. 企业的盈利基本上由市场对产品的需求来决定。
5. 生产者可自由进入或退出这个市场。
6. 市场信息对买卖双方都是畅通的，生产者和消费者对市场情况非常了解。

在现实经济生活中，完全竞争的市场类型几乎不存在，初级产品（如农产品）的市场类型较类似于完全竞争市场。投资处于完全竞争市场结构的行业只能获得市场的平均利润率。

（二）垄断竞争

垄断竞争型市场是指既有垄断又有竞争的市场。在垄断竞争型市场上，每个企业都在市场上具有一定的垄断力，但它们之间又存在激烈的竞争。其特点是：

1. 生产者众多，各种生产资料可以流动。
2. 生产的产品同种但不同质，即产品之间存在着差异。产品的差异性可以是各种产品之间存在着实际或想象上的差异。这是垄断竞争与完全竞争的主要区别。
3. 由于产品差异性的存在，生产者可以树立自己产品的信誉，从而对其产品的价格有一定的控制能力。

可以看出，垄断竞争型市场中有大量企业，但没有一个企业能有效影响其他企业的行为。在国民经济各行业中，制成品（如纺织、服装等轻工业产品）的市场类型一般都属于垄断竞争。生产者对产品的控制力越高，就能获得越多的超额利润，就越值得投资。

（三）寡头垄断

寡头垄断型市场是指相对少量的生产者在某种产品的生产中占据很大市场份额，从而控制了这个行业的供给的市场结构。

该市场结构得以形成的原因有：

1. 这类行业初始投入资本较大，阻止了大量中小企业的进入。

2. 这类产品只有在大规模生产时才能获得好的效益，这就会在竞争中自然淘汰大量的中小企业。

在寡头垄断市场上，由于这些少数生产者的产量非常大，所以它们对市场的价格和交易具有一定的垄断能力。因此，在这个市场上，通常存在着一个起领导作用的企业，其他企业跟随该企业定价与经营方式的变化而相应地进行某些调整。资本密集型、技术密集型产品（如钢铁、汽车等重工业）以及少数储量集中的矿产品（如石油）等的市场多属于这种类型。处于寡头垄断市场结构的行业比较适合投资。

（四）完全垄断

完全垄断型市场是指一家企业生产某种特质产品的情形，即整个行业的市场完全处于一家企业所控制的市场结构。特质产品是指那些没有或缺少相近的替代品的产品。完全垄断型市场结构的特点是：

1. 市场被独家企业所控制，其他企业不可以或不可能进入该行业。

2. 产品没有或缺少相近的替代品。

3. 垄断者能够根据市场的供需情况制定理想的价格和产量，在高价少销和低价多销之间进行选择，以获取最大的利润。

4. 垄断者在制定产品的价格与生产数量方面的自由性是有限度的，要受到反垄断法和政府管制的约束。

当前的现实生活中没有真正的完全垄断型市场，每个行业都或多或少地引进了竞争。公用事业（如发电厂、煤气公司、自来水公司和邮电通信等）和某些资本、技术高度密集型或稀有金属矿藏的开采等行业接近完全垄断的市场类型。完全垄断的行业适合投资，但要综合考虑其受政府的控制程度。

行业的四种市场结构的相互关系可归结为：按照完全竞争—垄断竞争—寡头垄断—完全垄断的顺序，竞争程度是依次递减的。一般来说，竞争程度越高，投资壁垒越少，进入成本越低，其产品价格和企业利润受供求关系影响越大，而且企业倒闭的可能性也越大，因此投资风险也越大。反之，垄断性行业由于企业对产品和价格控制能力很强，投资获利良好，风险较小，但投资壁垒较多，投资机会较少，进入成本较高。

【想一想】

为什么2011年以来贵州茅台逆市上扬，能够走出独立行情呢？与它在白酒行业中的市场地位有关吗？

二、行业的市场竞争结构分析

行业的市场结构差异会从多个方面影响到行业的竞争力。美国哈佛商学院的著名战略管理学者迈克尔·波特教授在20世纪90年代末，将传统的产业组织理论与企业战略结合起来，形成了竞争战略与竞争优势的理论。根据他的观点，在一个行业中，存在着五种基本的竞争力量，即潜在的进入者、替代品、购买者、供应者以及行业中现有的竞争者之间的抗衡，彼此之间相互作用。在一个行业里，这五种基本竞争力量的状况及其综合强度，引发行业内在经济结构上的变化，从而决定着行业内部竞争的激烈程度，决定着行业中获得利润的最终潜力，波特将这五种竞争力量建立模型如图 4－2－1 所示，该模型被称为波特模型。

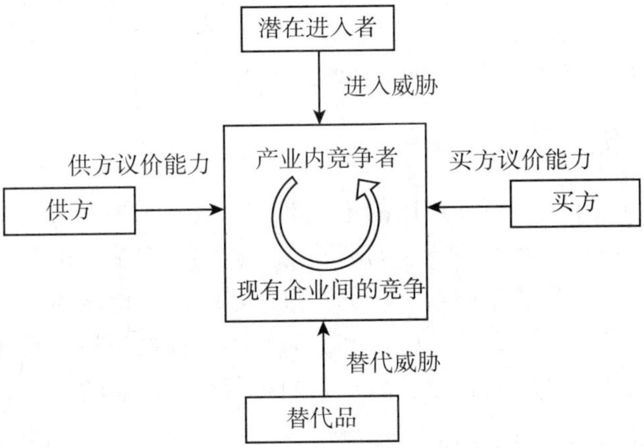

图 4－2－1　波特模型

（一）潜在进入者的威胁

行业的潜在进入者会对该行业的价格和利润造成一定的影响。即使没有企业进入该行业，这种潜在进入者的威胁性也会对该行业的价格和利润造成向下的压力，因为过高的价格和利润会对新竞争者的进入形成引诱效应。因此，行业进入的壁垒是行业竞争力的一个重要因素。显然，不同的市场结构在行业进入的壁垒上存在着显著的不同，竞争程度越高的行业，其竞争者进入的威胁越大；反之，垄断程度越高的行业，其竞争者进入的威胁越小。

（二）现有企业间的竞争

如果一个行业内部存在着几个竞争者时，那么由于每个竞争者都寻求扩大自身的市场份额，因此行业内部的价格竞争程度会加剧，行业利润率会趋于下降。如果这个行业的扩张速度减慢，处于这个行业中的企业之间的竞争程度会随之加剧，因为每个企业只有通过从其他对手那里夺得市场份额才能扩大自身规模；如果生产成本中固定成本所占比例较高，企业为能够充分利用生产能力，将会使企业之间价格竞争的程度加大；如果行业内部企业生产的产品相似程度较高，由于企业无法通过产品的差异性进行竞争，这也会使企业之间的价格竞争程度加大。

（三）替代品对产品价格的压力

替代品是指那些来自不同行业的产品或服务，它们具有的功能大致与现有产品相同。替代品意味着企业面临着来自相关产业产品的竞争。可供选择的替代品对该产品的价格构成了一定程度的约束性，替代品的范围越大，这种约束性的程度就越高。

来自替代品的竞争压力其强度取决于三个方面的因素：一是是否可以获得价格上有吸引力的替代品。价格上有吸引力的替代品往往会给现有企业带来很大的竞争压力，替代品会迫使现有企业为保持一定的销售额和留住现有顾客而降低产品价格。如果替代品的价格比现有产品的价格更低，那么市场中的竞争厂商就会遭遇降价的竞争压力。二是购买者在质量、性能、服务等方面是否具有更高的满意度。替代品的易获得性不可避免地刺激客户去比较彼此的质量、性能和服务，这种压力迫使市场中的厂商加强攻势，努力说服购买者相信它们的产品有着卓越的品质和有益的性能。三是购买者转换成本的高低。

（四）购买方讨价还价的力量

如果一个购买者购买了一个行业产出的绝大部分，这个购买者将拥有较大的讨价还价的力量，从而可以压低产品价格，降低该行业的利润率。例如，汽车生产企业是汽车零配件生产企业的主要购买者，因此汽车生产企业对所购买的汽车零配件的价格的影响较大，从而降低了汽车零配件生产行业的盈利能力。显然，行业产品的专一性越强，其产品价格受到购买方的约束力就越大；购买方形成的行业垄断程度越高，它们对所购买产品的价格约束力也越高。

（五）供应商讨价还价的力量

如果产品中某种关键原材料的供应商在这种原材料的生产中处于垄断地位，那么它们能够对这种原材料要求较高的价格，从而提高生产这种产品企业的生产成本，降低产品利润。决定供应商讨价还价力量的关键因素是这种原材料的可替代性。如果这种原材料存在替代品，那么供应商讨价还价的力量就会被大大削弱。

【学一学】

啤酒行业市场结构分析

以青岛啤酒为代表的啤酒行业为例，总结其竞争特征、产品需求特征、产品技术特征、盈利特征，如表4－2－2所示。

表4－2－2　啤酒行业的市场特征

竞争特征	需求特征	技术特征	增长特征	盈利特征
竞争企业数（多）	需求增长率（高）	技术成熟程度（高）	生产能力增长率（较高）	平均利润率（低于全国工业企业水平）
竞争企业战略（成本）	顾客稳定性（高）	技术复杂性（低）	规模经济程度（高）	平均贡献率（较高）
行业竞争热点（份额）	产品生命周期（成熟）	相关技术的影响（高）	新投资总额（多）	平均收益率（2.02%）
资源的可得性（易）	替代品可接受性（强）	技术的可保护性（弱）	多元化发展速度（强）	

续表

竞争特征	需求特征	技术特征	增长特征	盈利特征
潜在进入者（多）	需求弹性（大）	研究与开发费用（低）		
竞争结构（自由）	互补性（无）	增长率（低）		
产品差异化程度（弱）		技术进步的影响（高）		

1. 潜在进入者的威胁。

（1）新进入者以中低档为主产品歧异逐渐显现。

（2）资本需求较高，获得领先地位难度大。

（3）分销渠道以经销商代理为主，其他渠道成本高。

（4）新进入者会遭到现有啤酒企业的抵制和阻挠。

（5）专有产品技术上的壁垒不大；原材料存在一定的壁垒，大企业在采购来源、成本方面具有优势。

2. 现有竞争厂商之间的竞争。目前青岛啤酒的国内主要竞争对手包括燕京啤酒、华润雪花、蓝带、百威啤酒等。

3. 替代品的威胁。主要来自白酒、葡萄酒、啤酒、茶等的威胁，由于国人对啤酒喜爱程度，加上目前总体上啤酒相对价格较低，替代品的威胁相对较少。

4. 购买者讨价还价的能力。啤酒企业处于“生产成本 + 微利”定位出厂价，将较大的利润空间让渡给经销商，由经销商来操作市场。中间商及零售终端，对制造商的影响及砍价能力趋强。代理商对啤酒的价格敏感度较高。

5. 供应商谈判能力。总体来看，供应商的谈判能力主要在大麦、啤酒花等原料上。原辅材料价格持续上涨也给啤酒行业带来巨大的成本压力。所以供应商谈判能力对青岛啤酒的生产成本有比较大的影响。

6. 最后得出结论：

第一，中国啤酒整体行业获利能力一般，行业吸引力中等。

第二，青岛啤酒要不断提高自己的品牌知名度，通过合适的兼并和合作来扩大企业的市场份额。青岛啤酒公司应尽可能努力从自身利益需要出发影响行业竞争规则，先占领有利的市场地位，以增强自己的市场地位与竞争实力。

任务二　分析行业的敏感性

任务指引

美国统计学家 Niemira（1998）观察到：并不是每一个行业必须是同时地或同等程度地受到经济周期的影响或对经济周期产生影响。他提出了采用投入产出表研究行业间需求联动的初步思路。

依据行业景气的先后波动规律是证券投资领域进行资产配置的重要思路，美林策略研究员（2004）计算了1970～2004年美国经济周期不同阶段的行业表现，发现当经济周期在由繁荣到萧条不断变换时，不同类型的行业和资产的收益依次有超过大市的表现，从而得出了著名的“投资时钟”的行业轮动投资策略（见图4－2－2）。

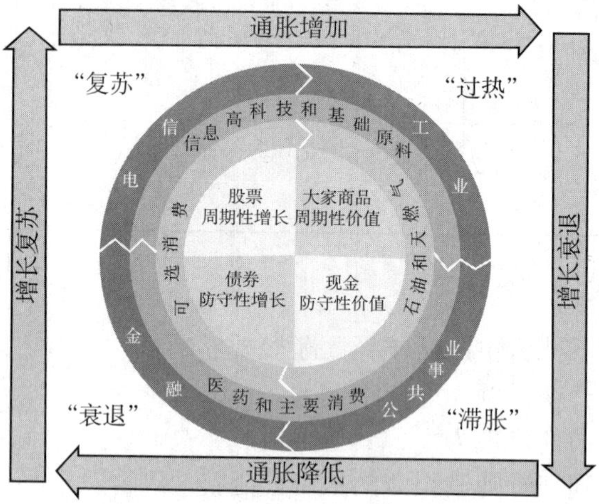

图4－2－2　美林投资时钟：在经济周期内的资产类和行业轮动

➲ 问题思考

1. 你认为哪些行业受经济周期的波动影响较大？
2. 在经济下滑的阶段，选择什么样的行业去投资？

知识准备

一、行业对经济周期的敏感性

经济周期的变化会对行业的发展产生影响，但影响程度不尽相同，有的行业与经济周期同步，有的则与经济周期关系不大。

根据行业对经济周期的敏感程度不同，行业分为以下几类。

（一）增长型行业

增长型行业的运动状态与经济活动总水平的周期和运行幅度无关。这些行业收入增长的速率相对于经济周期的变动来说，并未出现同步变化，因为它们主要依靠技术的进步、新产品推出及更优质的服务来完成连续性经常性的增长。

在证券市场上，此类行业的上市公司的股票就表现为长期走牛，并不受制于大盘的走势，因为大盘是整体经济形势的综合表现。比较典型的如部分应用软件及系统集成行业的上市公司，在近几年的整体走势一直领先于大盘，表明其行业具有不同于经济形势的长期的发展性。增长型行业是投资的最佳选择，不过此类行业的持续增长性，也使投资者在进行具体投资时很难把握较为精确的购买时机，因为其整体价格很难呈现周期性波动。

（二）周期型行业

周期型行业与经济周期的波动紧密相关。当经济处于上升时期，这些行业会紧随其扩张；当经济衰退时，这些行业也相应衰落。产生这种现象的原因是，当经济上升时，对这些行业相关产品的购买相应增加；当经济衰退时，对这些行业相关产品的购买被延迟到经济改善之后。

比较典型的周期性行业，主要有消费品业、耐用品制造业及其他需求收入弹性较高的行业，都属于典型的周期型行业。周期型行业适合在经济繁荣时期和复苏时期投资。

（三）防守型行业

防守型行业的经营状况在经济周期的上升和下降阶段都很稳定。这种运动形态的存在是由于该类型行业的产品需求相对稳定、需求弹性小，经济周期处于衰退阶段对这种行业的影响也比较小，甚至有些防守型行业在经济衰退时期还会有一定的实际增长。

该类型行业的产品往往是生活必需品或是必要的公共服务，公众对其产品有相对稳定的需求，因而行业中有代表性的公司盈利水平相对较稳定。例如，食品行业、医药行业和公用事业就属于防守型行业。也正是因为这个原因，投资于防守型行业一般属于收入型投资，而非资本利得型投资。防守型行业适合在经济衰退和萧条时投资。

【看一看】

行业对经济周期的敏感性

为了分析行业和经济周期的关系，研究人员根据行业对经济周期波动的敏感性把行业划分为增长型、周期型、防御型和能源型等四个大类。

增长类行业的发展状态与经济活动总体水平的周期性波动的关系并不紧密。这些行业主要依靠技术进步、新产品的推出而获得高于平均水平的增长率。这一类的行业一直受到投资者的追捧，但是投资者有的时候也会对增长前景过度乐观，如果股票的价格已经过高，投资的风险就会增加。

周期型行业与经济周期的波动关系密切。当经济处于上升时期，这些行业就会扩张；当经济衰退的时候，这些行业的销售也大幅下降。例如，与固定资产投资密切相关的钢铁业，当经济复苏的时候，对钢铁的需求增加，行业的利润增加；而当经济陷入衰退的时候，固定资产的投资大幅减缓，钢铁业的利润也受到很大的冲击，这是一个典型的周期型产业。奢侈品行业，如珠宝业也是周期型的行业。

防御型行业，它们与经济周期的波动关系不大，其销售收入无论处于经济的哪一个阶段都比较稳定，甚至在萧条的时候还略有增长。比如前面说过的电影业，人们是否看电影主要取决于对影片的认同，与收入关系不大，甚至当人们收入减少的时候，会看更多的电影，减少其他昂贵的娱乐。可以看出，防御型行业大多是生活必需品行业。公用事业也属于防御型行业，因为人们对水、电等公用事业服务的需求比较稳定，不会因为经济周期的波动而大幅波动。

能源被作为一个单独的类别，是因为能源受到政治等不确定因素的影响超过受到经济周期的影响。历史上的几次能源危机，能源价格的大幅上升都是与中东地区的战争和政治危机分不开的。

资料来源：小詹姆斯·L. 法雷尔等. 投资组合管理理论及应用［M］. 齐寅峰等译. 北京：机械工业出版社. 2000.

二、行业敏感性的决定因素

不同的行业对经济周期的敏感程度是不同的。因此，在经济周期的不同阶段，不同行业的业绩表现也存在很大的差别。那么，哪些因素决定了一个行业对于经济周期的敏感性呢？

通常，一个行业对经济周期的敏感性取决于以下三个因素。

（一）销售量对于经济周期的敏感性

在经济周期不同阶段，销售量变化不大的行业，如生产生活必需品的行业，对经济周期的敏感性最低，因为对必需品的需求几乎是刚性的，这些行业包括食品、药物和医疗服务等。另外一些行业，如烟草行业，烟草的消费主要是受人群的消费偏好的影响，而不是受收入水平的影响，所以烟草行业也是对经济周期敏感性低的行业。而那些在经济周期不同阶段销售量变动很大的行业，如生产机器设备、汽车、钢铁等产品的行业，它们对经济周期就很敏感。

（二）经营杠杆的大小

经营杠杆是指企业固定成本和可变动成本之间的比率。经营杠杆越高，行业对经济周期的变动就越敏感，经营杠杆越低，行业对经济周期的敏感性就越低。因为经营杠杆高，说明行业内的企业固定成本比较高，当经济衰退，企业由于销量降低而被迫降低产量时，由于其成本居高不下（固定成本不会减少，而变动成本的下降也有限），不能抵消销售收入的变动，其盈利就会受到极大的打击；当经济景气，企业追加产量时，由于固定成本不变，而变动成本相对来说增加的幅度较小，从而使企业的盈利能力大大增强。而经营杠杆较低，企业的可变成本相对较高，当经济环境发生变动时，总成本和销售量呈同向变动，企业盈利情况受到的影响就比较小。因此，经营杠杆较高，对经济周期的变化就比较敏感；经营杠杆较低，对经济周期变化的敏感性就较小。

经营杠杆可以用公司净利润与销售额这两个变量来进行量化，称为经营杠杆系数（Degree of Operating Leverage，DOL），用公式表示就是：

$$DOL = \frac{净利润变化率}{销售额变化率}$$

如果 DOL 的值大于 1，表明该公司存在某种程度的经营杠杆。如 DOL = 3，就表明销售额变动 1% 就会引起净收益朝同方向变动 3%。另外，如前所述，经营杠杆会与固定成本同方向变动，固定成本越高，经营杠杆就越高。因此，经营杠杆系数也和公司固定成本有关，用公式可以表示为：

$$DOL = 1 + \frac{固定成本}{利润}$$

（三）财务杠杆的大小

财务杠杆是指公司债务与其资产的比率。由于公司的债务需要支付利息，而利息可以看成是公司的固定成本，因为不管销量如何，公司需要付出的利息数额却是一定的。当经济处于衰退期时，如果资产回报率小于利息率，那么公司资产中债务所占比例越高，公司的亏损额也越大；反之，当经济处于高涨时，由于资产回报率高于利息率，那么公司资产中债务所占比例越高，公司股东的股权收益率也就越高。因此，财务杠杆比较高的行业对经济周期变动的敏感性就会比较高，财务杠杆比较低的行业对经济周期变动的敏感性就相对比较低。

扩展阅读

经济周期下的行业投资逻辑

生命周期所处阶段决定行业自身周期特性，采用行业增速的均值－方差统计分析方法，对行业周期进行了系统性梳理。增长型（高均值）、防御型（低方差）和周期型（中－高方差）特性使行业周期与宏观周期的联动特征存在差异。

经济周期下的全行业表现。（1）能源行业：开采业滞后于经济周期，加工业同步于经济周期；（2）原材料：钢铁有色建材化工同步于经济周期，化学纤维略先行于经济周期；（3）机械设备：通用设备同步于经济周期，专用设备滞后于经济周期；（4）可选消费：汽车领先于经济周期，消费升级使可选向日常转变；（5）日常消费；农副食品与饮料弱经济周期，食品制造同步于经济周期；（6）医疗消费：医药制造滞后于经济周期，兼具成长性和防御性；（7）金融业：银行证券先行于经济周期，保险同步于经济周期；（8）建筑业：强行业周期，同步于宏观经济周期和投资周期；（9）房地产：先行于经济周期和制造业周期，滞后于金融周期；（10）信息技术：软件产业滞后于经济周期，通信服务弱经济周期；（11）交通运输：同步于经济周期，先行于宏观投资周期；（12）公用事业：电力同步于经济周期，水与燃气弱经济周期。行业周期和经济周期的关联使资本市场上存在行业轮动的投资规律。经济复苏期，银行、房地产、汽车等可选消费会首先受益；繁荣期，周期性行业如原材料、机械设备等表现较好；放缓期，信贷敏感行业将首先步入衰退，而周期性行业尤其是滞后于经济周期的行业表现仍相对不错；在经济萧条期，兼具成长性和防御型的行业更易受到青睐。

资料来源：作者谭松，和讯网，2011－11－04.

工作任务

任务1

1. 任务内容：确定行业市场结构类型。

2. 任务步骤：

（1）选择一个熟悉的行业，通过行业中企业的数量、产品的性质、价格的制定等特点判断其市场结构类型。

（2）确定其投资策略。

（3）自我评价。

3. 任务操作提示：学生首先可以介绍所选择行业的概况，指出哪种市场结构类型；其次来分析形成这种市场形态的原因，如形成垄断的原因；最后根据该行业内部竞争垄断情况，包括市场集中度等信息判断其投资价值。

任务2

1. 任务内容：分析行业市场竞争结构。

2. 任务步骤：

（1）以青岛海尔为代表的家电行业为例，总结其竞争特征、产品需求特征、产品技术特征、盈利特征。

（2）根据波特模型对该行业进行战略分析。

（3）自我评价。

3. 任务操作提示：学生可以根据家电行业目前发展现状，结合波特模型五种竞争力量，分析家电行业获利能力及投资价值，并对青岛海尔发展战略进行分析。

任务3

1. 任务内容：分析行业对经济周期的敏感性。

2. 任务步骤：

（1）根据我国历史宏观经济运行情况和行业发展的关系，分析能源行业、金融服务业、城市公共设施类行业、一般消费品行业在经济周期内演变的规律。

（2）对这些行业的经济敏感性进行分析。

（3）自我评价。

3. 任务操作提示：学生通过网络搜索，对能源行业、金融服务业、城市公共设施类行业、一般消费品行业的经济敏感性进行分析。

模块三　行业发展趋势分析

任务描述

本模块的主要任务是认知行业生命周期和影响行业兴衰的主要因素，掌握行业各生命周期的投资特点。会通过行业增长比较分析和行业未来增长预测来作出行业的投资选择，会通过分析影响行业未来发展的有关因素来作出行业的投资选择。

任务一　行业的生命周期分析

任务指引

在进行行业分析时，我们会发现，不同的行业有着不同的投资特性。如高科技行业，其行业内的公司具有高的投资率、高的投资收益率及低的红利发放率的特征。而另外一些行业，如传统行业，其行业内的公司具有低的投资率、低的投资收益率及高的红利发放率的特征。出现这种情形的原因在于，高科技行业还是一个比较新的行业，行业增长率和边际利润率都相对比较高，因而公司股东也愿意让公司把投资收益进行再投资，从而公司的投资收益率高，红利发放率并不高。与之相反，传统行业的增长率和边际利润率都比较低，因而公司股东更愿意把公司投资收益转投入其他行业，因而虽然投资率和投资收益率低，但红利发放率较高。

但是，行业的这种投资特性并不是一成不变的。对于投资收益率比较高的行业来说，其投资收益率最终会降下来，因为这些行业的高利润率会促使许多新的公司进入该行业，造成竞争加剧，价格下跌，从而边际利润率不断下降，最终会变成投资收益率低的行业。

➲ 问题思考

1. 你认为行业变迁的过程要经历哪几个阶段？
2. 行业生命周期的每个阶段有什么样的特性？

知识准备

行业的生命周期指行业从出现到完全退出社会经济活动所经历的过程。行业的生命发展周期主要包括四个发展阶段：幼稚期（也叫初创期）、成长期、成熟期、衰退期。下面分别介绍行业的不同发展阶段的情况。图 4－3－1 为行业生命周期曲线，表 4－3－1 为行业生命周期特征。

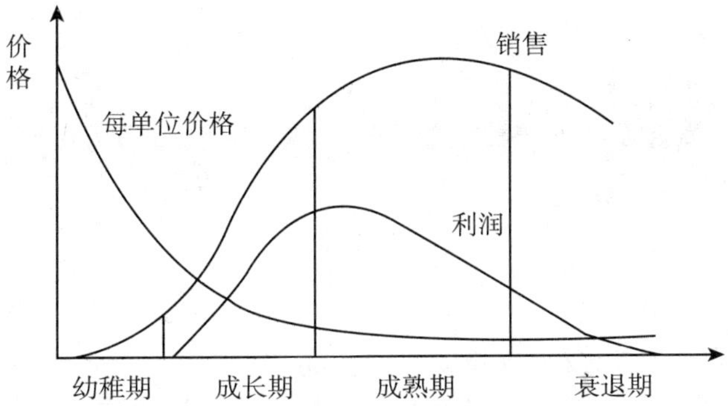

图 4－3－1　行业生命周期曲线

表 4－3－1　行业生命周期特征

发展阶段	幼稚期	成长期	成熟期	衰退期
公司数量	少	增加	减少	少
产品价格	高	下降	稳定	—
利润	亏损	增加	高	减少→亏损
风险	高	高	降低	增大

一、幼稚期

幼稚期指行业的产生期，是行业发展的初级阶段。由于社会、经济的发展，科学技术的进步，新技术、新思想、新观念的涌现，随之产生了新的社会需求，或可能是新社会需求激励人们去革新或创造新技术，新的行业将不停地代替旧的传统行业。一般地，在行业发展的初期，行业利润较低甚至亏损，并承担巨大的风险，这主要是基于以下诸多原因：（1）产品研制、开发成本高。（2）企业创设成本高。（3）开发、技术不完善，功能与消费要求存在差距，不能激发人们的普遍需求。（4）基于技术上和生产经营决策上的原因，人们对新技术、新产品的接受有一个过程，需求亦较低。（5）社会对新行业了解不多以及消费习惯作用，使得人们的需求意识不强烈。（6）新行业的组织、运营机制不完善，尚在摸索之中，效率可能较低。（7）新行业是否真正反映人们当前的需求取向，是否与人们消费水平相适应还尚待证实。

由于上述原因，幼稚期行业的公司财务上不但没有盈利，反而普遍亏损。同时，较高的产品成本和价格与较小的市场需求还使这些公司面临很大的投资风险，还可能因财务困难而引发破产的危险。因此，这类企业更适合投机者而非投资者。

针对处于幼稚期的行业，投资者要对该行业的性质和社会、经济发展形势作出综合分析，从而预见该行业未来的发展状况和生命力，不要局限于眼前行业的盈利或亏损。幼稚期行业的股价因为公司暂时的低利润、高风险以及人们极少关注和了解而偏低，这时投资，一旦行业发展到下一阶段，将获得高额的股票差价收益。

【想一想】

幼稚期行业的股票是否满足稳健型投资者对风险和收益的需求？

二、成长期

在幼稚期后期，随着生产技术日趋成熟，市场需求扩大，生产成本不断降低，利润不断上升，新行业便逐步转入成长期。处于该阶段的行业被称为朝阳行业。

在成长期的初期，公司的生产技术逐渐成形，市场认可并接受了行业的产品，产品的销量迅速增长。市场逐步扩大，然而公司可能仍然处于亏损或者微利状态，需要外部资金注入以增加设备、人员，并着手下一代产品的开发。进入加速成长期后，公司的产品和劳务已为广大消费者接受，销售收入和利润开始加速增长，新的机会不断出现，但公司仍然需要大量资金来实现高速成长。进入成长期后期，生产厂商不仅依靠扩大产量和提高市场份额来获得竞争优势，同时还需不断提高生产技术水平，降低成本，研制和开发新产品，从而战胜或紧跟竞争对手、维持公司的生存。

在这一时期，公司的利润虽然增长很快，但所面临的竞争风险也非常大，破产率与合并率相当高。在成长期的后期，由于产业中生产厂商与产品竞争优胜劣汰规律的作用，市场上生产厂商的数量在大幅度下降之后便开始稳定下来。由于市场需求基本饱和，产品的销售增长率减慢，迅速赚取利润的机会减少，整个产业开始进入成熟期。

处于成长期的行业由于利润快速增长，因而其股票价格也呈现快速上扬趋势。由于股票价格的上涨有业绩为基础，所以这种股票价格的上涨是明确的，并且具有长期性质。股票价格也会因对未来成长的过度预期和对这种过度预期的纠正而出现中短期被动。另外，由于在行业快速成长的同时行业内部会出现厂商之间的分化，公司投资价值良莠不齐，不能认为所有朝阳行业内的公司都值得投资。证券价格也表现为在某一成长性行业的股票价格快速上涨的同时，个别股票却表现不佳。所以，只有那些资本实力和技术力量雄厚，市场份额不断扩大的优势企业才值得重点关注。

【学一学】

如何判断一个行业的成长性

行业的成长实际上就是行业的扩大再生产，各个行业成长的能力是有差异的。成长能力主要体现在生产能力和规模的扩张、区域的横向渗透能力以及自身组织结构的变革能力上。判断一个行业的成长能力，可以从以下几个方面考察：

(1) 需求弹性。一般而言，需求弹性较高的行业成长能力也较强。

(2) 生产技术。技术进步快的行业，创新能力强，生产率上升快，容易保持优势地位，其成长能力也强。

(3) 产业关联度。产业关联度强的行业，成长能力也强。

(4) 市场容量与潜力。市场容量和市场潜力大的行业，其成长空间也大。

(5) 行业在空间的转移活动。行业在空间的转移活动停止，一般可以说明行业成长达到市场需求边界，成长期也就进入尾声。

(6) 产业组织的变化活动。在行业成长过程中，一般伴随着行业中企业组织不断向集团化、大型化方向发展。

三、成熟期

一般而言，行业成熟首先表现为生产技术上的成熟，即行业内企业普遍采用的是具有一定适用性的，且至少有一定先进性、稳定性的技术。其次表现为产品的成熟。产品的成熟是行业成熟的标志，到了成熟期，行业内产品的基本性能、式样、功能、规格、结构都将趋向成熟，且已经被消费者习惯使用。再次是生产工艺成熟。最后是产业组织成熟，即行业内企业间建立了良好分工协作关系，市场竞争是有效的，市场运作规则合理，市场结构稳定。

行业的成熟阶段是一个相对较长的时期。这一时期，在竞争中生存下来的少数大厂商垄断了整个行业的市场，每个厂商都占有一定比例的市场份额。厂商之间的竞争手段逐渐从价格手段转向各种非价格手段，如提高质量、改善性能和加强售后维修服务等。行业的利润由于一定程度的垄断达到了很高的水平，风险却因市场占有率比较稳定、新企业难以打入成熟期市场而较低。此阶段市场已被原有大企业比例分割，产品的价格比较低，因而新企业往往会由于创业投资无法很快得到补偿或产品的销路不畅、资金周转困难而倒闭或转产。

成熟期行业的特点主要有：（1）企业规模空前，地位显赫，产品普及程度高。（2）行业生产能力接近饱和，市场需求也趋于饱和，买方市场出现。（3）构成支柱产业地位，其生产要素份额、产值、利税份额在国民经济中占有一席之地。

在行业成熟阶段，行业增长速度降到一个更加适度的水平。在某些情况下，整个行业的增长可能会完全停止，其产出甚至下降。由于丧失其资本的增长，致使行业的发展很难较好地保持与国民生产总值同步增长，当国民生产总值减少时，行业甚至蒙受更大的损失。但由于技术创新的原因，某些行业或许实际上会有新的增长。所以，在短期内很难识别一个行业何时真正进入成熟期。

在证券市场上，处于成熟期的行业是蓝筹股的集中地。由于处于成熟期的行业垄断已经形成，行业发展的空间已经不大，所以行业快速成长的可能性已经很小，但一般能保持适度成长，而且垄断利润丰厚。所以，其股票价格一般呈现稳步攀升之势，大涨和大跌的可能性都不大，颇具长线持筹的价值。

【想一想】

为什么对于处于成熟期的上市公司股票，中国与美国的投资者的投资方式有区别？

四、衰退期

衰退期出现在较长的成熟期之后，由于新产品和大量替代品的出现，原行业的市场需求开始减少，产品的销售量也开始下降，某些厂商开始向其他更有利可图的行业转移资金，原行业出现了厂商数目减少，利润下降的萧条景象。至此，整个行业便进入了生命周期的最后阶段。在衰退阶段里，厂商的数目逐步减少，市场逐渐萎缩，利润率停滞或不断下降。当正常利润无法维持或现有投资折旧完毕后，整个行业便逐渐解体。

从衰退的原因来看，可能有四种类型的衰退，它们分别是：资源型衰退，即由于生产所依赖的资源的枯竭所导致的衰退；效率型衰退，即由于效率低下的比较劣势而引起的行业衰退；收入低弹性衰退，即因需求—收入弹性较低而衰退的行业；聚集过度性衰退，即因经济过度聚集的弊端所引起的行业衰退。

处于衰退期的行业由于已丧失发展空间，所以在证券市场上全无优势，是绩差股、垃圾股的摇篮。一般情况下，这类行业的股票常常是低价股，不引人关注，只具有证券市场的结构性功能，投资者不应选择处于该阶段的企业的证券进行投资。但在中国目前的现实情况下，由于上市资格控制较严，而且向国有企业倾斜，因此衰退型行业的上市股票虽然也常常为低价股、绩差股，但常常因买壳、借壳或资产重组而出现飙升行情，这一状况未来将会随着证券发行审核制度的改革而逐步改变。

上述行业生命周期四个阶段的说明只是一个总体状况的描述，它并不适用于所有行业的情况。行业的实际生命周期由于受行业性质、政府干预、国外竞争和能源结构的变化等许多因素的影响，不能用一般的理论推断来框定。有些行业出于创业投资需要量小，产品比较符合消费者需求，因而幼稚期可能很短，甚至一开始就可能盈利，如投资少、见效快的轻工或手工产业。尽管如此，上述有关行业生命周期的说明概括了众多行业的增长形态，以便投资者在选择投资行业时做仔细的审度和慎重的考虑。

【看一看】

行业生命周期的判断标准

行业生命周期实质上就是行业兴衰的一个过程，是行业在整个国家产业体系中的地位的变迁，对行业所处的生命周期阶段可以根据以下几个标准加以判断：

一是行业规模。随着行业兴衰，行业的市场容量有一个“小—大—小”的发展过程。在行业的幼稚期和成长初期，资产总规模较小；在成长末期和成熟期，资产总规模较大；而处在衰退期时资产总规模会逐步萎缩。

二是产出增长率。行业在成长期时产出增长率较高，在成熟期以后产出增长率降低，根据经验数据。一般以15%为界。产出增长率在15%以上说明行业处于成长期，产出增长率在15%以下说明行业已经处于成熟期了。到了衰退阶段，行业会处于低速运行状态，有时甚至处于负增长状态。

三是利润率水平。利润率水平是行业兴衰程度的一个综合反映，一般都有“低—高—稳定—低—严重亏损”的过程。

四是技术进步和技术成熟程度。随着行业兴衰，行业的创新能力有一个强增长到逐步衰减的过程，技术成熟程度有一个“低—高—老化”的过程。

五是开工率。长时期的开工充足则反映了行业处在成长或成熟期间的景气状态。衰退期往往伴随着开工不足。

六是从业人员的职业化水平和工资福利收入水平。随行业所处周期阶段的变化，从业人员的职业化和工资福利收入水平有一个“低—高—低”的过程。

七是资本进退。行业生命周期中的每个阶段都会有企业的进退发生。在成熟期以前，进入的企业数量及资本量大于退出量，行业规模逐渐扩张；而进入成熟期，进入的企业数量及资本量与退出量有一个均衡的过程；在衰退期，退出超过进入，行业规模逐渐萎缩，转产、倒闭的企业经常出现。

【学一学】

不同周期阶段的行业在证券市场上的不同表现

一般来说，在投资决策过程中，投资者应选择增长型的行业和在行业生命周期中处于成长期和稳定期的行业，所以要仔细研究欲投资公司所处的行业生命周期及行业特征。

对处于生命周期不同阶段的行业选择上，投资者应选择处于成长期和稳定期的行业，这些行业有较大的发展潜力，基础逐渐稳定，盈利逐年增加，股息红利相应提高，有望得到丰厚而稳定的收益。投资者一般应避免初创期的行业，因这些行业的发展前景尚难预料，投资风险较大。同样，也不应选择处于衰退期的行业。

通过图4-3-2，我们可以作以下分析。

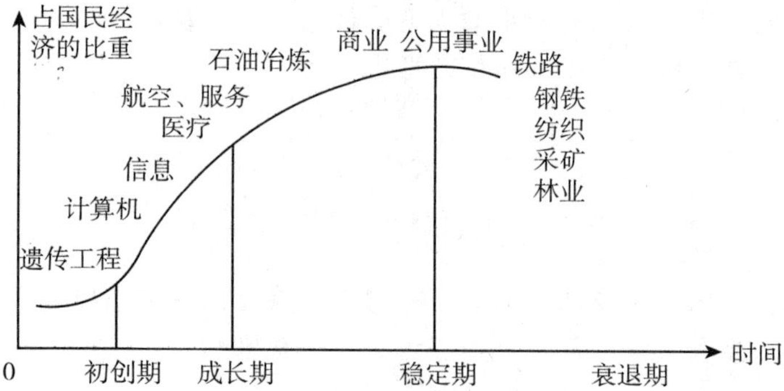

图 4－3－2　不同周期阶段的行业在证券市场上的不同表现

1. 遗传工程正处于行业生命周期的初创阶段。由此便可以知道以下投资信息：如果打算对该行业进行投资的话，那么只有为数不多的几家企业可供选择，投资于该行业的风险较大，但可能会获得很高的收益。掌握以上信息以后，通过未来风险和未来收益的权衡比较来决定是否投资于该行业。

2. 计算机行业处于成长阶段的初期，信息、医疗服务行业处于成长阶段的中期，航空服务行业处于成长阶段的后期。由此便可知道计算机的行业将会以很快的速度增长，但企业所面临的竞争风险也将不断增长；而信息、医疗、航空、服务行业在增长速度上要低于计算机行业，但竞争风险则相对较小。因此，投资者须通过收益、风险分析来决定投资于哪种行业。

3. 石油冶炼、商业和公用事业等行业已进入成熟期阶段。因此这些行业将会继续增长，但速度要比前面各阶段的行业慢。成熟期的行业通常是盈利的，而且投资的风险相对较小，当然，一般来说盈利不会太大。

4. 纺织和采矿业等已进入衰退期。由此可知，对这些行业投资的收益较少，而且从长期看，这种投资也是不安全的。

需要说明的是对处于不同发展水平的不同国家的经济，以及处于不同发展阶段的同一国家的经济而言，同一行业可能处于生命周期的不同阶段。

任务二　影响行业兴衰的主要因素

任务指引

医药行业被誉为“永远的朝阳产业”，居民卫生健康意识的加强、人口的增长及老龄化、不断深入的医疗卫生体制改革、全球制药产业转移等因素推动制药行业长期增长，快速增长的制药行业将使我国制药装备市场需求持续扩大。

为了促进制药行业自主创新、结构调整和产业升级，国家出台了一系列的鼓励政策，国家对制药技术创新、药品质量监督管理越来越重视，导向性也越来越强。随着医疗改革和社会保障机制的不断完善，国家对制药装备行业的政策导向性将更强，扶持力度将更大。

同时，我国制药企业加大制药设备更新速度，并淘汰研发实力较弱、设备工艺及技术处于竞争劣势、不能满足新版药品 GMP 认证要求的制药装备，有利于制药行业及制药装备行业长期、健康发展。

目前，我国已成为全球制药装备生产大国，但产品创新能力、行业技术水平与发达国家相比仍存在一定差距，行业集中度、抗风险能力较低，这些都会对行业的发展造成不利影响。

➲ 问题思考

你认为行业兴衰受哪些因素影响？

知识准备

影响行业兴衰的主要因素包括技术进步、产业政策、产业组织创新、社会习惯改变和经济全球化等。

一、技术进步

技术进步在行业的发展过程中起着非常重要的作用，其效应可分为两个方面：一方面，技术进步推动现有行业产品的技术升级，从而使现有产品的成本和价格下降，社会需求扩大，生产增长，并促使行业由幼稚期进入快速成长期；另一方面，技术进步将创造新产品，开拓新的市场，从而使新行业不断出现，一些落后的行业进入衰退期。例如，IT技术的发展，E-mail通信方式被广泛采用，使得传统的邮政通信行业进入衰退期。在科学技术飞速发展的时代，技术进步不仅为经济发展提供强大的技术基础，而且也促进了行业的结构调整，一些以新兴技术为基础的行业进入快速成长期，而那些落后于时代的行业则被淘汰。

投资分析人员应不断地考察一个行业产品生产线的前途，分析其被优良产品的消费需求替代的趋势。当然，行业追求技术进步也是时代的要求，一旦科学发明转化为技术，在新的产业中得到应用，这些新产品被定型和大批量生产，市场价格将会大幅度下降，从而很快地被消费者使用。因此，投资者充分了解各种行业技术发展的状况和趋势是至关重要的。

【想一想】

乔布斯和苹果公司的辉煌与技术进步有什么样的关系？

二、产业政策

政府实行的产业政策是影响行业发展的另一个必须加以考虑的重要因素。政府对于行业的管理和调控主要是通过产业政策来实现的。产业政策是国家干预或参与经济的一种形式，是有关产业发展的政策目标、政策措施的总和。一般认为，产业政策包括产业结构政策、产业组织政策、产业技术政策和产业布局政策。

产业政策通过以下的作用对投资活动产生直接的影响：一是促进和维护一国幼稚期产业的发展；二是加快资源配置的优化过程，促使资本向有利于国民经济的产业流动；三是促进市场机制和市场结构的完善；四是给企业提供一个透明度较高的发展环境；五是使产业结构能不断适应世界科学技术的新发展等。产业政策的突出特点是有区别地对待不同行业，因此，了解国家不同时期产业政策的特点对于证券投资的决策将有重要作用。对于国家积极鼓励发展的产业，由于受到政府各种优惠政策的扶持，一定会前途光明，投资者从长远角度考虑，应该向这些产业投资；对于国家限制发展的产业，其前景将是暗淡的，故投资者在向这些产业投资时应慎重。

三、产业组织创新

产业组织是指同一产业内企业的组织形态和企业间的关系，包括市场结构、市场行为、市场绩效三方面内容。产业组织与产业结构息息相关，是连接产业结构与产业政策的纽带。因此，产业组织创新是推动产业结构升级的重要力量之一。

产业组织创新是指同一产业内企业的组织形态和企业间关系的创新。产业组织又与企业组织密切相关，是具有某种同一性的互动范畴。因此，产业组织的创新不仅仅是产业内企业与企业之间垄断抑或竞争关系平衡的结果，更是企业组织创新与产业组织创新协调与互动的结果。

缺乏产业组织创新的行业，如中国20世纪末期的建筑业、纺织业等，由于技术壁垒较低，市场竞争以价格竞争为主，其行业平均利润水平较低，缺乏增长潜力。产业组织创新活跃的行业主要有，计算机行业、生物医药行业、通信行业等，新技术和新产品不断涌现，这些行业能够获得超额创新利润。

四、社会习惯改变

在当今社会，消费者和政府越来越强调经济行业所应负的社会责任，越来越注重工业化给社会所带来的种种影响。这种日益增强的社会意识或社会倾向对许多行业已经产生了明显的作用。近年来，许多西方国家，特别是产品责任法最为严格的美国，在公众的强烈要求和压力下，纷纷对许多行业的生产及产品作出了种种限制性规定。如美国政府要求汽车制造商加固汽车保险杆、安装乘员安全带、改善燃油系统、提高防污染系统的质量等。医药行业也受到政府的专门管制，如受美国的仪器与药品管理委员会和消费者的监督。防止环境污染，保持生态平衡目前已成为工业化国家的一个重要的社会趋势，在发展中国家也正日益受到重视。现在发达国家的工业部门每年都要花费几十亿美元的经费来研制和生产与环境保护有关的各种设备，以便使工业排放的废物、废水和废气能够符合规定的标准。从上面的分析可知，社会倾向对企业的经营活动、生产成本和利润收益等都会产生一定的影响。

因此，投资分析人员必须对这些影响行业内企业的经营活动、生产成本和利润等方面的社会因素进行分析，因为它们足以使一些不再适应社会需要的行业衰退，从而激发新的行业的发展。

五、经济全球化

所谓经济全球化，是指商品、服务、生产要素与信息跨国界流动的规模与形式不断增加，通过国际分工，在世界市场范围内提高资源配置效率，从而使各国经济的相互依赖程度日益加深的有机经济整体的过程。经济全球化使每一个行业和企业都置身于全球性竞争中，同时也使各行业各企业获得全球性的市场和资源。分析经济全球化对行业的影响，关键要看经济全球化是否有利于这一行业整合全球性的资源、是否有利于这一行业面向全球性的市场满足全球性的需求。

随着高新技术行业逐渐成为发达国家的主导产业，传统的密集型行业甚至是低端技术的资本密集型行业将加快向发展中国家转移，使原本在发达国家进入衰退期的行业得以存活下来，甚至还能得到进一步的发展。选择性发展将是未来各国形成优势产业的重要途径。因为一个国家受到技术水平、资源潜力的限制，不可能在所有领域都取得领先优势。

就我国而言，在经济全球化的趋势下，劳动密集型行业将在一定程度上摆脱反倾销诉讼、配额限制等各种不利影响，利用劳动力的价格优势，进一步加大出口量，从而获得进一步发展；其他如进出口贸易行业、运输及港口行业、中成药行业等也在经济全球化中得到利益。但是，诸如石油化工、钢材、农业等行业将会受到不同程度的冲击。

扩展阅读

行业投资的选择

行业投资的正确选择应建立在全面综合分析行业兴衰的原因、行业与经济周期的关系上，此外还应注意以下几个方面的问题。

1. 行业投资选择必须与投资目的相结合。对特定的投资者来说，由于投资资金来源、投资资金可使用时间的长短、投资者风险的承受能力存在着较大差异，投资者的目标确定存在着差异，投资选择的行业标准可能不同。

（1）投资风险承受能力差的投资者对行业的选择。这类投资者可在宏观经济形势好的时期入市，应选择低风险、低收益，且受经济周期影响不大的行业作为投资的目标。例如，已步入成熟期的公用事业，避开高风险的行业。

（2）投资风险承受能力一般的投资者对行业的选择。这类投资者应在把握好投资时机后，把投资重点放在低风险的行业上，但可适当选择一些高风险、高收益，随经济周期变动的行业进行投资，当然也应避开对尚处于初创阶段的行业投资。

（3）投资风险承受能力较高的投资者对行业的选择。这类投资者应采取投资组合的策略，把投资重点适当向高风险、高收益，处于成长阶段的行业倾斜，甚至可以根据自己的经验，尝试选择一些自己熟悉的尚处于初创阶段的行业进行投资。

2. 关注行业发展的历史，重视对行业发展趋势的预测。

（1）应充分考虑行业的历史业绩和行业技术特征。投资者应广泛收集有关行业销售、盈利、股息分配、资本结构、技术发展、有关政策、行业相关的证券价格变动的历史资料，为行业变化趋势预测作好准备。

（2）运用适当的方法，对行业变化作定量分析，预测行业的未来业绩和发展变化的趋势，寻找适合自己投资的行业。

工作任务

任务 1

1. 任务内容：对行业的发展前景进行预测。

2. 任务步骤：

（1）从影响行业兴衰的主要因素出发，分析我国钢铁行业、汽车行业和房地产行业发展。

（2）对这些行业作出投资建议。

（3）自我评价。

3. 任务操作提示：学生在熟悉影响行业兴衰的主要因素的基础上，通过收集相关影响因素的资料，分析我国钢铁行业、汽车行业和房地产行业近几年在产业政策、社会习惯改变等因素的影响下的发展现状和发展前景，并作出投资建议。

项目自测

一、单项选择题

1. 关于行业分析，下列论述不正确的是（　　）。

A. 行业分析是对上市公司进行分析的前提

B. 行业分析是链接宏观经济分析和上市公司分析的桥梁

C. 行业分析是基本分析的重要环节

D. 行业分析是投资成功的保障

2. 分析某行业是否属于增长型行业，可选用的方法是（　　）。

A. 用该行业的历年统计资料来分析

B. 用该行业的历年统计资料与一个增长型行业进行比较

C. 用该行业的历年统计资料与一个成熟型行业进行比较

D. 用该行业的历年统计资料与国民经济综合指标进行比较

3. 以下关于垄断竞争型市场的说法不正确的是（　　）。

A. 生产者众多，各种生产资料可以流动

B. 生产的产品同种但不同质，即产品之间存在着差异

C. 由于产品差异性的存在，生产者可以树立自己产品的信誉，从而对其产品的价格有一定的控制能力

D. 这类行业初始投入资本较大，阻止了大量中小企业的进入

4. 高增长行业的股票价格与经济周期的关系是（　　）。

A. 同经济周期及其振幅密切相关

B. 同经济周期及其振幅并不紧密相关

C. 大致上与经济周期的波动同步

D. 有时候相关，有时候不相关

5. 行业成熟的标志是（　　）。

A. 技术上的成熟　　B. 产品的成熟

C. 生产工艺的成熟　　D. 产业组织上的成熟

二、多项选择题

1. 对行业未来的发展趋势作出预测的方法主要有（　　）。

A. 行业增长比较分析　　B. 行业规模分析

C. 行业增长预测分析　　D. 行业结构分析

2. 一般而言，影响行业市场结构变化的因素包括（　　）。

A. 企业的质量　　B. 企业的数量

C. 进入限制程度　　D. 产品差别

3. 行业处于成熟期的特点有（　　）。

A. 企业规模庞大，产品普及程度高

B. 行业生产能力趋于饱和，市场需求也趋于饱和

C. 行业的利润降低，行业的竞争加剧

D. 构成支柱产业地位，其生产要素份额、产值、利税份额在国民经济中占有一席之地

4. 一个行业内存在的基本竞争力量包括（　　）。

A. 潜在进入者　　B. 替代品

C. 需求方　　D. 行业内现有竞争者

5. 分析师在分析判断某个行业所处的实际生命周期阶段的时候，考虑的内容包括（　　）。

A. 开工率　　B. 从业人们工资福利水平

C. 股票市场规模　　D. 资本进退

三、判断题（将正确的画上√，错误的画上×）

1. 行业分析是公司基本分析的首要内容，行业经济是宏观经济的构成部分，宏观经济是行业经济活动的总和。（　　）

2. 市场结构就是指市场中不同行业的上市公司的组成情况。（　　）

3. 增长型行业的运动状态与经济活动总水平的周期和运行幅度无关。（　　）

4. 成熟期的行业盈利很大，投资风险也相对较高。（　　）

5. 一般来说，投资者应该选择增长型行业和在行业生命周期中处于初创期的行业进行投资。（　　）

项目五

上市公司分析

学习目标

通过本项目学习，应当掌握以下知识和技能。

知识目标

- 熟悉上市公司基本素质分析的方法
- 熟悉上市公司的主要财务报表的格式、内容
- 掌握上市公司财务分析的方法
- 掌握财务比率分析中各比率的计算、意义
- 理解资产重组和关联交易对公司的影响

技能目标

- 能够实际运用本章方法对公司基本素质进行全面分析
- 能利用财务报表对公司资产质量、资产结构、利润质量、现金流量进行分析
- 能通过比率分析来评价公司变现能力、偿债能力、盈利能力、营运能力和投资收益

【情景导入】

财务分析：明明白白炒股票

沃伦·巴菲特是当今世界最具有传奇色彩的证券投资家，不可思议的是，这位世界股王，竟是在美国一个远离城市的西部小镇奥马哈创造着证券投资的奇迹。他不靠内幕消息，也不搞坐庄的勾当，他甚至没有交易员队伍，没有电子屏幕，没有价格图表，没有计算机，他唯一的“武器”就是几十年来的报纸和公司年报——巴菲特就是靠严谨的财务分析取得了连续32年战胜市场的纪录。巴菲特每天的主要工作，是对各种财务报表和公告进行研究，对公司、行业进行调查，从中进行艰苦细致的筛选。尤其是当他打算投资某一家公司时，一定要查阅有关公司的全部年度报告，了解公司的发展状况及策略，甚至到公司进行实地考察。他的投资逻辑是“最终决定公司股价的是公司的实质价值”，因此，他总是要选择产品简单、易了解、前景看好且财务稳健、经营效率高、收益好、资本支出少、自由现金流量充裕的公司股票进行投资。他投资的股票，很多属于老牌的传统企业，但都是行业中的佼佼者，市场占有率很高，从而得到了丰厚的回报。如吉列（剃须刀）的股价翻了3倍，可口可乐（饮料）翻了5倍，大都会从17.25美元涨到了80美元以上；GEICO，投入4 600万美元，到20世纪90年代值17亿美元。

其实不只是巴菲特，许多投资大师的成功秘诀，也都是被我们许多投资者不以为然但事实上却极其有效的财务分析。号称美同“共同基金之父”“世纪投资大赢家”的股市奇才罗伊·纽伯格，他总结出成功投资的十大原则，其中之一便是“认真分析公司状况……包括领导班子、公司业绩及公司目标。尤其需要认真分析公司真实的资产状况，包括设备价值及每股净资产”。

资料来源：蔡俊．看表炒股［M］．广东：广东经济出版社，2014.

➲ 课前思考

你认为在股票投资时，对上市公司的分析应该包括哪些方面？

模块一　上市公司基本素质分析

任务描述

本模块的主要任务是从上市公司产品、上市公司经营能力及上市公司成长性三方面分析上市公司的基本素质，据此选择具有投资价值的公司进行投资。

任务一　上市公司产品分析

任务指引

产品是企业的生命。一个企业与其说是在生产销售产品，不如说，是那些还在适销的产品在维系着企业的生存。企业研制开发出一个好的产品，就好像 10 月怀胎一朝分娩一样，绝非容易之事（当然还有许多获取新产品的办法）。而新产品一经问世，企业还要像养育子女一样，精心呵护，为其“扬名”、助其走向“成熟”。在科学技术发展日新月异的今天，只有不断进行产品更新、技术改造的企业才能长期立于不败之地。商海弄潮如逆水行舟，不进则退。一个企业在新产品开发上的停滞，相对于其他前进的企业，就是后退。多少“百年老字号”的倒闭都告诉人们这个道理。

➲ 问题思考

1. 你认为产品分析对评价上市公司基本素质有什么重要的作用？
2. 你认为上市公司产品分析应从哪些方面入手？

知识准备

一、评价产品的竞争能力

（一）成本优势

成本优势是指公司的产品依靠低成本获得高于同行业其他企业的盈利能力。在很多行业中，成本优势是决定竞争优势的关键因素。同时，低成本的优势，也使其他想利用价格竞争的企业有所顾忌，成为价格竞争的抑制力。

企业一般通过规模经济、专有技术、优惠的原材料、低廉的劳动力、科学的管理、发达的营销网络等途径来实现成本优势。由资本的集中程度而决定的规模效益是决定公司生产成本的基本因素。当企业达到一定的资本投入或生产能力时，根据规模经济的理论，企业的生产成本和管理费用将会得到有效降低。另外，原材料和劳动力成本则应考虑公司的原料来源以及公司的生产企业所处的地区。取得了成本优势，企业在激烈的竞争中便处于优势地位，意味着企业在竞争对手失去利润时仍有利可图，亏本的危险较小。

【学一学】

成本领先战略的风险

保持成本领先地位要求企业购买现代化的设备，及时淘汰陈旧的资产，防止产品线的无限扩充以及对新技术的发展保持高度的警觉，而这些也正是成本领先战略的危险根源。低成本战略的风险可以归纳为下述几个方面。

1. 生产技术的变化或新技术的出现可能使得过去的设备投资或产品学习经验变得无效，变成无效用的资源。

2. 行业中新加入者通过模仿、总结前人经验或购买更先进的生产设备，使得他们的成本更低，以更低的成本起点参与竞争，后来居上。这时，企业就会丧失成本领先地位。

3. 由于采用成本领先战略的企业其力量集中于降低产品成本，从而使它们丧失了预见产品市场变化的能力。企业可能发现所生产的产品即使价格低廉，却不为顾客所欣赏和需要。这是成本领先战略的最危险之处。

4. 受通货膨胀的影响，生产投入成本升高，降低了产品成本—价格优势，从而不能与采用其他竞争战略的企业相竞争。

成本领先战略带来风险的一个典型例子是20世纪20年代的福特汽车公司。福特公司曾经通过限制车型及种类、采用高度自动化的设备、积极实行后向一体化，以及通过严格推行低成本化措施等取得过所向无敌的成本领先地位。然而，当许多收入高、已购置了一辆车的买主考虑再买第二辆车时，市场开始更偏爱具有风格的、车型有变化的、舒适的和封闭型的汽车，而非敞篷型的T型车。通用汽车看到了这种趋势，因而对开发一套完整的车型进行资本投资有所准备。福特公司由于为把被淘汰车型的生产成本降至最低而付出了巨额投资。

因此，经营单位在选择成本领先的竞争战略时，必须正确地估计市场需求状况及特征，努力使成本领先战略的风险降到最低。

（二）技术优势

企业的技术优势是指企业拥有的比同行业其他竞争对手更强的技术实力及其研究与开发新产品的能力。这种能力主要体现在生产的技术水平和产品的技术含量上。

在现代经济中，企业新产品的研究与开发能力是决定企业竞争成败的关键。因此，任何企业，一般都确定了占销售额一定比例的研究开发费用，这一比例的高低往往能决定企业的新产品开发能力。产品的创新包括研制出新的核心技术，开发出新一代产品；研究出新的工艺，降低现有的生产成本；根据细分市场进行产品细分，实行产品差别化生产；获得一种原料或半成品的新的供给来源等方式。技术创新，不仅包括产品技术，还包括创新人才。实施创新人才战略，是上市公司竞争制胜的务本之举，具有技术优势的上市公司往往具有更大的发展潜力。

（三）质量优势

质量优势是指公司的产品以高于其他公司同类产品的质量赢得市场，从而取得竞争优势。由于公司技术能力及管理等诸多因素的差别，不同公司间相同产品的质量是有差别的。消费者在进行购买选择时，虽然有很多因素会影响他们的购买倾向，但是产品的质量始终是影响他们购买倾向的一个重要因素。

质量是产品信誉的保证，质量好的产品会给消费者带来信任感。严格管理，不断提高公司产品的质量，是提升公司产品竞争力的行之有效的方法。具有产品质量优势的上市公司往往在该行业占据领先地位。

二、掌握产品的市场占有情况

产品的市场占有情况可以从两个方面进行考察。

第一是公司产品销售市场的地域分配情况，是地区性、全国性还是世界范围的销售市场，可以用产品覆盖率来说明，从而判断一个公司的经营能力和实力。

产品覆盖率 = 产品行销地区 ÷ 同种产品行销地区总数

第二是公司产品在同类产品市场上的占有率。市场占有率是指一个公司的产品销售量占该类产品整个市场销售总量的比例。

产品市场占有率 = 产品销售量 ÷ 同种产品的市场销售总量

二者的组合可产生以下四种情况：

1. 市场占有率和市场覆盖率都较高。这说明公司产品的销量和广度在同行业中占有优势地位，产品竞争力较强。

2. 市场占有率和市场覆盖率都较低。这说明公司产品前途不佳。

3. 市场占有率低而市场覆盖率高。这说明公司销售网络比较完善，但产品竞争力可能不强。

4. 市场占有率高而市场覆盖率低。这表明公司产品在一定范围内竞争力较强，但大范围内的竞争优势不明显，公司产品往往是地方性产品或生活必需品。这种公司比较有竞争潜力。

公司的市场占有率是利润之源。市场占有率是对公司的实力和经营能力的较精确的估计。不断地开拓进取挖掘现有市场潜力并不断进军新的市场，是扩大市场占有份额和提高市场占有率的主要手段。

三、掌握产品的品牌战略

品牌就是商品的牌子，品牌是用来识别产品的名称、符号、文字、数字、标志及其组合。其作用及目的是把不同企业生产的产品区别开，使竞争者之间的产品不发生混淆。从品牌战略的功能来看，一个品牌不仅仅是一个产品的标志，更多的也是产品质量、性能、满足消费者效用可靠程度的综合体现。企业品牌的作用表现在以下几个方面：一是有利于产品参与市场竞争；二是有利于提高产品质量和企业形象 ；三是有利于保护消费者利益。

所谓品牌战略是指企业通过创立市场良好品牌形象，提升产品知名度，并以知名度来开拓市场，吸引顾客，扩大市场占有率，取得丰厚利润回报，培养忠诚品牌消费者的一种战略选择。当产业发展进入成熟阶段，产业竞争的深化和延伸就是品牌的竞争，品牌战略就成为公司产品和企业竞争力的一个重要因素。效益好的上市公司，大多都有自己的品牌和名牌战略。品牌战略不仅能提升产品的竞争力，而且能够利用品牌进行收购兼并。

【看一看】

公司竞争力的体现

公司竞争的实质，是公司自身在市场上的产品或服务的占有率以及在用户中的信誉。产品的市场占有率高低或信誉好坏都是产品或服务竞争力的充分体现。

优胜劣汰是公司竞争力作用的结果。国际上著名的大公司都具有巨大的市场份额。全世界5万多个跨国公司掌握全世界1/3的生产、2/3的投资、2/3的贸易、2/3的技术转让，控制着全球性的市场活动。如果这些具有强大竞争力的跨国公司所经营的产品或服务价格调整，就会引起整个产业的波动。虽然公司竞争力在产品或服务市场占有率和信誉之间不能画等号，但是它们之间存在紧密的因果关系：公司竞争力强，市场占有率高，信誉覆盖面大；公司竞争力不强，市场占有率低，信誉覆盖面小。

创新能力成为企业竞争力的关键。知识创新是产品或服务创新的前奏。企业要在市场上能占有一席之地，必须要有适应用户需求的产品或服务。随着科学技术的不断进步和经济社会的发展，促使人们的消费观念不断变化，在品种、性能、质量方面对产品或者服务的要求越来越高。这就要求企业要有新工艺、新技术来启动产品或服务的创新，不断健全销售一代、研制一代、构思一代的链条式的科技创新机制。

增强公司竞争力依赖战略经营做保障。公司战略经营是否合理，有不同的判断角度。从公司竞争力这个角度看：一是有一个适应公司自身优势的长期战略规划；二是有经营战略持续的机制作保证。加入WTO后，国内供求关系根本改观，市场环境也发生了深刻的变化，公司要想继续保持在竞争中处于不败地位，应该准确把握现在已进入战略经营阶段这一基本态势。

任务二　上市公司经营能力分析

任务指引

2000年某科学家发明了一项新技术，但成果转化为生产力需投入2 000万元。消息发布，前来投资的人趋之若鹜，最后一民营企业中标。但该民营企业家不知道如何来约束和控制资金在技术成果转化过程中的应用，请来法人治理结构方面的专家设计了合作公司的运作方案。民营企业家仍不放心，于是有人出了一个主意，将科学家的女儿寄养在民营企业家家中。科学家同意了，最后技术成果开发获得巨大成功，中标的民营企业也获得了应有的收益。这就是有名的“人质案例”。

➲ 问题思考

1. 本案例中，公司的治理结构是否规范，为什么？
2. 你认为法人治理是强调规范还是强调有效？

知识准备

一、了解公司法人治理结构

公司法人治理结构有狭义和广义两种定义。狭义的公司法人治理结构是指有关公司董事会的功能、结构和股东的权利等方面的制度安排；广义的公司法人治理结构是指有关企业控制权和剩余索取权分配的一整套法律、文化和制度安排，包括人力资源管理、收益分配和激励机制、财务制度、内部制度和管理等。健全的公司法人治理结构至少体现在以下七个方面。

（一）规范的股权结构

股权结构是公司法人治理结构的基础。规范的股权结构包括三层含义：一是降低股权集中度，改变“一股独大”的局面；二是流通股股权适度集中，发展机构投资者、战略投资者；三是股权的流通性。

（二）有效的股东大会制度

股东大会制度是确保股东充分行使权力的最基础的制度安排，也是上市公司建立健全公司法人治理机制的关键。

根据 2002 年 1 月 7 日中国证监会颁布的《上市公司治理准则》，有效的股东大会制度应包括：具备规范的召开与表决程序，股东大会应给与每个提案合理的讨论时间，对股东会的授权原则、授权内容应明确具体，股东大会会议时间、地点的选择应有利于让尽可能多的股东参加会议，充分运用现代信息技术手段扩大股东参与股东大会的比例。

（三）董事会权力的合理界定与约束

董事会是公司的决策机构，股东大会应赋予董事会合理充分的权力，但也要建立对董事会权力的约束机制。根据《上市公司治理准则》，上市公司在公司章程中应规定规范、透明的董事选聘程序；在董事的选举过程中，应充分反映中小股东的意见，并积极推行累积投票制度。董事应根据公司和全体股东的最大利益，忠实、诚信、勤勉地履行职责。董事会应认真履行有关法律、法规和公司章程规定的职责，确保公司遵守法律、法规和公司章程的规定，公平对待所有股东，并关注其他利益相关者的利益。董事会授权董事长在董事会闭会期间行使董事会部分职权的，上市公司应在公司章程中明确规定授权原则和授权内容，授权内容应当明确、具体。凡涉及公司重大利益的事项应由董事会集体决策。

（四）完善的独立董事制度

在董事会中引入独立董事制度，可以加强公司董事会的独立性，有利于董事会对公司的经营决策作出独立判断。独立董事是指独立于公司股东且不在公司内部任职，并与公司或公司经营管理者没有重要的业务联系或专业联系，对公司事务作出独立判断的董事。中国证监会在《关于在上市公司建立独立董事制度的指导意见》中指出，上市公司独立董事是指不在上市公司担任除董事外的其他职务，并与其所受聘的上市公司及其主要股东不存在可能妨碍其进行独立客观判断关系的董事。

（五）监事会的独立性和监督责任

公司法人治理结构应该加强监事会的地位和作用，增强监督制度的动力性，加强监督的力度，限制大股东提名监事候选人和作为监事会的召集人；另外加大监事会的监督责任。

（六）优秀的职业经理层

上市公司必须建立和形成一套科学的、市场化、制度化的选聘制度和激励制度，形成优秀的、高效运作的职业经理层。

（七）相关利益者的共同治理

相关利益者包括员工、债权人、供应商和客户等主要利益相关者。相关利益者共同参与的公司治理机制可以有效地建立公司外部治理机制，弥补公司内部治理机制的不足。

【想一想】

健全的公司法人治理结构包括几个方面？

【看一看】

2017 中国上市公司治理指数创新高

天津财经大学校长、南开大学中国公司治理研究院院长李维安教授在“第九届公司治理国际研讨会”上发布2017中国上市公司治理指数。本次中国上市公司治理指数评价样本量为3 031家公司，其中主板1 579家，中小企业板815家，创业板570家，金融业板块67家。中国上市公司治理评价结果显示，中国上市公司治理水平在2003～2017年总体上不断提高，经历了2009年的回调，金融危机之后，趋于逐年上升态势，并在2017年达到新高，为62.67。

作为国内最早发布并被誉为上市公司治理状况“晴雨表”的公司治理指数，从2003年起已连续发布了15年。该指数在国内外产生广泛影响，得到了国资委、证监会等相关部门的充分肯定和学术界、企业的广泛应用。据了解，2017年构成中国上市公司治理指数的股东治理指数、董事会治理指数、监事会治理指数、经理层治理指数、信息披露指数和利益相关者治理指数等六大维度中，除了股东治理维度之外均呈上升态势。其中，经理层治理和信息披露提高最为显著。而关联交易和中小股东权益保护分指数下降是股东治理下降的重要原因，关联方经营性资金占用和经营性关联交易比例有显著的上升，现金分红公司所占比例从2016年的64.8%降低到2017年的44.2%，现金股利支付率从2016年的27.4%降低到2017年的18.5%。从治理等级分布来看，呈现出向较高治理等级移动的趋势；2017年有21家达到了CCGINKⅢ水平；达到CCGINKⅣ的有2370家，占全样本的78.19%，较2016年的72.64%有显著的提高；处于CCGINKⅤ的公司有640家，占样本的21.12%，与2016年的

25.90%相比，有显著下降的趋势。

此外，从行业分布情况来看，2017年评价排名中，卫生和社会工作、科学研究和技术服务业，信息传输、软件和信息技术服务业，金融业等行业治理状况相对较好；而住宿和餐饮业、批发和零售业、租赁和商务服务业、房地产业、综合和采矿业上市公司治理水平总体仍然偏低。同时，不同地区治理水平存在一定差异，广东、河南、江苏、浙江、北京、湖南、河北、安徽和山东等地区指数平均值较高；而黑龙江、海南、青海、宁夏和山西指数平均值均在61以下。控股股东性质不同，治理水平也表现出较大的差异，继2011年之后，2017年民营控股上市公司治理指数连续7年超过国有控股上市公司。不同市场板块的公司治理水平也存在较大差异，其中创业板公司治理指数最高，中小板紧随其后，然后是金融业板块，排在最后面的为主板上市公司。

值得一提的是，我国《上市公司治理准则》自2002年颁布后，对中国公司治理前期的制度建设起到了重要的规范与推动作用。但在此后国内外治理理论与实践都在快速发展的十几年中，该准则一直都未修订，已不能很好地指引当前公司治理实践。近年来典型治理事件的频发，在引起公众对治理问题热议的同时，也集中反映出各界对治理规则供给的迫切需求。而本次大会李维安教授带领研究团队参考近年来修订的法律法规，根据长期以来治理评价的实证结果和中外比较研究成果，对准则共提出了18条修订建议，另建议增加43条条款。希望能通过准则修订，推动我国公司治理进入“规则引领”的新阶段。

资料来源：作者祁豆豆，中国证券网，2017-07-23.

二、经理层和员工的素质分析

（一）经理层的素质

1. 决策层。决策层是企业最高的权力机构，应有明确的生产经营战略和良好的经济素养，他们应具备较高的企业管理能力和丰富的工作经验，有清晰的思维头脑和综合判断能力。他们必须具备较强的法制观念，严格按照我国的法律、法规、政策行事，能根据法律规范制定自己的生产经营策略和方向，有严明的组织纪律性，知人善用，坚持正确的经营方向。

2. 高级管理层。高级管理层人员应具有与该企业相关的技术知识，通晓现代化管理理论知识，有实际的管理经验，有较强的组织指挥能力，有扎实的廉政工作作风。具体要求如下：

（1）要有组织指挥能力，熟悉企业的生产经营程序和方式，合理安排生产经营，领导有方，指挥得当，思维清晰、敏捷，判断准确，逻辑性强，有灵活处理错综复杂问题的能力和应变能力。

（2）有专业，有技术，有实际工作经验，有现代化管理知识，有扎实的管理理论基础，通晓生产工艺流程，有经营头脑，有开拓精神。

（3）善于协调关系，沟通感情，调动群众积极性，有强烈的责任心和事业心，有坚韧不拔的毅力，善于倾听下级意见，勇于纠正工作中的错误。

3. 部门负责层。部门负责人，一般指企业的职能部门的负责人，如人事部、计划部、生产部、质检部、供销部、资产管理部、经营部、采购部、市场部、信息部、财务部、生产厂（车间）等部门的部长、主任、厂长等。对部门负责人的基本要求是：精通本部门业务，有独立领导本部门工作人员高效工作的能力，部门工作成绩显著；有进取精神，工作态度严谨。

4. 执行层。执行层，即企业的最基层。各部门的任务要由执行层人员动脑动手操作实施，加以完成。对本层人员的基本要求是：了解本岗位工作范围，严格执行操作程序，操作技术娴熟，热爱本职工作，能保质保量完成和超额完成生产经营指标，能提出合理化建议，遵守企业规章制度，团结同志，品行端正。

（二）公司员工的素质

公司员工的素质也会对公司的发展起很重要的作用。企业应该有一支高素质的员工队伍来为企业的发展目标奋斗，高素质的员工标准应该具备以下几方面的要求：

1. 有文化。有一定的文化基础，具备适应岗位工作的能力，善于接收新知识、新事物。

2. 勤学习。好学上进，积极学习掌握与工作有关的政策法规、专业技术及业务知识，积极参加培训，不断进行知识更新。

3. 精业务。技术业务熟练，能处理好专业技术上的各种问题，产品质量、工作质量信得过。

4. 职责强。对工作认真负责，作风严谨，责任心强，能努力克服困难，尽职尽责完成好本职工作。

5. 品德好。有较好的思想品德，具有良好的社会公德，遵守职业道德，具有家庭美德，言行文明礼貌。

6. 遵章纪。有法律法规意识，不违纪违法，认真按企业规章和各种制度办事，行为规范，不出任何质量安全事故。

7. 乐助人。有协作精神，能互相帮助乐于助人，为人热情，做到优质服务。

8. 团队心。集体主义精神强，集体荣誉感强，能积极为企业建设献计献策，为企业的荣誉和发展努力工作。

9. 创新能力。

【学一学】

麦肯锡公司的电梯测验

电梯测验是指“在乘电梯的30秒内清晰准确地向客户解释清楚解决方案”。这是麦肯锡公司检验其陈述咨询报告的方法之一。

要对你的解决方案或是产品或是企业完全了解到一定程度，那就是能在30秒之内清晰而准确地向你的客户或是顾客或是投资者解释清楚。如果你做不到这一点，那么把你正在做的工作理解清楚以后再去推销你的解决方案。

想象一下，现在正是一个盛大的、项目结束以后的情况说明会。你和你的团队从凌晨两点中开始就在整理你的蓝皮书（作者注：麦肯锡情况说明文件的称谓，因为它是用蓝色封面装订的），以确保每一个字母i都有头上那一点、每一个字母t都有头上那一杠。你的名列《财富》50强的客户的高层主管们急于聆听来自麦肯锡的哲人睿语，在公司的摩天大楼顶层的董事会会议室里，他们已经各自就座。这时首席执行官大踏步地走进会议室说道："对不起，伙计们。我不能待在这里了。我们正面临一场危机，我必须去见咱们的律师。"接着他转过身来问你："为什么你不跟我一起乘电梯下去，把你的发现讲给我听呢？"坐电梯大约需要30秒钟的时间。在这么短的时间里，你可以告诉首席执行官你的解决方案吗？你能不能把自己的解决方案推销给他？这就是电梯测验。如何把长期的工作浓缩到30秒呢？如果你有很多建议，就盯住最重要的3个建议——具有最大赢利的内容，别去担心支持性的资料，等你有时间的时候再去谈它们。

例如，你的分析结果表明，作为制造商的客户之所以没能销售足够的饰品，是因为其销售队伍是按区域组织的，而实际上应该按购买者分类来组织。对于这一点，你有许多解释性的资料：按购买者类型对销售人员进行的分析、对购买者的访问资料、对零售商和批发商的实地调查，等等。当你站在电梯里的时候，仅仅告诉首席执行官一点就是了："我们认为，如果您按照购买者分类来重组销售队伍，3年之内饰品的销售可以提高50%。我们可以随后再讨论细节问题。祝您跟律师谈得愉快。"

资料来源：[美] 埃森·拉塞尔. 麦肯锡方法 [M]. 北京：华夏出版社，2001.

任务三　上市公司成长性分析

任务指引

成长性是公司的灵魂，是股市的生命，是国民经济可持续发展的主要动力，是衡量上市公司经营状况和发展前景的一项非常重要指标。所谓上市公司成长性是指公司在自身的发展过程中，其所在的产业和行业受国家政策扶持，具有发展性、产品前景广阔、公司规模呈逐年扩张、经营效益不断增长的趋势。

怎样分析上市公司的成长性？关键要明确上市公司成长性分析不同于公司业绩优劣的分析。上市公司业绩优劣分析，可以从盈利水平、财务状况、经营管理、行业地位、市场占有率等方面出发，其中包括净资产收益率、资产负债比率、流动比率、存贷周转率等一系列量化指标。但这种分析是单纯地从静态的角度出发，是滞后性的分析，而对公司成长性的分析则需评估一家公司的业绩是否会从差到好、从好到更好，不仅仅是依靠历史数据和过去的经营情况，更重要的是应着眼于公司未来可能产生的变化，同时了解行业、市场乃至产品的变化趋势。因此，上市公司成长性的分析是全方位的、动态的分析，带有前瞻性的分析预测。

资料来源：惠恩才. 关于上市公司成长性分析 [J]. 财经问题研究，1998（4）.

问题思考

1. 为什么要进行上市公司成长性分析？
2. 上市公司成长性分析和上市公司业绩优劣分析有何不同？

知识准备

公司的价值在于长久维持好的盈利能力，这取决于公司的成长性。公司的成长性分析包括公司经营战略分析、公司规模变动特征分析以及扩张潜力分析。

一、公司经营战略分析

（一）公司经营战略的含义和特点

经营战略是企业面对激烈的变化与严峻挑战的环境，为求得长期生存和不断发展而进行的总体性谋划。它是企业战略思想的集中体现，是企业经营范围的科学规定，同时又是制订计划的基础。

经营战略是在符合和保证实现企业使命的条件下，在充分利用环境中存在的各种机会和创造新机会的基础上，确定企业同环境的关系，规定企业从事的经营范围、成长方向和竞争对策，合理地调整企业结构和分配企业的全部资源。

经营战略具有全局性、长远性和纲领性的性质，它从宏观上规定了公司的成长方向、成长速度及其实现方式。由于经营战略决策直接牵涉企业的未来发展，其决策对象是复杂的，所面对的问题常常是突发性的、难以预料的。因此，对公司经营战略的评价比较困难，难以标准化。

（二）公司经营战略的类型

1. 发展战略。发展战略是促进企业经营不断发展的一种战略，具有以下特点：

（1）扩大规模。倡导企业投入大量资源，扩大产销规模，提高产品的市场占有率，增强企业的竞争实力。

（2）创新消费。发展战略指导下的企业经常开发新产品、新市场、新工艺和对旧产品开发利用新用途等，强调通过创造新产品和新需求来引导消费，创造消费，以把握更多的发展机会，谋求更大的风险回报。

（3）改善企业经营效果。由于发展速度较快，制定发展战略的企业更容易获得较好的规模经济效益，从而降低生产成本，获得超额的利润率。

（4）倾向于采用非价格手段来同竞争者抗衡。采用发展战略的企业通常很少采用会损伤自身利益的价格战，而是以生产相对更为创新的产品或劳务以及在管理上提高效率作为其竞争手段。

2. 稳定战略。稳定战略是企业的生产经营在一定时期内采取以守为攻，伺机而动，以安全经营为宗旨，回避风险的一种战略。稳定战略具有以下特点：

（1）满足于现有的经济效益水平，决定继续追求与现状相同或相似的经济效益目标。

（2）继续用基本相同的产品或劳务为原有的顾客服务。

（3）力争保持现有的市场占有率和产销规模或者略有增长，稳定和巩固企业现有的竞争地位。

（4）在战略期内，每年所期望取得的成就按大体相同的比率增长，从而实现稳步前进。

实行稳定战略，可以使企业在基本维持现有的产销规模、市场占有率和竞争地位的情况下，调整生产经营活动的秩序，强化各部门各环节的管理，从而进一步提高企业素质，积累资源力量，为将来的大发展做好充分准备。

3. 紧缩战略。紧缩战略是企业在特定时期采取缩小生产规模或放弃某些产品生产的一种战略。这是一种战略性撤退，以利于企业集中优势，改变经营中的不利地位。紧缩战略与发展和稳定战略不同，其基本特点有：

（1）对企业现有的产品/市场领域实行收缩、调整和撤退的措施，削减某些产品的市场规模，放弃某些产品系列，甚至完全退出目前的经营领域。

（2）逐步缩小企业的产销规模，降低市场占有率，同时相应地降低某些经济效益指标。

（3）紧缩战略的目标重点是改善企业的现金流量，争取较大收益和资金价值。为此，在资源的运用上，采取严格控制和尽量削减各项费用支出、只投入最低限度经营资源的方针和措施。

（4）紧缩战略具有过渡的性质。一般来说，企业只是短期内奉行这一战略，其基本目的是使自己摆脱困境，度过危机，保存实力，或者消除经济赘瘤，集中资源，然后转而采取其他战略。

【看一看】

公司经营战略的评价

一般对公司经营战略的评价可以从以下几方面进行。

第一，通过公开传媒资料、调查走访等途径了解公司的经营战略，特别是注意公司是否有明确、统一的经营战略；

第二，考察和评估公司高级管理层的稳定性及其对公司经营战略的可能影响；

第三，公司的投资项目、财力资源、研究创新、人力资源等是否适应公司经营战略的要求；

第四，在公司所处行业市场结构分析的基础上，进一步分析公司的竞争地位，是行业领先者、挑战者，还是追随者，公司与之相对应的经营战略是否适当；

第五，结合公司产品所处的生命周期，分析和评估公司的产品策略是专业化还是多元化；

第六，分析和评估公司的竞争战略是成本领先、别具一格，还是集中一点。

二、公司规模变动特征及扩张潜力分析

公司规模变动特征和扩张潜力一般与其所处的行业发展阶段、市场结构、经营战略密切相关，它是从微观方面具体考察公司的成长性。可以从以下几个方面进行分析：第一，公司规模的扩张是由供给推动还是由市场需求拉动，是通过公司的产品创造市场需求还是生产产品去满足市场需求，是依靠技术进步还是依靠其他生产要素实现扩张等，以此找出企业发展的内在规律；第二，纵向比较公司历年的销售、利润、资产规模等数据，把握公司的发展趋势，是加速发展、稳步扩张还是停滞不前；第三，将公司销售、利润、资产规模等数据及其增长率与行业平均水平及主要竞争对手的数据进行比较，了解其行业地位的变化；第四，分析预测公司主要产品的市场前景及公司未来的市场份额，对公司的投资项目进行分析，并预测其销售和利润水平；第五，分析公司的财务状况以及公司的投资和筹资潜力。

扩展阅读

公司的竞争地位分析

在商品经济中，各公司都要在市场竞争的风浪中图生存、谋发展，彼此进行着激烈的竞争。其中有一些公司，凭着本身的规模大、实力强，竞争能力强，利用收购兼并及其他手段，形成在市场上的优越地位。一个公司竞争能力的强弱，与其获利能力的大小具有密切关系。公司竞争能力，一般是通过规模优势、产品品质好、经营效率高、技术经常革新、熟谙市场情况、注意产品需求动态、推销技巧高明等获得的。因此，投资者对拟投资公司在同行中的竞争地位，不能不细加分析，以备投资选择。一个公司在同业中的竞争地位强弱评定的标准有以下三个方面。

（1）年销售额或年收入额。公司年销售额的大小，是衡量一个公司在同行业中相对竞争地位高低的一个重要方向，用公司销售额在全行业销售额中的比重来表示，更能反映这种情况。在同行业的激烈竞争中，占总销售额的较大比重的公司，一定是竞争能力强大的公司，公司的盈利主要来自销售收入，收入越大，利润越多。所以投资者首先应该选择的，是行业中领先的公司。

（2）销售额或收入额的增长。投资者理想的投资对象，不只限于有名的公司，而是那些既有相当规模，其销售额又能迅速增长的公司，对投资者来说，可能迅速增长比规模宏大更为重要。因为增长的销售额带来的是增长的利润额，由此使公司的股价不断提高，股息不断增加，达到投资者进行股票投资的预期利益。

（3）销售额的确定性。在正常情况下，稳定的销售收入伴之而来的是比较稳定的盈利，如果销售收入时多时少变动太大，既对公司的经营管理带来很大的不利，也对付给股东的股息、红利有无、高低不确定。因此，投资者在选择时应充分注意公司的稳定增长。

资料来源：华泰证券－投资者必读，http：//www. htsc. com. cn.

工作任务

任务 1

1. 任务内容：上市公司基本素质分析
2. 任务步骤：

（1）学生选择两家上市公司。

（2）登录公司官方网站或阅读年报。

（3）结合所学知识，对上市公司进行全面的基本素质分析。

3. 任务操作提示：从上市公司产品分析、经营能力分析和成长性分析三方面进行对比，对上市公司进行全面的基本素质分析。

任务 2

1. 任务内容：评价上市公司的经营能力。
2. 任务步骤：

（1）学生任选一知名上市公司，进入该公司官方网站。

（2）查找并分析公司的治理结构、管理风格和经营理念，对管理人员的素质和能力进行分析，综合评价该上市公司的经营能力。

3. 任务操作提示：分析管理人员的素质和能力（可以上网查找资料、阅读自传等以全面了解）。

模块二　上市公司财务报表分析

任务描述

本模块的主要任务是认知上市公司的主要财务报表，理解财务报表分析的目的和方法，学会计算和分析各项财务比率，评价上市公司过去的经营业绩，衡量现在的财务状况，预测未来的发展趋势。

任务一　上市公司财务报表认知

任务指引

三大财务报表的勾稽关系，如图 5 -2 -1 所示。

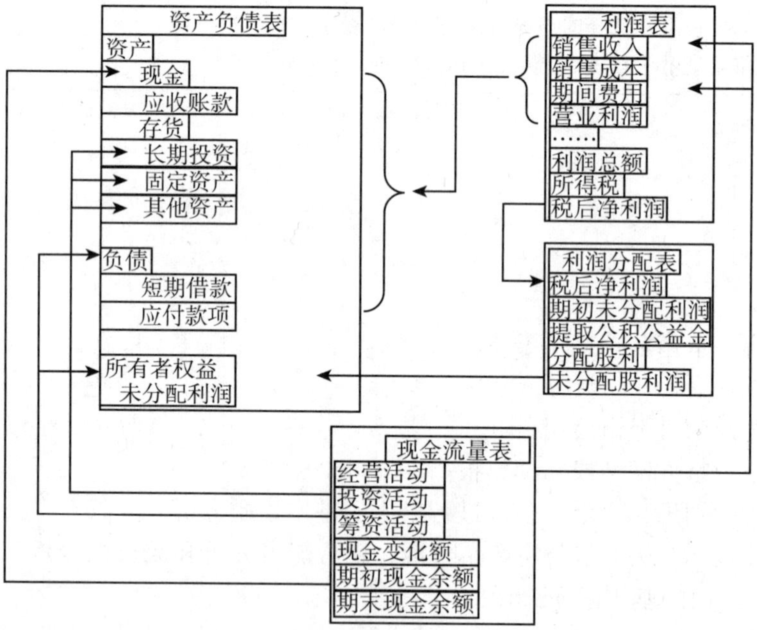

图 5 -2 -1　财务报表的关系

➲ 问题思考

这张图是三大主要财务报表的勾稽关系，那么，思考三大财务报表的结构和它所反映的财务管理内容是什么？

知识准备

按照我国《企业会计准则》及相关会计制度的规定，上市公司必须遵守公开性原则，定期披露财务状况，提供有关财务资料，便于投资者查询。上市公司公布的财务资料中，主要是一些财务报表。

一般来说，财务报表主要是指资产负债表、利润表、现金流量表、所有者权益变动表四种，其中又以前三种较为重要。

一、上市公司的主要财务报表

（一）资产负债表

资产负债表是反映企业在某一特定日期财务状况的会计报表，它表明在某一特定日期所拥有或控制的经济资源、所承担的现有义务和所有者对净资产的要求权。根据“资产 = 负债 + 所有者权益”的会计基本平衡原则以及一定的分类标准和排列顺序，资产负债表分为资产和负债及所有者权益。同时，资产负债表还提供期初数和期末数的比较资料。表 5 – 2 – 1 所列为兴业公司某年的资产负债表。

表 5 – 2 – 1　　资产负债表

编制单位：兴业公司　　×年×月×日　　单位：万元

资　产	期末余额	期初余额	负债及股东权益	期末余额	期初余额
流动资产：			流动负债：		
货币资金	87 789	72 861	短期借款	107 799	93 600
交易性金融资产	0	160	交易性金融负债	–72	0
应收票据	19 234	19 274	应付票据	26 903	29 647
应收账款	148 122	76 975	应付账款	52 097	40 534
预付款项	38 583	35 217	预收款项	11 904	11 839
应收利息	0	0	应付职工薪酬	897	867
应收股利	0	0	应缴税费	–5 350	8 380
其他应收款	51 602	85 893	应付股利	0	0
存货	83 071	65 609	应付利息	0	0
一年内到期的非流动资产	0	0	其他应付款	77 003	28 012
其他流动资产	0	0	一年内到期的非流动负债	0	10 000
流动资产合计	428 401	355 988	其他流动负债	0	0
非流动资产：			流动负债合计	271 181	222 933
可供出售金融资产	0	0	非流动负债：		
持有至到期投资	0	0	长期借款	72 187	62 247
长期应收款	0	0	应付债款	0	0
长期股权投资	107 493	107 493	长期应付款	0	0

续表

资　产	期末余额	期初余额	负债及股东权益	期末余额	期初余额
投资性房地产	0	0	专项应付款	0	0
固定资产	77 176	76 023	预计负债	0	0
在建工程	3 183	2 424	递延所得税负债	4 128	0
工程物资	0	3 436	其他非流动负债	0	0
固定资产清理	0	0	非流动负债合计	76 315	62 247
生产性生物资产	0	0	负债合计	347 496	285 180
油气资产	0	0	股东权益：		
无形资产	4 230	3 735	股本	50 000	50 000
开发支出	0	0	资本公积	59 936	59 936
商誉	0	0	减：库存股	0	0
长期待摊费用	0	0	盈余公积	23 199	23 199
递延所得税资产	3 680	1 944	未分配利润	143 732	132 728
其他非流动资产	0	0	股东权益合计	276 867	265 863
非流动资产合计	195 962	195 055			
资产总计	624 363	551 043	负债及股东权益总计	624 363	551 043

（二）利润表

利润表是反映企业一定期间生产经营成本的会计报表，表明企业运用所拥有的资产进行获利的能力。利润表把一定期间的营业收入与其同一会计期间相关的营业费用进行配比，以计算企业一定时期的净利润（或净亏损）。

我国一般采用多步式利润表格式。表 5－2－2 所列为某年兴业公司的利润表。利润表主要反映以下几方面的内容：

1. 构成主管业务利润的各项要素。
2. 构成营业利润的各项要素。
3. 构成利润总额（或亏损总额）的各项要素。
4. 构成净利润（或净亏损）的各项要素。

表 5－2－2　　利　润　表

编制单位：兴业公司　　×年×月×日　　单位：万元

项　　目	本期金额	上期金额
一、营业收入	234 419	80 260
减：营业成本	195 890	63 599
营业税金及附加	6	160
销售费用	13 077	10 596

续表

项　　目	本期金额	上期金额
管理费用	8 574	5 247
财务费用	3 539	2 507
资产减值损失	0	0
加：公允价值变动收益（损失以“－”号填列）	72	0
投资收益（损失以“－”号填列）	63	5 657
其中：对联营企业和合营企业的投资收益	0	0
二、营业利润（亏损以“－”号填列）	13 468	3 808
加：营业外收入	19	301
减：营业外支出	88	3
其中：非流动资产处置损失	29	－131
三、利润总额（亏损总额以“－”号填列）	13 399	4 106
减：所得税费用	2 395	434
四、净利润（净亏损总额以“－”号填列）	11 004	3 672
五、每股收益		
（一）基本每股收益		
（二）稀释每股收益		
六、其他综合收益		
七、综合收益总额		

（三）现金流量表

现金流量表反映企业一定期间现金的流入和流出情况，表明企业获得现金及现金等价物的能力，更为清晰地揭示企业资产的流动性和财务状况。现金流量表主要包括经营活动、投资活动和筹资活动产生的现金流量三个部分。表 5－2－3 所列为某年兴业公司的现金流量表。

表 5－2－3　　　　现金流量表

编制单位：兴业公司　　　　×年×月×日　　　　单位：万元

项　　目	本期金额	上期金额
一、经营活动产生的现金流量：		
销售商品、提供劳务收到的现金	197 817	89 237
收到的税费返还	0	0
收到其他与经营活动有关的现金	186	304
经营活动现金流入小计	198 003	89 541

续表

项　　目	本期金额	上期金额
购买商品、接受劳务支付的现金	169 045	68 745
支付给职工以及为职工支付的现金	6 718	4 018
支付的各项税费	4 638	318
支付其他与经营活动有关的现金	10 311	10 977
经营活动现金流出小计	190 712	84 058
经营活动产生的现金流量净额	7 291	5 483
二、投资活动产生的现金流量：		
收回投资收到的现金	223	996
取得投资收益收到的现金	0	0
处置固定资产、无形资产和其他长期资产收回的现金净额	2	4 708
处置子公司及其他营业单位收到的现金净额	0	0
收到其他与投资活动有关的现金	0	0
投资活动现金流入小计	225	5 704
购置固定资产、无形资产和其他长期资产支付的现金	4 252	275
投资支付的现金	0	444
取得子公司及其他营业单位支付的现金净额	0	0
支付其他与投资活动有关的现金	0	0
投资活动现金流出小计	4 252	719
投资活动产生的现金流量净额	-4 027	4 985
三、筹资活动产生的现金流量：		
吸收投资收到的现金	0	0
取得借款收到的现金	47 839	52 714
收到其他与筹资活动有关的现金	0	0
筹资活动现金流入小计	47 839	52 714
偿还债务支付的现金	33 600	38 700
分配股利、利润或偿付利息支付的现金	2 410	2 254
支付其他与筹资活动有关的现金	164	0
筹资活动现金流出小计	36 174	40 954
筹资活动产生的现金流量净额	11 665	11 760
四、汇率变动对现金及现金等价物的影响	0	0
五、现金及现金等价物净增加额	14 928	22 229
加：期初现金及现金等价物余额	72 861	50 632
六、期末现金及现金等价物余额	87 789	72 861

【想一想】

三大财务报表的内容有什么关联？

二、公司财务报表分析的目的和方法

（一）财务报表分析的主要目的

从共性的角度来看，财务报表分析的目的是为有关各方提供可以用来作出决策的信息。但具体而言，公司财务报表的使用主体不同，其分析的目的也不完全相同。

1. 公司经理人员：通过分析财务报表判断公司现状、可能存在的问题，以便进一步改善经营管理。

2. 公司现有投资者及潜在投资者：主要关心公司财务状况、盈利能力。通过对财务报表所传递的信息进行分析、加工，得到反映公司发展趋势、竞争能力等方面信息；计算投资收益率，评价风险，比较该公司和其他公司的风险和收益，决定自己的投资策略。

3. 公司债权人：主要关心自己的债权能否收回。通过密切观察公司有关财务情况，分析财务报表，得出对公司短期偿债能力和长期偿债能力的判断，已决定是否追加抵押和担保、是否图签收回债券等。

此外，公司财务报表的使用主体还包括供应商、政府、雇员和工会、中介机构等。其中，专业财务分析人员（或机构）作为公司财务报表使用人中的特殊群体，不同程度地承担了各类报表使用人提供专业咨询服务的任务，也逐渐成为推动财务报表分析领域不断扩展的中坚力量。

综上所述，财务报表分析的一般目的可以概括为：评价过去的经营业绩，衡量现在的财务状况，预测未来的发展趋势。

（二）上市公司财务报表的分析方法

投资者通过阅读财务报表，可以取得大量的第一手数据资料，但仅仅简单地浏览这些数据还不够，还需要用一定的方法分析各种会计数据之间存在的相互关系，才能全面反映企业经营业绩和财务状况。财务报表的分析方法主要有对比分析法、结构分析法、趋势分析法、比率分析法和综合分析法。

1. 对比分析法。对比分析法，简称比较法，是通过两个或多个有关的、可比的绝对数或相对数的数据资料对比，确定指标间的数量差异，以发现问题的一种最基本的分析方法。投资者对各行业及某企业生产经营中的各种重要指标进行对比分析，可以评估其经营状况、经营效益，进行投资决策。

通常情况下，投资者可以选择以下多种对比形式进行财务报表的比较分析：第一，实际与计划指标或目标指标对比分析；第二，本期与前期指标对比分析；第三，本企业指标与同类企业同类指标对比分析。

【学一学】

5家造纸上市公司主要财务指标对比分析（2017年一季度数据）

由表5-2-4可以看出，晨鸣纸业的每股收益最高（0.29元/股），是岳阳林纸的近3倍；而对于净利润增长率，博汇纸业的指标最高（1 768.01%），是平均水平的3.4倍，其余都没有达到平均值。2017年第一季度晨鸣纸业的净利润最高。

表5-2-4　　2017年第一季度5家造纸上市公司财务指标对比

	每股收益/元	主营业务增长率/%	营业利润增长率/%	净利润增长率/%	第一季度主营业务收入/亿元	第一季度主营业务成本/亿元	第一季度净利润/亿元
晨鸣纸业	0.29	26.7	77.91	74.7	62.74	42.71	7.03
华泰股份	0.11	45.24	281.34	349.27	31.38	27.20	1.24
岳阳林纸	0.01	19.52	5 763.56	209.36	11.92	9.37	0.1476
博汇纸业	0.15	31.98	1 890.9	1 768.01	20.41	15.41	1.97
太阳纸业	0.17	52.47	210.98	210.22	44.11	33.75	4.40

2. 结构分析法。结构分析法是将财务报表上各项目与某一基数（如资产总额或销售总额）进行比较，来反映同一财务报表各数据项目间的关系。结构分析法揭示的是企业的某项经济指标的局部与总体（通常是报表上的总量数值）之间的关系，即某项目占总量的百分比。比如从每种资产占总资产的百分比，可以看出流动资产与固定资产的相对重要性，还可以看到总资产中分别有多大比例来自短期债款、长期债款及股东股份。其计算公式为：

构成百分比＝某个组成部分数额÷总体数额×100%

3. 趋势分析法。趋势分析法也叫水平分析法，是将某特定企业连续若干会计年度的报表资料在不同年度间进行横向对比，确定不同年度间的差异额或差异率；或者将财务报表上的各项数据与某基期年的数据进行比较，以此分析企业各报表项目的变动情况及变动趋势，进而判断企业的演变趋势及其在同行业中地位的变化。

趋势分析法有个前提，即分析用的各期会计数据在时间上必须是连续的，中间没有间断，并且只反映百分率变化，而不反映绝对值变化。显然，这种报表分析方法对于揭示公司在若干期内的经营活动和财务状况的变化趋势特别有效。

4. 比率分析法。在实际应用中，运用得最多的财务分析方法是比率分析法。比率分析法是将同一时期财务报表上的若干重要项目间的相关数据互相比较，用一个数字除以另一个数字求出比率，再用这个比率的大小来评价公司的财务状况、经济成果和现金流量的方法。

比率化以后的数字，首先便于将财务数字进行纵向比较，可以方便地消除增资扩股带来的影响，正确结算公司各种财务数字的发展趋势；其次便于将不同公司的财务数字进行横向比较，可以消除公司股东大小的差异，正确反映不同公司的经营业绩。因为运用财务比率可以考察公司的各种能力与潜力，所以比率分析法是投资者必须重点掌握的财务分析方法。

5. 综合分析法。企业的各种财务活动、各项财务指标是相互联系、相互影响的，必须结合起来综合地进行研究。因此，可将所有有关指标按其内在联系结合起来，以全面反映公司整体财务状况以及经营成果，对公司进行总体评价，这种方法称为综合分析法。

财务报表的综合分析方法有很多，如杜邦财务分析体系、雷达图分析法、沃尔比重评分法等。杜邦财务分析体系是利用各主要财务比率指标间的内在联系，对企业财务状况及经营绩效进行综合系统分析评价的方法。雷达图分析法是将主要财务分析比率进行汇总，绘制成一张直观的财务分析雷达图，从而达到综合反映企业总体财务状况目的的一种方法。沃尔比重评分法运用信用能力指数概念，把选定的流动比率、产权比率、固定资产比率、存货周转率、应收账款周转率、固定资产周转率、主要资本周转率等 7 项财务比率用线性关系结合起来，并分别给定各自的分数权重，通过与标准比率进行比较，确定各项指标的得分及总体指标的累计分数，对企业的财务状况信用水平作出评价。

上述几种财务分析方法，各有长短，在进行股票投资分析时，最好将几种方法综合运用，互相印证，从而使分析结果更有参考意义。

【看一看】

财务报表分析的原则

一是坚持全面原则。财务分析可以得出很多比率指标，每一个比率指标都从某个角度、方面揭示了公司的状况，但任何一个比率都不足以为评价公司提供全面的信息；同时，某一指标的不足可以由其他方面得到补充。因此，分析财务报表要坚持全面原则，将多个指标、比率综合在一起得出对公司全面客观的评价。

二是坚持考虑个性原则。一个行业的财务平均状况是行业内各公司的共性，但一个行业的各公司在具体经营管理活动中会采取不同的方式，这会在财务报表数据中体现出来。例如，某公司的销售方式以分期收款为主，会使其应收账款周转率表现出差异。又如，某公司本年度后期进行增资扩股，会使本公司的资产收益率、股东收益率指标下降，但这不表示公司经营真正滑坡，只是由于资本变动引起的。所以，在对公司进行财务分析时，要考虑公司的特殊性，灵活运用分析方法，不能简单机械地与同行业公司直接比较。

资料来源：中国证券业协会．证券投资分析［M］．北京：中国金融出版社，2012.

任务二 财务比率分析

任务指引

随着企业筹资、投资的市场化与社会化，了解并分析企业经济运行情况的信息变得越来越重要，而要获得真正“真实有用”的信息，认识和理解企业的财务报表是一条重要的、便捷的途径。上市公司公开披露的财务指标很多，投资人要通过众多的信息正确把握企业的财务现状和未来，没有其他任何工具可以比正确使用财务比率更重要。

财务比率分析是财务报表分析的基本方法，它是将同一报表的不同项目或不同报表的相关项目进行比较，并用比率来反映它们的相互关系。比率分析涉及公司管理的六个方面：变现能力分析、营运能力分析、长期偿债能力分析、盈利能力分析、投资收益分析和现金流量分析。

➲ 问题思考

为什么财务比率能使投资者正确把握企业财务现状和未来？

知识准备

一、财务比率分析

（一）变现能力分析

变现能力是公司产生现金的能力，它取决于可以在近期转变为现金的流动资产的多少，是考察公司短期偿债能力的关键。反映变现能力的财务比率主要有流动比率和速动比率。

1. 流动比率。流动比率是流动资产除以流动负债的比值，其计算公式为：

流动比率 = 流动资产 ÷ 流动负债

流动比率可以反映短期偿债能力。流动资产越多，短期债务越少，则偿债能力越强。流动比率排除了公司规模不同的影响，更适合公司之间以及一个公司不同历史时期之间的比较。

一般认为生产型公司合理的最低流动比率是2，这是因为，流动资产中变现能力最差的存货金额约占流动资产总额的一半，剩下的流动性较大的流动资产至少要等于流动负债，公司的短期偿债能力才会有保证。但人们长期以来的这种认识，因其未能在理论上得到证明，还不能成为统一标准。

2. 速动比率。速动比率是从流动资产中扣除存货部分，再除以流动负债的比值，计算公式为：

速动比率 =（流动资产 − 存货）÷ 流动负债

使用速动比率的原因在于，存货转化为现金所需要的时间和所能变现的金额都具有很大的不确定性，如部分存货可能已损失报废，还没作处理；部分存货已抵押给某债权人等。在不希望公司用变卖存货的办法还债以及排除使人产生种种误解因素的情况下，速动比率反映的短期偿债能力更加令人信服。

通常认为正常的速动比率为1，这表明公司不需要动用存货就可以偿付流动负债，表明公司有较强的偿债能力。速动比率过低，说明公司在资金使用和安排上不够合理，随时会面临无力清偿短期债务的风险。速动比率过高，则表明低收益资产为数过多，或是应收账款中坏账较多，将影响公司的盈利能力。

3. 现金比率。现金比率是公司的现金类资产与流动负债的比率。现金类资产包括公司的库存现金、随时可以用于支付的存款和现金等价物，即现金流量表中所反映的现金。其计算公式为：

现金比率 =（现金 + 现金等价物）÷ 流动负债

现金比率反映公司的直接支付能力，因为现金是公司偿还债务的最终手段，如果公司现金缺乏，可能会发生支付困难，将面临财务危机，因而现金比率高，说明公司有较好的支付能力。但是，如果这一比率过高，又意味着公司拥有过多的盈利能力较低的现金类资产，公司资产未能得到有效的运用。

4. 影响变现能力的其他因素。还有一些财务报表资料中没有反映出的因素，也会影响公司的变现能力及短期偿债能力。如可动用的银行贷款指标、准备很快变现的长期资产、偿债能力的声誉等，这些都是可以增强公司变现能力的因素。再如未作记录的或有负债、担保责任引起的负债等，这些因素会减弱公司的变现能力。

【做一做】

以兴业公司为例，从表 5－2－1 中找出年末的流动资产、流动负债和存货等数据，依公式计算兴业公司的流动比率和速动比率，并判断该公司变现能力和偿还短期债务能力如何？

（二）长期偿债能力分析

长期偿债能力是指公司偿付到期长期债务的能力，通常以反映债务与资产、净资产的关系的负债比例来衡量。负债比率主要包括：资产负债率、产权比率、已获利息倍数等。

1. 资产负债率。资产负债率是负债总额与资产总额之比，它表明企业资产总额中，由债权人提供的资金所占比重以及企业的资产对债权人权益的保障程度。其计算公式如下：

$$资产负债率 = 负债总额 \div 资产总额 \times 100\%$$

从债权人的角度看，负债比率高，说明总资产中大部分是债权人的资金，仅小部分是股东的资金，所以债权人承担的风险就很大。因此，负债比率越低，债权人的保障度就越高。从股东的角度来看，企业资产由债权人投入和股东投入起同样的作用，所以只要总资产收益率高于借款利率，负债比率越高，股东的投资收益就越大。

负债比率指标对于不同的行业、不同类型的企业差异较大。一般而言，处于成长期的企业负债比率可能高些，股东的收益相对也高些。但负债经营应该控制在一个合理的水平，一般为50%左右，如果负债比率过高，经营风险就大，对债权人和股东会产生不利的影响。

2. 产权比率。产权比率是负债总额与股东权益总额之间的比率，也称为“债务股权比率”。其计算公式为：

$$产权比率 = 负债总额 \div 股东权益 \times 100\%$$

该比率可以反映由债权人提供和由投资者提供的资金来源的相对关系以及企业财务结构的稳定性，也可衡量债权人资本受到投资者资本保障的程度以及企业清算时对债权人利益的保护程度。一般来说，股东资本大于借入资本较好，但也不能一概而论。比如从股东角度来看，在通货膨胀加剧时，公司多借债可以把损失和风险转嫁给债权人；在经济繁荣时期，公司多借债可以获得额外的利润；在经济萎缩时期，公司少借债可以减少利息负担和财务风险。高产权比率是高风险、高报酬的财务结构，低产权比率是低风险、低报酬的财务结构。

3. 已获利息倍数。已获利息倍数是指公司经营业务收益与利息费用的比率，用以衡量偿付借款利息的能力，也叫利息保障倍数。其计算公式为：

$$已获利息倍数 = 税息前利润 \div 利息费用(倍)$$

公式中的“税息前利润”是指利润表中未扣除利息费用和所得税之前的利润，用税后利润加所得税再加上利息费用计算得出。我国现行利润表中“利息费用”没有单列，一般以“利润总额”加“财务费用”来估计息税前利润。“利息费用”是指本期发生的全部应付利息，不仅包括财务费用中的利息费用，还应包括计入固定资产成本的资本化利息。

已获利息倍数指标反映企业税息前利润为所需支付的债务利息的多少倍。只要已获利息倍数足够大，企业就有充足的能力偿付利息，否则相反。从稳健性的角度出发，合理评价公司的已获利息倍数，需要与其他公司，特别是本行业平均水平进行比较，最好比较本企业连续几年的该项指标，并选择最低指标年度的数据作为标准。

【做一做】

某公司 2017 年税后利润 201 万元，所得税税率为 25%，利息费用为 40 万元。计算该公司 2017 年已获利息倍数。

除了上述各种比率可用以评价和分析公司的长期偿债能力外，还有一些因素（如长期租赁、担保责任、或有项目）影响公司的长期偿债能力，必须引起足够的重视。

【做一做】

以兴业公司为例，从表 5－2－1 和表 5－2－2 中找出兴业公司年末的负债总额、股东权益、资产总额和利润总额等数据，利息费用未知，以财务费用估算。依公式计算兴业公司的长期偿债能力各项指标？并由此判断兴业公司长期偿债能力如何？

（三）营运能力分析

营运能力是指公司经营管理中利用资金运营的能力，一般通过公司资产管理比率来衡量，主要表现为资产管理及资产利用的效率。因此，资产管理比率通常又被称为营运效率比率，主要包括：存货周转率（存货周转天数）、应收账款周转率（应收账款周转天数）、流动资产周转率和总资产周转率等。

1. 存货周转率和存货周转天数。在流动资产中，存货所占的比重较大。存货的流动性将直接影响公司的流动比率，因此，必须特别重视对存货的分析。存货的流动性一般用存货的周转速度指标来反映，即存货周转率或存货周转天数。

存货周转率是营业成本与平均存货的比值，也叫存货的周转次数。它是衡量和评价公司购入存货、投入生产、销售回收等各环节管理状况的综合性指标。用时间表示的存货周转率就是存货周转天数。其计算公式为：

$$存货周转率 = 营业成本 \div 平均存货(次)$$

$$存货周转天数=360\div存货周转率(天)=(平均存货\times360)\div主营业务成本(天)$$

公式中的“营业成本”数据来自利润表，“平均存货”数据来自资产负债表中的“存货”期初余额与期末余额的平均数。

一般来说，存货周转速度越快，存货的占用水平越低，流动性越强，存货转换为现金或应收账款的速度越快。提高存货周转率可以提高公司的变现能力，存货周转速度越慢则变现能力越差。存货周转率指标的好坏反映存货管理水平，它不仅影响公司的短期偿债能力，也是整个公司管理的重要内容。公司管理者和有条件的外部报表使用者除了分析批量因素、季节性生产的变化等情况外，还应对存货的结构以及影响存货周转速度的重要项目进行分析，如分别计算原材料周转率、在产品周转率或某种存货的周转率。

【做一做】

某公司年末会计报表上部分数据为：流动负债80万元，流动比率为3，速动比率为1.6，销售成本150万元，年初存货为60万元，计算本年度存货周转率。

2. 应收账款周转率和应收账款周转天数。应收账款周转率是营业收入与平均应收账款的比值，它反映年度内应收账款转为现金的平均次数，说明应收账款流动的速度。应收账款周转天数，也称应收账款回收期或平均收现期，它表示公司从取得应收账款的权利到收回款项转换为现金所需要的时间，是用时间表示的应收账款周转速度。

应收账款和存货一样，在流动资产中有着举足轻重的地位。及时收回应收账款，不仅增强了公司的短期偿债能力，也反映出公司管理应收账款方面的效率。其计算公式分别为：

$$应收账款周转率=营业收入\div平均应收账款(次)$$

$$\begin{aligned}应收账款周转天数&=360\div应收账款周转率(次)\\&=360\times平均应收账款\div营业收入(次)\end{aligned}$$

公式中的“营业收入”数据来自利润表，是指扣除折扣和折让后的营业收入净额。“平均应收账款”是指未扣除坏账准备的应收账款金额，它是资产负债表中“应收账款余额”期初余额与期末余额的平均数。

一般来说，应收账款周转率越高，平均收账期越短，说明应收账款的收回越快；否则，公司的营运资金会过多地滞留在应收账款上，影响正常的资金周转。影响该指标正确计算的因素有：季节性经营，大量使用分期付款结算方式，大量使用现金结算的销售，年末销售的大幅度增加或下降。

3. 流动资产周转率。流动资产周转率是营业收入与全部流动资产的平均余额的比值。其计算公式为：

$$流动资产周转率=营业收入\div平均流动资产(次)$$

公式中的“平均流动资产”是资产负债表中“流动资产”期初余额与期末余额的平均数。流动资产周转率反映流动资产的周转速度。周转速度快，会相对节约流动资产，等于相对扩大资产投入，增强公司盈利能力；而延缓周转速度，需要补充流动资产参加周转，形成资金浪费，降低公司盈利能力。

【做一做】

某公司上年度和本年度的流动资产平均占用额分别为100万元和120万元，流动资产周转率分别为6次和8次，则本年比上年销售收入增加多少？

4. 总资产周转率。总资产周转率是营业收入与平均资产总额的比值。其计算公式为：

总资产周转率 = 营业收入 ÷ 平均资产总额(次)

公式中的“平均资产总额”是资产负债表中“资产总计”的期初余额与期末余额的平均数。该项指标反映资产总额的周转速度，周转越快，反映销售能力越强。通过薄利多销的方法，加速资产的周转，可带来利润绝对额的增加。

可以将计算出的营运能力指标与公司前期、行业平均水平或其他类似公司相比较，判断该指标的高低。总之，营运能力指标用于衡量公司运用资产赚取收入的能力，经常和反映盈利能力的指标结合在一起使用，可全面评价公司的盈利能力。

【做一做】

以兴业公司为例，从表5-2-1和表5-2-2中查找该公司年末的营业收入、营业成本；存货期初余额、期末余额；应收账款期初余额、期末余额；流动资产期初余额、期末余额；资产总计期初余额、期末余额。依公式计算兴业公司的营业能力指标？并与行业平均水平对比，判断兴业公司的营运能力及如何提高（假设已知兴业公司所在行业内平均存货周转天数为145天，平均应收账款周转天数为120天，平均流动资产周转率为0.5次，平均总资产周转率为0.45次）。

（四）盈利能力分析

盈利能力就是公司赚取利润的能力。一般来说，公司的盈利能力只涉及正常的营业状况，应当排除非正常的营业状况给公司带来的收益或损失。在分析公司盈利能力时，不考虑以下因素：证券买卖等非正常项目、已经或将要停止的营业项目、重大事故或法律更改等特别项目、会计准则和财务制度变更带来的累计影响等。反映公司盈利能力的指标很多，通常使用的主要有营业净利率、营业毛利率、资产净利率和净资产收益率等。

1. 营业净利率。营业净利率是指净利润与营业收入的百分比。其计算公式为：

营业净利率 = 净利润 ÷ 营业收入 ×100%

其中，净利润在我国会计制度中是指税后利润。

该指标反映每一元销售收入带来的净利润是多少，表示销售收入的收益水平。从营业净利率的指标关系来看，净利额与营业净利率成正比关系，而营业收入额与营业净利率成反比关系。所以，企业在增加营业收入的同时，必须相应获得更多的利润，才能使营业净利率保持不变或得到提高。通过对该指标进行分析，可以促使企业在扩大销售的同时，注意改进经营管理，提高盈利水平。

2. 营业毛利率。营业毛利率是毛利占营业收入的百分比，其中毛利是营业收入与营业成本的差。营业毛利率的计算公式为：

营业毛利率 =（营业收入 − 营业成本）÷ 营业收入 ×100%

营业毛利率表示每一元营业收入扣除营业成本后，有多少钱可以用于各项期间费用和形成盈利。营业毛利率是公司营业净利率的基础，没有足够大的毛利率便不能盈利。

3. 资产净利率。资产净利率是公司净利润与平均资产总额的百分比。其计算公式为：

资产净利率 = 净利润 ÷ 平均资产总额 ×100%

比较公司一定期间的净利润与资产，可表明公司资产利用的综合效果。指标越高，表明资产的利用效率越高，说明公司在增加收入和节约资金使用等方面取得了良好的效果，否则相反。资产净利率是一个综合指标，公司的资产是由投资人投资或举债形成的。净利润的多少与公司资产的多少、资产结构、经营管理水平有着密切的关系。为了正确评价公司经济效益的高低、挖掘提高利润水平的潜力，可以用资产净利率与公司前期、计划、本行业平均水平和本行业内的优秀公司进行对比，分析形成差异的原因。影响资产净利率高低的因素主要有产品的价格、单位成本的高低、产品的产量和销售的数量、资金占用量的大小等。

4. 净资产收益率。净资产收益率是净利润与年末净资产的百分比，也称净值报酬率或权益报酬率。其计算公式为

净资产收益率 = 净利润 ÷ 年末净资产 ×100%

其中，年末净资产是指资产负债表中“股东权益合计”的期末余额。

净资产收益率反映公司所有者权益的投资报酬率，具有很强的综合性。

【做一做】

以兴业公司为例，从表 5－2－1 和表 5－2－2 中找出该公司年末的净利润、营业收入、营业成本，资产总计期初余额、期末余额及股东权益合计期末余额等数据，依公式计算兴业公司的盈利能力各项指标？并由此判断兴业公司的盈利能力如何？

（五）投资收益分析

投资收益分析是将公司财务报表中公告的数据与有关公司发行在外的股票数、股票市场价格等资料结合起来，计算出每股收益、市盈率等与股票利益紧密相关的财务指标，以便帮助投资者对不同上市公司股票的优劣作出判断。

1. 每股收益。每股收益是指公司本年净利润与公司发行在外的年末普通股总数的比值。其计算公式一般为：

每股收益 = 净利润 ÷ 发行在外的年末普通股总数

以上公式主要适用于本年度普通股没发生变化的简单股权结构的上市公司。当普通股发生增减变化时，该公式的分母应使用按月计算的“加权平均发行在外的年末普通股总数”，加权平均发行在外的年末普通股总数 = $\sum$（发行在外的普通股股数 × 发行在外

月份数）÷12，“发行在外月份数”指发行已满1个月的月份数，即发行当月不计入“发行在外月份数”。

每股收益是衡量上市公司盈利能力最重要的财务指标，它反映普通股的获利水平。在分析时，可以进行公司间的比较，以评价公司的相对盈利能力；也可以进行不同时期的比较，了解公司盈利能力的变化趋势；还可以进行经营实施和盈利预测的比较，掌握公司的管理能力。

使用每股收益指标分析投资收益时要注意以下问题：每股收益不反映股票所含有的风险；不同股票的每一股在经济上不等量，它们所含有的净资产和市价不同，即换取每股收益的投入量不同，限制了公司间每股收益的比较；每股收益多，不一定意味着多分红，还要看公司的股利分配政策。

2. 市盈率。市盈率是每股市价与每股收益的比率，亦称本益比。其计算公式为：

$$市盈率 = 每股市价 \div 每股收益(倍)$$

该指标是衡量上市公司盈利能力的重要指标，反映投资者对每1元净利润所愿意支付的价格，其深层含义是每股股票以现价购入收回投资的年限，可以用来估计公司股票的投资报酬和风险，是市场对公司的共同期望指标。一般来说，市盈率越高，表明市场对公司的未来越看好。在市场确定的情况下，每股收益越高，市盈率越低，风险越小；反之亦然。使用该指标一定要注意分析公司的成长性，一般来讲，高成长性的企业其市盈率往往较高，成长性差的企业其市盈率往往较低。

3. 每股净资产。每股净资产是年末净资产（即年末股东权益）与发行在外的年末普通股总数的比值，又称为每股账面价值或每股权益，这里的“年末股东权益”指扣除优先股权益后的余额。其计算公式为：

$$每股净资产 = 年末净资产 \div 发行在外的年末普通股股数$$

该指标反映发行在外的每股普通股所代表的净资产成本即账面权益。在投资分析时，只能有限地使用这个指标，因其是用历史成本计量的，既不反映净资产的变现能力，也不反映净资产的产出能力，只是在理论上提供了股票的最低价值。

4. 市净率。市净率是每股市价与每股净资产的比值。其计算公式为：

$$市净率 = 每股市价 \div 每股净资产(倍)$$

市净率是将每股股价与每股净资产相比，表明股价以每股净资产的若干倍在流通转让，评价股价相对于每股净资产而言是否被高估。市净率越小，说明股票的投资价值越高，股价的支撑越有保证；反之则投资价值越低。这一指标同样是判断股票投资价值的重要指标。

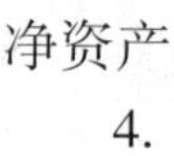

【做一做】

以兴业公司为例，已知公司年初与年末发行在外的普通股股数均为50 000万股，每股市场价格为6.60元。从表5－2－1和表5－2－2中查找兴业公司2010年末的净利润及股东权益合计期末余额。依公式计算兴业公司的投资收益指标及说明的问题。

（六）现金流量分析

现金流量分析是在现金流量表出现以后发展起来的，其方法体系并不完善，一致性也不充分。现金流量分析不仅要依靠现金流量表，还要结合资产负债表和利润表进行。

1. 流动性分析。一般来说，真正能用于偿还债务的是现金流量，所以现金流量和债务的比较可以更好地反映公司偿还债务的能力。

（1）现金到期债务比。现金到期债务比是经营现金净流量与本期到期债务的比值。其计算公式为：

$$现金到期债务比 = 经营现金净流量 \div 本期到期债务$$

公式中的“经营现金净流量”是现金流量表中的“经营活动产生的现金流量净额”，“本期到期的债务”是指本期到期的长期债务和本期应付的应付票据。

（2）现金流动负债比。现金流动负债比是经营现金净流量与流动负债的比值。其计算公式：

$$现金流动负债比 = 经营现金净流量 \div 流动负债$$

（3）现金债务总额比。现金债务总额比是经营现金净流量与负债总额的比值。其计算公式：

$$现金债务总额比 = 经营现金净流量 \div 负债总额$$

【学一学】

流动性指标的计算

以兴业公司为例，已知某年公司本期到期长期债务为100万元。从表5－2－1和表5－2－3中得知，兴业公司的本期应付票据为26 903万元；2010年末的流动负债为271 181万元，负债总额为347 496万元；公司经营活动产生的现金流量净额为7 291万元。依公式计算兴业公司的流动性指标分别为：

现金到期债务比＝7 291÷(100＋26 903)＝0.27

现金流动负债比＝7 291÷271 181＝0.03

现金债务总额比＝7 291÷347 496＝0.02

由此可以判断，兴业公司的现金到期债务比仅为0.27，现金流动负债比仅为0.03，说明公司偿还到期债务和流动负债的能力是较差的，特别的是，公司现金债务总额比低到了0.02，说明公司目前最大的付息能力只有2%，即利息超过2%时，公司将不能按时付息，公司的流动性极差。

2. 获取现金能力分析。获取现金能力是指经营现金净流量和投入资源的比值。投入资源可以是营业收入、总资产、营运资金、净资产或普通股股数等。

（1）营业现金比率。营业现金比率反映每1元营业收入得到的净现金，数值越大越好。其计算公式：

$$营业现金比率 = 经营现金净流量 ÷ 营业收入$$

公式中的“营业收入”是指营业收入和应向购买者收取的增值税进项税额。

（2）每股营业现金净流量。每股营业现金净流量反映公司最大的分派股利能力，超过此限度，就要借款分红。其计算公式：

$$每股营业现金净流量 = 经营现金净流量 ÷ 普通股股数$$

（3）全部资产现金回收率。全部资产现金回收率反映公司资产产生现金的能力。其计算公式：

$$全部资产现金回收率 = 经营现金净流量 ÷ 资产总额 \times 100\%$$

【学一学】

获取现金能力指标计算

以兴业公司为例，已知公司某年初与年末发行在外的普通股股数均为50 000万股。从表5－2－1、表5－2－2和表5－2－3中得知，公司年末的营业收入（含增值税）为234 419万元，资产总额为624 364万元；公司经营活动产生的现金流量净额为7 291万元。依公式计算兴业公司的获取现金能力指标分别为：

营业现金比率＝7 291÷234 419＝0.03

每股营业现金净流量＝7 291÷50 000＝0.15

全部资产现金回收率＝7 291÷624 364×100%＝1.17%

由此可以判断，兴业公司的营业现金比率仅为0.03，反映每1元营业收入仅得到0.03元净现金；每股营业现金净流量仅为0.15，说明公司最大的分派股利能力仅为每股0.15元；全部资产现金回收率是1.17%，说明公司每1元资产仅得到0.0117元净现金。这三个指标说明公司的获取现金能力极差。

3. 财务弹性分析。财务弹性是指公司适应经济环境变化和利用投资机会的能力。这种能力来源于现金流量和支付现金需要的比较。现金流量超过需要，有剩余的现金，适应性就强。财务弹性是用经营现金流量与支付要求进行比较，支付要求可以是投资需求或承诺支付等。

（1）现金满足投资比率。现金满足投资比率越大，说明资金自给率越高。达到1时，说明公司可以用经营活动获取的现金满足扩充所需资金；若小于1，则说明公司是靠外部融资来补充资金的。其计算公式：

$$现金满足投资比率 = 近5年经营活动现金净流量 ÷ 近5年资本支出、存货增加、现金股利之和$$

（2）现金股利保障倍数。现金股利保障倍数越大，说明支付现金股利的能力越强。其计算公式：

$$现金股利保障倍数 = 每股营业现金净流量 ÷ 每股现金股利$$

【学一学】

财务弹性指标的计算

以兴业公司为例，已知公司某年每股营业现金净流量为0.15元，每股现金股利为0.15元。假设公司近5年经营现金流量平均数与2010年相同，为7 291万元，平均资本支出为4 500万元，存货平均增加50万元，现金股利平均每年5 100万元。依公式计算兴业公司的财务弹性指标分别为：

现金满足投资比率＝7 291÷(4 500＋50＋5 100)＝0.76

现金股利保障倍数＝0.15÷0.15＝1

由此可以判断，兴业公司的现金满足投资比率为0.76，说明公司用经营活动获取的现金不能满足扩充所需资金，公司是靠外部融资来补充资金的；兴业公司的现金股利保障倍数为1，说明兴业公司的股利保障倍数较小。如果经营不力或遇到不景气的市场环境，可能没有现金维持当前的股利水平。

4. 收益质量分析。收益质量是指报告收益与公司业绩之间的关系。如果收益能如实反映公司业绩，则认为收益的质量好；如果收益不能很好地反映公司业绩，则认为收益的质量不好。

从现金流量的角度看，收益质量分析主要是分析会计收益与现金净流量的比率关系，其主要的财务比率是营运指数。

营运指数＝经营现金净流量÷经营所得现金

经营所得现金＝经营净收益＋非付现费用＝净利润－非经营收益＋非付现费用

收益质量的信息列示在现金流量表的补充资料中。其中，非经营收益涉及处置固定资产、无形资产和其他资产的损失，固定资产报废损失，财务费用，投资损失等项目；非付现费用涉及计提的资产减值准备、固定资产折旧、无形资产摊销、长期待摊费用摊销、待摊费用的减少、预提费用的增加等项目。

小于1的营运指数，说明收益质量不够好。首先，营运指数小于1，说明一部分收益尚没有取得现金，停留在实物或债权形态，而实物或债权资产的风险大于现金，应收账款能否足额变现是有疑问的，存货也有贬值的风险。其次，营运指数小于1，说明营运资金增加了，反映出公司为取得同样的收益占用了更多的营运资金，即取得收益的代价增加了，所以同样的收益代表着较差的业绩。

【学一学】

营运指数的计算

以兴业公司为例，见表5－2－1、表5－2－2和表5－2－3，第二年公司净利润为11 004万元，经营活动产生的现金流量净额为7 291万元。部分补充资料如下：非经营收益包括处置固定资产－29万元、固定资产报废损失101万元、财务费用3 539万元、投资收益63万元；非付现费用包括计提的资产减值准备370万元、固定资产折旧772万元、无形资产摊销211万元、长期待摊费用摊销213万元、待摊费用的减少41万元、预提费用增加

3 200万元。依公式计算兴业公司的营运指数为：

非经营收益 =63 −29 −101 −3 539 = −3 606（万元）

非付现费用 =370 +772 +211 +213 +41 +3 200 =4 807（万元）

经营所得现金 =11 004 −（−3 606）+4 807 =19 417（万元）

营运指数 =7 291 ÷19 417 =0.38

由此可以判断，兴业公司的营运指数为0.38，小于1，说明公司收益质量不够好。

二、其他财务分析方法

（一）沃尔评分法

美国财务学家亚历山大·沃尔于20世纪初在《信用晴雨表研究》和《财务报表比率分析》中首次提出了信用能力指数的概念，把若干个财务比率用线性关系结合起来，以此评价企业的信用水平。他选择了7种财务比率，分别为：流动比率、净资产/负债、资产/固定资产、销售成本/存货、销售额/应收账款、销售额/固定资产、销售额/净资产，并给定了其在总评价中占的比重，总和为100分。然后确定标准比率，并与实际比率相比较，评出每项指标的得分，最后求出总评分，如表5 −2 −5所示。

表5 −2 −5　　某公司沃尔的比重评分法

财务比率	比重 ①	标准比率 ②	实际比率 ③	相对比率 ④ =③/②	评分 ①×④
流动比率	25	2	3	1.5	37.5
净资产/负债	25	1.5	0.9	0.6	15
资产/固定资产	15	2.5	3	1.2	18
销售成本/存货	10	8	12	1.5	15
销售额/应收账款	0	6	9	1.5	0
销售额/固定资产	10	4	3	0.75	7.5
销售额/净资产	5	3	1.8	0.6	3
合计	100				96

沃尔评分法最主要的贡献是将各互不关联的财务指标按照权重予以综合联动，使得综合评价成为可能。但沃尔评分法从理论上讲，有一个弱点，就是未能证明为什么要选择这7个指标，而不是更多或更少些，或者选择别的财务比率，以及未能证明每个指标所占比重的合理性。这个问题至今仍然没有从理论上解决。沃尔的评分法从技术上讲有一个问题，就是某一个指标严重异常时，会对总评分产生不合逻辑的重大影响。

（二）综合评价方法

一般认为，公司财务评价的内容主要是盈利能力，其次是偿债能力，此外还有成长能力。它们之间大致可按照5∶3∶2来分配比重。若仍以100分为总评分，则总评分标准分配表如表5－2－6所示。

表5－2－6　　综合评分的标准

指标	评分值	标准比率/%	行业最高比率/%	最高评分	最低评分	每分比率的差/%
盈利能力：						
总资产净利率	0	10	20	0		1
销售净利率	20	4	20	0		1.5
净资产报酬率	0	16	20	5		0.8
偿债能力：						
权益负债比率	8	40	100	2		15
流动比率	8	150	450	2		75
应收账款周转率	8	600	1 200	2		150
存货周转率	8	800	1 200	2		100
成长能力：						
销售增长率	6	15	30	9		5
净利润增长率	6	10	20	9		3.3
人均净利增长率	6	10	20	9		3.3
合计	00					111

标准比率应该以本行业平均数为基础，适当进行理论修正。在给每个指标评分时，应规定上限和下限，以减少个别指标异常对总分造成不合理的影响。上限为正常评分值的1.5倍，下限为1/2。此外，给分时不采用“乘”，而采用“加”或“减”的关系处理。

（三）经济增加值EVA——业绩评价的新指标

EVA（Economic Value Added）或经济增加值，最初由美国学者斯图尔特（Stewart）于20世纪80年代提出，并由美国著名咨询公司斯滕斯特（Sterm Stewart & Co.）在美国注册。EVA也被称为经济利润，它衡量了减除资本占用费用后企业经营产生的利润，是企业经营效率和资本使用效率的综合指标。

【学一学】

财务报表简要阅读法

按规定，上市公司必须把中期上半年财务报表和年度财务报表公开发表，投资者可从有关报刊上获得上市公司的中期和年度财务报表。阅读和分析财务报表虽然是了解上市公司业绩和前景最可靠的手段，但对于一般投资者来说，又是一件非常枯燥繁杂的工作。现介绍一种比较实用的分析法：查阅和比较下列几项指标，查看主要财务数据。

1. 主营业务同比指标。主营业务是公司的支柱，是一项重要指标。上升幅度超过20%的，表明成长性良好；下降幅度超过20%的，说明主营业务滑坡。

2. 净利润同比指标。这项指标也是重点查看对象，此项指标超过20%，一般是成长性好的公司，可作为重点观察对象。

3. 查看合并利润及利润分配表。凡是净利润与主营利润同步增长的，可视为好公司。如果净利润同比增长20%，而主营业务收入出现滑坡，说明利润增长主要依靠主营业务以外的收入，应查明收入来源，确认其是否形成了新的利润增长点，以判断公司未来的发展前景。

4. 主营业务利润率［（主营业务利润÷主营业务收入）×100%］。主要反映了公司在该主营业务领域的获利能力，必要时可用这项指标作同行业中不同公司间获利能力的比较。以上指标可以在同行业、同类型企业间进行对比，选择实力更强的作为投资对象。

资料来源：华泰证券－投资者必读，http：//www. htsc. com. cn.

扩展阅读

财务分析的局限性

财务分析有以下四个方面的局限性：

（1）财务报表本身的局限性。财务报表是会计的产物，会计有特定的假设前提，并要执行统一的规范。我们只能在规定意义上使用报表数据，不能认为报表揭示了企业的全部实际情况。财务报表的局限性表现在：第一，以历史成本报告资产，不代表其现行成本或变现价值；第二，假设币值不变，不按通货膨胀率或物价水平调整；第三，稳健原则要求预计损失而不预计收益，有可能夸大费用，少计收益和资产；第四，按年度、半年度分期报告，是短期的陈报，不能提供反映长期潜力的信息。

（2）报表的真实性问题。应当说，只有根据真实的财务报表，才有可能得出正确的分析结论。财务分析通常假定报表是真实的。报表的真实性问题，要靠审计来解决。投资者在进行财务分析时，要关注注册会计师的审计报告。

（3）企业会计政策的不同选择影响可比性。对同一会计事项的账务处理，会计准则允许使用几种不同的规则和程序，企业可以自行选择。例如，存货计价方法、折旧方法、所得税费用的确认方法、对外投资收益的确认方法等。虽然财务报表附注对会计政策的选择有一定的表述，但报表使用人未必能完成可比性的调整工作。

（4）比较的基础问题。在比较分析时，必须要选择比较的基础，作为评价本企业当期实际数据的参照标准，包括本企业历史数据、同业数据和计划预算数据。横向比较时使用同业标准。同业的平均数，只起一般性的指导作用，不一定有代表性，不是合理性的标志。通常，不如选一组有代表性的企业求其平均数，作为同业标准，可能比整个行业的平均数更好。近年来，更重视以竞争对手的数据作为分析基础。有的企业实行多种经营，没有明确的行业归属，同业对比就更加困难。趋势分析以本企业历史数据作比较基础。历史数据代表过去，并不代表合理性。经营的环境是变化的，今年比去年利润提高了，不一定说明已经达到应该达到的水平，甚至不一定说明管理有了改进。实际与计划的差异分析，以计划预算作比较基础。实际和预算的差异，有时是预算不合理造成的，而不是执行中有了什么问题。总之，对比较基础本身要准确理解，并且要在限定意义上使用分析结论，避免简单化和绝对化。

资料来源：华泰证券－投资者必读，http：//www. htsc. com. cn.

工作任务

1. 任务内容：年报查询及财务分析。

2. 任务步骤：

（1）登录和讯网 http：//www. hexun. com/。

（2）点击财报查询。

（3）选择一家上市公司，点击财报全文。

（4）应用所学知识进行财务分析。

3. 任务操作提示：一般来说，中小投资者主要从上市公司公布的年报、中报、季报等不同时期的财务报表以及招股说明书、上市公告书、重要事件公告等财务报告上获得关于上市公司的财务信息，其中，年报是重中之重。或者找一家券商的交易软件，按F10键可以查看年报，通过熟悉财务报表，可以对公司资产质量、资产结构、利润质量、现金流量等方面进行分析。

模块三　上市公司重大事项分析

任务描述

本模块的主要任务是掌握公司资产重组的主要方式、特点和资产重组对公司业绩、经营的影响，以及关联交易的界定、特征和方式、对公司业绩和经营的影响，能利用上市公司公布的重大事项分析公司经营业绩、财务状况的变化，作出投资决策。

任务一　上市公司资产重组事项分析

任务指引

近些年来，我国上市公司资产重组取得了量和质的改变，资产重组这一永恒题材在我国上市公司所占比重越来越大。上市公司通过各种不同的方式进行重组，重组现象泛滥，资产重组似乎成了上市公司改善业绩的一种重要手段，二级市场上资产重组股票的追捧程度仿佛也在说明资产重组一定能够给公司带来良好的效用。但是，上市公司资产重组到底会给公司带来怎样的影响、对公司效用影响有多少却似乎不是很明确。

资产重组的本质是资源配置，它主要是通过改变资源在不同的所有制之间、不同的产业之间、不同的地区之间，以及不同公司之间的配置格局，达到资本结构的优化和资源的有效配置。在我国资本市场上，其实上市公司资产重组已经不是简单的资产收购方面的内容，如控股股东的优质资产注入、国有控股公司因整体上市带来的资产置换和无偿划拨，甚至还涉及公司控制权的变化以及债务重组等。可见，我国证券市场所常用的“资产重组”并不是一定伴随兼并收购行为的，它往往是有关收购兼并、股权转让、资产剥离等对公司经营活动、经营模式甚至是所有权有重大影响的一系列活动的总称。

➲ 问题思考

1. 不同的资本市场对资产重组的定义？

2. 在我国，目前资产重组的主要问题是什么？

知识准备

上市公司的资产重组

（一）资产重组方式

资本市场上的公司扩张、公司调整、公司所有权和控制权转移是三类既不相同但又互相关联的资产重组行为。在具体的重组实践中，这三类不同的重组行为基于不同的重组目的，组合成不同的重组方式。

1. 扩张型公司重组。公司的扩张通常指扩大公司经营规模和资产规模的重组行为。

第一，购买资产。购买资产通常指购买房地产、债权、业务部门、生产线、商标等有形或无形的资产。收购资产的特点是收购方不必承担与该部分资产有关联的债务和义务。

第二，收购公司。收购公司通常是指获取目标公司全部股权，使其成为全资子公司或者获取大部分股权处于绝对控股或相对控股地位的重组行为。通过收购，收购方不仅可以获得目标公司拥有的某些专有权利，如经营权、经营特许权等，更能快速地获得该公司的核心能力。

第三，收购股份。收购股份通常指以获取参股地位而非目标公司控制权为目的的股权收购行为。收购股份通常是试探性的多元化经营的开始和策略性的投资，或是为了强化与上下游企业之间的协作联系。

第四，合资或联营组建子公司。公司在考虑如何将必要的资源与能力组织在一起从而能在其选择的产品市场中取得竞争优势的时候，通常有三种选择，即内部开发、收购以及合资。合资和联营可以作为合作战略的最基本手段，获得共同的竞争优势。

第五，公司合并。公司合并是指两家以上的公司结合成一家公司，原有公司的资产、负债、权利和义务由新设或存续的公司承担。合并有吸收合并和新设合并两种类型。合并的目的是实现战略伙伴之间的一体化，进行资源、技能的互补，从而形成更强、范围更广的核心竞争能力，提高市场竞争力。同时，公司合并还可以减少同业竞争，扩大市场份额。

2. 调整型公司重组。公司的调整包括不改变控制权的股权置换、股权一资产置换、不改变公司资产规模的资产置换，以及缩小公司规模的资产出售、公司分立、资产配负债剥离等。

第一，股权置换。通常股权置换不涉及控股权的变更。股权置换的结果是实现公司控股股东与战略合作伙伴之间的交叉持股，以建立利益关联。

第二，股权—资产置换。股权—资产置换是由公司原有股东以出让部分股权为代价，使公司获得其他公司或股东的优质资产。其最大优点就在于，公司不用支付现金便可获得优质资产，扩大公司规模。也可以以增发新股的方式来获得其他公司或股东的优质资产。

第三，资产置换。资产置换是指公司重组中为了使资产处于最佳配置状态获取最大收益，或出于其他目的而对其资产进行交换。双方通过资产置换，能够获得与自己核心能力协调的、相匹配的资产。

第四，资产出售或剥离。资产出售或剥离是指公司将其拥有的某些子公司、部门、产品生产线、固定资产等出售给其他的经济主体。

第五，公司的分立。公司的分立是指公司将其资产与负债转移给新建立的公司，把新公司的股票按比例分配给母公司的股东，从而在法律上和组织上将部分业务从母公司中分离出去，形成一个与母公司有着相同股东的新公司。

第六，资产配负债剥离。资产配负债剥离是将公司资产配上等额的负债一并剥离出公司母体，而接受主体一般为其控股母公司。这一方式在甩掉劣质资产的同时能够迅速减小公司总资产规模，降低负债率，而公司的净资产不会发生改变。对资产接受方来说，实质是一种以承担债务为支付手段的收购行为。

3. 控制权变更型公司重组。公司的所有权与控制权变更是公司重组的最高形式。通常公司的所有权决定了公司的控制权，但两者不存在必然的联系。常见的公司控股权及控制权的转移方式有六种。

第一，股权的无偿划拨。国有股的无偿划拨是当前证券市场上公司重组的一种常见方式，通常发生在属同一级财政范围或同一级国有资本运营主体的国有企业和政府机构之间。国有股的受让方一定为国有独资企业。其目的或是为了调整和理顺国有资本运营体系，或是为了利用优势企业的管理经验来重振公司。

第二，股权的协议转让。股权的协议转让是指股权的出让与受让双方不是通过交易所系统集合竞价的方式进行买卖，而是通过面对面的谈判方式，在交易所外进行交易，故通常称之为“场外交易”。在我国的资本市场上，场外协议转让产生的主要原因在于证券市场中大量处于控股地位的非流通股的存在。

第三，公司股权托管和公司托管。公司股权托管和公司托管是指公司股东将其持有的股权以契约的形式，在一定条件和期限内委托给其他法人或自然人，由其代为行使对公司的表决权。当委托人为公司的控股股东时，公司股权托管就演化为公司的控制权托管，使受托人介入公司的管理和运作，成为整个公司的托管。

第四，表决权信托与委托书。表决权信托是指许多分散股东集合在一起设定信托，将自己拥有的表决权集中于受托人，使受托人可以通过集中原本分散的股权来实现对公司的控制。

第五，股份回购。股份回购是指公司或是用现金，或是以债权换股权，或是以优先股换普通股的方式购回其流通在外的股票的行为。

第六，交叉控股。交叉控股是指母、子公司之间互相持有绝对控股权或相对控股权，使母、子公司之间可以互相控制运作。

以上对这三类行为的划分是从单一上市公司视角出发的。在实践中，一个重组行为可能会同时划入这三类概念。

【看一看】

上市公司资产重组的认定

上市公司及其控股或者控制的公司购买、出售资产，达到下列标准之一的，构成重大资产重组：

1. 购买、出售的资产总额占上市公司最近一个会计年度经审计的合并财务会计报告期末资产总额的比例达到50%以上；

2. 购买、出售的资产在最近一个会计年度所产生的营业收入占上市公司同期经审计的合并财务会计报告营业收入的比例达到50%以上；

3. 购买、出售的资产净额占上市公司最近一个会计年度经审计的合并财务会计报告期末净资产额的比例达到50%以上，且超过5 000万元人民币。

购买、出售资产未达到前款规定标准，但中国证监会发现存在可能损害上市公司或者投资者合法权益的重大问题的，可以根据审慎监管原则责令上市公司按照本办法的规定补充披露相关信息、暂停交易并报送申请文件。

资料来源：中国证监会．上市公司重大资产重组管理办法（2016年修订）.

（二）资产重组对公司的影响

从理论上讲，资产重组可以促进资源的优化配置，有利于产业结构的调整，增强公司的市场竞争力，从而使一批上市公司由小变大、由弱变强。但在实践中，许多上市公司进行资产重组后，其经营和业绩并没有得到持续、显著的改善。究其原因，最关键的是重组后的整合不成功。

重组后的整合主要包括企业资产的整合、人力资源配置和企业文化的融合、企业组织的重构三个方面。

不同类型的重组对公司业绩和经营的影响也是不一样的。对于扩张型资产重组而言，通过收购、兼并，对外进行股权投资，公司可以拓展产品市场份额，或进入其他经营领域。但这种重组方式的特点之一，就是其效果受被收购兼并方生产及经营现状影响较大，磨合期较长，因而见效可能较慢。

对于调整型资产重组而言，分析资产重组对公司业绩和经营的影响，首先需要鉴别报表性重组和实质性重组。区分报表性重组和实质性重组的关键是看有没有进行大规模的资产置换或合并。实质性重组一般要将被并购企业的50%以上的资产与并购企业的资产进行置换，或双方资产合并；而报表性重组一般都不进行大规模的资产置换或合并。

对于公司控制权变更型资产重组而言，由于控制权的变更并不代表公司的经营业务活动必然随之发生变化，因此，一般而言，控制权变更后必须进行相应的经营重组才会对公司经营和业绩产生显著效果。

【看一看】

凤凰涅槃新漳电

2012年12月29日，中国证监会批复了漳泽电力与同煤集团的重组方案，标志着漳泽电力从此走上了煤电一体化发展的新道路。4年多的重组实践中，面对新的运营机制，漳泽电力通过深化创新改革，加快结构调整，全力提质增效，以经营业绩连年递增的卓越表现打造了山西省煤电一体化的新样本，为破解煤电困局和电力企业转型提供了一条新途径。

时间追溯到4年前将被“ST”的漳泽电力。在那段难以言表的岁月里，漳泽电力的决策者多少个日夜寝食不安，经过多方探索后，大胆提出了一个设想——走煤电一体化的路子拯救企业。因为企业之所以连年亏损，是煤价飞涨导致发电成本升高造成的，如果能解决煤的问题，企业亏损难题也就破解了。经过董事会成员的分析商榷，一致认为这一设想可行，接下来便是紧锣密鼓地寻求合作伙伴。经过省委、省政府搭台，2012 年底，漳泽电力完成了与中国大型煤企同煤集团的资产重组，坚定地走上了煤电一体化发展的新征程，开辟了国内资本市场的先河。

重组完成后，漳泽电力大胆改革，锐意创新，紧紧围绕“建设一个什么样的煤电一体化上市公司，怎样建设煤电一体化上市公司”这一首先需要回答和解决的核心问题，提出了“立足省内、面向全国，加大资本运营力度，加快转型升级，优化发展布局，提升发展速度、质量和效益，努力建设国内一流、国际先进，上下游产业链相衔接，各项指标优于国内五大发电集团平均水平的大型煤电一体化能源上市公司”的战略发展构想和思路。经过一年的运作，2013 年，漳泽电力以 7.5 亿元的利润总额力挽狂澜，实现了重组后从微利到盈利的漂亮反转；2014 年，漳泽电力以 9 亿元的利润总额勇立潮头，以“山西省第一大电力企业”的身份打造了业界瞩目的煤电一体化的“同煤样本”；2015 年，漳泽电力再以 11.05 亿元的利润总额破题电力新常态，在“十二五”收官之年上交了一份精彩答卷；2016 年，在全省火电一片萎靡、亏损面高达 60% 的窘境中，漳泽电力再度盈利，成为业界瞩目的焦点。

资料来源：作者尤佳、张兆官，任荣华．发展导报，2017－05－05.

任务二　上市公司关联交易事项分析

任务指引

上市公司潜在的因素，比如有无新项目、何时投产创造效益，有无廉价土地未被开发，有无使公司变化的重大题材，有无法律纠纷等，都可能对公司未来发展产生重大影响，继而影响公司股票的投资价值。

中国证监会发布的《上市公司信息披露管理办法》要求上市公司如有“重大事件”需要发布临时报告。所谓重大事件，是指发生可能对上市公司证券及其衍生品种交易价格产生较大影响但投资者尚未得知的事件。在众多的重大事件中，除了公司的资产重组，关联交易最容易成为市场追捧的热点题材。

我国上市公司的关联交易现象极为普遍，每年都有 90% 的公司发生关联交易，2015 年我国发生关联交易的比例约占 91%。截至 2015 年，上市公司关联交易次数 93 214 次，涉及的金额高达 532 837 亿元。由此可见，上市公司关联交易越发频繁，而涉及金额总量也在快速上升。

问题思考

1. 什么是上市公司的关联交易？
2. 上市公司？

知识准备

关联交易

（一）关联方和关联交易的界定

根据 2006 年 2 月财政部颁布的《企业会计准则第 36 号——关联方披露》，规范了关联方和关联交易的判断标准、关联交易的常见类型和披露要求。该准则第三条明确，关联方的判断标准是“一方控制、共同控制另一方或对另一方施加重大影响，以及两方或两方以上同受一方控制、共同控制或重大影响的，构成关联方”。其中第四条中对关联方作了说明，即下列各方构成企业的关联方：

（1）该企业的母公司。（2）该企业的子公司。（3）与该企业受同一母公司控制的其他企业。（4）对该企业实施共同控制的投资方。（5）对该企业施加重大影响的投资方。（6）该企业的合营企业。（7）该企业的联营企业。（8）该企业的主要投资者个人及与其关系密切的家庭成员。主要投资者个人，是指能够控制、共同控制一个企业或者对一个企业施加重大影响的个人投资者。（9）该企业或其母公司的关键管理人员及与其关系密切的家庭成员。关键管理人员，是指有权力并负责计划、指挥和控制企业活动的人员。与主要投资者个人或关键管理人员关系密切的家庭成员，是指在处理与企业的交易时可能影响该个人或受该个人影响的家庭成员。（10）该企业主要投资者个人、关键管理人员或与其关系密切的家庭成员控制、共同控制或施加重大影响的其他企业。

关联交易则是指关联方之间转移资源、劳务或义务的行为，不论是否收取价款。控制，是指有权决定一个企业的财务和经营政策，并能据以从该企业的经营活动中获取利益；共同控制，是指按照合同约定对某项经济活动所共有的控制，仅在与该项经济活动相关的重要财务和经营决策需要分享控制权的投资方一致同意时存在；重大影响，是指对一个企业的财务和经营政策有参与决策的权力，但并不能够控制或者与其他方一起共同控制这些政策的制定。

（二）关联交易的特征

1. 关联交易主体双方地位上不平等。关联交易是在实际控制人的意志或许可下进行的“基本自我交易”，表面上看交易是发生在两个或两个以上当事人之间，而实际上可由交易一方决定。

2. 关联交易具有普遍性。关联交易主体之间的特殊关系，决定了关联交易可以成为企业抵御外部风险，实现利润最大化的一个便捷手段。因此，关联交易普遍存在于各个企业，尤其是上市公司。

3. 关联交易具有隐蔽性。由于关联交易主体特殊，交易方式多种多样，因此关联交易具有一定的隐蔽性。另外，报表使用者专业判断能力参差不齐，难以识别关联交易的公允与非公允性，为企业进行各种关联交易提供了空间。

4. 关联交易性质具有双重性。在经济学范畴上，关联交易属于中性经济范畴，既有积极一面，又有消极一面。一方面它可以降低交易成本，节约交易费用；另一方面交易可能按照一方的意愿达成而损害另一方的利益。

（三）关联交易的方式

1. 关联购销。关联购销类关联交易，主要集中在以下几个行业：一种是资本密集型行业，如冶金、有色、石化和电力行业等；另一种是市场集中度较高的行业，如家电、汽车和摩托车行业等。一些上市公司仅是集团公司的部分资产，与集团其他公司间产生关联交易在所难免。除了集团公司外，其他大股东如果在业务上与上市公司有联系的话，也可能产生关联交易。

当上市公司经营不理想时，集团公司或者调低上市公司应交纳的费用标准，或者承担上市公司的相关费用，甚至将以前年度已交纳的费用退回，从而达到转移费用、增加利润的目的。反之亦然。

2. 资产租赁。由于非整体上市，上市公司与其集团公司之间存在着资产的租赁关系，如土地使用权、商标等无形资产的租赁和厂房、设备等固定资产的租赁。由于各类资产租赁的市场价格难以确定，租赁已成为上市公司与关联方之间转移费用、利润非常方便的手段。

当上市公司利润水平不理想时，关联方调低租金价格或以象征性的价格收费，或上市公司以远高于市场价格的租金水平将资产租赁给关联方使用，有的上市公司将从关联方租来的资产同时以更高的租金再转租给关联方的子公司，实现向上市公司转移利润。反之亦然。

3. 担保。上市公司与集团公司或各个关联公司可以相互提供信用担保，以解决各公司的资金问题。上市公司与其主要股东，特别是控股股东之间的关联担保可以是双向的，既可能是上市公司担保主要股东的债务，也可能是主要股东为上市公司提供担保。

4. 托管经营、承包经营等管理方面的合同。绝大多数的托管经营和承包经营属于关联交易，关联方大多是控股股东。托管方或是上市公司，或是关联企业。

托管采取的主要方法是上市公司、关联方将优质资产或者不良资产交与对方托管、经营，定额收取回报，既回避了不良资产亏损的反映，又获取了一块利润；或者上市公司、关联方将稳定的高获利能力的优质资产以低收益的形式由对方托管，只收取较低的费用，而大部分的盈利直接装入公司的利润中。

另外，关联托管和承包往往是进行关联收购的第一步。因为在托管期间，可以对所托管或承包的企业进行深入细致的了解，考察企业的发展潜力，以降低收购的风险。

5. 关联方共同投资。共同投资形式的关联交易通常指的是上市公司与关联公司就某一具体项目联合出资，并按事前确定的比例分配收益。这种投资方式因关联关系的存在，达成交易的概率较高，但操作透明度较低，特别是分配比例的确定。

【看一看】

我国上市公司关联交易的公允性

近几年，一些上市公司利用与关联方之间显失公允的交易操纵利润，违背会计核算基本原则，严重违反了资本市场公平、公开、公正的“三公”原则。判断一个关联交易是否属于公允关联交易，主要体现在交易价格和交易条款是否偏离正常商业价格和条款。如果存在偏离了公平市价发生公司利益的输出或输入，则可能构成非公允关联交易。

公允关联交易应具备的基本要素包括：

第一，交易价格必须是以市场价格或比照市场价格为基础制定的价格；

第二，交易的目的是致力于提升企业的核心竞争力，而非出于不良目的，如操纵市场、转移价格或财产、粉饰报表、逃避税收、骗取信用等；

第三，交易后果既不能损害企业和非关联方（尤其是中小股东）的利益，也不能损害关联方的利益。

（四）关联交易对公司的影响

从理论上说，关联交易属于中性交易，它既不属于单纯的市场行为，也不属于内幕交易的范畴，其主要作用是降低交易成本，促进生产经营渠道的畅通，提供扩张所需的优质资产，有利于实现利润的最大化等。

但在实际操作过程中，关联交易有其非经济特性。与市场竞争、公开竞价的方式不同，关联交易价格可由关联双方协商决定，特别是在我国评估和审计等中介机构尚不健全的情况下，关联交易就容易成为企业调节利润、避税和一些部门及个人获利的途径，往往使中小投资者利益受损。交易价格如果不能按照市场价格来确定，就有可能成为利润调节的工具。如各项服务收费的具体数量和摊销原则因外界无法准确地判断其是否合理，因而操作弹性较大。

在分析关联交易时，尤其要注意关联交易可能给上市公司带来的隐患，如资金占用、信用担保、关联购销等，并且关注交易价格的公允性、关联交易占公司资产的比重、关联交易的利润占公司利润的比重以及关联交易的披露是否符合规范等事宜。

【想一想】

目前对上市公司关联交易的规范主要途径有哪些？

【学一学】

一汽轿车关联交易“先斩后奏”遭监管

一汽轿车又被深圳证券交易所（以下简称“深交所”）“问询”了。2017 年 7 月 24 日，深交所向一汽轿车发出监管函，称一汽轿车《预计 2016 年日常关联交易金额的议案》在未获得 2015 年度股东大会通过的情况下，依然在 2016 年与大股东持续关联交易，此举违反了相关规定。

强推关联交易遭监管

深交所向一汽轿车发出的监管函显示，去年 6 月 27 日，一汽轿车召开 2015 年度股东大会，其中《预计 2016 年日常关联交易金额的议案》未获得审议通过。直至 2017 年 6 月 28 日，一汽轿车召开 2016 年度股东大会才再次审议并通过了《2016 年日常关联交易计划和完成情况的议案》。而在此期间，一汽轿车依然开展日常关联交易。

深交所指出，一汽轿车的上述行为违反了《股票上市规则（2014 年修订）》第 1.4 条、第 10.2.5 条规定，要求一汽轿车严格遵守《证券法》《公司法》等法规及《上市规则》的规定，及时、真实、准确、完整地履行信息披露义务，并且及时履行审议程序，杜绝此类事件发生。

曾自称关联交易无法避免

一汽轿车在今年 4 月 1 日发布的《2016 年日常关联交易预计和完成情况公告》中表示，公司经调查研究，认为日常关联交易是历史上已形成并延续下来的客观情况，在目前乃至今后相当长时期内，是必要和无法避免的，在当前公司经营情况下，若停止关联交易，将导致公司经营停顿，无法持续经营，给公司和股东造成实质性的损害。

尽管《预计2016年日常关联交易金额的议案》未获得2015年度股东大会通过，但在今年召开的一汽轿车2016年度股东大会上，《2016年日常关联交易计划和完成情况的议案》却以70.49%赞成、22.01%反对、7.50%弃权的投票结果获得通过。

据了解，一汽轿车去年日常关联交易共涉及向关联人采购商品、向关联人采购燃料和动力、向关联人销售商品和提供劳务、接受关联人提供的劳务以及其他关联交易等6个事项，关联企业包括一汽集团、一汽股份、一汽解放、一汽大众、天津一汽夏利等30余家一汽系公司。其中，预计发生金额累计为219.6亿元，实际发生金额累计为119.2亿元，二者之间相差45.8%。

事实上，关联交易是一汽轿车存在的“老问题”。早在2012年，一汽轿车和一汽夏利就曾承认瞒报5.9亿元关联交易。之后，因为同业竞争和关联交易问题屡屡得不到根本解决，一汽整体上市进程也因此数次推迟。

“从关联交易的内容来看，这些交易均属于汽车企业日常不间断采购或销售业务，由此不难看出，公司在该议案没有通过的情况下继续实施，也是不得已而为之，如若公司停止关联交易，从社会其他渠道进行零部件采购，其将面临采购成本大幅增加的风险。”有分析者认为。

资料来源：作者赵成，每日经济新闻，2017-07-27.

扩展阅读

如何识别失实关联交易信息

眼下季报正在密集公布，在我们这个关联交易比重较大的股市，需要投资者打起十二分精神细细分辨。关联交易名目繁多、涉及面广，借关联交易粉饰报表的手法很多，加上关联交易在形式上是合法的，交易的过程通常也比较复杂，故投资者在识别虚假信息上存在一定的难度。获得关联方关系信息的途径很多：如向董事会、股东和管理人员等直接咨询；审查期间的重大投资交易，根据交易性质和程度，判断是否有新的关联者构成；通过互联网查询……在获得关联方名单后，在审查购销、投资等交易时，注意把交易对象与关联方对照，也可找出关联交易。

不过，发现关联方（包括其名称、法定代表人及经营范围等）及关联交易并非易事，因为企业往往漏报或故意隐瞒关联方及关联交易。例如，蓝田股份2000年会计报表附注披露该公司关联方关系及交易：母公司是洪湖蓝田经济技术开发有限公司，两家子公司分别是沈阳蓝田房屋开发有限公司及湖北蓝田洪湖蓝田水产品开发有限公司。前者2000年亏损，后者产生的利润是蓝田股份的主要利润来源。中国蓝田总公司与蓝田股份不存在控制关系，二者的关系是高级管理人员兼职。资料显示，蓝田公司与蓝田股份有密切的财务关系而两者不合并财务报表。但是通过搜索与蓝田公司相关的多个网站，得到的信息是：蓝田股份包含于蓝田总公司，蓝田总公司包含于中国蓝田（集团）总公司，蓝田股份是后面两家公司的核心企业，三者存在密切的财务关系。不过，蓝田股份没有在报表附注中披露这些信息。

其实，一些简单的方法可以让我们发现关联交易问题。国外专家研究显示，在舞弊发现前的年份里盈余比发现后的高很多，但经营活动的现金流量则是在舞弊发现前的年份比发现后的低。因此，可以把现金流作为识别舞弊的信号。我国实证研究则表明，上市公司与关联方之间的交易大部分以非现金的方式进行。通过审查有关的账户可以发现，关联方之间购销货款久拖不还、货款未清又赊欠，应收账款额极高、购入优良资产所需支付的资金长时间挂在往来账上。

> 此外，从交易价格是否公允也可以判断关联交易问题。首先，应该判断定价政策的披露是否充分，对于企业无披露可比价格且只笼统地把定价方法说明为“价格按照‘协议价格’执行”，分析者应予以特别关注。其次，通过检查相关资料，了解资产的账面价值与非关联方之间同类交易的定价，把与关联交易方之间交易的定价与账面价值或非关联方之间同类交易的定价进行比较，就可以判断该定价是否公允。
>
> 资料来源：作者陈冬梅，华泰证券，2005－10－28.

工作任务

任务1

1. 任务内容：收集和分析某公司资产重组的资料和对公司经营和业绩的影响。

2. 任务步骤：

（1）知识准备：掌握资产重组的基本知识。

（2）组成讨论小组。

（3）登录财经网站，阅读并分析讨论上市公司重组对其股价的影响。

3. 任务操作提示：利用中国证监会官网或财经网站的报道，熟悉资产重组知识和对上市公司的影响，提高资料搜集能力和分析能力。

任务2

1. 任务内容：收集和分析某公司关联交易的资料和对公司经营和业绩的影响。

2. 任务步骤：

（1）知识准备：掌握关联交易的基本知识。

（2）组成讨论小组。

（3）登录财经网站，阅读并分析讨论上市公司关联交易对其股价的影响。

（4）自我评价。

3. 任务操作提示：利用中国证监会官网或财经网站的报道，熟悉关联交易知识和对上市公司的影响，提高资料搜集能力和分析能力。

项目自测

一、单项选择题

1. 证券投资分析中公司分析的对象主要是（　　）。

A. 有限责任公司　　　　B. 股份有限公司

C. 上市公司　　　　D. 非上市公司

2. 分析公司产品的市场占有情况包括分析（　）。

A. 产品的市场需求弹性　　　　B. 产品覆盖的地区与市场占有率

C. 顾客满意度和购买力
D. 销售成本与费用控制

3. 确保股东充分行使权利的最基础的制度安排是（　　）。
A. 董事会制度
B. 监事会制度
C. 股东大会制度
D. 独立董事制度

4. 现金股利保障倍数越大，说明（　　）。
A. 收益质量不够好
B. 支付现金股利的能力越好
C. 公司偿债能力越好
D. 资产利用效率越高

5. 计算存货周转率，不需要用到的财务数据是（　　）。
A. 年末存货
B. 销售成本
C. 销售收入
D. 年初存货

二、多项选择题

1. 下列关于公司产品竞争能力的说法中，正确的是（　　）。
A. 成本优势是决定竞争优势的关键因素
B. 在现代经济中，公司新产品的研究与开发能力是决定公司竞争成败的关键因素
C. 在与竞争对手成本相等或成本近似的情况下，具有质量优势的公司往往在该行业中占据领先地位
D. 一般来讲，产品的成本优势可以通过规模经济、专有技术、优惠的原材料、低廉的劳动力、科学的管理、发达的营销网络等实现

2. 企业的经理人员应该具有的素质包括（　　）。
A. 从事管理工作的愿望
B. 专业技术能力
C. 良好的道德品质修养
D. 人际关系协调能力

3. 反映企业盈利能力的指标包括（　　）。
A. 存货周转率
B. 销售净利率
C. 资产净利率
D. 净资产收益率

4. 以下指标的计算不需要使用现金流量表的是（　　）。
A. 现金到期债务比
B. 每股净资产
C. 每股经营现金流量
D. 全部资金现金回报

5. 重组后的整合主要包括（　　）。
A. 企业资产的整合
B. 人力资源配置
C. 企业文化的融合
D. 企业组织的重构

6. 下列资产重组方式中，属于扩张型公司重组的是（　　）。
A. 购买资产
B. 合资或联营组建子公司
C. 股权—资产置换
D. 股权的无偿划拨

7. 常见的关联交易主要有（　　）。
A. 关联购销
B. 资产租赁
C. 担保
D. 关联方共同投资

8. 下列有关关联交易的叙述，正确的是（　　）。
A. 关联交易属于中性交易

B. 其作用是降低交易成本，有利于实现利润的最大化

C. 我国上市公司的关联交易具有形式繁多、市场透明度较低的特点

D. 托管经营、承包经营等管理方面的合同不属于关联交易

三、判断题（将正确的画上√，错误的画上×）

1. 一个品牌不仅仅是一个产品的标志，更多的也是产品质量、性能、满足消费者效用可靠程度的综合体现。（ ）

2. 在资源的运用上，采取严格控制和尽量削减各项费用支出、只投入最低限度经营资源的方针和措施属于公司稳定战略的特征。（ ）

3. 财务报表分析主要为投资人服务。（ ）

4. 速动比率过低，说明公司在资金使用和安排上不够合理，随时会面临无力清偿短期债务的风险。（ ）

5. 关联交易主体双方在地位上是平等的，因为关联交易价格可由关联双方协商决定。（ ）

项目六

证券价格走势分析

学习目标

通过本章学习，应当掌握以下知识和技能。

知识目标

- 了解K线绘制及K线分析的方法
- 掌握趋势的含义及趋势分析的方法
- 掌握形态的含义及形态分析的方法

技能目标

- 熟练运用K线分析方法
- 熟练运用趋势分析方法
- 熟练运用形态分析方法

【情景导入】

K线起源

K线图源于日本德川幕府时代（1603～1867年），被当时日本米市的商人用来记录米市的行情与价格波动，后因其细腻独到的标画方式而被引入股市及期货市场。通过K线图，我们能够把每日或某一周期的市况完全记录下来，股价经过一段时间的盘档后，在图上形成一种特殊区域或形态，不同的形态显示出不同意义。插入线、抱线和利好刺激线这三种K线组合是最常见的见底形态。

这种图表分析法在中国以至整个东南亚地区尤为流行。由于用这种方法绘制出来的图表形状颇似一根根蜡烛，加上这些蜡烛有黑白之分，因而也叫阴阳线。通过K线图，我们可以从这些K线图形的变化中摸索出一些有规律的东西出来。K线图形可分为反转形态、整理形态及缺口和趋向线等。K线图具有直观、立体感强、携带信息量大的特点，预测后市走向较准确，是现今应用较为广泛的技术分析手段。

那么，为什么叫"K线"呢？实际上，在日本的"K"并不是写成"K"字，而是"罫"（日本音读kei），K线是"罫线"的读音，K线图称为"罫线"，西方以英文第一个字母"K"直译为"K"线，由此发展而来。

➲ 课前思考

打开股票交易软件，首先看到的就是记录股票每日价格波动情况的K线，股价整体走势就是通过一根根K线组合而成；那么，你认为每一根K线能完全反映当日的股价走势吗？K线记录股价走势时有没有什么局限性？

模块一　K 线分析

任务描述

本模块的主要任务是认知 K 线的含义和类型，熟悉 K 线的绘制方法，掌握单 K 线分析与多根 K 线分析的方法，并能运用 K 线分析股价走势，同时认知 K 线分析方法的优缺点和适用范围。

任务一　绘制 K 线图

任务指引

K 线理论起源地是日本，属最古老的技术分析方法，公元 1750 年日本人就已经开始利用阴阳烛来分析大米期货。K 线具有东方人所擅长的形象思维特点，没有西方用演绎法得出的技术指标那样定量，因此运用上还是主观意识占上风。打开交易软件，面对形形色色的 K 线及其组合，初学者不禁有些茫然。因此，如何认识 K 线，识别 K 线，就成为了初入市的投资者必须迈过的一道坎。

问题思考

1. 交易软件中，K 线有哪些类型？
2. 绘制一根 K 线需要一日之中的哪几个关键价格？

知识准备

一、K 线的含义

K 线是根据以每个交易日（或每个分析周期）的开盘价、最高价、最低价和收盘价绘制而成的，它是一条柱状的线条，由影线和实体组成。中间的矩形部分称为实体，影线在实体上方的细线叫上影线，下方的细线叫下影线。实体分阳线和阴线两种。其中，收盘价高于开盘价为阳线，收盘价低于开盘价为阴线，如图 6－1－1 所示。

从图 6－1－1 中，K 线由“实体”和“上下影线”组成。如果收盘价小于开盘价，K 线用绿色表示，称为“阴线”，如图左侧的 K 线；反之，如果收盘价大于开盘价，K 线用红色表示，称为“阳线”，如图 6－1－1 右侧的 K 线。

二、K 线的绘制方法

每根 K 线都出现在一个坐标轴上的，纵轴表示价格或价格指数，横轴表示时间，如图 6－1－2 所示。

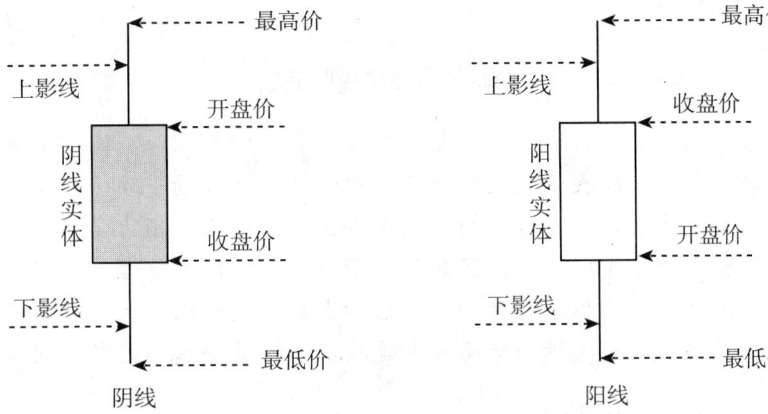

图 6-1-1 单 K 线的基本含义

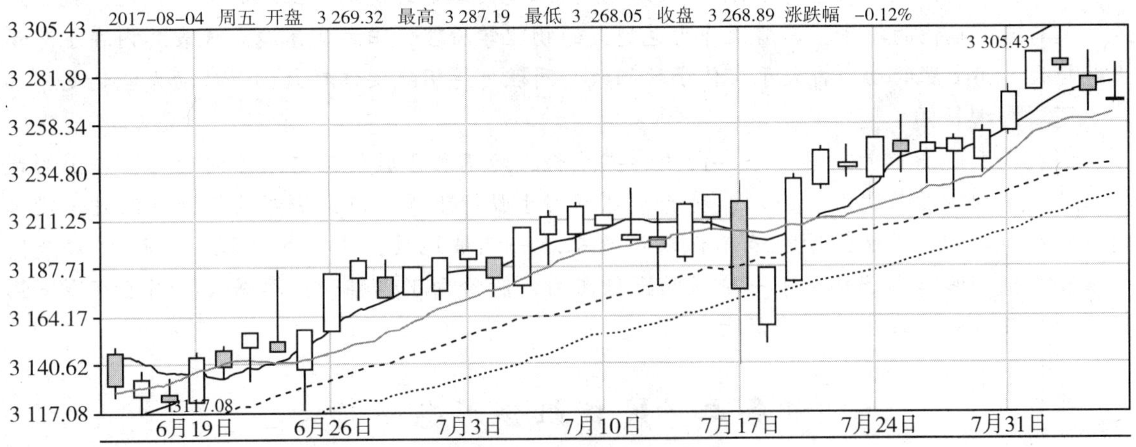

图 6-1-2 K 线的绘制

三、K 线的时间周期

K 线按时间周期不同可分为：5 分钟 K 线、15 分钟 K 线、30 分钟 K 线、60 分钟 K 线、日 K 线、周 K 线、月 K 线、年 K 线。K 线按开盘价与收盘价的波动范围，可分为极阴、极阳，小阴、小阳，中阴、中阳和大阴、大阳等线型。它们一般的波动范围：极阴线和极阳线的波动范围在 0.5% 左右，小阴线和小阳线的波动范围一般在 0.6% ~1.5%，中阴线和中阳线的波动范围一般在 1.6% ~3.5%，大阴线和大阳线的波动范围在 3.6% 以上。

K 线是一种特殊的市场语言，不同的 K 线形态有不同的含义。在股票市场上，通常一根 K 线是股票在一天内价格变动情况的记录。将每天的 K 线按时间顺序排列在一起，就组成了股票价格的历史变动情况，叫作 K 线图。K 线将买卖双方力量的增减与转变过程及实战结果用图形表示出来。

【学一学】

单根 K 线的识别方法

一看阴阳

阴阳代表趋势方向，阳线表示将继续上涨，阴线表示将继续下跌。以阳线为例，在经过一段时间的多空拼搏，收盘高于开盘表明多头占据上风，根据牛顿力学定理，在没有外力作用下价格仍将按原有方向与速度运行，因此阳线预示下一阶段仍将继续上涨，最起码能保证下一阶段初期能惯性上冲。故阳线往往预示着继续上涨，这一点也极为符合技术分析中三大假设之一股价沿趋势波动，而这种顺势而为也是技术分析最核心的思想。同理可得，阴线预示着继续下跌。

二看实体大小

实体大小代表内在动力，实体越大，上涨或下跌的趋势越是明显，反之趋势则不明显。以阳线为例，其实体就是收盘高于开盘的那部分，阳线实体越大说明了上涨的动力越足，就如质量越大与速度越快的物体，其惯性冲力也越大的物理学原理，阳线实体越大代表其内在上涨动力也越大，其上涨的动力将大于实体小的阳线。同理可得阴线实体越大，下跌动力也越足。

三看影线长短

影线代表转折信号，向一个方向的影线越长，越不利于股价向这个方向变动，即上影线越长，越不利于股价上涨，下影线越长，越不利于股价下跌。以上影线为例，在经过一段时间多空斗争之后，多头终于晚节不保败下阵来。一朝被蛇咬，十年怕井绳，不论 K 线是阴还是阳，上影线部分已构成下一阶段的上档阻力，股价向下调整的概率居大。同理可得下影线预示着股价向上攻击的概率居大。

任务二　K 线组合形态分析

任务指引

投资者在行情波动过程中运用单根 K 线分析法多次买进股票，但结果却是亏多盈少。在好几次买卖股票过程中，投资者总是感觉股价走势好像与其做的分析结论完全相反，他刚一买进就跌，一卖出就上涨。投资者一度认为单根 K 线的分析方法是错误的。为此，投资者来到了证券公司营业部向客户经理进行咨询。证券客户经理在了解投资者的投资经历后，指出他的投资失误在于对 K 线分析法认识缺乏，单根 K 的可靠性差，投资者通常使用 K 线组合分析股票变动的规律。

问题思考

1. 如何从行情软件中获取某一股票的 K 线走势？
2. 你能读懂 K 线走势图中数据信息背后的含义吗？

知识准备

实践中，由于单根 K 线分析结论的可靠性比较差，所以投资者往往通过分析多根 K 线组成的复合图形。

一、上升的K线组合

上升K线组合是预示价格趋势即将上涨的K线组合。这里列举出其中的5种组合形态。

（一）早晨之星

早晨之星，又称希望之星。它有三根K线组成：第一根是长阴线，为下降趋势的继续；第二根是带上下影线的向下跳空的十字星，显示多空双方力量均衡呈胶着状态；第三根是长阳线，阳线实体已侵入到第一根阴线实体之内，多方已经占优（见图6－1－3）。

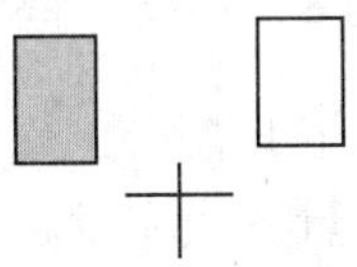

图6－1－3 早晨之星

早晨之星通常出现在股价连续大幅下跌和数浪下跌后的中期底部或大底部，预示着多空力量对比已发生实质性转变，一轮上升行情即将展开，是典型的底部反转形态。

【学一学】

早晨之星

早晨之星（见图6－1－4）预示着跌势将尽，大盘处于拉升的前夜，行情即将摆脱下跌的阴影，逐步走向光明。早晨之星一般由3个交易日的3根K线构成：第一天，股价继续下跌，并且由于恐慌性的抛盘而出现一根巨大的阴线。第二天，跳空下行，但跌幅不大，实体部分较短，形成星的主体部分。星的部分可以是阴线，也可以是阳线。第三天，一根长阳线拔地而起，价格收复第一天的大部分失地，市场发出明显看涨信号。

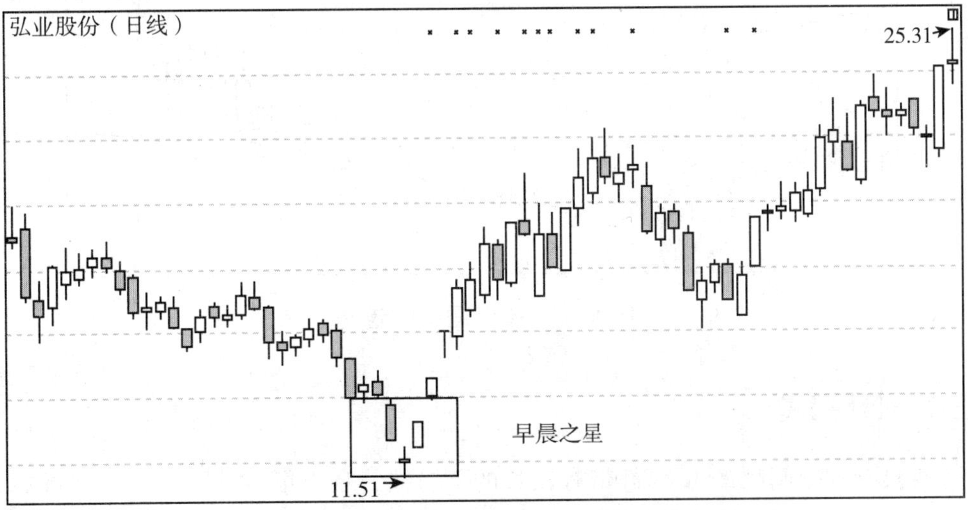

图6－1－4 早晨之星K线走势

（二）锤头

这是带有长长下影线的小实体 K 线，下影线的长度通常是实体长度的 2 倍以上，没有上影线或者非常短（见图 6－1－5）。

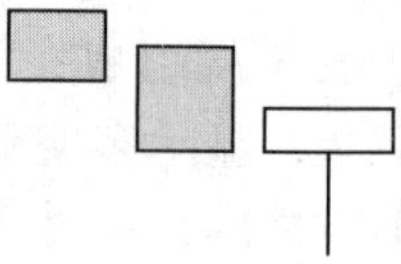

图 6－1－5　锤头

锤头是在下降趋势中，股价跳空向下开盘后，疯狂卖出即被遏制，是下跌趋势即将结束的信号。锤头形成时经常伴随着底部放量，成交量越大意味着价格反转的信号越强烈。

【学一学】

锤头线

如图 6－1－6 所示，锤头实体与下影线比例越悬殊，越有参考价值。锤头线止跌回升的效果如何，与下列因素有密切关系：（1）锤头实体越小，下影线越长，止跌作用就越明显；（2）股价下跌时间越长，幅度越大，锤头线见底信号就越明确；（3）锤头线有阳线锤头与阴线锤头之分，作用意义相同，但一般来说，阳线锤头力度要大于阴线锤头。

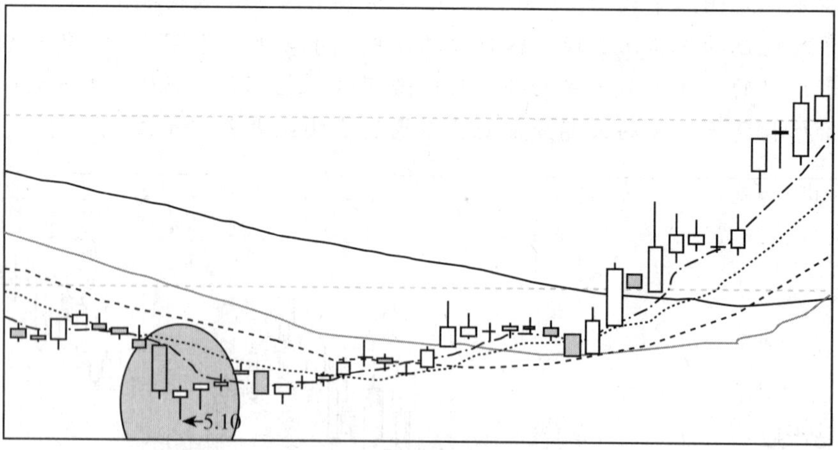

图 6－1－6　锤头线走势

（三）双针探底

这是两根有一定间隔的 K 线都带有较长的下影线，且下影线的位置非常接近的 K 线组合（见图 6－1－7）。至于两根带有长下影的并列 K 线，则不能称之为双针探底。

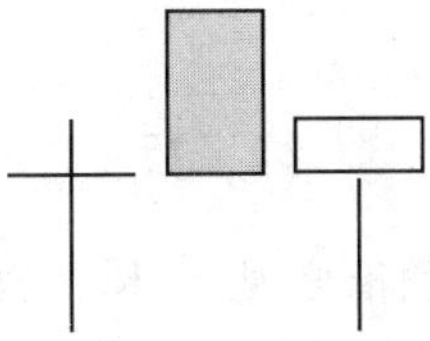

图 6-1-7 双针探底

双针探底是在股价连续下跌初次探明底部后，经过一天或数天的变动，某日再次下跌到前一低点附近时，股价获得强支撑而迅速回升，形成了带有长下影的 K 线，表明底部已经得到有效确认，它是常见的底部反转形态。

【学一学】

双针探底

双针探底形态（见图 6-1-8）基本均发生在一段下降行情中，突然有一日收一根带长长下影线的 K 线，随后市场在很近的时间区域内，同样再收一根带长长下影线的 K 线，而且这两根 K 线的最低价非常接近甚至相同。这种情况下，预示着空头力竭，底部基本确认，市场可能即将转势，多头将展开反攻。

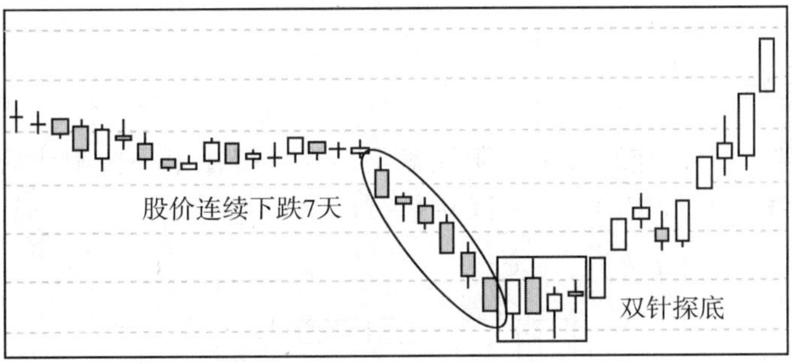

图 6-1-8 双针探底形态

（四）红三兵

这是指三根收盘价不断提高的连续小阳线，且后两根阳线的开盘价均在前一根阳线实体之内的 K 线组合形态（见图 6-1-9）。

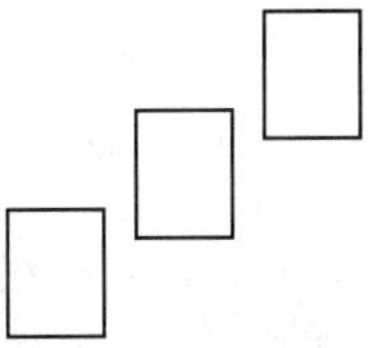

图 6-1-9 红三兵

红三兵一般出现在股价见底回升的初期，表示随着行情的发展，做多的能量正在逐渐积聚，多方成竹在胸，稳扎稳打，后市将会加速上涨。

【学一学】

红三兵

红三兵（见图6-1-10）是一种很常见的K线组合，一般指连续阴线后连续拉出依次上升的三根阳线。常出现在下降趋势中，一般是市场的强烈反转信号；如果股价在较长时间的横盘后出现红三兵的走势形态，并且伴随着成交量的逐渐放大，则是股票启动的前奏。

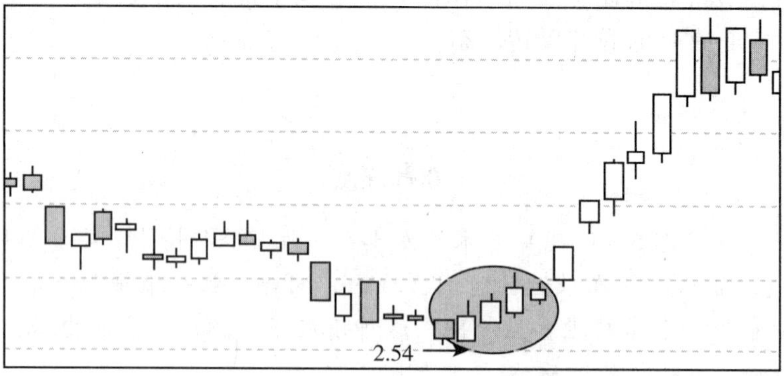

图6-1-10　红三兵K线组合

（五）上升三法

这是指一根长阳线后，连续数根小阴线盘整，且维持在第一根阳线的最高价与最低价之间，再接一根大阳线的K线组合（见图6-1-11）。

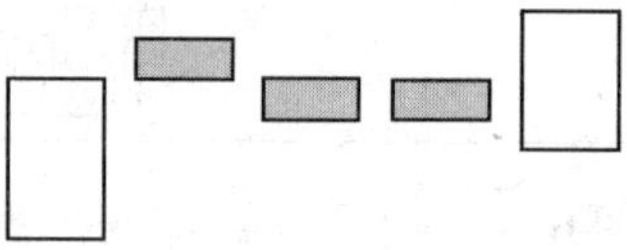

图6-1-11　上升三法

上升三法不是转势信号，是典型的震荡洗盘手法，属于上升中继形态，表示后市将会继续上涨，投资者应在整理结束时建仓或加码买进。

【学一学】

上升三法

标准的上升三法（见图6-1-12）由大小不等的5根K线组成；第一天先是出现一根大阳线或中阳线，接着连续出现了3根小阴线，但都没有跌破第一天的开盘价，随后出现了一根大阳线或中阳线，其中走势有点类似英文字母的“N”字。一般情况下，上升三法形态出现之后，股价都会形成一轮较大的升势。

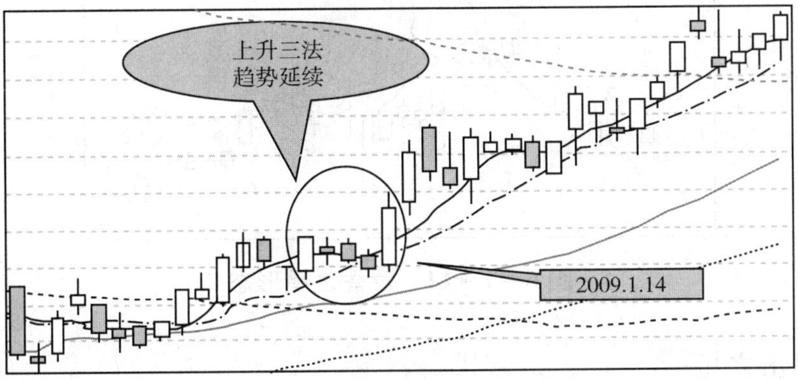

图 6-1-12　上升三法形态

二、下跌的 K 线组合

下跌 K 线组合是预示价格趋势即将下降的 K 线组合。把握这种组合的关键是组合的构造和其在整个 K 线图中的相对高位，这里列举出其中的 5 种组合形态。

（一）黄昏之星，又称死亡之星

它由三根 K 线组成：第一根是长阳线，为上升趋势的延续；第二根是跳空高开的带上下影的十字星；第三根则是长阴线，实体已侵入到第一根阳线实体的内部（见图 6-1-13）。

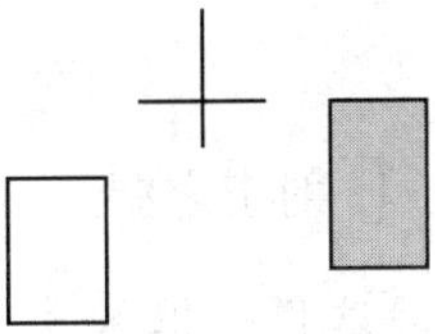

图 6-1-13　黄昏之星

黄昏之星与希望之星正好相反，是典型的顶部反转形态，通常出现在股价连续大幅上涨和数浪上涨后的中期顶部或大顶部。黄昏之星的出现预示着黑夜已经降临，上涨行情即将结束，投资者应尽快抛股离场。

【学一学】

黄昏之星

黄昏之星（见图 6-1-14）表示股价即将回落，是强烈卖出信号，应伺机抛货。黄昏之星是由三根 K 线组成的转向利淡形态，通常出现在一个上升趋势之后。黄昏之星充当顶部的概率非常之高，在牛市的后期，要特别警惕这种反转信号。

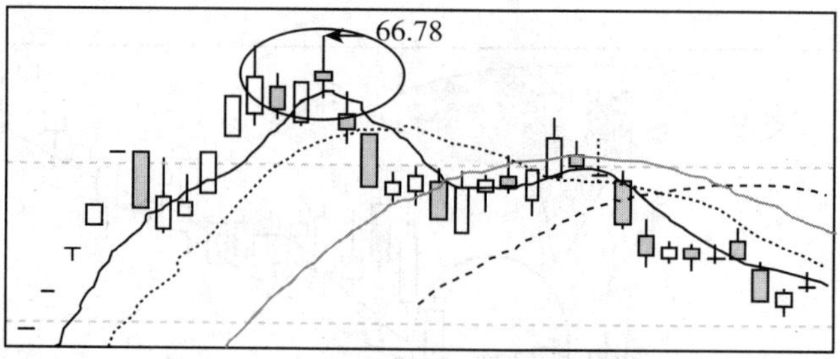

图 6－1－14　黄昏之星形态

（二）射击之星

这是指一个小 K 线实体带有一根长长的上影线，通常上影线长度应是实体长度的 2 倍以上（见图 6－1－15）。

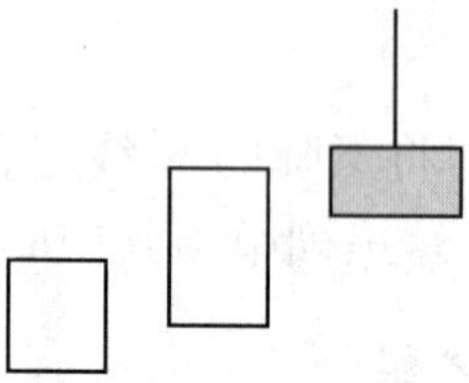

图 6－1－15　射击之星

射击之星一般是在连续上涨后，股价跳空高开创出新高却收在低位，表示市场失去上升动能，是主力出货的常见图形。此时，投资者应退场观望，以免高位长久被套。

【学一学】

射击之星

射击之星指出现在上升趋势末端的这样一根 K 线，上影线较长，实体部分较小，近似于“⊥”，射箭一完成，多头能量就衰竭了，发出可能见顶的信号，但可靠性低于黄昏之星。射击之星主要出现在一段上升趋势的顶部（见图 6－1－16），是一种十分明显的见顶信号。

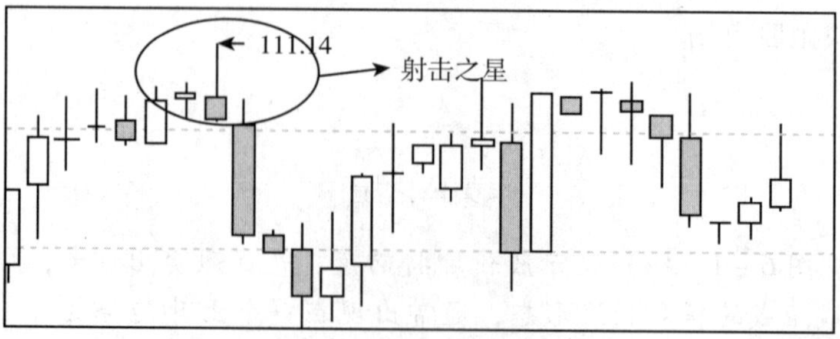

图 6－1－16　射击之星形态

（三）吊颈

这是先出现跳空高开的带有长长下影线的小阴实体，接着又出现较长阴线的组合形态（见图6－1－17）。

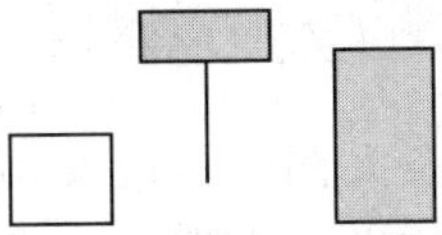

图6－1－17 吊颈

吊颈出现在上升趋势中，表示主力正在出货。若最后一根阴线的实体越长，新一轮跌势开始的概率也越大。吊颈的欺骗性强、杀伤力大，许多投资者误以为下档有较强支撑，从而买入被套。

【学一学】

吊颈线

吊颈线一般出现在上升趋势的末端，其可以是阳线，也可以是阴线，但必须实体很小，下影线往往大于或等于实体的两倍，一般无上影线，少数略有一点上影线（见图6－1－18）。吊颈是见顶信号，后市看跌，实体与下影线比例越悬殊，越有参考价值。如吊颈线与黄昏之星同时出现，见顶信号就更加可靠。

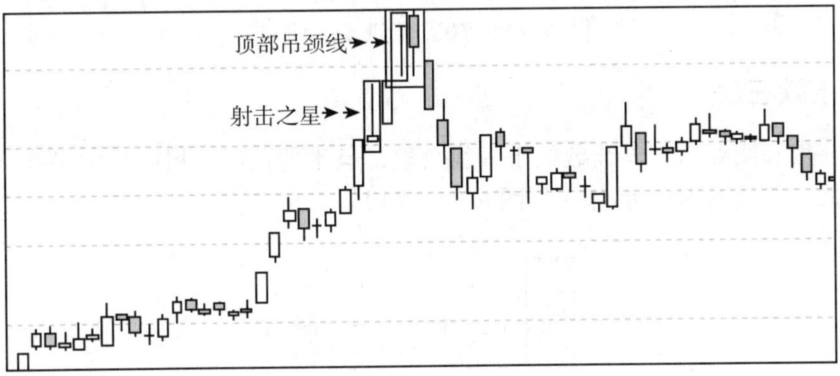

图6－1－18 吊颈线形态

（四）双飞乌鸦

它由三根K线组成，先是一根长阳线，接着是连续两根相对位置较高的小实体阴线（见图6－1－19）。

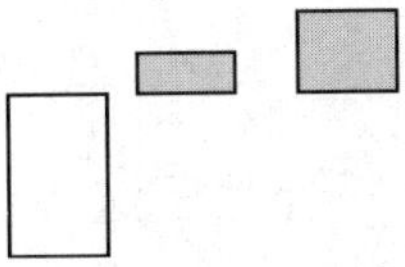

图6－1－19 双飞乌鸦

双飞乌鸦出现在股价连续大幅上升之后，表示向上攻击失败，牛市行情已被有效遏制，价格将会大幅度的下跌。

【学一学】

双飞乌鸦

双飞乌鸦又称跳空双鸦，是由一条大阳线和两条向上跳空开盘且呈抱线形态的阴线组成的图形（见图6－1－20）。第一条大阳线表示价格大幅上升，随后空头斩仓，尽管推动价格仍然上升，但以最低价报收，未能进一步攀高。第三天再次收阴线，并且是出线组合，表明股价会进一步下跌，后市看淡。

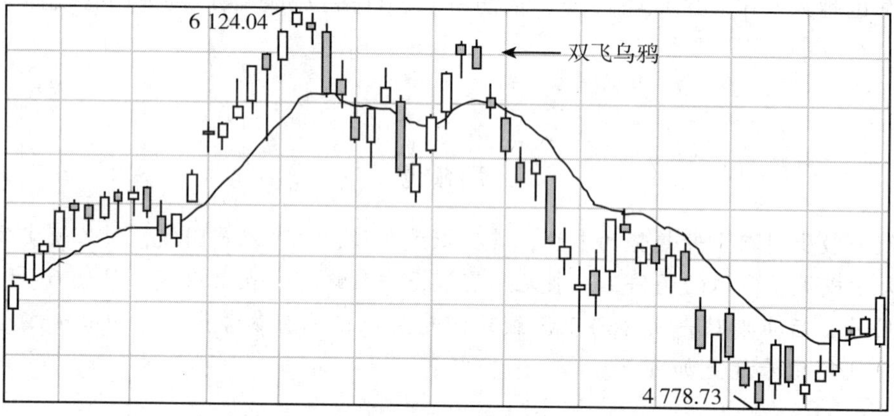

图6－1－20　双飞乌鸦形态

（五）下跌三法

这是指一根长阴线后，连续数根小阳线盘整，且维持在第一根阴线的最高价与最低价之间，再接一根大阴线的K线组合（见图6－1－21）。

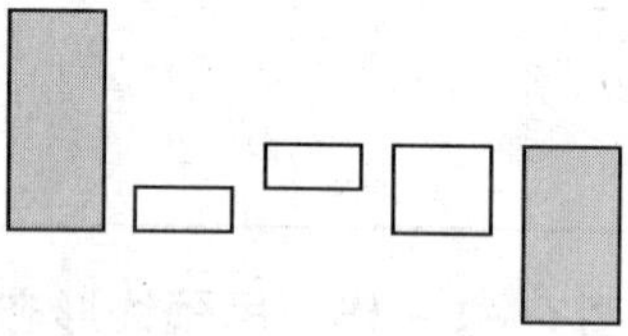

图6－1－21　下跌三法

下跌三法发生在股价下跌途中，属于下跌中继形态，表示市场极度虚弱，股价大跌小涨，空方占有绝对优势。

【学一学】

下跌三法

下跌三法一般由大小不等的5根K线组成；第一天先是出现一根大阴线或中阴线，接着连续出现了3根小阳线，但都没有突破第一天的开盘价，随后出现了一根大阴线或中阴线，其中走势有点类似英文字母的"N"字。一般情况下，下跌三法形态（见图6-1-22）出现之后，股价都会形成一轮较大幅度的下跌。

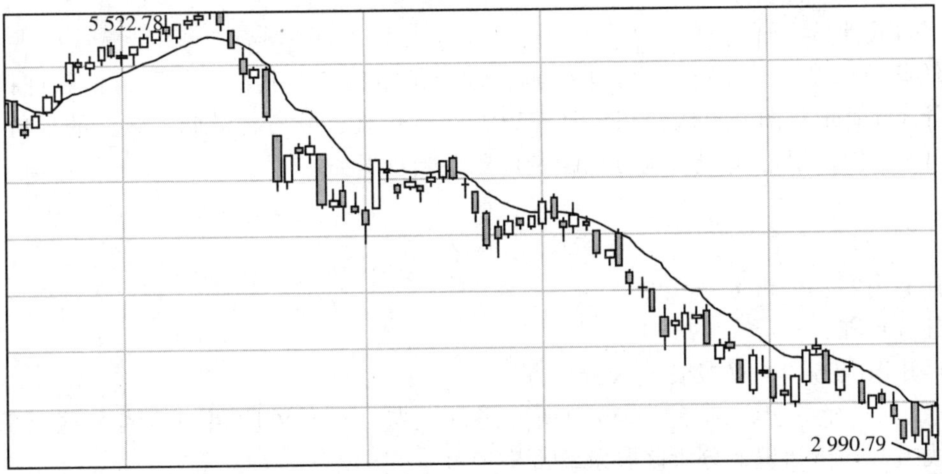

图6-1-22 下跌三法形态

扩展阅读

神奇的十字线

十字线是一种重要的趋势反转信号，如果十字线之后的K线发出了验证信号，证实反转的话，就进一步加大了趋势反转的可能性。应用注意事项：

1. 只有在市场不经常出现十字线的条件下，十字线才具有重要意义。短于30分钟时间单位的K线图中，十字线频繁出现，没有明显意义。

2. 十字线的确认具有一定的灵活性，如果开盘价与收盘价仅仅有几个变化单位的差别，也可以近似地认为是十字线。

3. 近似十字线的确认还要观察其与附近价格变化的关系：如果近似的十字线周围还有一系列小实体，那么就不应该认为这根K线有多大意义；如果当时市场正处于一个重要的转折点，或者正处在牛市或熊市的末期，或者当时已经有其他技术信号发出了警告信息，那么此时出现的近似十字线，就应当看成是一根十字线。

4. 宁可错认，不能漏过，遇上一个虚假的警告信号，总比漏过一个真正的危险信号强得多，由于十字线蕴含着多方面的技术意义，忽略一根十字线，可能就招致危险。

工作任务

任务1

1. 任务内容：绘制K线图。

2. 任务步骤：

（1）知识准备：了解 K 线的绘制方法。

（2）3 名学生一组，每组选择一只你所熟悉的股票，打开该股票的分时走势图，利用分析走势，绘制 K 线图。

（3）自我评价。

3. 任务操作提示：首先，建立坐标轴，划分价格区间；其次，打开行情软件找到所选股票的当日分时走势图；再次，在分时走势中选出开盘、最高、最低、最新的报价；最后，利用这四个报价，根据 K 线绘制方法绘制该股票当日 K 线。

任务 2

1. 任务内容：分析 K 线组合。

2. 任务步骤：

（1）知识准备：了解多根 K 线分析方法。

（2）2 名学生一组，选择一只改组所熟悉的股票，打开该股票的整体 K 线走势，利用所学 K 线组合分析知识，分析该股票的价格走势。

3. 任务操作提示：首先，熟悉 K 线组合形态知识，了解多根 K 线分析的方法；其次，打开行情软件找到所选股票的整体 K 线走势；再次，找出走势中你所熟悉的 K 线组合形态；最后，利用这些形态判断股票的价格走势。

模块二　趋势分析

任务描述

本模块的主要任务是认知趋势的含义及类型，明确支撑线与压力线的画法及应用，掌握趋势线与轨道线的画法及作用，掌握黄金分割线及百分比线的画法及作用，并能运用趋势分析法分析证券价格走势。

任务一　趋势线与轨道线的应用

任务指引

趋势表示事物发展的动向，在金融交易市场表示股票、期货、外汇运动的方向。

在股票市场上，趋势对投资的作用是不言而喻的。按照顺势而为的股票投资思想，投资者要想在股价走势中获利，首先就必须了解并把握股市的趋势。只有正确判断出股票价格走势所形成的趋势，才能在纷繁复杂的证券市场中掌握一定的投资先机。

问题思考

1. 什么是趋势？

2. 趋势有哪些类型？
3. 如何判断并运用趋势？

知识准备

一、趋势线与轨道线

（一）趋势线

趋势线是表现股票价格波动趋势的直线，具体的有上升趋势线和下跌趋势线。上升趋势线是支撑线的一种，不断支撑价格形成上升趋势；下跌趋势线则是压力线的一种，不断阻压价格形成下降趋势。在上升趋势中，将两个低点连成一条直线，就得到上升趋势线；在下降趋势中，将两个高点连成一条直线，就得到下降趋势线。如图 6－2－1 所示虚线。

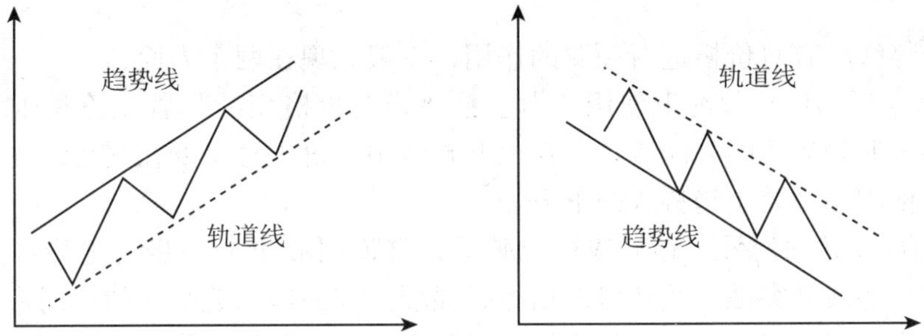

图 6－2－1　趋势线、轨道线的画法

（二）轨道线

轨道线又称通道线，是基于趋势线的一种方法。在已经得到了趋势线后，通过第一个峰和谷可以作出这条趋势线的平行线，这条平行线就是轨道线。两条平行线组成一个轨道，这就是常说的上升和下降轨道。如图 6－2－1 所示实线。轨道的作用是限制股价的变动范围。轨道线的应用与趋势线相同，二者的区别在于趋势线的作用要大于轨道线。

画任何趋势线必然选择两个有决定意义的高点或低点。一般来说，上升趋势线的两个低点，应是两个反转低点，即下跌至某一低点开始回升，再下跌没有跌破前一低点又开始上升，则这两个低点就是两个反转低点。同理，决定下跌趋势线也需要两个反转高点。只要两个高点或低点判断准确了，也就基本上掌握了趋势线画法的要领。

二、趋势线与轨道线的有效性

在人为画出的若干条趋势线中，投资者会发现，有些事先所画出的趋势线并不能够对价格产生支撑或压力作用，因而趋势线还存在着有效性确认的问题。具体来说，可从以下方面验证趋势线的有效性。

（一）趋势线被触及的次数

根据两个高点或低点画出趋势线后，还要得到第三个高点或低点的验证，才能确认趋势线是否有效。价格变动中触及趋势线的次数越多，趋势线越可靠，趋势线的支撑及压力效用就越强。

（二）趋势线的倾斜率

趋势线的倾斜率越大，可靠性越低，压力作用和支撑作用也越弱，以后很容易被突破或修正。

（三）趋势线的时间跨度

趋势线跨越的时间越长，可靠性越高，支撑或压力效用也越大。

三、趋势线的作用

有效的趋势线具有对价格进行预测的作用，一般表现在两个方面：

1. 对价格今后的变动起约束作用。由于趋势线对价格变动起着支撑和压力的作用，从而使价格能够按照趋势线的方向波动。在上升趋势中，价格总是处在趋势线的上方；而在下降趋势中，价格则总是处于趋势线的下方。

2. 预示趋势反转的信号。趋势线被突破后，就说明股价下一步的走势将要反转。越重要、越有效的趋势线被突破，其转势的信号越强烈。被突破的趋势线的作用将相互转化，即原来起支撑作用的趋势线将对今后的价格形成压力，原来起压力作用的将在今后对价格形成支撑（见图 6－2－2）。

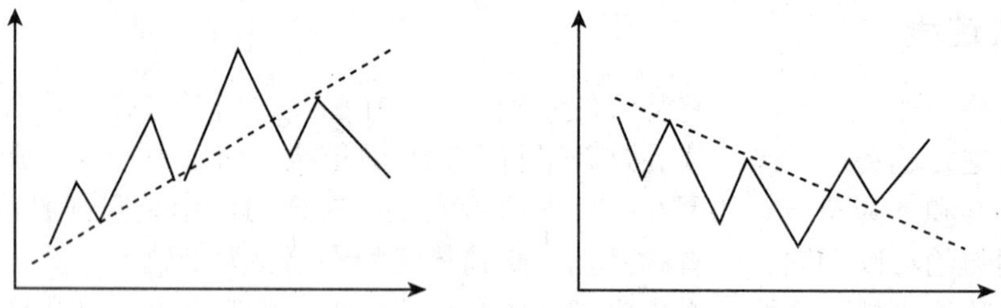

图 6－2－2　趋势线的作用

【学一学】

趋势线与轨道线应用

轨道线和趋势线是相互合作的一对（见图 6－2－3）。很显然，先有趋势线，后有轨道线，因为轨道线是趋势线的平行线。趋势线比轨道线重要也可靠得多。趋势线可以独立存在，而轨道线则不能；另外与突破趋势线不同，对轨道线的突破并不是趋势反向的开始，而是趋势加速的开始，即原来的趋势线的斜率将会增加，趋势线的方向将会更加陡峭。

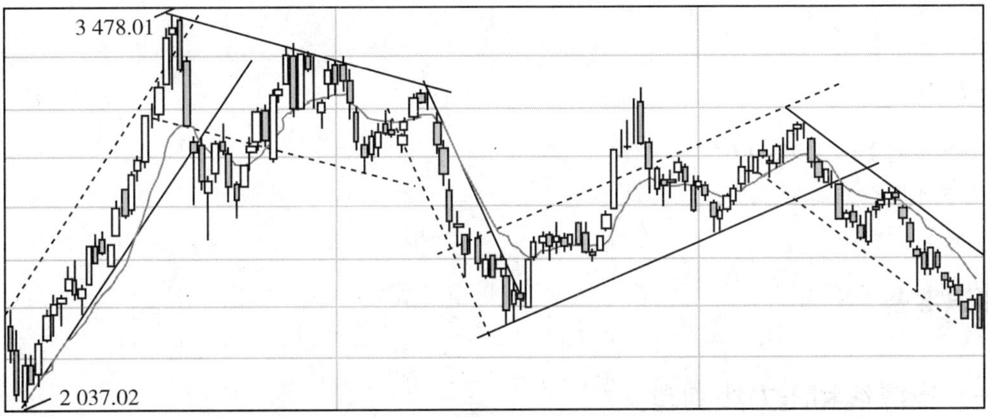

图 6－2－3　趋势线与轨道线态势

四、趋势线有效突破的确认

趋势线经过一段时间后终会被突破，关键是要及时确认是改变行情变化方向的有效突破，还是因某一偶然因素作用的无效突破。有效突破确认的方法有：第一，连续两天以上的收盘价突破趋势线，或趋势线被突破后连续两天价格创出新高或新低价，可视为有效突破。第二，长期趋势线被突破，说明大势反转的可能性大，价格反向变化的力度强。第三，与成交量配合的突破，如价格向上突破下降趋势线时，成交量亦随之放大为有效突破；而价格下跌突破上升趋势线则不一定需要成交量的配合，但在价格反弹至趋势线位置时，伴随着成交量的增加，价格立即快速下跌，可确认上升趋势线已被有效突破。第四，趋势线与股价形态同时被突破，就会产生叠加效应，突破后价格走势的力度将加大，是一种有效突破。

【想一想】

趋势线与轨道线，你认为哪个对判断价格走势更重要？

任务二　支撑线和压力线的应用

任务指引

在股票市场中，价格被过度的供给或者需求所驱动。当需求增加时，价格上涨。当供给增加时，价格下跌。当供需大致相等时，价格以横向整理的方式运动。

支撑的意义即为需求集中的区域，亦即潜在的买进力道的聚集区，由于这个区域的需求足够强，因此能阻止价格进一步下跌。压力的意义即为供给集中的区域，亦即潜在的卖出力道的聚集区，由于这个区域的供给足够强，因此能阻止价格进一步上升。

压力与支撑的判断分析是技术分析中非常重要的依据之一。压力的有效突破往往是一个新的上涨阶段的开始，支撑的有效跌破也是一个新的下跌阶段的开始。压力与支撑是股价震荡上行或震荡下行过程中箱体波动的顶与底，如果进行认真观察分析，可以较好地把握每一次的买入和卖出的时机，使利润更为可观。

➲ 问题思考

1. 什么是支撑与压力？
2. 如何判断支撑位与压力位？

知识准备

一、支撑线和压力线的含义

价格变动具有一定的趋势，这种趋势变动从图形上看就是一条曲折蜿蜒的折线，每个折点处就形成一个峰或谷，这些峰谷的形成是由于价格在该价位遇到压力或支撑所致。无论是上升趋势还是下跌趋势，支撑线和压力线都是同时存在的。

（一）支撑线

支撑线又称为抵抗线，当价格下跌到某个价位附近时，会出现买方增加、卖方减少的情况，从而使价格停止下跌甚至反弹上升，经过这个价位所画出的一条直线就是支撑线（见图6－2－4）。

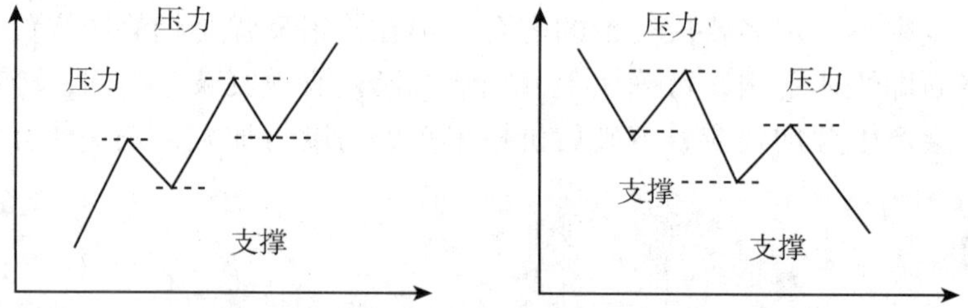

图6－2－4　支撑线与压力线

（二）压力线

压力线又称为阻力线，当价格上涨到某个价位附近时，会出现卖方增加、买方减少的情况，从而使价格停止上涨甚至回落，经过这个价位所画出的一条直线就是压力线（见图6－2－4）。

二、支撑线和压力线的形成与确认

由于支撑线和压力线都是根据股票价格的波动画出来的，所以带有很大的人为因素。

在画出支撑线和压力线后，还必须对其进行有效性确认。一般来说，确认支撑线或压力线有效性的方法有：一是价格在这个区域停留时间的长短；二是该价格区域的成交量大小；三是支撑或压力区域发生的时间距离当前时间的远近。很显然，股价停留的时间越长、伴随的成交量越大、离现在越近，则支撑线或压力线的有效性越高，反之就越小。

三、支撑线和压力线的突破

突破指价格升破压力位，或跌穿支撑位。有效突破是指突破某一支撑或压力位后，不再回到先前的运行范围。支撑位与压力位有效突破的判断标准有三个：（1）价格以收盘价作为判断标准；（2）空间上以升破或跌破压力位或支撑位3%的涨跌幅为标准；（3）时间上以收盘价连续3天以上站稳为标准。

四、支撑线和压力线的作用与转化

支撑线和压力线的作用表现在两个方面：一是阻止或暂时阻止价格沿原趋势方向继续运动，但它们并不足以长久地阻止价格保持原来的变动方向，只不过是暂时停顿而已；二是彻底改变了价格原来的趋势方向，价格不可能再创出新的低点或高点，这就发出了原有趋势将要结束的强烈信号（见图6－2－5）。

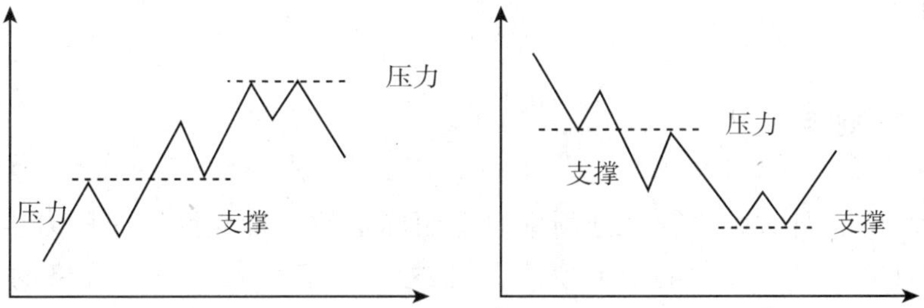

图6－2－5　支撑线、压力线的作用与转换

从支撑线和压力线的作用看，它们不仅可以阻止或暂时阻止价格沿原趋势方向继续运动，而且还能够彻底改变价格原来的趋势方向。这就说明支撑线和压力线的地位并不是一成不变的，随着支撑线或压力线被有效突破，其对价格的作用就会发生彻底的改变。也就是说，一条支撑线如果被跌破，那么这一支撑线将成为今后的压力线；同理，一条压力线被突破，这个压力线将成为支撑线。

【看一看】

常出现支撑与压力的位置

（1）每一段走势的高点或低点将成为压力与支撑。高点被突破后，将成为回调时的支撑；低点被跌破后，将成为反弹时的压力。

（2）成交的密集区将成为压力或支撑。高位成交密集区一般是主力对倒出货所为，出货后股价将持续下跌，该成交密集区则形成压力；低位成交密集区一般是主力建仓所为，建仓后股价将持续上涨，该成交密集区则形成支撑。

（3）每一段平台整理将成为压力与支撑。平台整理说明当前股价买卖方保持平衡，一旦失衡后该平台将成为新一段走势的压力与支撑。

（4）每一条均线将成为压力与支撑。均线根据时期长短不同，压力与支撑的强度也不同。短期均线的压力与支撑力度较小，而长期均线的压力与支撑力度较大。

（5）每一个跳空缺口将成为压力与支撑。缺口是一种极端的走势。出现向上跳空缺口说明在某一位置有强烈的做多意愿；出现向下跳空缺口说明在某一位置有强烈做空意愿。

任务三　黄金分割线与百分比线的应用

任务指引

在对股市行情进行技术分析时，黄金分割线与百分比线是较为常用的一种分析工具，其主要作用是运用黄金分割和百分比率预先给出股指或个股的支撑位或压力位，以便于在可能的目标位附近提前做好操作上的准备。黄金分割线与百分比线的分析原理基本相似，两者不同之处仅在于所引用的比率各不同。

知识准备

一、黄金分割线

黄金分割线是依据0.618黄金分割率原理而确定的一种支撑线或压力线。黄金分割率是一组神秘的数字，自然界中的很多事物都与这些数字有关。股票价格的支撑与压力价位也往往与这些数字不谋而合。因此，可根据黄金分割率来确认价格的支撑位或压力位，其应用步骤为：

（一）记住一组特殊的数字

0.191	0.382	0.5	0.618	0.809
1	1.191	1.382	1.618	1.809
2	2.382	2.618	4.236	6.854

（二）寻找行情转折点

在画黄金分割线时，基点的选择尤为关键，选择的好坏直接决定着对行情研判的效果。由于股价运动呈现波浪式，所以，在价格趋势运行过程中，会出现许多的高点或低点，这里所寻找的基点应是价格轨迹中显著的高点或低点，也就是说，必须是行情的转折点，即上升趋势的结束点或下跌趋势的结束点。

【学一学】

黄金分割线

在应用黄金分割线时需要注意的是：对于黄金分割线而言，最重要的两条线为0.382和0.618。在反弹行情中0.382位置为弱势的反弹目标位，0.618位置为强势反弹的目标位。而在回调过程中，若是强势回调，则0.382线处应有较强的支撑；若是弱势回调，0.618线处才是强支撑位（见图6－2－6）。

图6－2－6　黄金分割线

（三）计算并画出黄金分割线

涨跌起点确定后，投资者应以此为基础根据黄金分割率来计算支撑价位或压力价位，即涨跌起点的价格与黄金比率的乘积很可能成为未来价格波动的支撑或压力。

在上升行情开始调头向下时，用高点的价格分别乘以小于1的黄金比率，就可以得到未来可能成为价格支撑的几个价位。假设某股票这次上升的顶点价格为30元，则由黄金分割率可计算得到：$30\times0.809=24.27$元、$30\times0.618=18.54$元、$30\times0.5=15$元、$30\times0.382=11.46$元、$30\times0.191=5.73$元。这些价位可能成为支撑价位，其中以0.618、0.5、0.382比率计算的价位成为支撑的可能性最大。

在下跌行情开始调头向上时，用低点的价格分别乘以大于1的黄金比率，就能够得到未来可能成为价格压力的若干个价位。假设某股票这次上升的低点价格为10元，则由黄金分割率可计算得到：$10\times1.382=13.82$元、$10\times1.618=16.18$元、$10\times2=20$元、$10\times2.618=26.18$元、$10\times4.236=42.36$元……这些价位可能成为压力价位，其中以1.618、2.618、4.236比率计算的价位成为压力的可能性最大。

根据黄金分割率计算出若干个未来可能成为价格压力或支撑的价位后，经过这些价位所画出的若干条水平线就是黄金分割线。

二、百分比线

百分比线是以人们的心理因素为出发点，寻找一些整数位的分界点而确定的一种支撑线或压力线。其中，1/2、1/3、2/3 的这三条线最为重要。

在画百分比线时，基点的选择尤为关键，选择的好坏直接决定着对行情研判的效果。由于股价运动呈现波浪式，所以，在价格趋势运行过程中，会出现许多的高点或低点，这里所寻找的基点应是价格轨迹中显著的高点或低点，也就是说，必须是行情的转折点，即上升趋势的结束点或下跌趋势的结束点。

根据相应的百分比计算出若干个未来可能成为价格压力或支撑的价位后，经过这些价位所画出的若干条水平线就是百分比线。

扩展阅读

扇形原理

扇形原理是依据三次突破趋势将反转的原则来判断股价变动趋势的理论。在上升趋势中，先以两个低点画出上升趋势线后，如果价格向下回落，跌破了刚画的上升趋势线，则以新出现的低点与原来的第一个低点相连接，画出第二条上升趋势线。再往下，如果第二条趋势线又被向下突破，则同前面一样，用新的低点，与最初的低点相连接，画出第三条上升趋势线。依次变得越来越平缓的这三条直线形如张开的扇子（见图 6－2－7），扇形线和扇形原理由此而得名。对于下降趋势也可以如法炮制，只是方向正好相反。

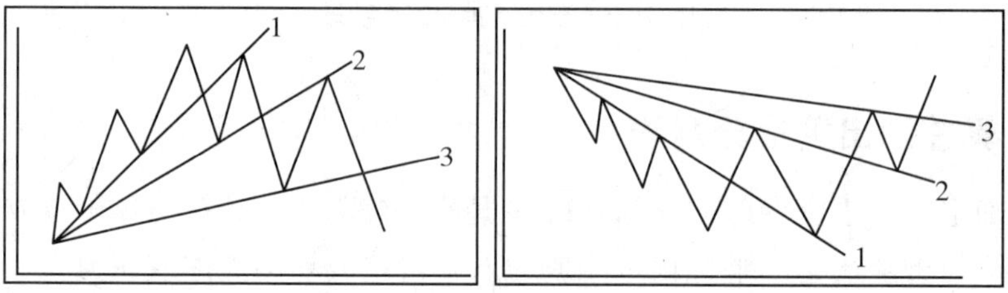

图 6－2－7　扇形线

趋势线在明确趋势反转方面有明显的不足，可操作性比较差。扇形线避免了趋势线的不足，初看起来，扇形线很像是趋势线在进行调整。从某种意义上讲，扇形线丰富了趋势线的内容，为我们提供了具体进行操作的指导。

工作任务

任务 1

1. 任务内容：判断支撑位与压力位。

2. 任务步骤：

（1）打开股票交易行情软件。

（2）选择一只熟悉的股票，并打开该股 K 线走势图。

（3）利用所学知识判断该股的支撑位与压力位。

3. 任务操作提示：学生通过分析自己所熟悉股票的 K 线走势图，运用画线工具判断该股的支撑位与压力位，从而掌握支撑位与压力位的判断方法及其应用。

任务 2

1. 任务内容：趋势线与轨道线的运用。

2. 任务步骤：

（1）知识准备：了解趋势线与轨道线运用的基本知识。

（2）打开股票交易行情分析软件，打开一只股票 K 线走势图，利用画线工具找出该股票走势的趋势线及轨道线。

（3）运用趋势线与轨道线对该股走势进行预测。

3. 任务操作提示：通过对个股 K 线走势进行画线，学生可以更形象地了解趋势线及轨道线的绘制，并能根据趋势线与轨道线，对该股走势进行分析。

任务 3

1. 任务内容：黄金分割线与百分比线运用。

2. 任务步骤：

（1）知识准备：了解黄金分割线与百分比线的基本知识。

（2）打开股票交易行情分析软件，打开一只股票 K 线走势图，利用画线工具找出该股票黄金分割线与百分比线。

（3）运用黄金分割线与百分比线对该股进行分析。

3. 任务操作提示：通过画线工具，学生可以更形象地了解黄金分割线及百分比线的绘制，并能根据趋势线与轨道线，对该股走势进行分析。

模块三　形态分析

任务描述

本模块的主要任务是认知股票走势形成的形态，了解形态的类型，掌握各种反转形态与持续整理形态的特点及作用，能利用形态分析的方法分析股票价格走势。

任务一　形态认知

任务指引

形态理论是通过研究股价所走过的轨迹，分析和挖掘出曲线中一些多空双方力量的对比结果，进行行动。形态分析已成为技术分析的重要组成部分，它通过对市场横向运动时形成的各种价格形态进行分析，并且结合成交量的变化，以此来预测股票市场现存的趋势将会延续，还是反转。

➲ 问题思考

1. 常见的股票形态有哪些？
2. 如何区分反转形态与持续形态？

知识准备

一、形态的定义

为了弥补K线理论只适用于短期趋势预测的不足，可以将K线组合中所包含的K线根数增加，从而形成一条上下波动的价格曲线，该曲线就是价格在这段时间移动的轨迹，它会呈现为各种规则或不规则的图形。其中，反映价格变化的K线图所呈现出来的各种规则图形就是技术形态。

二、形态的类型

根据价格趋势改变与否，可将形态分为反转形态和整理形态两大类。反转形态是指形态被突破后价格波动的方向与形态突破之前的运行方向相反的技术形态。整理形态是指形态被突破后价格波动的方向与形态突破之前的运行方向相同的技术形态。

【看一看】

股票形态的建立、分析基于以下假设：

1. 股票是具有典型统计特性的事物，它是按规律运行的。
2. 历史走势特别是近期走势对后来形态具有直接的影响。
3. 股票上涨是交易能量积累的结果，其中主动性买盘中大单交易的影响具有决定意义。反之股票的下跌也是量能释放的结果，其中主动性卖盘中大单具有决定性的影响。
4. 具有一定规模的上涨一定是主力促成的，不能希望散户抬起一只股票。而有一定规模的下降则主要是散户所为。
5. 所有的股票中都有主力存在，只是它们的性质不同，强弱不同，善恶程度不同，表现方式不同。

任务二　反转形态的应用

任务指引

反转形态指股价趋势逆转所形成的图形，亦即股价由涨势转为跌势，或由跌势转为涨势的信号。反转形态是一种能量转化的方式，是一个艰难的过程，需要充分的时间、空间舞台进行能量的交换。但正如能量守恒定律，时间可以换取空间，反之空间可以抵消时间。反转中既有激烈的单日V形反转，又有耗时颇巨的圆底与圆顶，V形反转。

知识准备

一、头肩形态

头肩形态是技术形态中出现最多的一种反转形态，也是最著名和最可靠的反转形态。它一般可分为头肩顶和头肩底。

（一）头肩顶

1. 头肩顶的构成。在上升趋势中，价格在成交量增加的推动下依次出现三个局部的高点，中间的高点最高称为“头”，左右两个相对较低的高点分别称为“左肩”和“右肩”，因而这种形态被形象地称为头肩顶（见图6-3-1左）。头肩顶形态有一条重要的支撑线叫颈线，它是头部与左、右肩之间两个相对低点的连线。一旦价格由上向下有效跌穿颈线的支撑，则意味着头肩顶形态的最终形成。

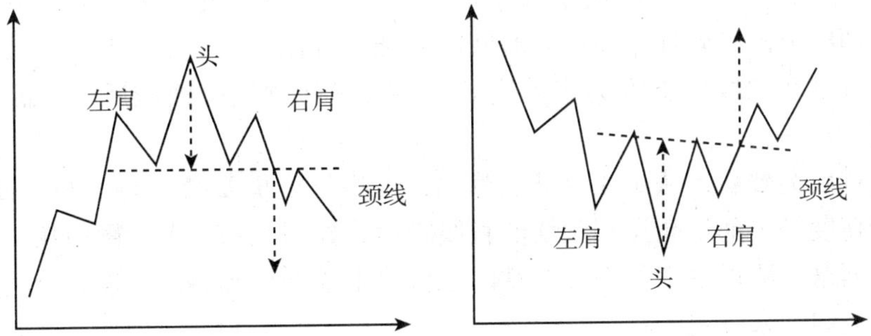

图6-3-1　头肩顶和头肩底

2. 头肩顶的识别。头肩顶具有以下特点：第一，左、右肩的位置要明显低于头部，且左、右肩两者的高点大致相等但允许有一定的落差，即颈线可以是倾斜的。第二，从三个高点形成时的成交量看，左肩的成交量最大，头部次之，而右肩成交量最小，呈梯状递减。第三，头肩顶形成的时间越长，价格在此过程中的起伏越大，颈线位置被突破后，价格反转向下的潜力越大。

【学一学】

头肩顶

从图6-3-2可以看出：

(1) 形态：有明显的颈线；左右肩高点大致相等，大部分右肩低于左肩；

（2）成交量：左肩 > 头部 > 右肩、右肩 = 头部 = 左肩、左肩 < 头部 < 右肩的情况各 30%；

（3）突破：下破颈线，量缩或放量。

图 6－3－2　头肩顶形态

3. 头肩顶的应用。作为一种典型的反转形态，颈线的有效突破是头肩顶形态是否成立的关键。确认颈线突破有效性的原则有时间原则和百分比原则。前者是指颈线被跌破后，连续 3 天的收盘价都在颈线的下方为有效突破；后者是指颈线被跌破后，收盘价格跌幅达到 3% 以上时为有效突破。

当颈线被有效突破后，从颈线突破点算起，价格将至少要跌到与形态高度相等的距离。头肩顶的形态高度是头部最高点到颈线的直线距离，如图 6－3－1 左图中从头部高点向下的箭头长度。依据这个测量原则所得出的跌幅是价格下跌的最起码的深度，价格实际下落的位置还要根据其他因素来确定。

（二）头肩底

头肩底是头肩顶的翻转，是一个可靠的买进时机。它的构成与头肩顶相似，只是方向正好相反。头肩底在突破有效性确认、涨跌幅测量方面也类同于头肩顶。但两者之间仍有差异，表现在颈线突破有效性的成交量确认上，头肩顶向下突破颈线时，成交量不一定要放大，而头肩底向上突破颈线时，若没有大成交量配合，通常都是假突破，形态反转的可靠性就大为降低。

二、双重顶（底）形态

双重顶和双重底形态也就是 M 头和 W 底，它们在市场上出现得非常频繁，是一种极为重要的反转形态。

（一）双重顶的构成

在上升趋势的末期，价格随成交量的增加创出新高后遇阻回落，当跌至上升趋势线附近时受到支撑，再次回升到前次高点价位附近后，由于上升乏力而掉头向下，这样就形成了两个几乎等高的顶部形状，也就是M头（见图6－3－3左）。M头有一条重要的支撑线叫颈线，是经过两个高点之间的低点画出的一条和两个高点连线相平行的直线。一旦价格由上向下有效跌穿颈线的支撑，则意味着M头的最终形成，价格趋势已经发生根本性转折。

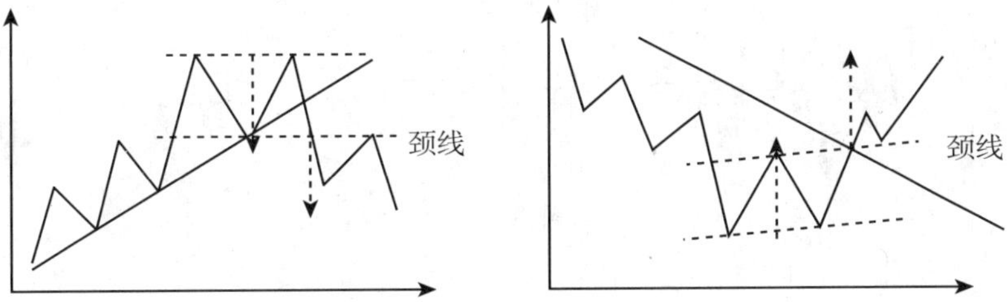

图6－3－3　双重顶和双重底

（二）双重顶的识别

1. 双重顶的两个顶点几乎等高，但不一定要在同一水平线上，两者的高低落差不能超过3%，否则形态的分析结论将失去意义。

2. 两个顶点的成交量不同，通常第一个顶点出现时的成交量很大，第二个顶点的成交量则明显萎缩，表明价格缺乏进一步上升的动力。

3. 两个顶点的距离越远，即形成的时间越长、形态规模越大，将来价格反转的潜力越大，波动的也越剧烈。

（三）双重顶的应用

价格向下突破颈线支撑时，也存在着突破有效性的确认问题，利用时间原则和百分比原则可以确认双重顶突破的有效性。双重顶反转形态一旦得到确认，同样具有测算功能，即从颈线突破点算起，股价将至少要跌到与形态高度相等的距离。M头的形态高度是从两个高点之间的低点到两个高点连线的直线距离，如图6－3－3（左）中向下的箭头长度。

对于双重底（W底），有完全相似或者说完全相同的结果（见图6－3－3，右）。只要将对双重顶的介绍反过来叙述就可以了。需要注意的是，双重底的颈线突破时，必须有大成交量的配合，否则即可能为无效突破。

【学一学】

双重顶

从图6－3－4可以看出：

（1）形态：有明显的颈线，两个高点大致相等；

（2）成交量：第一个高点的成交量明显大于第二个高点的成交量；

（3）突破：下破颈线，量缩或放量。

图 6－3－4　双重顶形态

三、圆弧形态

圆弧形又称为"圆形""碟形"或"碗形"，是一种在市场上出现机会较少的反转形态，有圆弧顶和圆弧底两种类型。

（一）圆弧形态的构成

在证券市场上，存在着实力雄厚的机构大户，他们在价格处于高位时会采取出多进少的分批抛售的做法，而在价格处于低位时则会采取进多出少的分批建仓的手段，如此来回拉锯式的操作就可能在 K 线图上出现一系列的高点或低点，把这些高点或低点连接起来，就形成了圆弧顶或圆弧底（见图 6－3－5）。

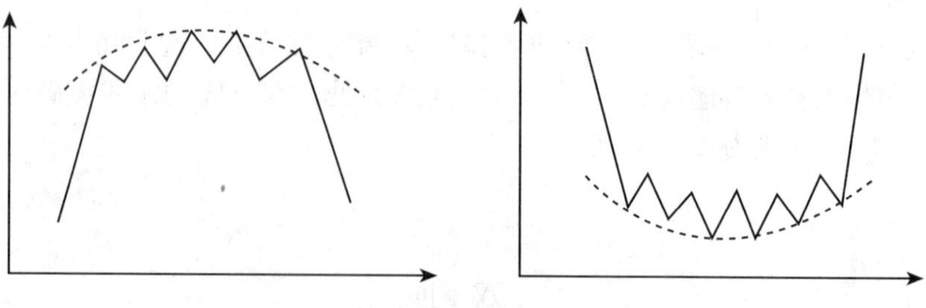

图 6－3－5　圆弧顶和圆弧底

（二）圆弧形态的识别

1. 在圆弧形态形成时，成交量要经历一个由大到小再放大的过程，越靠近顶（底）的成交量越少，而在形态突破后都会出现大成交量。

2. 圆弧形态完成后，行情涨跌多具有爆发性，一般是一口气涨跌到位，中间极少出现回档或反弹。因此，形态确立后应立即顺势而为，以免踏空、套牢。

3. 圆弧形态形成所花的时间越长，今后反转的力度就越强，买卖信号就越强烈。

【学一学】

圆形底

从图 6－3－6 可以看出：

（1）形态：形成时间较长，类似圆弧，有明显的颈线；

（2）成交量：两头大中间小；

（3）突破：上破颈线，必须放量。

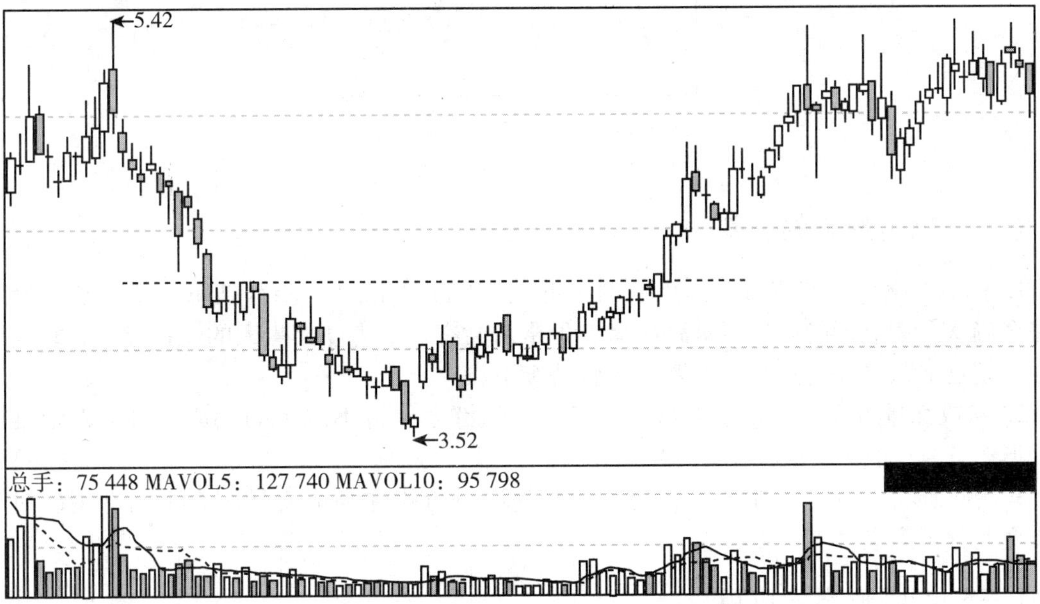

图 6－3－6　圆形底

（三）圆弧形的应用

由于圆弧形没有颈线可供使用，因而判断突破的有效性较困难。通常，可从以下几个方面判断：一是圆弧形态最后边缘形成的平台被突破；二是形态形成最初的价位被突破；三是突破时有巨大的成交量。

圆弧形态在实际交易中出现的机会较少，但是一旦出现则是绝好的机会，它的反转深度和高度是不可测的，这一点同前面几种形态有一定区别。

四、喇叭形

喇叭形又称扩大形或增大形，在形态完成后，几乎总是下跌的，是较可靠的顶部反转的看跌形态。

（一）喇叭形的构成

喇叭形通常出现于长期上升趋势的末期，往往是由于投资者的冲动情绪造成的。在一个缺乏理性的市场上，投资者受到市场炽热的投机气氛或市场传闻的感染，频繁地追涨杀跌，交易行为异常活跃，成交量和价格波幅越来越大。若将这一时期价格波动的高点和低点分别连线，其形态酷似一个喇叭，故名喇叭形（见图 6－3－7）。

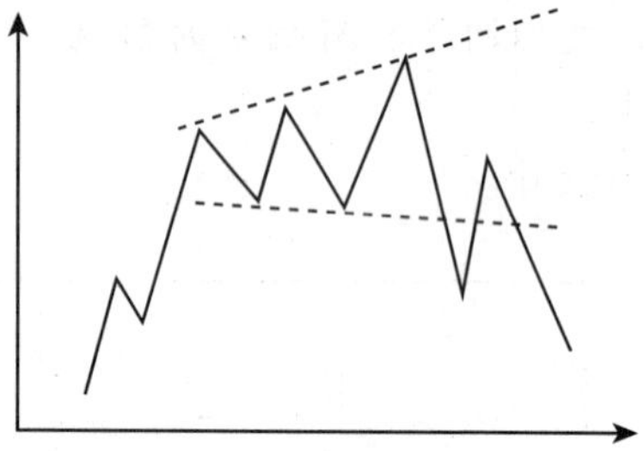

图 6－3－7　喇叭形

（二）喇叭形态的识别

1. 标准的喇叭形态有三个高点和两个低点。如果价格进一步跌破第二个低点，喇叭形可完全确认。喇叭形的底边线被跌破后，价格都会有一个力度相当大的反扑过程，只要反扑高度不超过下跌高度的一半，下跌趋势将持续下去。

2. 从成交量方面看，整个喇叭形态形成期间都会保持不规则的大成交量，否则难以构成该形态。

3. 喇叭形是一个看跌形态，只有在少数情况下价格在高成交量配合下向上突破时，才会改变其分析意义。

（三）喇叭形态的应用

喇叭形源于投资者的非理性，因而在气氛低迷的底部区域不可能形成该形态。喇叭形完成后的向下突破不存在是否成立的问题，突破后的价格跌幅是不可量度的，通常都会很大。喇叭形在市场上出现的次数不多，但是一旦出现，则极为有用。

【学一学】

喇叭形

从图 6－3－8 可以看出：

（1）形态：高点越来越高，低点越来越低；

（2）成交量：形态形成过程中成交量呈现不规则变化。

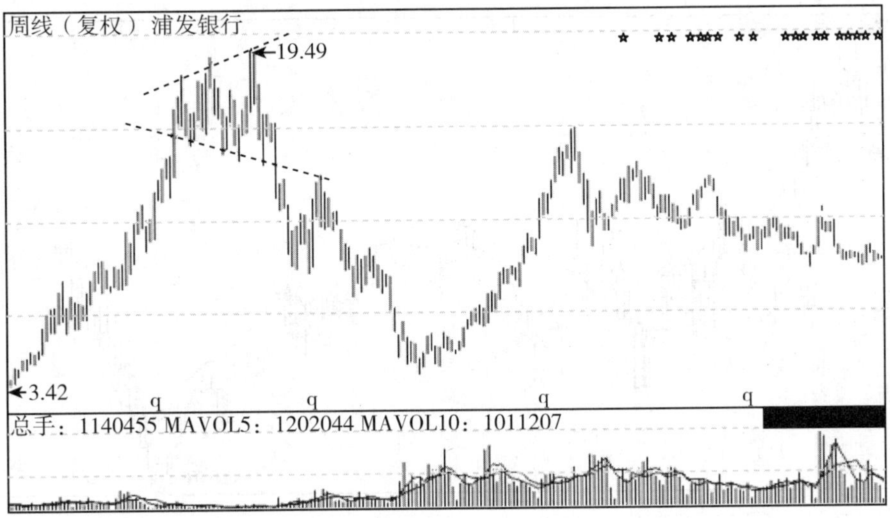

图 6-3-8 喇叭形

五、V 形反转

V 形走势是一种很难预测的反转形态，它与其他反转形态有着较大的区别。无论 V 形顶还是 V 形底的出现，都没有中间那一段过渡性的横盘过程，只出现一次顶或底。它往往出现在剧烈的市场波动之中，迅速达到顶或底，形态似字母“V”（见图 6-3-9）。

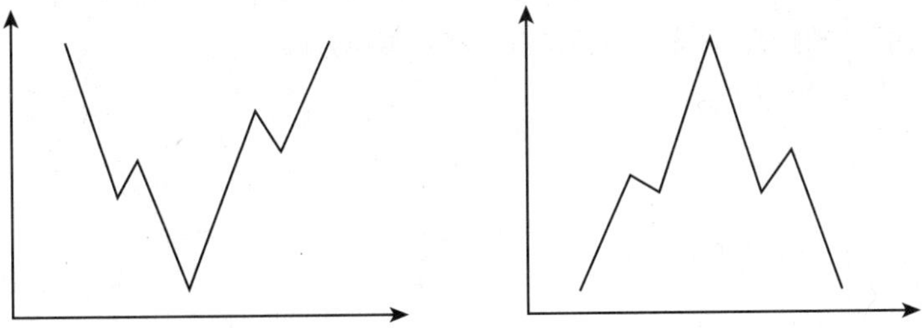

图 6-3-9 V 形顶与 V 形底

就 V 形反转而言，通常都与突发性利好或利淡消息的出现有密切关系，其关键转向过程仅 2~3 个交易日，有时甚至在 1 个交易日内完成整个转向过程，而且在转势点必须要有大成交量的配合。如果没有大的成交量，则 V 形走势不宜信赖。因此，对于 V 形反转这种失控的形态，投资者在应用时要特别小心。

【学一学】

V 形

从图 6-3-10 可知：

（1）形态：股价直来直去，类似于一个 V 字；

（2）成因：突发利好利空消息的影响或大资金的突然进入与撤离。

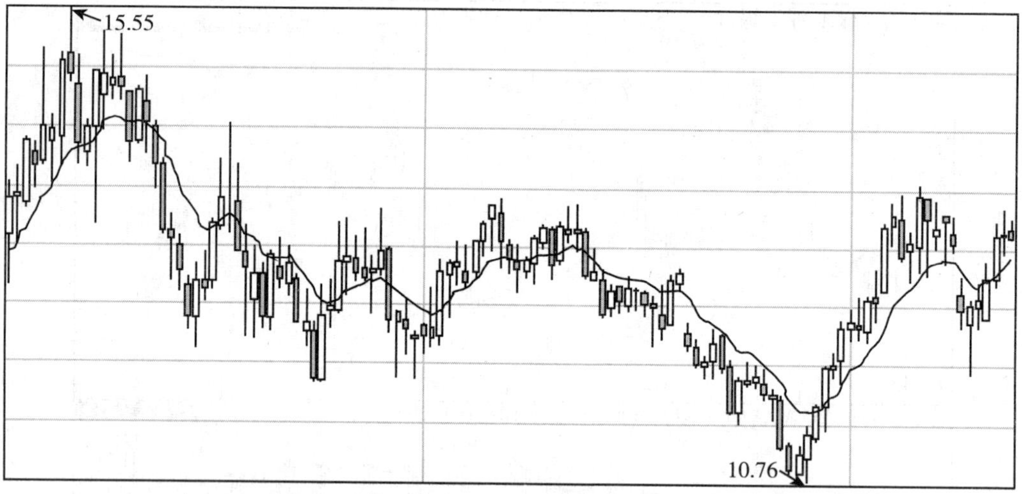

图 6-3-10　V 形态势

任务三　持续整理形态的应用

任务指引

持续整理形态是指经过一段时间的快速变动之后，就不再前进，而在一定区域内上下窄幅度变动，等时机成熟后再继续以往的走势。同反转突破形成相比，持续整理形态通常较为短暂，一般属于短暂形态或中等形态的类别。持续形态的出现意味着股价走势仍将沿着原方向持续运动。

知识准备

一、三角形

三角形整理形态主要有对称三角形和直角三角形两种。前者有时也称“正三角形”，后者又可分为上升三角形和下降三角形。

（一）对称三角形

1. 对称三角形的构成。对称三角形形态大多发生在一个大趋势进行的途中，价格在向一个方向经过一段时间快速运行后，不再继续原来的趋势，而是在一定区域内上下窄幅波动，如果分别将高点和低点连接起来的两条直线出现逐渐靠拢的情形，就会形成对称三角形整理形态（见图 6-3-11）。无论是上升趋势还是下降趋势，均会出现该形态。

2. 对称三角形的识别。对称三角形具有以下特点：第一，对称三角形的形成至少需要 6 个点，即 3 个不断下移的高点和 3 个不断上移的低点。三高点的连线是一条压力线，三低点的连线是一条支撑线。第二，从形态形成时的成交量看，伴随着价格波幅的缩小，成交量亦不断萎缩。第三，对称三角形形成时间不宜过长，否则保持原有趋势的能力就会下降。在多数情况下对称三角形是整理形态，但也会是反转形态，其可能性为1/4。

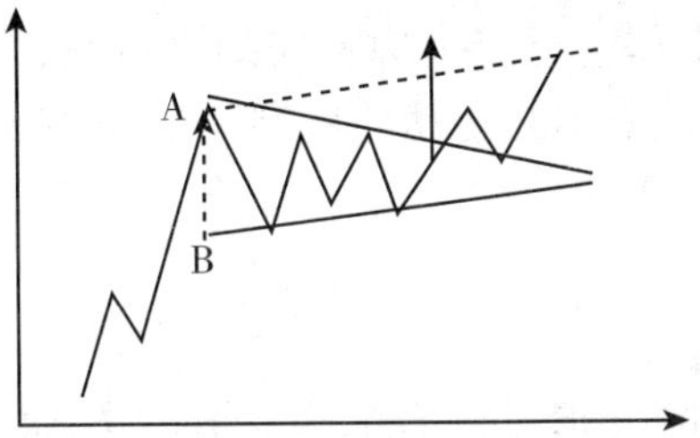

图6－3－11 对称三角形

【学一学】

对称三角形

从图6－3－12可知：

(1) 形态：高点越来越低，低点越来越高；

(2) 成交量：随着形态的延伸，成交量逐渐缩小；

(3) 突破位置：通常在1/2～3/4处。

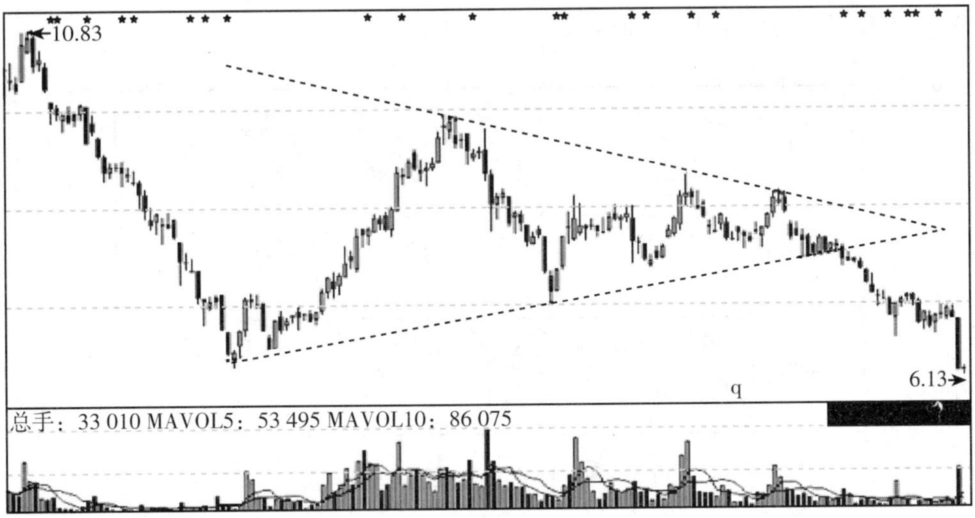

图6－3－12 对称三角形形态

3. 对称三角形的应用。对称三角形边线被突破也有真假的问题，具体的方法可采用百分比原则、时间原则来确认。需要注意的是，对称三角形向上突破需要大成交量配合，向下突破则对成交量的要求不高。此外，对称三角形还有独特的有效性确认方法，即突破点的位置一般应在三角形的横向宽度的1/2～3/4。若突破位置越靠近三角形的顶点，就越有可能是假突破。

对称三角形被突破后，也有测算功能。从边线突破点算起，价格将至少要涨（跌）到与形态高度相等的距离，如图 6－3－11 所示的 AB 连线就是上升过程中的对称三角形的形态高度。

图 6－4－11 中，经过 A 点作平行于下边直线的平行线，即图中的斜虚线是股价今后至少要达到的位置。它所给出的是个不断变动的数字，达到虚线的时间越迟，价位就越高，实际上这条虚线是一条轨道线。

（二）上升三角形

上升三角形是对称三角形的变形。两者的区别在于对称三角形的高点连线是向下倾斜的，而上升三角形的高点连线则是水平的。这就意味着上升三角形有着更加强烈的上升愿望。因为高点连线是压力线，说明了在形态形成过程中压力始终一致，而低点连线向上倾斜则意味着支撑线越撑越高，由此说明了多方比空方更为积极，双方力量对比正朝着有利于多方的方向发展。

【学一学】

上升三角形

从图 6－3－13 可知：

（1）形态：高点越来越低，低点越来越高；

（2）成交量：随着形态的延伸，成交量逐渐缩小；

（3）突破位置：通常在 1/2～3/4 处。

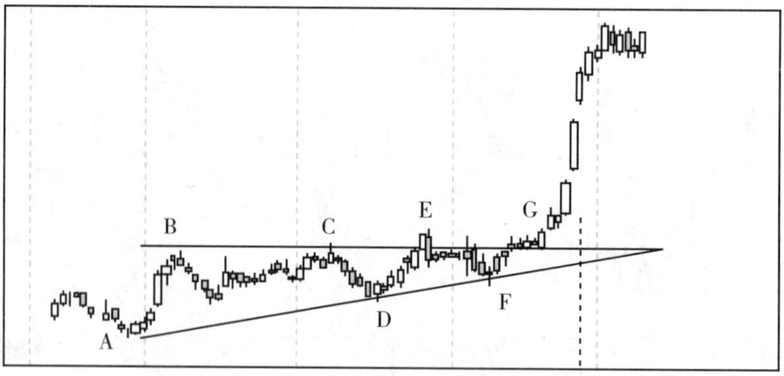

图 6－3－13　上升三角形形态

在上升趋势中遇到上升三角形，由于价格要保持原有的趋势和形态本身的向上愿望，几乎可以肯定今后价格是向上突破的。在下降趋势中遇到该形态，由于要保持原有的趋势与形态的向上愿望之间的冲突，使得对趋势方向的判断较为困难。如果在下降趋势处于末期时，出现上升三角形还是以看涨为主，这样上升三角形就成了底部的反转形态。

上升三角形除了形状与构成与对称三角形不同外，突破有效性的确认、涨跌幅的测量方法都与对称三角形相同。

（三）下降三角形

下降三角形同上升三角形正好反向，是一种看跌的技术形态。它的基本内容同上升三角形可以说非常相似，只是方向相反。这里要注意的是：下降三角形的成交量一直十分低迷，突破时不必有大成交量配合。另外，如果股价原有的趋势是向上的，则遇到下降三角形后，趋势的判断有一定的难度，但如果在上升趋势的末期出现下降三角形后，可以看成是顶部的反转形态。

二、矩形

（一）矩形的构成与识别

矩形又名“箱形”，是一种典型的整理形态。它是价格在两条横着的水平直线之间上下波动，在一段时间内作横向延伸运动的形态（见图6－3－14）。

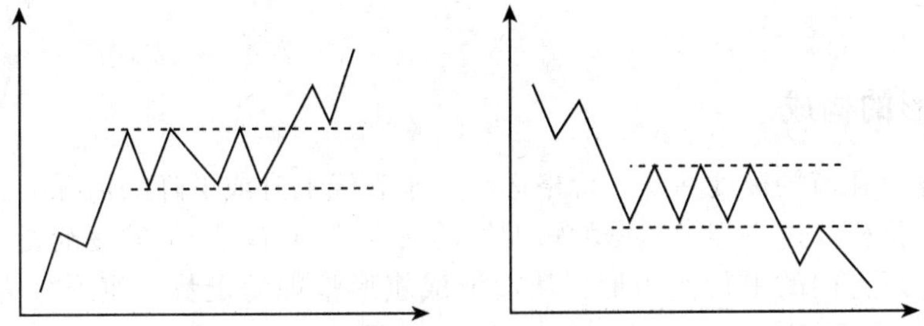

图6－3－14　矩形

在上升或下降趋势中，都会出现矩形形态。它有以下特点：第一，高、低点的连线分别是两条水平线。第二，在形态形成过程中，成交量呈递减状态。第三，形态形成时间不能过长，否则可能是反转形态，这种可能性为1/4。第四，矩形只有在实现有效突破后才能采取行动，否则很容易出错，因为在形成过程中它极有可能演变为其他的技术形态。

（二）矩形的应用

作为整理形态，价格经过一段矩形整理后，会继续按照原来的趋势方向运行。矩形整理的突破，同样存在着有效性的确认问题，前述的百分比原则、时间原则在这里同样适用。另外，价格向上突破时，必须要有大成交量的配合方可确认，而向下突破则不必有成交量的增加。

当矩形整理被有效突破后，其涨跌幅度通常等于矩形形态的高度，这是矩形形态的测算功能。面对突破后价格的反扑，矩形的上下边线同样具有阻止反扑的作用。

【学一学】

矩形

从图6－3－15可知：

(1) 形态：高点大致相等，低点大致相等；

（2）成交量：随着形态的延伸，成交量逐渐缩小。

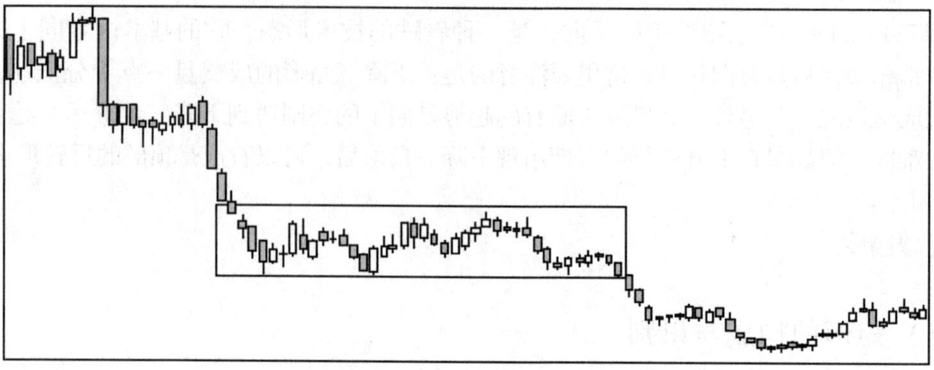

图6－3－15　矩形形态

三、旗形

（一）旗形的构成

旗形大多发生在市场极度活跃、价格运动近乎直线上升或下降的情况下。在市场急速而又大幅波动中，价格经过一连串紧密的短期波动后，伴随着成交量的逐渐萎缩，出现了一个与原来趋势呈相反方向的平行四边形，从而形成旗形整理的走势。旗形分为上升旗形（见图6－3－16左）和下降旗形（见图6－3－16右）两种。

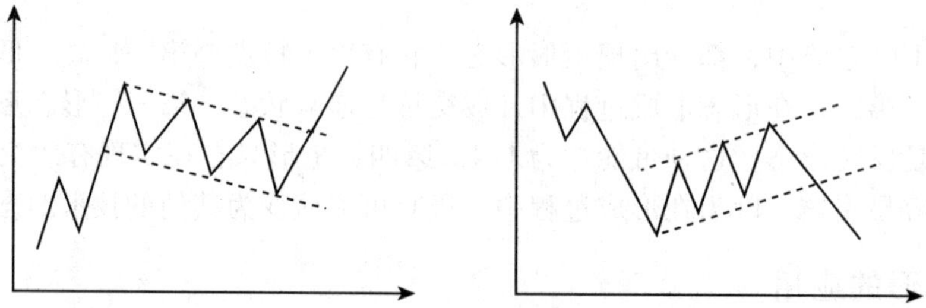

图6－3－16　上升旗形和下降旗形

（二）旗形的识别

旗形具有以下特点：（1）在旗形出现之前应有一个旗杆，这是由于价格作直线运动形成的。（2）旗形具有明确的形态方向，且形态方向与原有的趋势方向正好相反。（3）旗形形成之前和被突破后的成交量都很大，而在旗形的形成过程中，成交量从左向右逐渐减少。（4）旗形形成时间应少于3周，不能太长，否则价格保持原来趋势的能力将下降。

（三）旗形的应用

旗形仅限于整理形态，它的上下两条平行线起着压力和支撑作用。这两条平行线的某一条被突破是旗形完成的标志。旗形也有测算功能，一旦被突破，价格的涨跌幅度至少相当于旗杆的高度。

【学一学】

旗形

从图 6－3－17 可知：

（1）形态：旗形必须有明显的旗杆；

（2）成交量：随着形态的延伸，成交量逐渐缩小。

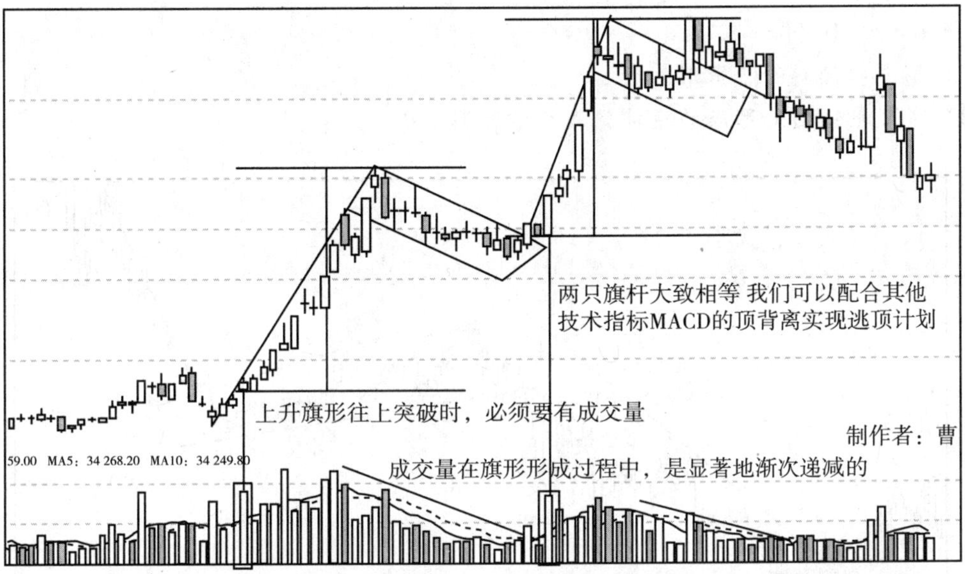

图 6－3－17　旗形形态

四、楔形

楔形和旗形很相似，它有上升楔形（见图 6－3－18 左）和下降楔形（见图 6－3－18 右）两种类型。

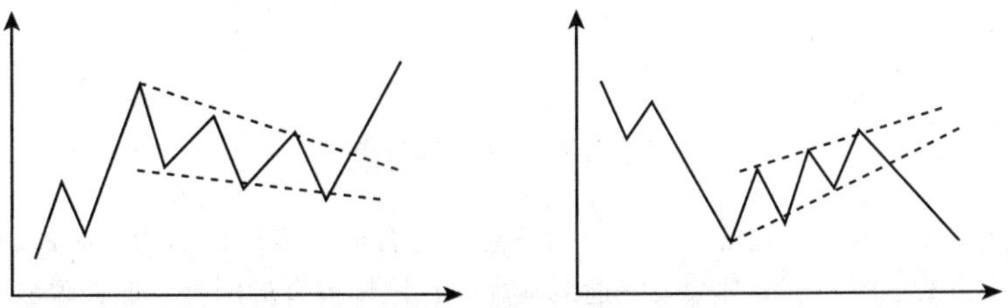

图 6－3－18　上升楔形和下降楔形

上升楔形是指价格经过一段时间上升后产生技术性回档，价格跌至一定低点后又掉头向上，但回升的高点比前次高，然后又下跌至新低点，再回升，在总体上形成一浪低于一浪的势头。如果分别把短期高点或低点相连，则形成两条向下倾斜的直线，且两者呈收敛之势。下降楔形则正好与之相反。

楔形，有时也称第二旗形。旗形的原理同样适合楔形，但两者又有不同：楔形偶尔也出现在顶部或底部而作为反转形态，这种情况一定是发生在一个趋势经过了很长时间、接近于尾声的时候；与旗形的另一个不同是，楔形形成所花费的时间较长，一般需要2周以上的时间方可完成。

【学一学】

楔形

从图6－3－19可知：

（1）形态：倾斜的三角形；

（2）成交量：随着形态的延伸，成交量逐渐缩小。

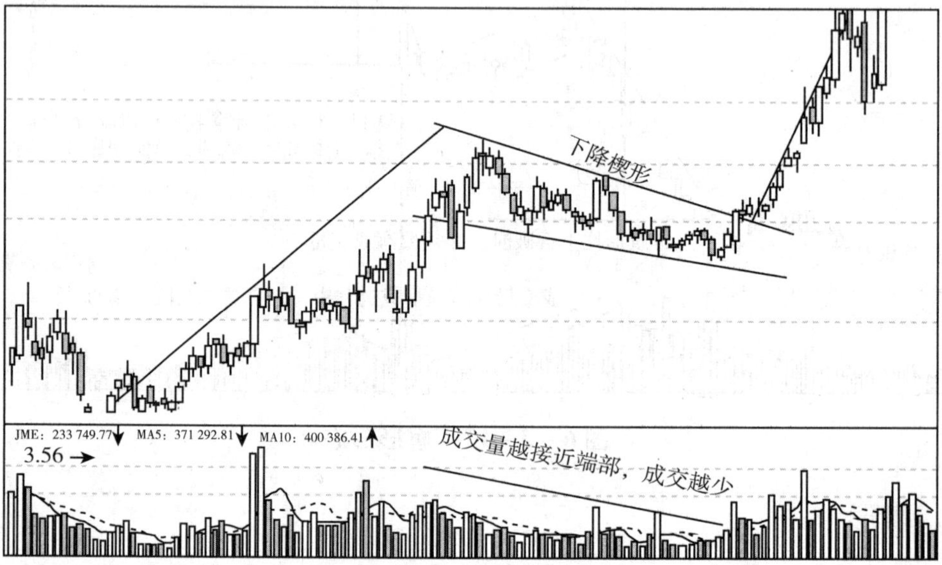

图6－3－19　楔形形态

扩展阅读

股票形态分析要点

股票形态就像一个大笼子，它把股票的一切信息进行合成，最终显示为一幅图画。不论是公司的经营状况，还是主力的意图，最终都会无一遗漏地反映在这幅神奇的图上。这种说法是基于以下推断：

1. 正确的股票信息会被正确的投资人所利用。一切正确的信息会引导股票形态向一个正确的方向运行，而错误的信息虽然可以暂时打乱股票价格的轨迹，但正确的信息会对股票的形态进行修正。那些“正确的人”就是那些占有了正确信息和正确利用了正确信息的投资者。

2. 背离公司基本面的形态走势一定是主力的原因造成的。散户的意志是高度分散的，正如一盘散沙，是没有凝聚力和战斗力的。背离公司基本面的形态要么是主力有意所为，要么是主力根本没有发现这个股的价值，形成个股形态失控而造成的“真空”。而这一切最终又会变为一种信息，真实地反映在K线上，这就是常说的当涨不涨，当跌不跌。

3. 形态分析是散户分析股票成本最低的一种方法。除非是在上市公司上班，掌握了核心信息，可以捞一把，即使如此，你做别的股票也就无能为力了，但只要掌握了形态分析方法，打开电脑，你就能对一个股票的基本情况、未来趋势一目了然，其成本可以归零。

4. 一切股票信息中，形态的形成是成本最高的一种。股票的K线是用钱堆出来的，不论是正常的走势还是所谓的“骗线”，都是实实在在用金钱做出来的，这远比制造一份财务报表、发布一个公告的成本要高。

工作任务

任务1

1. 任务内容：股价形态认知。
2. 任务步骤：
（1）打开股票交易行情分析软件。
（2）选择一只所熟悉的股票。
（3）利用所学知识找出该股中出现了哪些股价形态。
3. 任务操作提示：学生通过打开交易软件，寻找股价走势中的各种形态，掌握形态的含义与类型，从而加深对股价形态的认知。

任务2

1. 任务内容：反转形态运用。
2. 任务步骤：
（1）知识准备：了解常见反转形态应用的基本知识。
（2）打开股票行情分析软件，打开一只股票K线走势图，利用画线工具找出该股票走势中出现反转形态。
（3）利用这些形态对股票走势进行验证及预测。
3. 任务操作提示：通过画线工具，学生可以更形象地了解反转形态的绘制，并能根据反转形态分析的基本方法，对股票走势进行分析。

任务3

1. 任务内容：持续整理形态运用。
2. 任务步骤：
（1）知识准备：了解常见持续整理形态应用的基本知识。
（2）打开股票行情分析软件，打开一只股票K线走势图，利用画线工具找出该股票走势中出现的持续整理形态。

（3）利用这些形态对股票走势进行验证及预测。

3. 任务操作提示：通过画线工具，学生可以更形象地了解支持整理形态的绘制，并能根据持续整理形态分析的基本方法，对股票走势进行分析。

项目自测

一、单项选择题

1. K 线中收盘价高于开盘价的为（　　）。

A. 阳线　　B. 阴线　　C. 十字线　　D. T 型线

2. 小阴线和小阳线的波动范围一般在（　　）。

A. 0.5%左右　　B. 0.6% ~1.5%

C. 1.6% ~3.5%　　D. 3.6%以上

3. 上升趋势线是股价走势中（　　）的连线。

A. 高点　　B. 低点　　C. 高点与低点　　D. 都不是

4. 支撑位意味着该价位区域（　　）。

A. 供给大于需求　　B. 供给等于需求　　C. 供给小于需求　　D. 无法判断

5. 黄金分割线是依据（　　）黄金分割率原理而确定的一种支撑线或压力线。

A. 0.5　　B. 0.216　　C. 0.618　　D. 0.33

6. 以下股票走势形态中属于持续形态的是（　　）。

A. 头肩形态　　B. 双重形态　　C. V 形形态　　D. 三角形态

二、多项选择题

1. K 线是根据每个交易日（或每个分析周期）的（　　）绘制而成的。

A. 开盘价　　B. 收盘价　　C. 最高价　　D. 最低价

2. K 线是一条柱状的线条，由（　　）组成。

A. 影线　　B. 实体　　C. 价格　　D. 形态

3. 判断一条趋势线的有效性需要分析（　　）。

A. 趋势线画法　　B. 趋势线被触及的次数

C. 趋势线的倾斜率　　D. 趋势线的时间跨度

4. 一般来说，确认支撑线或压力线有效性的方法有（　　）。

A. 价格在这个区域停留时间的长短

B. 该价格区域的成交量大小

C. 支撑线和压力线的作用与转化

D. 支撑或压力区域发生的时间距离当前时间的远近

5. 百分比线中最为重要的三条线是（　　）。

A. 1/4　　B. 1/2　　C. 1/3　　D. 2/3

6. 以下股票走势形态中属于反转形态的有（　　）。

A. 矩形形态　　B. 头肩形态　　C. 圆形形态　　D. 三角形态

三、判断题（正确的画上√，错误的画上×）

1. 大阴线和大阳线的波动范围一般在1.6%～3.5%。（　）

2. 轨道线和趋势线是相互合作的一对，趋势线与轨道线的重要性相同。（　）

3. 价格变动中触及趋势线的次数越多，趋势线越可靠，趋势线的支撑及压力效用就越强。（　）

4. 趋势线经过一段时间后被突破，意味着趋势的反转。（　）

5. 股价停留的时间越长、伴随的成交量越大、离现在越近，则支撑线或压力线的有效性越高；反之就越小。（　）

项目七

技术指标分析

学习目标

通过本章学习，应当掌握以下知识和技能。

知识目标

- 了解趋势型指标的类型与构成
- 了解超买超卖指标的类型与构成
- 了解人气型指标的类型与构成
- 了解大势型指标的类型与构成

技能目标

- 熟练运用趋势型指标方法
- 熟练运用超买超卖指标方法
- 熟练运用人气型指标方法
- 熟练运用大势型指标方法

【情景导入】

证券投资技术指标

证券投资技术指标，是指按照固定方法对证券价格、成交量等市场数据进行处理，得到反映“技术指标值”的数字。然后，将技术指标值绘制成图表，并根据图表的变化对证券市场进行行情研判，进而指导投资者进行投资的方法，就叫技术指标法。

技术指标法是证券投资技术分析的重要分支。全世界各种各样的技术指标有千种以上。技术指标主要涉及数据和处理数据的方法两个部分。数据是价格和成交量，以及其他反映证券市场行为的基本因素。根据不同的数据处理方法将产生不同的技术指标，常见的技术指标主要有：趋势型指标、超买超卖型指标、人气型指标和大势型指标。

技术指标反映的是证券市场某一方面的深层次内涵。投资者在投资实践中会对市场产生一些想法，并据此对证券市场基础数据进行定量分析，进而形成了技术指标。技术指标种类繁多，计算复杂，考虑的范围广泛，投资者能够想到的，技术指标就能实现体现。这是技术指标法较其他技术分析方法优势的地方。

使用技术指标应注意：技术指标只能作为战术手段，带有“短”和“小”的色彩。短是指对未来预测的空间跨度短；小是指对未来预测的价格波动幅度小。不能指望技术指标回答有关大的趋势方面的信息。技术指标只能在某个瞬间指出趋势的短暂方向，不能给技术指标增加更多的负荷，做它不能够做的事情。

➲ 课前思考

1. 什么是证券投资技术指标？
2. 技术指标分析与其他技术分析方法有何不同？

模块一　趋势型指标的应用

任务描述

本模块的主要任务是认知均线（MA）和指数平滑异同平均线（MACD）两大趋势型指标，掌握均线（MA）和指数平滑异同平均线（MACD）指标的应用方法，并能认知两种指标分析应用的适用性。

任务一　移动平均线（MA）的应用

任务指引

移动平均线由美国投资专家葛兰唯尔所创立，由道氏股价分析理论的“三种趋势说”演变而来，将道氏理论具体地加以数字化，从数字的变动中去预测股价未来短期、中期、长期的变动方向，为投资决策提供依据。

移动平均线（MA），又称均线、成本线。它代表在一段时间内买入股票的平均成本，反映了股价在一定时期内的强弱和运行趋势。算术移动平均线，就是将 N 天的收盘价加和再除以 N，得到第 N 天的算术平均线数值。从其计算方法上看，它有以下几个技术特征：追踪趋势，滞后性，稳定性，助涨助跌性，支撑线和压力线特性。

问题思考

1. 什么是移动平均线（MA）？
2. 如何理解均线代表一段时间内买入购票的平均成本？

知识准备

一、MA 的含义与计算

MA 的中文名称为移动平均线，它是指用统计分析的方法，将一定时期内的证券价格（指数）加以平均，并把不同时间的平均值连接起来所形成的一条曲线，以观察证券价格变动趋势的一种技术指标。其计算公式为：

$$EMA_t(N) = [C_t + EMA_{t-1} \times (N-1)] \div N$$

式中：EMA_t表示第 t 日的移动平均数；C_t为计算期中第 t 日的收盘价；N 是移动平均线的计算参数（天数）。

从计算公式看，它消除了不规则、偶然性因素对股价的影响，能够清晰地显示价格运动的动态过程，因而是一种最为常用的技术指标之一。

二、MA 的种类

根据 MA 计算参数的大小，一般将其分为短期、中期和长期移动平均线。

短期移动平均线主要是 5 日、10 日均线，它能较为准确地反映短期内股价平均成本的变动趋势，可以作为短线买卖的依据；中期移动平均线主要有 20 日、30 日、60 日和 75 日均线，它们的波动幅度较短期均线平滑又有迹可寻，且又敏感于长期均线，对于研判价格的中期趋势效果较好；长期移动平均线有 120 日、250 日均线，它们在研判股价长期趋势方面具有很高的参考价值，特别 250 日均线，通常被视为牛熊分界线，因而在证券市场上备受推崇。

由于短期均线较长期均线更易于反映市场行情的涨跌，所以一般又把短期移动平均线称之为“快速 MA”，长期移动平均线则称为“慢速 MA”。

三、MA 的特点

MA 具有以下几个特点。

1. 追踪趋势。注意价格的趋势，并追随这个趋势，不轻易放弃。如果从股价的图表中能够找出上升或下降趋势线，那么，MA 的曲线将保持与趋势线方向一致，能消除中间股价在这个过程中出现的起伏。原始数据的股价图表不具备这个保持追踪趋势的特性。

2. 滞后性。在股价原有趋势发生反转时，由于 MA 的追踪趋势的特性，MA 的行动往往过于迟缓，调头速度落后于大趋势。这是 MA 的一个极大的弱点。

3. 稳定性。由 MA 的计算方法就可知道，MA 的变动不是一天的变动，而是几天的变动，一天的大变动被几天一分摊，变动就会变小而显不出来。这种稳定性有优点也有缺点。

4. 助涨助跌性。当股价突破了 MA 时，无论是向上突破还是向下突破，股价有继续向突破方面再走一程的愿望，这就是 MA 的助涨助跌性。

5. 支撑线和压力线的特性。由于 MA 的上述四个特性，使得它在股价走势中起支撑线和压力线的作用。

四、葛兰维尔的八大法则

在根据股价与 MA 的偏离关系分析市场行情时，美国投资专家葛兰维尔的八大法则在操作上最具有权威性和实用性。这些法则主要用于中、长期均线的分析。葛兰维尔八大法则有 4 个买入时机和 4 个卖出时机（见图 7－1－1）。

（一）买入时机

1. 当移动平均线从下降转为盘局或上升，股价从移动平均线的下方向上突破移动平均线时，是买入信号，如图 7－1－1 中①所示。

2. 股价连续上升走在移动平均线之上或是远离移动平均线又突然下跌，但未跌破移动平均线又再度上升，是买入信号，如图 7－1－1 中②所示。

3. 股价一时跌破移动平均线，但又立刻回升到移动平均线以上，此时移动平均线仍然持续上升，是买入信号，如图 7－1－1 中③所示。

4. 股价突然暴跌，跌破并远离移动平均线，如果这时股价开始回升，再趋向移动平均线，是买入信号，如图 7－1－1 中④所示。

【想一想】

葛兰维尔的四大买入法则中哪个风险最大？

（二）卖出时机

1. 股价上升突破移动平均线后，急速上升并远离移动平均线，行情随时可能反转回跌，是卖出信号，如图 7－1－1 中⑤所示。

2. 当移动平均线由上升开始转向走平或逐渐下跌，股价从移动平均线上方向下跌破移动平均线时，是重要的卖出信号，如图 7－1－1 中⑥所示。

3. 股价在平均线以下移动，然后向平均线回升，未突破平均线又立即反转下跌，是卖出信号，如图 7－1－1 中⑦所示。

4. 股价向上突破平均线后又立即跌回到平均线以下，此时平均线仍然继续下跌，是卖出信号，如图 7－1－1 中⑧所示。

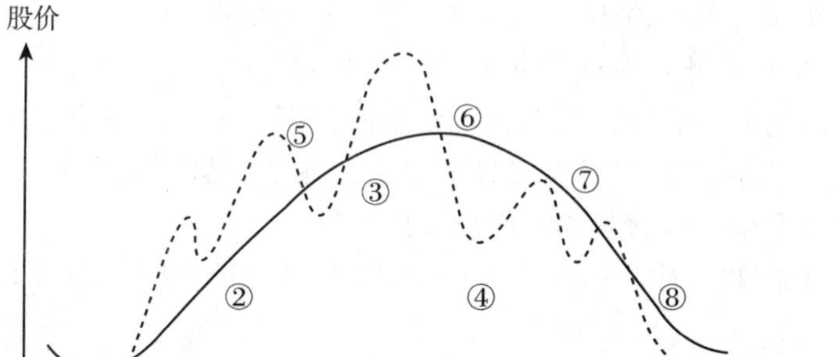

图 7－1－1　葛兰维尔八大法则示意

葛兰维尔法则对运用移动平均线作出买卖时机选择，具有重要的指导意义。其中①②法则和⑥⑦法则分别对应的是多头市场和空头市场的顺势而为的情况，普通投资者可遵循。法则③和法则⑧实际运用是逆向操作，风险较大（在 V 字形反转等现象时容易出现骗线），未熟练掌握可放弃运用。法则④和法则⑤没有明确股价偏离均线多远时才可买卖，因而必须结合运用乖离率技术指标来帮助进行研判。

【学一学】

MA 应用

图 7－1－2 是 K 线的 MA 形态。

（1）均线排列。短、中、长均线自上而下排列称为“多头排列”；短、中、长均线自下而上排列称为“空头排列”。

（2）均线交叉。中期均线向上穿越长期均线，形成“黄金交叉”；中期均线向下跌破长期均线，称为“死亡交叉”。

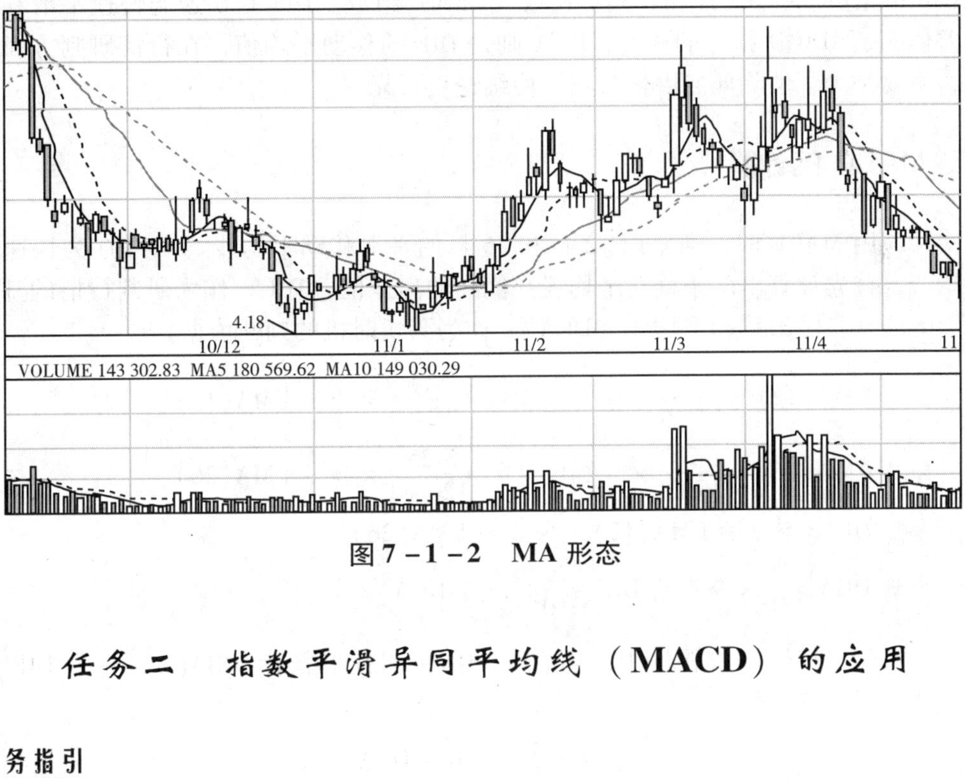

图 7－1－2　MA 形态

任务二　指数平滑异同平均线（MACD）的应用

任务指引

MACD 是查拉尔·阿佩尔于 1979 年提出的，其根据均线的构造原理，对股票的收盘价进行平滑处理，由一快及一慢指数移动平均（EMA）之间的差计算出来。

“快”指短时期的 EMA，而“慢”则指长时期的 EMA，最常用的是 12 日及 26 日 EMA。MACD 指标是运用快速（短期）和慢速（长期）移动平均线及其聚合与分离的征兆，加以双重平滑运算，来预测股票价格变化的。

根据移动平均线原理发展出来的 MACD，一则去除了移动平均线频繁发出假信号的缺陷；二则保留了移动平均线的效果。因此，MACD 指标具有均线趋势性、稳重性、安定性等特点，是用来研判买卖股票的时机，预测股票价格涨跌的技术分析指标。

➲ 问题思考

1. 什么是 MACD 指标？
2. MACD 指标与 MA 指标相比有哪些优势？

知识准备

一、MACD的含义与构成

MACD的中文名称叫指数平滑异同移动平均线，它是利用快速移动平均线和慢速移动平均线，在一段上涨或下跌行情中两线之间的差距拉大，而在涨势或跌势趋缓时两线又相互接近或交叉的特征，通过双重平滑运算后研判买卖时机的技术指标。这里的快速与慢速移动平均线的区别在于参数（天数）的大小不同，参数小的是快速线，参数大的是慢速线。

MACD由正负差（DIF）和异同平均数（DEA）组成。DIF是快速与慢速平滑移动平均线的离差值，是MACD指标的核心；DEA则是DIF的移动平均值，在行情研判方面只起辅助作用，主要是为了消除偶然因素影响，使结论更可靠。

二、MACD的计算

在实际应用MACD时，通常以12日和26日的平滑移动平均线（EMA）为快速和慢速移动平均线，首先计算出两条移动平均线数值间的离差值（DIF）作为研判行情的基础，然后再求DIF的9日平滑移动平均线（DEA），作为买卖时机的判断依据。

$$\text{今日 EMA}(12)=\frac{2}{12+1}\times\text{今日收盘价}+\frac{11}{12+1}\times\text{昨日 EMA}(12)$$

$$\text{今日 EMA}(26)=\frac{2}{26+1}\times\text{今日收盘价}+\frac{25}{26+1}\times\text{昨日 EMA}(26)$$

$$\text{今日 DIF}=\text{今日的 EMA}(12)-\text{今日的 EMA}(26)$$

$$\text{今日 DEA}=\frac{2}{10}\times\text{今日的 DIF}+\frac{8}{10}\times\text{昨日 DEA}$$

此外，在股市行情分析软件中，还有一个指标叫柱形指标（BAR），它是DIF值减去DEA值的差再乘以2，即：

$$\text{BAR}=2\times(\text{DIF}-\text{DEA})$$

三、MACD的应用法则

（一）指标的取值

1. 当DIF向下跌破0轴线时，意味着快速与慢速平滑移动平均线发生死亡交叉，此为卖出信号；当DIF向上穿破0轴线时，即为快速与慢速平滑移动平均线发生黄金交叉，此为买入信号。

2. 当DIF和DEA均为正值时，属于多头市场。此时，若DIF向上突破DEA是买入信号；若DIF向下跌破DEA，应作获利了结。

3. 当DIF和DEA均为负值时，属于空头市场。此时，若DIF向下跌破DEA是卖出信号；若DIF向上突破DEA则是行情将出现反弹的征兆。

（二）指标与股价的背离

1. 顶背离又称熊背离。当 DIF（DEA）在高位形成一峰比一峰低的两个峰，而此时的股价却是一峰比一峰高，这叫顶背离，为卖出信号。

2. 底背离又称牛背离。当 DIF（DEA）在低位形成两个底部抬高的谷底，而股价却不断地创出新低，这叫底背离，为买入信号。

MACD 主要用于对中长期趋势的预测，其优点是克服了移动平均线产生的频繁出现的买卖信号，可以避免一部分假信号的出现，应用起来比移动平均线更有把握。但在价格没有明显趋势而进入盘整时，失误的时候较多。

【学一学】

MACD 应用

图 7－1－3 为 MACD 形态。

1. 交叉。DIF 向上穿越 DEA，形成黄金交叉；DIF 向下跌破 DEA 为死亡交叉；

2. 牛熊判断。DIF 和 DEA 在 0 轴之上为牛市，反之为熊市。

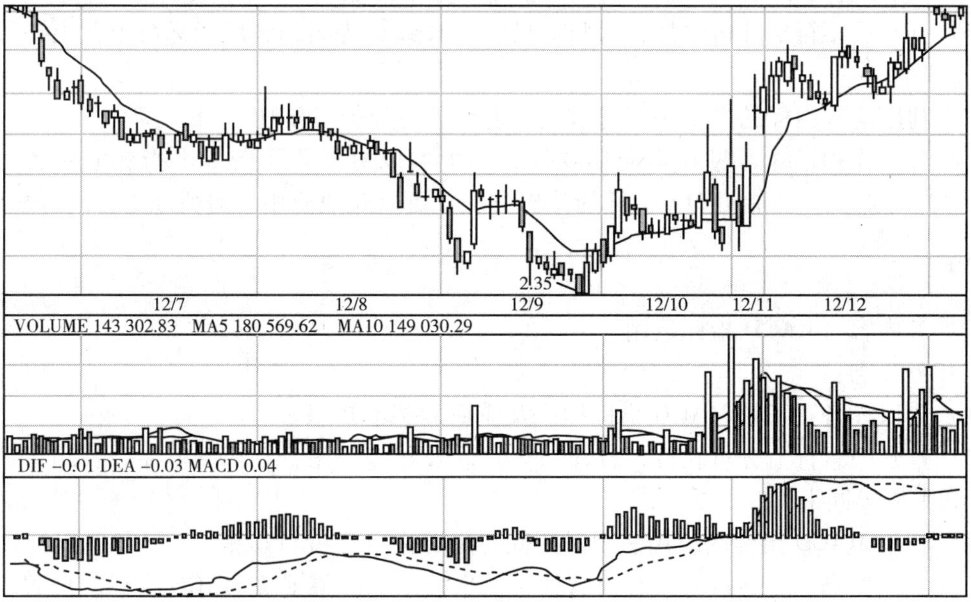

图 7－1－3　MACD 形态

扩展阅读

MA 指标运用的简单技巧

1. 选股必须先分析其平均线系统排列情况，认清该股目前所处的趋势。

2. 选股应选均线系统多头排列的股票，这些股呈强势，获利机会大增。

3. 平均线反映的是投资者的平均持股成本，通过分析股价与均线之间的位置关系，可以估计目前市场上的获利势压及空头回补意愿的强弱。

4. 在趋势未改变之前不应抛出手中持股。

5. 选股务必结合短期乖离率，不宜介入乖离率太大的股票。

6. 短期均线急速上扬的股票必须注意。

7. 强势股也应具有强势的平均线系统，往往在回档至均线附近时即获支撑，这时正是买进的时机。

8. 通过分析均线系统可以得出一系列买卖信号，而均线系统本身的反应比较慢，所以应该加上日K线的分析，由它们之间的位置关系来决定买卖策略。

工作任务

任务1

1. 任务内容：MA 指标运用。

2. 任务步骤：

（1）知识准备：了解 MA 指标构成及应用的基本知识。

（2）打开股票行情分析软件，打开一只股票 K 线走势图，利用指标命令找出该股票长、中、短期均线。

（3）利用均线指标的应用法则对该股票走势进行分析与预测。

3. 任务操作提示：通过观察交易软件，学生可以更形象了解 MA 指标的位置、形状、交叉、排列等知识，并能将 MA 指标的分析方法，更直观地应用于对股票走势的分析。

任务2

1. 任务内容：MACD 指标运用。

2. 任务步骤：

（1）知识准备：了解 MACD 指标构成及应用的基本知识。

（2）打开股票行情分析软件，打开一只股票 K 线走势图，利用指标命令找出该股票长、中、短期平滑异同平均线。

（3）利用 MACD 指标的应用法则对该股票走势进行分析与预测。

3. 任务操作提示：通过观察交易软件，学生可以更形象了解 MACD 指标的位置、形状、构成、交叉等知识，并能将 MACD 指标的分析方法，更直观地应用于对股票走势的分析。

模块二　超买超卖型指标的应用

任务描述

本模块的主要任务是认知威廉指标（W%R）、随机指标（KDJ）、相对强弱指标（RSI）

和乖离率指标（BIAS）四大超买超卖型指标，掌握威廉指标（W%R）、随机指标（KDJ）、相对强弱指标（RSI）和乖离率指标（BIAS）的应用方法，并能运用该类指标进行分析。

任务一 威廉指标（W%R）的应用

任务指引

威廉指标又称威廉超买超卖指数（Williams Overbought/Oversold Index）。它由拉瑞·威廉（Larry Williams）在 1973 年所著的《我如何赚取百万美元》（How I made a million dollars?）一书中首先发表，因而以他的名字命名。

威廉指标主要用于研究股价的波动，通过分析股价波动变化中的峰与谷决定买卖时机。它利用振荡点来反映市场的超买超卖现象，可以预测循期内的高点与低点，从而显示出有效的买卖信号，是用来分析市场短期行情走势的技术指示。

问题思考

1. 什么是威廉指标？
2. 威廉指标如何判断市场的高低点？

知识准备

一、W%R 的含义

W%R（威廉指标）是指通过分析过去一段时间内股票高、低价与收盘价之间的关系，借以说明当天的收盘价在过去的一段时日股价波幅内所处的相对位置，来度量股市的超买超卖状态，依此作为短期投资信号的一种技术指标。

若以 N 表示选定的时间参数、H_n 和 L_n 分别表示最近 n 日内（包括当天）出现的最高价和最低价、Cn 表示当天的收盘价，则有：

$$W\%R = \frac{C_n - H_n}{H_n - L_n} \times 100\%$$

由公式可知，W%R 指标反映了当天收盘价在过去一段时日价格波幅内所处的相对位置。

二、W%R 的应用法则

（一）W%R 的取值

W%R 的取值介于 0～100。当 W%R 进入超买区域后，再度击破 20 超买线，是卖出信号；当 W%R 进入超卖区域后，再度突破 80 超卖线，是买入信号。应当注意的是，在股价盘整阶段，W%R 的准确性高；而在上升或下降趋势中，不能仅以 W%R 的超买超卖信号作为行情判断的依据。

（二）W%R 曲线的形状

1. 当 W%R 进入超买区域后，如果此时股价还在继续上升，是卖出信号；当 W%R 进入超卖区域后，如果此时股价仍在继续下降，是买入信号。

2. 由于 W%R 是一个试图摸顶或抄底的逆市操作指标，因而只有在 W%R 连续冲击高点或低点之后，风险才会相对降低。也就是说，当 W%R 向上多次撞顶后是一个较好的卖点；当 W%R 向下多次触底后则是一个较好的买点。

【学一学】

W%R 应用

图 7-2-1 是 W%R 形态。W%R 指标是一个振荡指标，是依股价的摆动点来度量股票/指数是否处于超买或超卖的现象。它衡量多空双方创出的峰值（最高价）距每天收市价的距离与一定时间内（如 7 天、14 天、28 天等）的股价波动范围的比例，以提供股市趋势反转的信号。

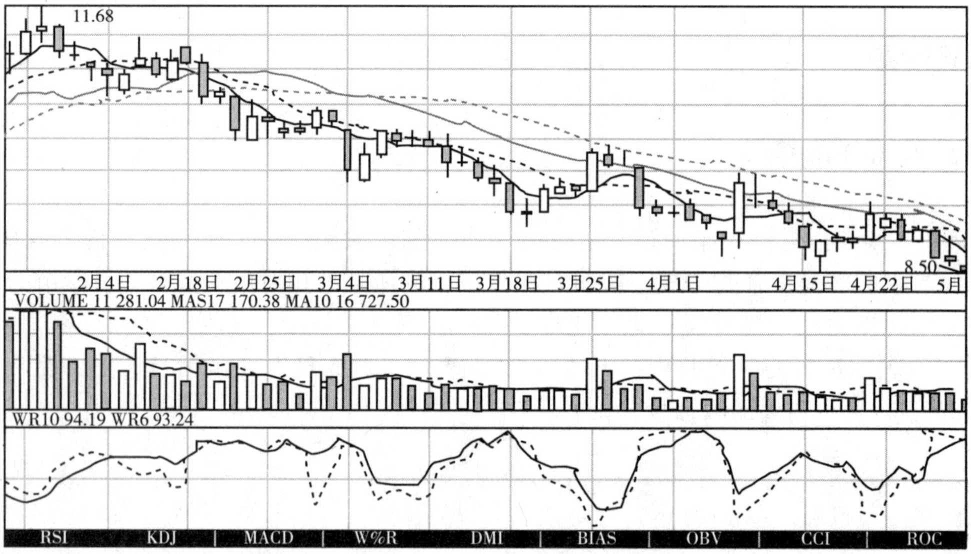

图 7-2-1　W%R 形态

任务二　随机指标（KDJ）的应用

任务指引

KDJ 指标又叫随机指标，最早起源于期货市场，由乔治·莱恩（George Lane）博士首创。随机指标 KDJ 最早是以 KD 指标的形式出现的，而 KD 指标是在威廉指标的基础上发展起来的。不过 KD 指标只判断股票的超买超卖的现象，在KDJ指标中则融合了移动平均线速度上的观念，形成比较准确的买卖信号依据。

在实践中，K线与D线配合J线组成KDJ指标来使用。KDJ指标在设计过程中主要是研究最高价、最低价和收盘价之间的关系，同时也融合了动量观念、强弱指标和移动平均线的一些优点。因此，能够比较迅速、快捷、直观地研判行情，被广泛用于股市的中短期趋势分析，是期货和股票市场上最常用的技术分析工具。

➲ 问题思考

1. 什么是随机指标（KDJ）？
2. 随机指标与威廉指标有何联系？

知识准备

一、KDJ的含义

KDJ的中文名称为随机指标，它是通过计算当日或最近数日价格波动的真实波幅，来反映价格走势的强弱和超买超卖现象，在价格升降前发出买卖信号的一种技术指标。它在设计过程中主要研究高、低价与收盘价的关系，同时也融合了动量观念、强弱指标和移动平均线的一些优点，因而是一种较为敏感且具有较强实用性的中短期测市工具。

二、KDJ的计算方法

在产生KDJ指标之前，先产生一个未成熟随机值RSV。若以C为当日收盘价，以H_n和L_n分别为最近n日内的最高价和最低价，则有：

$$RSV(n)=\frac{C-L_n}{H_n-L_n}$$

对RSV进行3日指数平滑移动平均得到K值，再对K值也进行3日指数平滑移动可以得到D值：

$$今日K值=\frac{1}{3}\times今日RSV+\frac{2}{3}\times昨日K值$$

$$今日D值=\frac{1}{3}\times今日K值+\frac{2}{3}\times昨日D值$$

$$J=3D-2K=D+2\times(D-K)$$

在实际使用随机指标时，常称K指标为快指标，D指标为慢指标。K指标反应敏捷但容易出错，D指标反应稍慢却稳重可靠。附带指标J反映的是K值与D值的乖离程度。

三、KDJ的应用法则

1. KD数值的大小。K和D的取值范围都是0～100，可以将其划分为三个区域：80以上为超买区，20 以下为超卖区，其余为徘徊区。当 KD 值超过 80 时为卖出信号，低于 20 时为买入信号。

2. KD 曲线的形态。当 KD 曲线在较高或较低位置形成头肩形态或多重顶（底）形态时，是采取行动的信号。这些形态必须要在较高或较低位置出现，买卖信号才可靠。

3. KD 指标与股价的背离。简单地说，背离就是指标与价格走势的不一致。当 KD 在高位与股价走势出现顶（熊）背离时，为卖出信号；当 KD 在低位与股价走势出现底（牛）背离时，为买入信号。

4. KD 曲线的交叉。当 K 线由下向上突破 D 线形成金叉时为买入信号，当 K 线由上向下跌破 D 线形成死叉时为卖出信号。但这里的交叉原理的应用还附带有其他条件。比如，以金叉作为买入信号，还应部分满足以下条件：第一，金叉的位置要低。金叉的位置应处于超卖区域，且越低越好。第二，金叉应多次出现。金叉出现的次数以两次为最少，越多信号越可靠。第三，交叉点符合“右侧相交”原则。K 线在 D 线已经抬头向上时与 D 线发生的右侧交叉，比 D 线还在下降时发生的左侧交叉要可靠得多。

5. J 指标数值。J 指标是一种良好的短线操作指标，时常领先于 KD 显示曲线的头部和底部。J 值大于 100 为卖出信号，小于 0 为买入信号。

【学一学】

KDJ 指标应用

从图 7－2－2 中可以判断：

（1）K＞D 时股价处于上涨趋势中，K 线自下向上穿越 D 线为买入信号，反之卖出。

（2）K 值在 80 以上，D 值在 70 以上为超买；K 值在 20 以下，D 值在 30 以下为超卖。

（3）K 线和 D 线上升或下跌的速度减弱，通常都表示短期内会转势。

（4）当 J 值升至 100 或 100 以上时为卖出信号，J 值降至 0 或 0 以下时为买入信号。

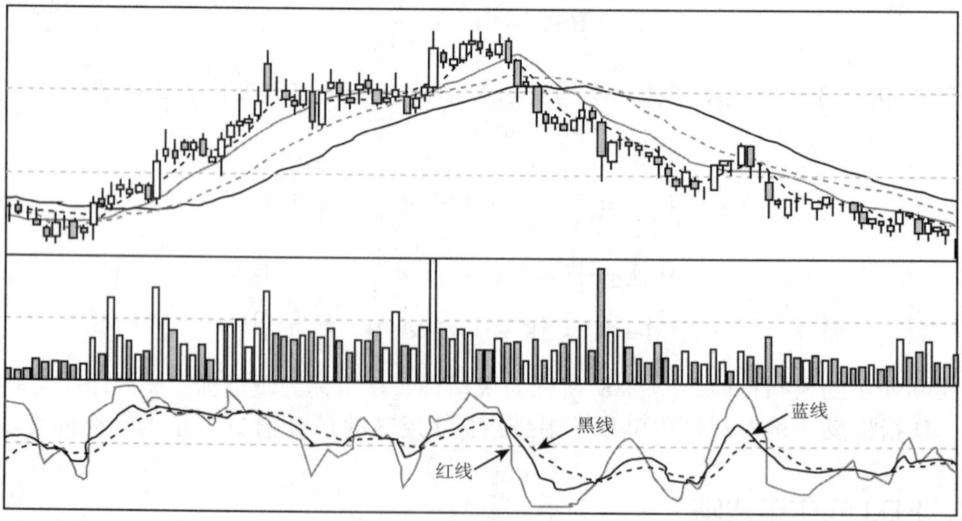

图 7－2－2　KDJ 指标

注：图中底部红线为 K 线，蓝线为 D 线，黑线为 J 线。

任务三　相对强弱指标（RSI）的应用

任务指引

RSI 的原理简单来说是以数字计算的方法求出买卖双方的力量对比，譬如有 100 个人面对一件商品，如果 50 个人以上要买，竞相抬价，商品价格必涨。相反，如果 50 个人以上争着卖出，价格自然下跌。

相对强弱指标理论认为，任何市价的大涨或大跌，均在 0 ~ 100 之间变动，根据常态分配，认为 RSI 值多在 30 ~70 之间变动，通常 80 甚至 90 时被认为市场已到达超买状态，至此市场价格自然会回落调整。当价格低跌至 30 以下即被认为是超卖状态，市价将出现反弹回升。

问题思考

1. RSI 指标的分析原理是什么？
2. 相对强弱指标的取值区间是多少？

知识准备

一、RSI 的含义与计算

RSI 中文名称为相对强弱指标，是以一特定时期内股价的变动情况推测价格未来变动方向，并根据股价涨跌幅度显示市场强弱的一种技术指标。它是目前流行最广、使用最多的技术指标之一。

RSI 通常以某一时期内的收盘价（指数）作为计算对象。在计算过程中，用每日的收盘价（指数）减去上一交易日的收盘价（指数），可以得到 n 个有正有负的数字。其中的正数表示买方力量；负数表示卖方力量。这样，就可以计算出 RSI 指标值，具体公式为：

$$A = n\text{ 个数字中正数之和}$$

$$B = n\text{ 个数字中负数之和}$$

$$RSI(n) = \frac{A}{A+B} \times 100$$

式中：n 为 RSI 的参数（天数）；A 表示 n 日内股价向上波动的幅度；B 表示 n 日内股价向下波动的幅度；A + B 表示股价总的波动幅度。从公式上看，RSI 是表示股价向上波动幅度占总的波动幅度的百分比。如果数值大就是强势，否则就是弱市。

二、RSI 的应用法则

1. RSI 的取值。RSI 的取值在 0 ~ 100 之间，50 为强弱分界线。RSI 高于 80 以上进入超买区，容易形成短期回档；RSI 低于 20 以下进入超卖区，容易形成短期反弹。

2. RSI 曲线的交叉。在股票分析软件中，一般有短期和长期两条 RSI 曲线。当短期 RSI 在超卖区内，向上突破长期 RSI 时为买入信号；当短期 RSI 在超买区内，向下跌破长期 RSI 时为卖出信号。

3. RSI 曲线的形态。形态理论的操作原则在 RSI 对股市行情预测方面同样适用。当 RSI 在较高或较低位置形成头肩形或多重顶（底）形态，是采取行动的信号。这些形态一定要出现在较高位置和较低位置，离 50 越远越有效，越远结论越可靠。

4. RSI 与股价的背离。当股价曲线逐波升高，而 RSI 曲线却逐波下降形成顶背离，价格很容易反转下跌；当股价曲线逐波下行，而 RSI 曲线却逐波上升形成底背离，股价则很容易反转上升。

【学一学】

RSI 指标应用

从图 7－2－3 可以判断：

（1）短期 RSI > 长期 RSI 时，市场则属于多头市场；

（2）短期 RSI < 长期 RSI 时，市场则属于空头市场；

（3）当短期 RSI 线在低位向上突破长期 RSI 线，则是市场的买入信号；

（4）当短期 RSI 线在高位向下突破长期 RSI 线，则是市场的卖出信号。

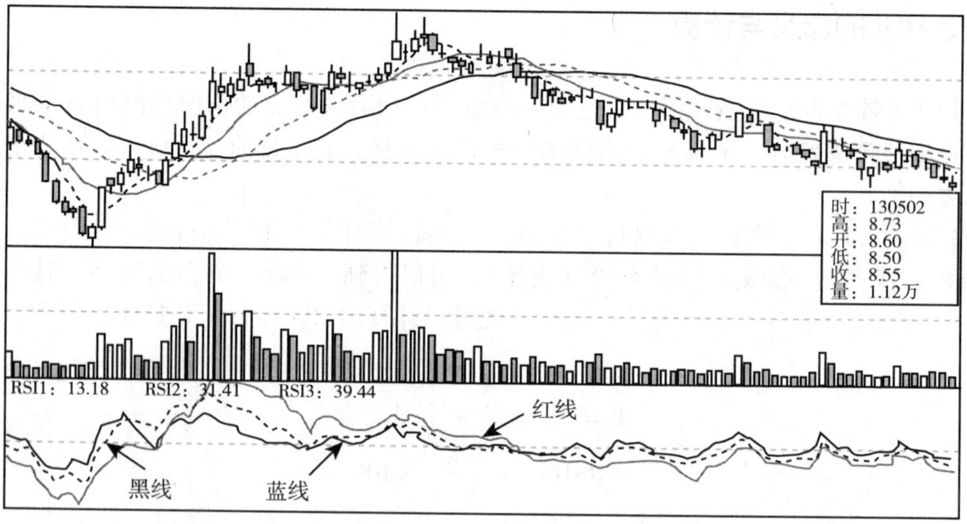

图 7－2－3　RSI 指标

注：图中底部蓝线为短期 RSI，黑线为中期 RSI，红线为长期 RSI。

任务四　乖离率（BASI）的应用

任务指引

乖离率是指股价与平均移动线之间的偏离程度，通过百分比的形式来表示股价与平均移动线之间的差距。如果股价在均线之上，则为正值；如果股价在均线之下，则为负值。

乖离率主要从投资者心理角度来分析。因为均线可以代表平均持仓成本，利好利空的刺激，造成股价暴涨暴跌。股价离均线太远，就会随时有短期反转的可能，乖离率的绝对值越大，股价向均线靠近的可能性就越大，这就是乖离率提供的买卖依据形成的原因。

➲ 问题思考

1. 乖离率指标的分析原理是什么？
2. 乖离率指标与均线指标之间有何联系？

知识准备

一、BIAS 的含义与计算

BIAS（乖离率）又叫偏离率，是测算股价与移动平均线偏离程度的指标，其原理在于：如果股价偏离移动平均线太远，无论是在移动平均线上方还是下方，都有向平均线回归的要求。

若以 C_t 表示 n 日中第 t 日的收盘价、$MA_{(n)}$ 表示 n 日的移动平均值；n 表示 BIAS 的参数，则有：

$$BIAS(n)=\frac{C_t-MA_{(n)}}{MA_{(n)}}\times 100\%$$

从公式可知，BIAS 是当天收盘价距当天的移动平均线的相对距离，BIAS 的参数也就是 MA 的参数。参数的大小选择必然影响平均线和 BIAS，通常情况下，参数选得越大，则允许价格远离平均线的程度越大。

二、BIAS 的应用法则

1. BIAS 的数值。当股价在移动平均线之上，则为正乖离率，反之则为负乖离率；当股价与移动平均线相交时，则乖离率为零。

在实际应用中，一般预设一个正数或负数，只要 BIAS 超过这个正数，价格可能回档应考虑卖出；只要 BIAS 低于这个负数，股价可能反弹应考虑买入。问题的关键是找到这个正数或负数，时下许多相关书籍给出的参考数字并不可靠，投资者可凭经验和对行情强弱的判断得出结论。

2. BIAS 曲线的形状。形态学和切线理论在 BIAS 上同样适用，主要是顶背离和底背离的原理。

3. 两条 BIAS 曲线的结合。当短期 BIAS 曲线在高位下穿长期 BIAS 曲线形成死亡交叉时，是卖出信号；当短期 BIAS 曲线在低位上穿长期 BIAS 曲线形成黄金交叉时，则是买入信号。

【学一学】

BIAS 指标应用

图 7－2－4 中，底部一栏为乖离率指标图形，中间的虚线为中心 0 轴线。在 0 轴线上方表示乖离率为正，下方则为负。正乖离率越大，表示短期超买越大，则越有可能见顶；负乖离率越大，表示短期超卖越大，则越有可能见底。

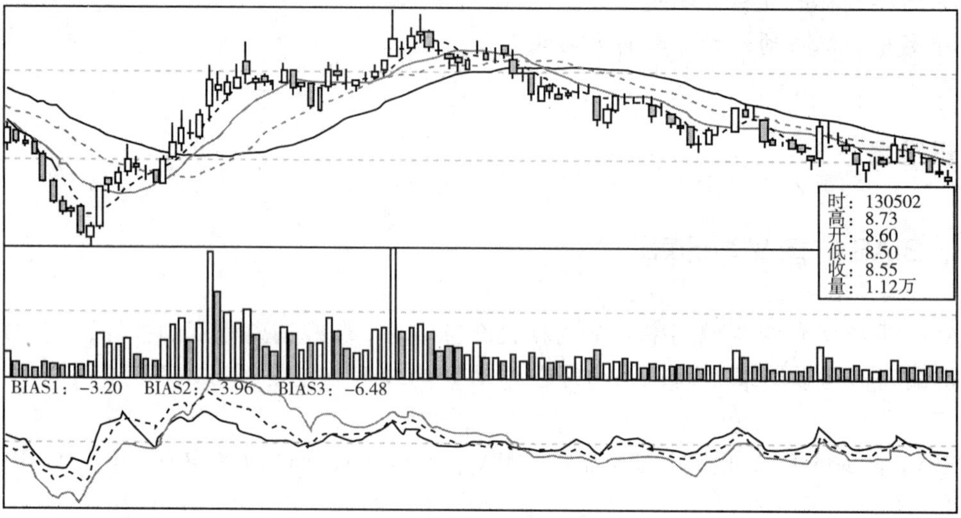

图 7－2－4　BIAS 指标

扩展阅读

超买超卖型指标的识别

在强势市场中，技术指标常常会进入超买区，有时候甚至还会出现“钝化”现象，看起来就是该跌的股价就是不跌；而在弱市市场中也同样存在这一现象，只不过运行的区域是在超卖区，指标也出现钝化，股价看起来是该涨却不涨。

实际上，超买超卖甚至指标的钝化，都是股价运行趋势的运行惯性较大造成的，具体到投资者身上，就是一种典型的“博傻”心态在起作用，即股价虽然已经很高了，但既然它还在上涨，投资者就肯定能卖到比现在更高的价格。下跌时也一样，总相信现在卖出后还能够在更低的价位上进行回补，也就不管指标超卖与否继续杀跌。但物极必反，在大多数情况下，严重的超买、超卖造成指标钝化之后，股价的运行方向随时会发生逆转，只不过逆转的时间、方式以及新的运行趋势所持续的时间、力度等难以判断。

因此，投资者在应用超买超卖型指标时，应该从以下两个方面来判断股价是否会在短期内发生逆转：一是是否形成背离，即在股价创出近期新高或新低时，指标并未跟随创出新高或新低；甚至在股价创新高或者新低时指标反而向相反的方向“勾头”，那么，此时便该进行反向操作了。二是由于常用指标参考的人太多，其往往会因此而失真。此时投资者可以多参考其他技术指标，或将指标的时间参数适当调长一些，使其不至于过分“敏感”，这样得出的结论将更为可靠准确。

工作任务

任务1

1. 任务内容：威廉指标（W%R）运用。

2. 任务步骤：

（1）知识准备：了解W%R指标构成及应用的基本知识。

（2）打开股票行情分析软件，打开一只股票K线走势图，利用指标命令找出该股票W%R指标图形。

（3）利用W%R指标的应用法则对该股票走势进行分析与预测。

3. 任务操作提示：通过观察交易软件，学生可以更形象了解W%R指标的位置、形状、交叉等知识，并能将W%R指标的分析方法，更直观地应用于对股票走势的分析。

任务2

1. 任务内容：随机指标（KDJ）运用。

2. 任务步骤：

（1）知识准备：了解KDJ指标构成及应用的基本知识。

（2）打开股票行情分析软件，打开一只股票K线走势图，利用指标命令找出该股票KDJ指标图线。

（3）利用KDJ指标的应用法则对该股票走势进行分析与预测。

3. 任务操作提示：通过观察交易软件，学生可以更形象了解KDJ指标的位置、构成、形状、交叉等知识，并能将KDJ指标的分析方法，更直观地应用于对股票走势的分析。

任务3

1. 任务内容：相对强弱指标（RSI）运用。

2. 任务步骤：

（1）知识准备：了解RSI指标构成及应用的基本知识。

（2）打开股票行情分析软件，打开一只股票K线走势图，利用指标命令找出该股票RSI指标图形。

（3）利用RSI指标的应用法则对该股票走势进行分析与预测。

3. 任务操作提示：通过观察交易软件，学生可以更形象了解RSI指标的位置、形状、交叉等知识，并能将RSI指标的分析方法，更直观地应用于对股票走势的分析。

任务4

1. 任务内容：乖离率指标（BIAS）运用。

2. 任务步骤：

（1）知识准备：了解BIAS指标构成及应用的基本知识。

（2）打开股票行情分析软件，打开一只股票K线走势图，利用指标命令找出该股票BIAS指标图线。

（3）利用 BIAS 指标的应用法则对该股票走势进行分析与预测。

3. 任务操作提示：通过观察交易软件，学生可以更形象了解 BIAS 指标的位置、形状、交叉、形态等知识，并能将 BIAS 指标的分析方法，更直观地应用于对股票走势的分析。

模块三　人气型指标的应用

任务描述

本模块的主要任务是认知心理线（PSY）和能量潮（OBV）两大人气型指标，掌握心理线指标（PSY）和能量潮指标（OBV）构成及应用方法，并能运用该类指标进行分析。

任务一　心理线（PSY）的应用

任务指引

市场是由人组成的，因此人的心理必然影响证券的价格走势。投资分析人员研究发现：一方面，人们的心理预期与市势的高低成正比，即股市势升，心理预期也升，股市势跌，心理预期也跌；另一方面，当人们的心理预期接近或达到极端的时候，逆反心理开始起作用，并可能最终导致心理预期方向的逆转。

心理线（PSY）指标就是研究投资者对股市涨跌产生心理波动的情绪指标，是反映市场中人们心态的一个数量尺度。它是利用一段时间内市势上涨的时间与该段时间的比值曲线来研判市场多或空的倾向性。

问题思考

1. 如何理解人的心理必然影响证券价格走势？
2. 心理线（PSY）如何反映证券市场中投资者的心理波动？

知识准备

一、PSY 的含义与计算

心理线（PSY）是一种建立在研究投资人心理趋向基础上，将某段时间内投资者倾向买方还是卖方的心理与事实转化为数值，形成人气指标，做为买卖股票的参数。

$$PSY = N\text{ 日内的上涨天数}/N \times 100$$

N 一般设定为 12 日，最大不超过 24，周线的最长不超过 26。

例如，10 天中如果有 5 天上涨，5 天下跌，心理线就是 5/10 = 50%，再将此标示在百分比的图纸上，每天延续下去，将每天的百分比连接起来，即成为心理线。心理线最好与 K 线相互对照，如此更能从股价变动中了解超买或超卖情形。由心理线来看，当一段上升行情展开前，通常超卖现象的最低点会出现两次。因此，投资者观察心理线，若发现某一天的超卖现象严重，短期内低于此点的机会极小，当心理线向上变动而再度回落此点时，就是买进的机会；反之亦然。所以，无论上升行情或下跌行情展开前，都会出现两次以上的买点与卖点，使投资者有充分的时间研判，未来股价变动方向，再作进出之最后决策。

二、PSY 的应用法则

1. 由心理线公式计算出来的百分比值，超过 75 时为超买，低于 25 时为超卖，百分比值在 25～75 区域内为常态分布。但在涨升行情时，应将卖点提高到 75 之上；在跌落行情时，应将买点降低至 45 以下。具体数值要凭经验和配合其他指标确定。

2. 一段上升行情展开前，通常超卖的低点会出现两次。同样，一段下跌行情展开前，超买的最高点也会出现两次。在出现第二次超卖的低点或超买的高点时，一般是买进或卖出的时机。

3. 当百分比值降低至 10 或 10 以下时，是真正的超卖，此时是一个短期抢反弹的机会，应立即买进。相应地，当百分比值增大至 90 或 90 以上时，是真正的超买，股价有可能下跌。

4. 心理线主要反映市场心理的超买或超卖，因此，当百分比值在常态区域上下移动时，一般应持观望态度。

5. 高点密集出现两次为卖出讯号；低点密集出现两次为买进讯号。

6. 心理线和 VR 配合使用，决定短期买卖点，可以找出每一波的高低点。

7. 心理线和逆时针曲线配合使用，可提高准确度，明确指出头部和底部。

【学一学】

PSY 指标应用

图 7－3－1 中，最下方的蓝色曲线即为心理线（PSY）。PSY 指标是股市技术中一种中短期的研判指标，反映市场上投资者的心理的超买或超卖。它既适用于判断大势，也可以用

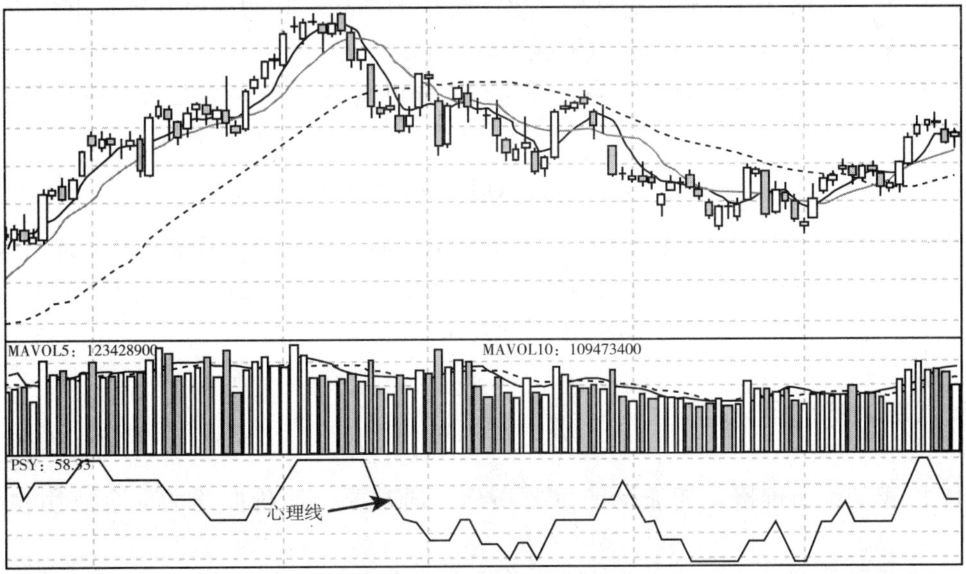

图 7－3－1 PSY 指标

来研判个股行情。它对投资者的心理承受能力及市场上人气的兴衰有着比较重要的衡量作用，是技术分析中反映市场能量的一种辅助指标。

任务二 能量潮（OBV）的应用

任务指引

能量潮（OBV）指标是葛兰唯尔于20世纪60年代提出的，并被广泛使用。技术分析的四大要素：价、量、时、空。OBV指标就是从“量”这个要素作为突破口，来发现热门股票、分析股价运动趋势的一种技术指标。它是将股市的成交量与股价的关系数字化、直观化，以股市的成交量变化来衡量股市的推动力，从而研判股价的走势。关于成交量方面的研究，OBV能量潮指标是一种相当重要的分析指标之一。

OBV指标由OBV值和OBV线构成。OBV线方法是葛兰唯尔又一大贡献，他将“量的平均”概念加以延伸，认为成交量是股市的元气，股价只不过是它的表象特征而已。因此，成交量通常比股价先行。这种“先见量、后见价”的理论早已为股市所证明。

➲ 问题思考

1. 如何理解“价是虚的、量是实的”的说法？
2. 能量潮（OBV）是如何反映股价与成交量的关系的？

知识准备

一、OBV的含义与计算

OBV的中文名称直译为平衡交易量，属于量价型指标。它的理论基础是市场价格的有效变动必须有成交量的配合，量是价的先行指标。

利用OBV可以验证当前股价走势的可靠性，并可以由OBV得到趋势可能反转的信号。OBV的计算公式为：

$$今日OBV = 昨日OBV \pm 今日的成交量$$

式中的成交量是指股票成交的手数，而非成交金额。如果今日收盘价高于昨日收盘价，今日的成交量就属于多方能量，计算时用“+”号；如果今日收盘价低于昨日收盘价，今日成交量属于空方能量，计算时则用“-”号。

二、OBV的应用法则

OBV曲线是预测价格短期波动的重要指标，通常要与股价曲线的配合使用才会发挥作用。

1. OBV曲线对进一步确认当前的股价趋势有着十分重要的作用。当股价曲线上升（下降），而OBV曲线亦相应地上升（下降），则可确认当前的上升（下降）趋势。

2. OBV 曲线与股价曲线呈现背离走势时，股价趋势有发生反转的可能。当股价上 升，而 OBV 曲线却下降，表示买盘无力为卖出信号；当股价下降，而 OBV 曲线却在上升，则表示逢低买盘力量强劲为买入信号。

3. OBV 指标对双重顶（底）形态的确认有着较高的可信度。当股价创出新高（低）后回落（回升），再次上升（下跌）时，OBV 曲线不能同步配合，原则上第二个高峰（谷底）即将形成，从而完成双重顶（底）形态。

4. 在股价进入盘整区后，OBV 曲线会率先显露出脱离盘整的信号，向上或向下突破，且成功率较高。

【学一学】

OBV 指标应用

从图 7－3－2 可以判断：

（1）当股价上升而 OBV 线下降，表示买盘无力，股价可能会回跌。

（2）股价下降时而 OBV 线上升，表示买盘旺盛，逢低接手强股，股价可能会止跌回升。

（3）OBV 线缓慢上升，表示买气逐渐加强，为买进信号。

（4）OBV 线急速上升时，表示力量将用尽为卖出信号。

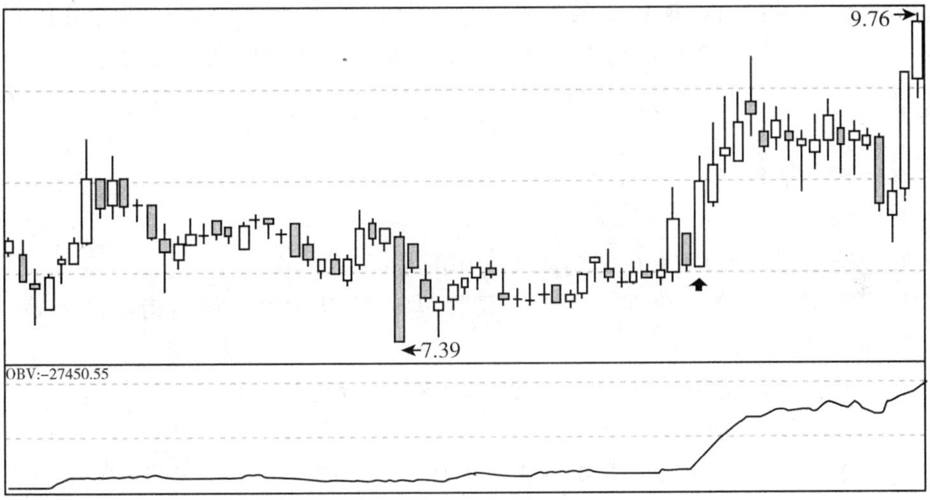

图 7－3－2　OBV 指标

扩展阅读

能量潮指标（OBV）的优缺点

一、OBV 指标的优点

1. OBV 指标是预测股市短期波动的重要判断指标，帮助投资者确定股市突破盘局后的发展方向。

2. OBV 指标将静态的成交量转变为动态的指标，有利于投资者利用该指标分析市场内部资金流量和流向的变化。

3. OBV 指标作为先行指标有一定预示作用，特别是在指标与股价发生背离时，提示作用较明显。

二、OBV 指标的缺点

1. OBV 指标不能反映成交量发生在什么价位区域，尤其是股价上下剧烈波动时，不能真实反映量价关系。

2. OBV 指标无法反映成交量变化是否与某些突发消息有关，信号容易失真。

工作任务

任务 1

1. 任务内容：心理线（PSY）指标运用。

2. 任务步骤：

（1）知识准备：了解 PSY 指标构成及应用的基本知识。

（2）打开股票行情分析软件，打开一只股票 K 线走势图，利用指标命令找出该股票 PSY 指标图形。

（3）利用 PSY 指标的应用法则对该股票走势进行分析与预测。

3. 任务操作提示：通过观察交易软件，学生可以更形象了解 PSY 指标的位置、形状、背离等知识，并能将 PSY 指标的分析方法，更直观地应用于对股票走势的分析。

任务 2

1. 任务内容：能量潮指标（OBV）运用。

2. 任务步骤：

（1）知识准备：了解 OBV 指标构成及应用的基本知识。

（2）打开股票行情分析软件，打开一只股票 K 线走势图，利用指标命令找出该股票 OBV 指标图线。

（3）利用 OBV 指标的应用法则对该股票走势进行分析与预测。

3. 任务操作提示：通过观察交易软件，学生可以更形象了解 OBV 指标的位置、形状、背离等知识，并能将 OBV 指标的分析方法，更直观地应用于对股票走势的分析。

模块四　大势型指标的应用

任务描述

本模块的主要任务是认知腾落指数（ADL）、涨跌比率（ADR）和布林线（BOLL）三大大势型指标，掌握腾落指数（ADL）、涨跌比率（ADR）和布林线（BOLL）的构成及应用方法，并能运用该类指标进行分析。

任务一 腾落指标（ADL）的应用

任务指引

在正常情况下，股市大势指数上升，上涨股票的家数必然较多；相反，股市大势指数下跌，下降股票的家数较多。两者之间的关系往往成正比，股市大势的升降与市场的人气的强弱情形也是相同的。因此，ADL 指标与股市大势指数比较类似，两者均是反映大势的动向和趋势，而不对个股的涨跌提供信号。

但由于股市大势指数在一定情况下受指标股的影响，这些股票的异常走势（暴涨或暴跌）会对股市大势指数的走势带来影响，从而给投资者提供不真实的信息。为了弥补股市大势指数可能失真这方面的缺点，因此，在对股市大势指数分析中引入了腾落指标来辅助研判股市大势指数。

问题思考

1. 理解腾落指标与股价指数有何相似之处？
2. 腾落指标比股市大势指数分析有何优点？

知识准备

一、ADL 的含义

腾落指标（ADL）是以股票每天上涨或下跌之家数作为计算与观察的对象，以了解股市人气状况，探测股市内在的资金动能是强势还是弱势，用以研判股市未来动向的技术性指标。腾落指标只反应大势的走向与趋势，不对个股的涨跌提供信号。由于市场中常常存在通过拉抬或打压大盘指标股，使得股价指数走势失去本来面目的现象，从而影响投资者的准确判研分析，而腾落指标可以很好地消除这类失真影响。

二、ADL 的计算

$$腾落指标(ADL) = \sum(上涨家数 - 下跌家数)$$

ADL 指标是以股票每天上涨和下跌的家数作为计算和观察的对象，借此了解股市人气的兴衰，探测大势内在的动量是强势还是弱势，从而研判股市未来动向的技术指标。它是将在该市场上上市交易的所有股票家数中，每日上涨的股票家数减去下跌股票家数所得到的余额的累计。即将第一天上涨股票的家数减去第一天下降股票的家数所得到的差数为第一天的 ADL，第二天也是将上涨股票的家数减去下跌股票的家数，然后将所得到的差数与第一天的 ADL 值相加，所得到的累计额即为第二天的 ADL 值，依次类推。因此，我们可以知道，ADL 指标是利用简单的加减法计算每天股票上涨家数和下跌家数的累计结果，与股市大势综合指数相互对比，对股票大势未来进行预测。

三、ADL 的应用

1. 腾落指标是了解股市人气状况，探测大势内在的资金动能是强势还是弱势，用以研判股市未来动向的技术性指标。

2. 当股指持续上涨，腾落指标亦上升，股指可能仍将上升；股指持续下跌，腾落指标亦下降，股价可能仍将继续下跌。

3. 如果股指和腾落指标之间出现背离的话，股指往往会跟随腾落指标的运动趋势而变化。如果股指上涨，而腾落指标下降，股指不久也会回落；同样，股指下跌，而腾落指标上升，股指不久也会回升。

4. 股市处于多头市场时，腾落指标呈上升趋势，其间如突然出现急速下跌现象，接着又立即扭头向上，创下新高点，则表示行情可能再创新高。当股市处于空头市场时，腾落指标呈现下降趋势，其间如果突然出现上升现象，接着又掉头下跌突破原先低点，则表示另一段新的下跌趋势产生。

【学一学】

ADL 指标应用

腾落指标（见图 7－4－1）的应用重在研判其曲线的走势，并不看重取值的大小。ADL 指标的一般研判标准主要集中在 ADL 曲线与股市大势指数曲线的同步走势及相反走势等的配合使用上。

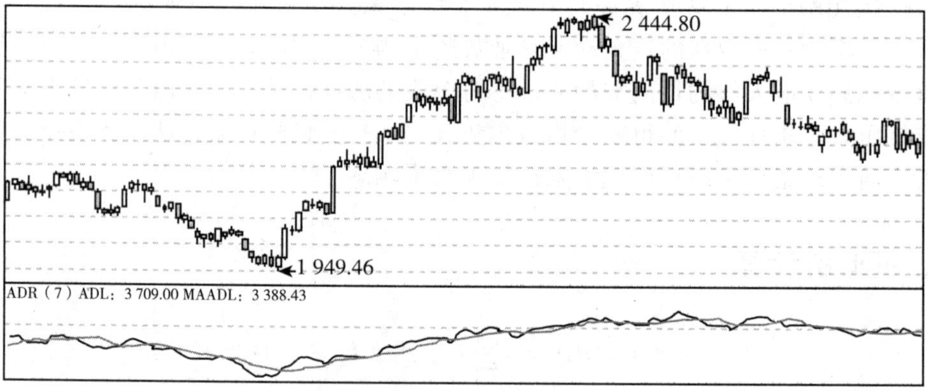

图 7－4－1　ADL 指标

任务二　涨跌比（ADR）的应用

任务指引

股票市场是多空双方争斗的战场，这种争斗在一定程度上是自发的，带有较多的自由性和盲目性。其表现为股市上超买超卖的情况比较严重，有时候投资者盲目地追涨会造成超买，有时候又会盲目地杀跌造成超卖。ADR 指标就是从一个侧面反映整个股票市场是否处于涨跌过度、超买超卖现象严重的情况，从而指导投资操作。

涨跌比（ADR）指标的构成基础是“钟摆原理”，即当一方力量过大时，会产生物极必反的效果，向相反的方向摆动的拉力越强；反之，亦然。该原理表现在股市上，就意味着当股市中人气过于高涨，股市屡创新高以后，接下来可能就会爆发一轮大跌的行情；而当股市中人气低迷，股价指数不断下挫而跌无可跌的时候，可能一轮新的上涨行情即将展开。

➲ 问题思考

1. 如何理解投资的自由性与盲目性？
2. 什么是“钟摆原理”？

知识准备

一、ADR 的含义

涨跌比率（ADR）指标是将一定时期内上市交易的全部股票中的上涨家数和下跌家数进行比较，得出上涨和下跌之间的比值并推断市场上多空力量之间的变化，进而判断市场上的实际情况。由于和 ADL 指标存在着一定的联系，ADR 指标又称为回归式腾落指数。该指标集中了股票市场中个股的涨跌信息，可反映股市大盘的强弱趋向，但没有表现个股具体的强弱态势。因此，它和 ADL 一样，同属于是专门大势广量指标，是专门研究股票指数的指标，而不能用于选股与研究个股的走势。

二、ADR 的计算

由于选用的计算周期不同，涨跌比率（ADR）指标包括 N 日 ADR 指标、N 周 ADR 指标、N 月 ADR 指标和 N 年 ADR 指标以及 N 分钟 ADR 指标等很多种类型。经常被用于股市研判的是日 ADR 指标和周 ADR 指标。虽然它们计算时取值有所不同，但基本的计算方法一样。

以日 ADR 为例，其计算公式为：

$$ADR(N\text{日}) = A \div B$$

式中：$A = \sum NA$ 表示 N 日内股票上涨家数之和；$B = \sum ND$ 表示 N 日内股票下跌家数之和；N 为选择的天数，是日 ADR 的参数。

选择一定参数周期内的股票上涨和下跌家数的总和，目的是为了避免由于某一特定的时期内股市的特殊表现而误导研判。

三、ADR 的应用

（一）ADR 的取值

一般而言，由 ADR 的数值大小可以把大势分为以下几个区域。

1. 当 ADR 数值小于 0.5 时，表示大势经过长期下跌，已经出现超卖现象，很多股票价格可能会止跌企稳并出现一轮反弹行情，投资者可以短线少量买入超跌股作反弹。

2. 当 ADR 数值大于 1.5 时，表示大势经过长期上涨，已经出现超买现象，很多股票价格可能已经上涨过度，将会出现一轮幅度比较大的下跌行情，投资者应以及时卖出股票或持币观望为主。

3. 当 ADR 数值在 0.5～1.5 之间时，表示大势基本处于整理行情之中，没有出现特殊的超买和超卖现象，这时投资者更重要的在于研判个股行情。

4. 当 ADR 数值在 0.3 以下时，表示大势处在大空头市场的末期，市场上出现了严重的超卖现象，很多股票的价格已经跌无可跌，此时，投资者可以分批逢低吸纳股票，作中长线的建仓投资。

5. 当 ADR 数值在 1.5 以上时，表示大势处在大多头市场的末期，市场上出现了严重的超买现象，很多股票的价格已经涨幅过大，将面临一轮比较大的下跌行情，此时，投资者应及时卖出持有的股票。

（二）ADR 曲线与股价综合指数曲线的配合

对大势而言，ADR 指标具有领先示警作用，尤其是在中短期回调或反弹方面，能比股价综合指数曲线领先出现征兆。若股价综合指数曲线与 ADR 曲线之间出现背离现象，则可能预示着大势即将反转。ADR 曲线与股价综合指数曲线的配合使用主要从以下几方面进行。

1. ADR 曲线向上攀升，而股价综合指数曲线也同步上升，则意味着整个股票市场是处于整体上涨的阶段，股市大势将维持向上攀升的态势，市场上人气比较活跃，投资者可积极进行个股的投资决策。

2. ADR 曲线继续下跌，而股价综合指数曲线也同步下跌，则意味着整个股票市场是处于整体下跌的阶段，股市大势将维持下跌的态势，市场上人气比较低落，此时，投资者应以持币观望为主。

3. ADR 曲线开始从高位向下回落，而股价综合指数曲线却还在缓慢向上扬升，则意味着股市大势可能出现“顶背离”现象，特别是大盘已经经过了一轮比较长时间的上升行情以后。股价综合指数上升而 ADR 值从高位回落，说明股市在一线大盘股领涨，而大多数二、三线小盘股却纷纷告跌，上升行情难以持久。

4. ADR 曲线从底部开始向上攀升，而股价综合指数曲线却继续下跌，则意味着股市大势可能出现“底背离”现象，特别是大盘已经经过了一轮比较长时间的下跌行情以后。股价综合指数下跌而 ADR 值从低位开始向上扬升，说明股价综合指数的下跌是由大盘股下跌引起的，而许多小盘股经过长时间的下跌开始显示出投资价值，已经有主力在开始建仓，整个大势可能将很快止跌反弹。

【学一学】

ADR 指标应用

由图 7－4－2 可以研判：

（1）ADR 在 0.5～1.5 之间是常态情况，此时多空双方处于均衡状态。

(2) 在特殊的情况下，如出现突发的利多、利空消息引起股市暴涨暴跌时，ADR 常态的上限可修正为 1.9，下限修正为 0.4。

(3) 超过了 ADR 常态状况的上下限，就是采取行动的信号，表示上涨或下跌的势头过于强烈，股价就有回头的可能。

图 7-4-2 ADR 指标

任务三 布林线（BOLL）的应用

任务指引

BOLL 指标是美国股市分析家约翰·布林根据统计学中的标准差原理设计出来的一种非常简单实用的技术分析指标。一般而言，股价的运动总是围绕某一价值中枢（如均线、成本线等）在一定的范围内变动，布林线指标正是在上述条件的基础上，引进了“股价通道”的概念。股价通道是指股价波动的上限和下限形成股价波动的区间。

股价通道的宽窄随着股价波动幅度的大小而变化，而且股价通道又具有变异性，它会随着股价的变化而自动调整。正是由于它具有灵活性、直观性和趋势性的特点，BOLL 指标渐渐成为投资者广为应用的市场上热门指标。

问题思考

布林线与均线之间有何联系？

知识准备

一、BOLL 的含义与构成

BOLL 的中文名称为布林线，属于路径型指标。布林线是一个利用统计学原理，求出股价的标准差，以此来求得股价在运行中可以信赖的波动区间的指标。

布林线由上、中、下轨构成。上轨是压力线，中轨是平衡线，下轨则是支撑线。布林线正是利用这三条线所组成的波带来显示各种价位的。一般情况下，股价大多在波带之内波动。布林线波带的宽度可以随着股价的变化而自动调整位置。布林线提供的买卖信号明确，使用起来有效方便，因而是证券市场上经常使用的技术指标。

二、BOLL 的应用法则

（一）BOLL 指标的轨道线

1. 价格通常应在 BOLL 的波带内运行。BOLL 的上轨是阻力线，下轨是支撑线，中轨既是阻力线又是支撑线。当价格在中轨线上方运行时属于强势；当价格在中轨线下方运行时则属于弱势。如果股价脱离了 BOLL 的轨道运行，则意味着行情处于极端的状态。

2. 当 BOLL 的上、中、下轨线同时向上运行时，表明股价强势特征非常明显，投资者应坚决持股待涨或逢低买入。反之，则应坚决持币观望或逢高卖出。

3. 当 BOLL 上轨向下运行，而中、下轨仍在向上运行时，表明价格处于整理之中。如果是多头市场，表明股价是上涨途中的强势整理，投资者可以持股观望或逢低短线买入；如果是空头市场，则表明股价是下跌途中的弱势整理，投资者应以持币观望或逢高减仓为主。

（二）BOLL 波带的张合

1. 当价格长期处于底部，BOLL 的波带会变得很窄。之后，随着成交量的逐渐放大，BOLL 的上轨开始急速扬升，而下轨却加速向下运动，预示着短期将有一波大幅拉升行情发生。

2. 当价格经大幅拉升后，BOLL 波带的开口会很大。之后，随着成交量的逐步减少，BOLL 的上轨开始急速向下，而下轨却在加速上升，预示着价格短期内将会大幅下挫。

3. 价格经长时间下跌后，BOLL 的波带开始变窄，价格随成交量的萎缩在低位振荡，此时 BOLL 的上轨仍在向下运动，而下轨却在缓慢上升，预示着价格将会经历较长的横盘整理。

【学一学】

BOLL 指标应用

由图 7-4-3 可以判断：

（1）股价在中轨上方运行时属较安全状态，短线可持有观望。

（2）股价在中轨下方运行时属较危险状态，短线应趁反弹中轨时离场。

（3）股价突破上轨线后，回探中轨线时不跌破中轨线，显示后市看涨。

（4）股价跌破下轨线后，反弹中轨线时不站回中轨线以上，则后市看跌。

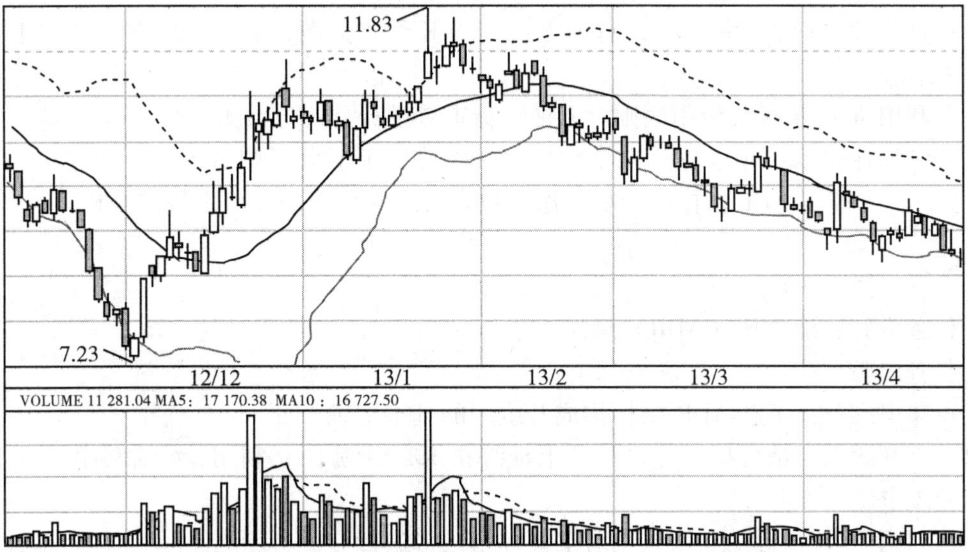

图 7-4-3　BOLL 指标

扩展阅读

巧用布林线

运用布林线炒股是一种国际上流行的技法，而投资者一旦真正从趋势及概率意义上理解并认知这一技术工具，就可以进一步提升实战操作的能力。一般情况下，运用布林线指标进行买卖，操作的成功率远胜于借助 KDJ、RSI 甚至移动平均线进行买卖。

巧用布林线买卖，能使我们避开庄家利用一些常用技术指标诱多或者诱空的陷阱，特别是用于波段操作，在以下几种情况下为较准确的买入信号：

1. 若股价在中轨之上运行，布林线开口逐步收窄，上轨、中轨和下轨逐步接近，当上下轨数值差接近 10% 之时，为最佳的买入时机。若此时成交量明显放大，则股价向上突破的信号更加明确。

2. 当股价经过一段温和上升行情之后出现短线回调，股价在上轨附近受阻然后又回到布林线的中轨，若连续 3 日站稳中轨可考虑介入。

3. 当一只股票始终沿着布林线通道上轨和中轨之间稳步向上时，以持股或低吸为主，因这表明该股正处于强多头走势之中。

4. 股价跌出布林下轨或站稳中轨可考虑介入。

工作任务

任务 1

1. 任务内容：腾落指数（ADL）运用。

2. 任务步骤：

（1）知识准备：了解 ADL 指标构成及应用的基本知识。

（2）打开股票行情分析软件，打开上证综指 K 线走势图，利用指标命令找出上证综指的 ADL 指标图形。

（3）利用 ADL 指标的应用法则对上证综指走势进行分析与预测。

3. 任务操作提示：通过观察交易软件，学生可以更形象了解 ADL 指标的位置、形状、背离等知识，并能将 ADL 指标的分析方法，更直观地应用于对股市走势的分析。

任务 2

1. 任务内容：涨跌比（ADR）运用。

2. 任务步骤：

（1）知识准备：了解 ADR 指标构成及应用的基本知识。

（2）打开股票行情分析软件，打开上证综指 K 线走势图，利用指标命令找出上证综指的 ADR 指标图形。

（3）利用 ADR 指标的应用法则对上证综指走势进行分析与预测。

3. 任务操作提示：通过观察交易软件，学生可以更形象了解 ADR 指标的位置、形状、背离等知识，并能将 ADR L 指标的分析方法，更直观地应用于对股市走势的分析。

任务 3

1. 任务内容：布林线（BOLL）运用。

2. 任务步骤：

（1）知识准备：了解 BOLL 指标构成及应用的基本知识。

（2）打开股票行情分析软件，打开上证综指或某只股票 K 线走势图，利用指标命令找出该股票的 BOLL 通道。

（3）利用 BOLL 通道的应用法则对该股票走势进行分析与预测。

3. 任务操作提示：通过观察交易软件，学生可以更形象了解 BOLL 指标的位置、形状等知识，并能将 BOLL 指标的分析方法，更直观地应用于对股票走势的分析。

项目自测

一、单项选择题

1. 在下列指标的计算中，唯一没有用到收盘价的是（　　）。

A. MACD　　B. RSI　　C. BIAS　　D. PSY

2. 描述股价与股价移动平均线相距远近程度的指标是（　　）。

A. PSY　　B. BIAS　　C. RSI　　D. W%R

3. 西方投资非常看重（　　）移动平均线，并以此作为长期投资的依据。

A. 100 天　　B. 150 天　　C. 200 天　　D. 250 天

4. 表示市场处于超买或超卖状态的技术指标是（　　）。

A. PSY　　B. ADL　　C. MACD　　D. W%R

5. 以一定时期内股价的变动情况推测价格未来的变动方向，并根据股价涨跌幅度显示市场强弱的指标是（　　）。

A. RSI　　B. MACD　　C. KDJ　　D. W%R

二、多项选择题

1. 下列属于人气型指标的有（　　）。

A. BIAS　　B. PSY　　C. ADR　　D. OBV

2. 下列属于趋势型指标的有（　　）

A. MA　　B. MACD　　C. WMS　　D. RSI

3. 下列属于超买超卖型的有（　　）。

A. BIAS　　B. WMS　　C. RSI　　D. KDJ

4. 在应用 KDJ 指标时，主要从以下（　　）方面进行考虑。

A. KD 取值的绝对数字　　B. J 指标的取值大小

C. KD 指标的交叉　　D. KD 指标的背离

5. 移动平均线指标的特点包括（　　）。

A. 助涨助跌性　　B. 稳定性　　C. 滞后性　　D. 追踪趋势

6. 下列选项中，关于技术分析指标 PSY 的说法，正确的有（　　）。

A. 一般进入高位区至少两次其所发出的买进信号才更可靠

B. 在 50 以上是空方市场

C. 取值过高或过低，都是行动的信号

D. 在 50 以上是多方市场

三、判断题（正确的画上√，错误的画上×）

1. MACD 能够表示股价的波动趋势，并追随这个趋势，不轻易改变。MA 则不具备这个保持追踪趋势的特性。（　　）

2. DIF 和 DEA 均为正值时，属多头市场。DIF 向上突破 DEA 是买入信号；DIF 向下突破 DEA 只能认为是回落，做获利了结。（　　）

3. 可以根据 W%R 指标形成的形态进行判别，一般当 W%R 指标连续几次撞顶，形成双重或多重顶，则是卖出的信号。（　　）

4. KD 是在 W%R 的基础上发展起来的，所以 KD 有 WMS 的一些特性。（　　）

5. PSY 是指近一段时间内，上涨的天数在 N 天内所占的比率。PSY 以 50 为中心，50 以上是多方市场，50 以下是空方市场。（　　）

6. 经验证明，ADL 对多头市场的应用比对空头市场的应用效果好。（　　）

7. 大势型指标主要对整个证券市场的多空状况进行描述。一般用于研究证券市场整体形势，但也能应用于个股。（　　）

项目八

证券投资策略分析

学习目标

通过本项目学习，应当掌握以下知识和技能。

知识目标

- 理解证券投资的目标及基本原则
- 熟悉证券投资计划的类型
- 熟悉制订证券投资计划应考虑的因素
- 掌握主要的证券投资策略
- 掌握证券投资的基本操作技巧

技能目标

- 能根据自身的实际情况，确定投资目标、制订投资计划；选择适合自身需要的证券投资策略
- 能根据证券市场和股价变化的实际情况，熟练应用止损、止赢、分批操作、波段操作和被补仓等技巧控制投资风险、提高投资收益

【情景导入】

巴菲特股票投资10大秘诀

1. 心中无股。巴菲特不看股票看公司，不想价格想价值，不做投机做投资。巴菲特做的不是股票，而是像投资入股合伙做生意一样，是真正的投资：“你买的不是股票，而是公司。”

2. 安全第一。巴菲特股票投资强调安全第一，赚钱第二。巴菲特说：“安全边际是投资成功的基石。”而安全边际往往出现在股市大跌、优秀的公司股价大跌之时。一般人喜欢追涨杀跌，巴菲特正好相反，人弃我取，人取我予。

3. 选股如选妻。巴菲特认为选股如选妻：“我们寻找投资对象的态度和寻找终身伴侣的态度完全相同。”

4. 知己知彼。巴菲特投资选股极少亏损，一个重要原因是他只选那些自己非常熟悉、非常了解、非常有把握的优秀公司股票。不能不选，不熟不选，不懂不选。

5. 一流业务。巴菲特说：“我们坚持寻找一流业务的公司。”一流业务的核心体现是一流的品牌，而一流的品牌必须具备三个要素：名牌、老牌、大牌。

6. 一流管理。巴菲特寻找的公司不仅要有一流业务，还要有一流管理。他告诫我们：“在收购公司和买入股票时，我们想要购买的目标公司不仅要业务优秀，而且还要有非凡出众、聪明能干、受人敬爱的管理者。”

7. 一流业绩。巴菲特说：“我只喜欢那些事实证明具有持续赢利能力的企业。”推动股价长期持续上涨的，最终只有一种力量：赢利持续增长。

8. 价值评估。巴菲特有句名言：“你付出的是价格，而你得到的是价值。”价值投资的

关键就是你得到的价值是否远远大于你付出的价格。巴菲特认为，根据自由现金流量进行价值评估才是最正确的方法。

9. 集中投资。非常流行的投资方法是分散投资，不要把鸡蛋放在一个篮子里，而是要买很多股票，每只股票都只买一点儿，这样看上去似乎更稳健，赚钱会更多。而巴菲特却反对分散投资，主张集中投资："不要把所有鸡蛋放在一个篮子里，这种做法是错误的，投资应该像马克·吐温建议的那样，把所有鸡蛋放在同一个篮子里，然后小心地看好这个篮子""我们的投资仅集中在少数几家杰出的公司身上，我们是集中投资者。"

10. 长期投资。巴菲特开玩笑说自己用屁股赚的钱比用脑袋赚得更多，其实就是因为他比别人都更能拿得住："我最喜欢持有一只股票的时间是：永远。"长期持有，说起来容易，做起来很难。

➲ 课前思考

1. 巴菲特的投资策略给你哪些启示？
2. 总结一下巴菲特的股票投资有哪些特点？

模块一　选择正确的证券投资策略

任务描述

本模块的主要任务是认知证券投资的目标原则和主要投资策略；能根据自身的实际情况，选择适合自身需要的证券投资策略。

任务一　确定证券投资的目标和原则

任务指引

西方哲人有句名言："做正确的事比正确地做事更重要。"这句话运用到证券投资上，就要求投资者要树立正确的投资目标，并遵循一定的投资原则。只有这样，才有较好的投资回报。

证券投资是一个比较复杂的过程，是一场有输有赢的竞争。它不仅需要投资者有承担风险的胆略、充沛的精力、丰富的知识和经验、稳定的心态，而且还要针对复杂多变的具体情况遵循一定的投资原则，制定相应的股票投资策略，并采取灵活多样的投资技巧，适时适度地把握股票买卖的对象和时机，以获取投资资金的最大增值。

➲ 问题思考

1. 投资者的投资目标主要有哪些？
2. 投资过程中，投资者要结合自身实际遵循哪些投资原则呢？

知识准备

一、证券投资目标

从理论上讲，一切投资行为的目标都是为了追求投资收益的最大化，但在实践中，要做到这一点既不可能也不现实。所以，如何在风险与收益之间寻找到某种最佳组合，从而实现投资收益的相对最大化就成为每个投资者的主要目标。

一般而言，证券投资的目标都是追求高收益、低风险，根据投资者的偏好不同，则有三种不同的目标。

（一）安全保值型

安全保值型的投资目标以获取稳定收入为主。稳定收入是指按时取得利息和股息收入，也包括资本增值收益。这些投资者往往资金不足，要依靠投资收入支付必要的费用。他们把投资的当前收入看得比资本收益或资本回收更重要，追求当前收入的稳定性和可靠性。这种目标决定了他们要选择安全的投资对象，而不是有增长前景但当前收入不稳定的证券。按照这种目标，债券比股票的收入要稳定，资信好的大公司和公用事业类的股票股利支付也比较稳定，是其合适的投资对象。

（二）稳健保守型

稳健保守型的投资目标主要追求资本增值。资本增值着眼于长期的资本增长，而不是当前的收入。他们不依靠投资的经常性收入来维持当前的运营。因此，他们有两个选择：一个是不断积累投资所得进行再投资，使资本增值越来越多；另一个是选择增长型的股票，通过股息和股价的不断增加而提高资本价值。前一种办法的风险相对小一些，后者则要冒较大风险。因为股价的涨落不定，投资者在经济上和心理上必须要有很强的承受能力。以资本增长为目标的投资者，必须对投资进行长期安排，只追逐短期利益通常对长期增长不利。

（三）风险激进型

以风险激进型为投资目标的投资者一般喜欢参与一些热门股甚至是问题股的炒作，并愿意冒较大的风险来追求高额利润。通常表现为竭力捕抓所谓的“黑马”，以期一夜暴富。

【看一看】

投资者应具备的个人条件

一名参与证券投资的人要想达到满意的投资效果应该掌握一些投资策略和技巧。而做好投资者个人条件分析是掌握和运用投资策略和技巧的基础。投资者个人条件主要包括：投资者的投资资金来源、对证券投资收益的期望依赖程度、对证券投资风险的承担能力大小、对有关证券市场行情信息获得能力以及对证券投资业务知识掌握的程度和业务经验等。

1. 投资者的资金来源。投资者购买股票债券的前提必须要拥有一定的资金，这些资金包括借入资金，更重要的是要包括投资者的自有资金。一般来讲，自有资金占投资者全部投资资金总额中的比例应能取得与自有资金相对称的投资收益相配匹，而该种投资收益水平在证券市场的众多投资中是属于正常中等收益率水平，这是投资者最基本的收益水平。而借入资金的投入比例确定应该是在投资者经过准确客观判断，而且众多投资者所追逐看好的行情之前，在预计会取得超额收益的前提下才可适量投入。

2. 投资者对投资益率的期望依赖程度和对投资风险的承担能力。这也就是投资者个人的投资动机。就普通个体证券投资者来讲，主要存在两种动机，一种是通过购买债券股票所取得的投资收益来补充增加工资或薪水收入，以弥补生活和支出的不足；另一种是拥有一定闲置游资的投资者想通过证券的买卖实现资金的增值，达到纯资本获利的目的。具有第一种动机的投资者的根本目的是想得到较为稳定、风险较小的投资收益，所以一般是倾向购买收益稳定、安全可靠的国债。这类投资者对风险的承受能力是有限的，波动较大的股价对于该类投资者来讲是承受不了的。第二种动机的投资者则应该更倾向于那些具有增值趋势的蓝筹股，若上市公司经营效益很好，该投资者能获得较大的收益。这种投资者对于投资风险的承担能力也较强，即使在投资中出现失误也能够从容应付。

3. 对证券市场行情信息的获得能力。这种行情信息获得能力不是简单指对证券市场行情信息判别，而是指对有关证券的行情信息掌握渠道来源、各种信息真伪分辨水平以及对市场行情波动的预测手段和精确度。

4. 对证券投资知识的掌握程度和业务经验。一般投资者并不需要对证券投资专门知识进行透彻研究，尤其是有关理论模型。但是，掌握和了解证券市场的有关业务必备知识对投资者是很有必要的。这些知识包括有关政策法令，证券市场规章制度，上市企业财务分析方法，股份变动及股利政策、股份分析与预测、投资技巧与策略等，这些对于投资者取得投资机会，降低成本，减少风险损失，扩大投资收益都有很大的帮助。然而证券投资知识的取得并不是孤立的，丰富的知识只有与有效的实际操作结合起来才能使证券投资实务如虎添翼，获得最大成功。因而，客观地明智地学习证券投资知识，积累实际经验，对于证券投资者来说也是一个极其重要的内部条件。

资料来源：编者根据相关资料整理。

二、证券投资的原则

证券投资是投资者在承担一定风险的情况下以获取最大收益为目的的投资活动，同其他经济行为一样，也必须遵循一定的原则。

（一）自有资金原则

证券投资的高收益是建立在高风险基础之上的，对于系统性风险，一般可以通过在股指期货（股指期权）市场上的反向操作来进行套期保值。证券投资的风险是难以预料的，而且有些风险也是不能以多样性的分散投资而加以避免的。因此，投资者在投资证券时，应以闲置的自有资金作为入市的资金，这样，才能在没有任何心理压力的情况下进行投资，从而为投资者科学、理性地投资决策创造良好的客观条件。

（二）投资分散组合原则

在证券投资过程中，如果你投资的资金确定后，为了尽量降低投资风险，投资者应将资金分散投资于各种不同的有价证券上。股票投资的收益比较高，但投资者所承担的风险也较大，所以，爱冒险的投资者可能将较大部分的资金投资于股票，但所投资的资金不应局限于一只股票上，为了降低非系统风险，投资者应选择不同类型的几种股票进行投资。

（三）收益与风险最佳结合的原则

收益与风险总是相伴而生，同时存在的。处理这对矛盾通常有两个准则：一是在风险已定的条件下，尽可能使投资收益最大化；二是在收益已定的条件下，尽可能把风险降低到最低限度。这就要求投资者必须明确自己的目标，恰当地把握自己的投资能力，从而不断培养自己驾驭风险的能力，在证券买卖过程中，尽力保住本金、增加收益、减少损失。

（四）精力充沛原则

理智的投资是建立在对各种证券和股市的分析基础上的，这就需要有充裕的时间和必要的能力，即精力充裕原则。能力是投资的基础，而投资能力的获得一靠知识，二靠经验，三靠积累。投资者应掌握的知识包括各类证券的基本特征、证券买卖过程、证券价格的变化规律、证券投资的法规等。

（五）目标适度原则

股市有句格言，“无论是做多做空都能赚钱，唯贪婪者一无所获。”要想在证券投资中取得成功，投资者必须实事求是地确立自己的投资收益目标，必须始终保持良好的心态，努力战胜自我。人性中固有的一大弱点是贪婪，其贪婪的表现往往是不切实际地抬高自己的获利目标，不知道适时行动和适时获利了结，常常幻想以更便宜的价格买入和以更高的价格卖出，结果是常常踏空和被套。因此，对投资者来讲，坚持目标适度原则，保持一颗平常心是获得投资成功的重要条件。

任务二　制订证券投资计划

任务指引

制订投资计划，是投资者最重要最经常性的工作之一。制订投资计划，主要就是为了克服盲目性。如果投资计划不是建立在严谨的科学的基础上，那还不如不做。有了一个好的可行的投资计划，还要认真地贯彻执行。

投资计划必须严格执行。这个道理谁都明白，但执行起来却颇有难度。例如，卖出后再次上涨的例子会让你的执行变得犹豫。严格执行计划的最好办法是，经常回忆曾经有过的最大失误。对失败案例的痛苦回忆，会坚定你执行计划的决心。证券市场的自由之处在于没有人会领导你、干涉你，但没有约束的地方注定也是犯错误最多的地方。投资者对自己约束的重要性超过了一切技术。这个道理，涉市越早的人，领悟得越深。在这里，做比想更为重要。只有让投资计划付诸行动，严格执行，才能成为一个真正成功的投资者。如果只有投资计划，而没有实施，或在实施的过程中由于人性的弱点而不断改变计划，那赚钱只能是空谈。

➲ 问题思考

1. 投资者制订投资计划的目的是什么？
2. 投资过程中，投资者要如何执行投资计划？

知识准备

由于每个投资者的自身情况各不相同，因此投资者要根据自身的经济状况、性格、投资目的以及对风险的承担能力等因素，选择适合自己情况的投资策略，制订切合实际的投资计划。

一、证券投资计划的类型

证券投资计划就是证券投资者根据自己的风险承受能力以及收益的预期，在对投资环境和证券类型进行综合分析和判断的基础上，选定投资对象，采取灵活的投资策略与方法，以期获得风险和收益最佳组合的行为。

长期以来，人们制订并总结了种类繁多的证券投资计划。总体来讲，可供投资者选择的投资计划有以下几大类。

（一）根据投资者对风险的偏好程度不同制订的投资计划

1. 激进型投资计划。激进型投资计划的执行者为激进型投资者，主观上为了取得较高的投资收益而愿承担较高的投资风险，以“舍不得孩子套不着狼”作为投资信条，以追求高额的投资收益作为投资活动的基本原则。只要有较高的投资收益，冒大的风险并不在意。激进型投资者往往选择那些具有可变收益、价格波动活跃的证券作为投资对象，如成长股股票、高科技产业股票及市场热门证券等。

2. 稳健型投资计划。采用稳健型投资计划的投资者大都厌恶或害怕投资风险，不希望自己所持有的证券投资收益大起大落，在证券投资中追求安全，以安全作为投资活动的基本原则。执行这种投资计划的投资者，常常选择那些可以带来固定收益的证券作为投资对象，如国债，信誉较好、实力雄厚的企业所发行的债券等。这样，既能保证本金的安全性，又可以到期获得一笔固定的收益。此外，一些较大胆的稳健型投资者还将优先股股票、蓝筹股股票等作为投资对象，纳入投资计划。

3. 温和型投资计划。温和型投资计划介于激进投资计划和稳健型投资计划之间。该计划的投资原则是投资安全与投资收益并重。从事证券投资既要考虑较高的收益，又考虑较好的安全性。执行该计划的投资者在选择证券投资对象时往往既选择高收益、高风险的证券，又选择低收益、低风险的证券，组成证券组合进行投资。他们在债券、优先股股票、普通股股票的动态组合中，既保证有稳定的、安全的收益来源，又不丧失获取高收益的机会，尤其是现代证券组合理论为其实现提供了理论指导，使之成为市场上最常见的投资计划。

（二）根据投资时间长短制订的投资计划

1. 短期投资计划。投资者制定短期投资计划的目的是追求证券短期价格涨落价差，持有证券的时间较短，甚至只有5天、3天、1天，投资对象往往是那些价格波动幅度较大的活跃证券，如市场上抢手的热门股票。这类投资计划带有很强的投机性，特点是时间短、收效快、灵活机动，但风险性较大，是常见的投资计划之一。

2. 中期投资计划。中期投资计划所设定的投资时间多为1年左右，为追求可观的收益，投资者经常采用证券投资组合方式进行投资，投资对象既有固定收益证券，如公债、优先股股票、企业债券等；又有非固定收益的证券。这种投资计划既追求证券市场价格差价收入，也追求投资证券的股息和利息收入。对于此类计划的操作，要求所具有的技术和知识水平较高，往往需要根据证券市场行情的变化，随时抛出收益下降的证券，及时购进行情看涨、收益上升的证券。中期投资计划是较常用的投资计划之一。

3. 长期投资计划。长期投资计划是指投资者选购证券之后，便准备长期持有，以追求证券的股息红利、利息和资产增长等长期收益为投资目标。这类投资计划在某种程度上带有其他目的，如以控制一定数量的某种股票为手段进而控制该股票发行企业。对于长期投资计划，投资对象的选择是至关重要的，要求投资者具有较高的投资预测能力，能够在成千上万种股票中选准具有高成长的股票及较有保障且利率又较高的企业债券。采取这种投资计划要求投资者具有足够的资金实力。

在证券市场上，按照投资时间长短所作的不同期限的投资计划，在证券投资活动中不是一成不变的，短期计划可以转变为中、长期计划，长期计划由于制订时间、环境因素的变化也有可能改为短期计划。

二、制订投资计划应考虑的因素

投资计划制订的合理与否对于证券投资的最终效果具有重要影响。而制订投资计划是涉及面相当广泛的一项复杂工作，应通盘考虑多方面的因素。

（一）证券投资的动机

投资者在制订投资计划时，首先应明确自己的投资动机，在自己已经确定的投资目的下制订相应的投资计划。不同的证券投资动机要求有不同的投资计划来辅助其实现。一般来说，以保值和资产安全为目的的投资，由于将安全放在第一位，将收益放在第二位，则以制订稳健型投资计划或温和型投资计划为宜。以追求高额收益为目的的投资，则应选择激进型投资计划。介于两者之间的投资则应选择温和型投资计划。如果以参与实业为目的，或控制操纵其他企业的生产经营为目的的投资，则可选择长期投资计划。所以，制订和选择投资计划，首先应考虑其进行证券投资的目的或动机是什么，并且要根据投资动机的变化而作出相应的调整。

（二）资金状况

资金状况是指投资者自己可以用于投资的资金来源、资金量的多少及稳定性。无论是个人投资者还是机构投资者，在从事证券投资之前，必须有一定规模可供自己支配和使用的资金。也就是说，投资者在制订投资计划时，应关注资金因素，要根据自己控制和掌握的资金数量、来源构成来制订适宜的投资计划。

投资者资金的来源对投资计划的制订具有至关重要的意义和作用，因为它直接关系到投资者承担风险的能力。证券投资者资金来源主要有两大渠道，即由自有资金和借入资金构成。凡是以自有资金进行投资的，投资计划的制订较为灵活，只要投入证券市场的资金是长期闲置的资金，则可根据投资者的主观愿望而制订投资计划。对于个人自有资金中用于养老或子女教育的资金，则既要考虑其安全性，又要考虑其流动性，以制定相应期限的稳健型投资计划为宜，以免因投资不善而造成家庭财政困难。对于以借贷资本投入市场从事证券投资的，在制订投资计划之前：首先，要进行多方面的分析与评价，尤其应注意投资的时间长短、收益的高低和投资的安全性。这是因为借入的资金是要还本的，投资者在利用借贷资金投资时必须把安全性放在第一位，而后才能考虑收益。所以，投资者不宜制订激进的投资计划。其次，要考虑借入资金的期限。借入的资金都有一定的使用期限，不是无期使用的，这就要求投资者要考虑期限因素，应以中短期投资计划为主。最后，借入的资金是有偿使用的，有一定的成本，所以在利用借入资金从事投资活动的还要关注投资效益，尽量选择收益较高的证券品种。这是因为，在投资者的投资收益中除需支付手续费用外，还必须支付一定数额的利息，剩余部分才是投资者的收益。这样，不仅因既要考虑较高收益又要注意投资安全而增加了投资难度，而且也极易使投资者丧失良好的投资机会。

（三）投资者心理因素

证券投资者的心理素质和心理类型，对于证券投资计划的制订和选择具有重要的影响。良好的心理素质能够促使投资者作出正确的选择，为投资成功奠定基础。不良的心理素质或心理状态会对投资决策带来消极影响，因决策失误而导致投资失败。因此，证券投资者在制订和选择投资计划时必须考虑自己的心理素质和心理类型，选择与自身实际相适应的投资计划。

从投资者角度看，心理素质主要包括两方面的内容：一是证券投资者对投资风险的偏好；二是证券投资者有无足够的耐心与毅力。

就证券投资者对投资风险的偏好来说，有的人天性喜爱冒险，做什么事都十分果断，不惧怕较大的风险，往往从高风险的经历中获得某种心理满足。这类人对风险刺激的喜好度较大，在制订投资计划时往往倾向于高风险高收益的激进型投资计划。此类投资者如果能够正确地运用自己的心理素质并对变幻莫测的市场行情有客观公正的评价，在证券投资过程中沉着应付，多能收到较为满意的投资收益。而另一类人则是天生胆小怕事，做事犹豫不定，在市场行情面前瞻前顾后，对风险的考虑比较多，常对市场风险做极端评价。此类投资者厌恶投资风险，在证券投资活动中应注重承担风险较少、投资收益稳定可靠的投资计划，如稳健型、温和型等。这类投资者的心理素质一般较差，无法承担投资风险带来的损失，经常采取一些极端措施。但总体来讲，这类投资者在投资活动中既不会赚大钱，也不会招致灭顶之灾。另外，在市场上最常见的则是在风险喜好和风险厌恶之间波动的投资者，其心理特点和投资实施行为都介于两者之间，对风险的态度取决于市场行情。

就投资者的耐力和毅力来看，有的投资者具有较好的耐力和毅力，韧性较强，能够做到不为一时的境况所迷惑，坚持根据自己的主观判定来买进或卖出。此类投资者宜选择长期投资计划，在投资对象的选择上也多以股价波动较小的弱势股和前景难测的成长股为主。因为投资者的耐心与毅力在选择短期投资计划时可能会给其带来不利，耐心与毅力可能会激变为古板或固执，难以把握有利的投资时机。另一类人则可能生性急躁，做事难以长久。这类投资者适于选择短期投资计划，在证券品种选择上也多注重价格波动频繁而波幅较大的热门股票。这样，投资者虽要承担较大的风险，但这类投资者的行为具有短期性的特点，在随行就市的短线操作中可能会获得可观的收益。

总之，具有各种明显心理特征的投资者在制订投资计划时，应针对自己的性情作出选择。优柔寡断的投资者应尽力避免行情波动频繁的热门股票，性格古板的投资者最好投资于蓝筹股和成长股，缺乏主见的投资者最好制订中期计划等。无论怎样，所有的投资者在证券市场行情面前都要保有良好的心态，只有这样才能有效地抓住获利机会。

【看一看】

证券投资的几种正确心态

1. 要有亏损的心理准备。投资者既要有赚钱的希望，但也要有安全意识，做好亏损的心理准备。特别是当大势不利、判断失误时，投资者应及早斩仓离场，绝不可因不舍一些较小亏损而一拖再拖，从而导致巨亏的出现。

2. 要保持冷静的心态。在股票市场中，股价的暴涨暴跌时常会发生，投资者在这种经常有突发事变的投资市场中必须保持冷静，作出正确的分析与判断，才能避免因冲动而造成的投资损失。

3. 长期投资要坚定信心。在股票投资过程中，如果你买进的股票的基本要素都比较好，而且股市上升的基本趋势没有发生逆转，这时投资者就不要被其他因素所干扰；应当坚定信心，持股待涨，因为优良的股票迟早会被投资者所认同，上涨只是时间上的问题。

4. 要有自己的主观判断。在对股票价格走势的多种分析中，有许多分析观点：有看好的，有不看好的，莫衷一是。这时，你应该相信自己的主观判断。因为资金是你自己的，盈亏只和你自己发生关系，没有必要去听信他人的意见。如果看不清大势，那么，最好的办法是在旁边休息，等到认为可以进场时，你再入市也不迟。

5. 要有谨防欺诈的思想。在股票市场上，随时会出现各种陷阱和骗局，例如：上市公司在财务报表中“掺水”，某股票投资大户公开表示看好某股票而实际上他是在出货等；在技术分析中，也会出现许多与图表分析相左的股价走势，即所谓图表陷阱。因此，在股票投资过程中，要始终保持“五分研究、七分警觉”的投资理念，随时注意股票价格的变化，及时采取有效对策，以便在股票投资中立于不败之地。

资料来源：和讯股票，http：//stock. hexun. com.

（四）对投资收益的依赖程度

如果投资者的投资目的是为了获得较高收益，并甘愿为此冒较大的投资风险，则可制订风险高收益大的投资计划，选择较多的成长股股票投资，以期将来获得较高的收益；如果投资者的生活负担较重，对投资收益依赖较大，那么就应拟定一种收益稳定，安全可靠的投资计划，其中固定收益的证券，如债券、优先股股票之类的比重要大一些。而对投资收益依赖程度较低的投资者则应制订风险较高、收益较大的投资计划，选择较多的成长股股票，长期持有之，以期待将来获得较大收益。

（五）参与投资活动的时间和信息供给情况

投资者在制订投资计划时，还应充分考虑自己能够从事证券投资的时间以及有关证券市场的信息的获取情况。

证券市场的投资者构成相当复杂，既有机构投资者也有个人投资者，在个人投资者中既有职业投资者也有业余投资者。对机构投资者来说不存在投资时间因素问题，而对个人投资者来说，在制定投资计划时必须考虑自己对证券投资活动时间的保证程度。对于以证券投资为主业或其他业务的时间要求不严格的投资者可不考虑时间因素。而对于以证券投资为辅业且主业时间要求严格的，由于没有时间充分地研读与关注市场行情的变动，容易丧失投资机会，应以选择收入稳定的蓝筹股、具有高度成长性的成长股及投资基金证券做中长期投资为佳。

证券市场行情的变动易受基本面信息的影响，所以证券投资信息搜集与整理工作也是十分必要的。对于机构投资者和职业投资者，有足够的时间和充足的方式获取信息，所以这一条件对其约束不大。对于其他的个人投资者，则应注意自己获取信息的方式和渠道对市场信息的传导速度和保真情况。如果投资者所处的信息传导渠道较闭塞或投资者无法对信息作出准确判断，进而影响到投资决策时，投资者应放弃自己操作计划，改为基金投资，这样做既可避免过大的损失，又可以获得相对较高的稳定收益。

三、证券投资计划的内容

证券投资者进行了比较充分的知识准备、资料搜集整理、资金准备、心理准备后，一般可以着手制订证券投资计划，即决定自己以何种方式进入证券市场，如何进行证券操作。证券投资计划通常包括资金分配、时间安排、投资方式、投资对象，以及进入时机选择等内容。

资金分配是指将多少资金投入证券市场，其中多少比例资金投入某种证券买卖，多少比例资金用于某种投资方式，多少比例资金在什么时机投入。

时间安排是指用什么时间进行证券买卖。除职业投资者以外，其他业余投资者须调剂出一定时间研究证券行情，进行证券买卖。

投资方式的选择须根据投资者本人情况而定。一般来说，投资者应用一部分资金作中长期投资，一部分资金作短期投资与投机，以训练自己的投资技能。如果投资者没有充裕的时间用于证券投资，那就应该选择中长期投资。如果实在没有时间，还可以投资基金证券，让投资专家代理操作。

选择投资对象，就是选择证券。这包括两个层次的选择；一是选择证券类别，即投资于债券，还是投资于股票，抑或投资于基金证券；二是选择证券品种。如果投资于债券，是选择国债、金融债券，还是公司债券，以及选择哪个公司的债券。如果投资于股票，是选择成长股、绩优股，还是概念股。

进入时机的选择比买卖何种证券更重要。证券投资技术分析有助于正确选择买卖时机。好的开始是成功的一半，介入时间选得好，就算选的股票稍差一些，也会赚钱；但介入时机不当时，即使选对股票也会被套。

证券投资者通过搜集、整理、分析资料，可以建立对证券投资的感性认识，熟悉证券市场的运作程序，了解证券市场的行情趋势，体验证券市场和人气状况，感受证券市场价格的起伏波动，认识上市公司的经营状况，选择证券品种，确定进入股市的时机。

投资者在安排证券投资计划时，还必须明确当时的投资环境和自身条件。最重要的是客观地评判自身风险承受能力的强弱，据此确定投资对象，把握投资方向，合理分配资金和安排时间，选择投资策略，实现风险与收益的最佳组合。

进行一项投资决策，制订计划时，通常应涉及三方面的考虑：对市场与个股走势的认识，对自己操作上优缺点的认识，掌握必要的交易策略。当市场上大多数人都看好后市并全仓买入的时候，往往是市场上人气耗尽，即将下跌的时候。投资大众通常是错的，大部分人都赚不到钱。因此，偏听偏信进行投资非常危险。

任务三 选择投资对象和买卖时机

任务指引

沃伦·巴菲特是著名投资大师，被喻为“当代最伟大的投资者”“华尔街股神”，他创造了有史以来最伟大的投资神话：从100美元起家通过投资成为资产达429亿美元的世界第二富人。在巴菲特的管理下，伯克希尔公司每股净资产由1965年底的19美元增长到2003年底的50 498美元，年复合收益率为22.2%，而同期美国标准普尔指数年复合收益率为10%左右。

纵观巴菲特的股票投资策略，用一句话可概括它的核心：以大大低于内在价值的价格集中投资于优秀公司的股票并长期持有。以几大经典投资案例可了解巴菲特的投资策略：投资可口可乐13亿美元，已持有15年，盈利88亿美元，增值6.8倍；投资华盛顿邮报1 000万美元，已持有30年，盈利12亿美元，增值128倍；投资吉列公司6亿美元，已持有14年，盈利29亿美元，增值近5倍。从上述案例可以看出，巴菲特主要投资行业的龙头公司股票并长期持有，公司长期稳定的盈利也为其长期投资带来很高的投资回报。

问题思考

1. 巴菲特是如何选择投资对象的？
2. 你认为投资者选择投资对象应从哪些方面入手？

知识准备

一、证券投资对象的选择

证券市场上的证券品种琳琅满目，初入市场者，常常面对市场上上千只债券、股票不知从哪里下手。但是，为了能够成功地进行证券交易，投资者必须学会沙海里淘金，正确地选择投资对象。

（一）选择投资对象时应遵循的原则

为了使投资者作出正确的投资选择，投资者在选择投资对象时应遵循以下四个原则。

1. 安全性，即确保投资本金的安全。一般而言，投资的收益与风险是成正比的，不论怎样，进行证券投资时，一定要充分考虑各种不同证券的安全性，在收益最大化的前提下，尽可能选择风险最小、安全性最高的，或在风险小、安全性高的前提下，尽量选择收益最高的。

2. 收益性，即投资者能得到预期收益。获取收益是投资者的投资动机，投资者所选择的投资对象，必须能使预期的收益达到最高限度。

3. 增值的潜在性，即增值性。投资者应投资于能使自己的资本不断增值的证券。

4. 变现性，即投资者应选择变现性强的证券，以利于投资者在市场或所购买的证券本身出现不测的情况下将证券脱手。

（二）选择投资对象的要点及步骤

1. 投资对象的选择要点。

（1）关注公司的赢利情况和展望。公司利润是影响股价的重要因素，股价的波动随着公司的赢利能力而波动。

（2）购买第一流公司的股票，也称绩优股票。应从公司税后利润多少、发展基础和前景诸多方面去加以综合考虑。

（3）购买被低估价值的著名公司股票。许多专家认为，一般投资者要在股票市场获胜，最好是购买低估价值或不受欢迎的名牌公司的股票。经济不景气时期，这类公司很多，投资者应深入研究，从中抓住机会。

（4）应注意公司的管理水平与科技创新情况。一家公司常由其主要的政策而影响其将来的成长性。如果一家公司有优秀的管理人员，对公司将来的成长即具有莫大的影响力。公司的成败主要取决于管理的好坏。在充满竞争的现代社会中，公司对科技创新工作都非常重视，近几十年来最成功的公司都是靠开发新产品和产品技术创新方面飞速发展的。

（5）要重视商标、商誉和专利权等无形资产的价值。许多公司因专利和商标而享有无法估价的资产。有些公司就是靠产品的专利使公司快速发展起来的。

（6）注意观察股东构成情况。如果公司股票被许多金融机构所拥有，这对公司财政有很多好处。因为当公司需要筹集资金时，股票很容易出售给这些金融机构。特别是股票当被许多有名气的金融机构所拥有时，自然会增加公司的声望。同时，这些金融机构也将给予公司在管理上以及财政上有力的支援。

以上是选择投资对象时应注意的几个基本要点。当然，在购买之前事首先要观察整个市场的趋势，其次要分析个别公司的发展现状及将来的展望，然后再根据上面的要点来选择股票。

除了这些要点之外，投资者还要观察公司股价涨跌与其赢利的关系，进而研究公司股价与整个证券市场涨跌的关系以及分析、比较公司利润与同行业企业之间利润的高低。

2. 投资对象选择的基本步骤。

（1）利用券商和机构投资者。券商是专业投资者，他们对上市公司一般有专门的研究，因此，经常能比较准确地找到绩优公司。所以，许多普通投资人都依赖券商的推荐，但利用券商时应当注意：第一，证券代理商推荐的上市公司通常是针对普通大众投资人的，未必适合某一投资者的要求。也许你想作长线投资，而券商推荐的却只能作短线交易的股票；或者你想比较稳妥地投资，而券商推荐给你的则是高风险的股票。另外，你应当随时想到，券商推荐的投资对象不只是给你，还维荐给其他客户，这虽是简单的常识，却经常会对股市产生戏剧性的效果。第二，券商也未必一定能够一直完全选推绩优公司。相反，根据国外研究，许多券商推荐股票的正确率低得难以置信。

（2）利用上市公司内部的有关人员。如果你能结识上市公司中的有关人员，他们至少可以给你提供一些你所需要的事实。当然，当你向这些人员作咨询时，应当在法律允许的限度内进行。如内幕交易之类的活动，在世界任何股市上都是禁止的。

（3）向上市公司有关部门咨询。上市公司通常都设有专门机构或人员负责本公司股票的市场流通，其中包括向股东提供必要的情况。

（4）阅读上市公司的财务报告。上市公司必须按规定定期向股东和公众提供真实的财务状况及财务报告，通过公司财务报告，我们可以了解该公司的历史演变及发展前景，以及有关公司发展的重要事项。

（5）参观公司总部。参观公司总部可以对上市公司取得直观和感性的材料。通过公司的勃勃生机，你会看到公司灿烂的前景；反之，如果公司总部人浮于事，机构臃肿，办事拖沓，该公司怎能在竞争中取胜?

（6）观察产品市场。业绩优良的公司总是要表现在产品的畅销上，没有畅销产品的公司不会是兴旺的公司。如果你在一些知名的大商场中发现该公司的产品很抢手，而且不断有热门的新产品推出，则这种公司的股票准能赚钱；不过，某种畅销产品必须是公司的主导产品，一个大公司经常生产几种，乃至几百种产品，如果畅销产品仅是公司中无足轻重的项目，它再畅销也左右不了公司的局面。

（7）留心各种广告。现代社会中广告是产品销售的重要手段，没有成功的广告，再好的产品也可能夭折。广告代表着公司的形象和力量，因此，投资人平时留心一下各种广告，对你的投资选择也将大有帮助。

（8）考察上市公司的售后服务。售后服务是维持企业良好形象的重要基础，没有良好的售后服务水平，等于自断生路。因此，深入考察上市公司的售后服务质量也有助于鉴别其优劣。

二、买卖时机的选择

投资者确定了证券品种后，最重要的问题就是选择买卖证券的有利时机。因为高质量证券并不一定意味着高收益，证券投资收益率随证券价格的升降而沉浮，因此投资者应选择证券价格被低估时买进，而在证券价格被高估时卖出，使投资组合始终处在有利状态。

（一）确定证券买卖时机的方法

1. 目标价格法。选择买卖证券的时机最常用的办法是确定各种股票的目标价格。投资者先根据自己对各种证券内在价值的估计确定买进的目标价格，当证券价格跌到这个事先确定的价格水平时就买进该证券。买进证券后，再确定卖出的目标价格，当证券价格上升到这个卖出价格时就卖出该证券。

目标价格法主要用于从证券价格随供求关系围绕证券价值上下波动的变化中赚取差价收入。目标价格法由于有基本分析作后盾，因此较科学。但这种方法的要求较高：（1）投资者必须进行全面的基本分析；（2）投资者具有很大的耐心等待市场供求关系变化；（3）投资者必须根据情况的变化不断调整目标价格。因为市场千变万化，投资者根据目标价格买卖证券时，公司的情况可能已发生重大变动，使原来确定的目标价格不合理。

2. 分次购买法。分次购买法就是通过分次购买同一种证券来消除一次购买时价格过高的风险。分次购买法主要是在进行长期投资时使用。分次购买的主要方法有：等额购买法和等股数购买法。

等额购买法指每次购买同等金额的证券的方法。它可使投资者持有证券的平均成本低于市场的平均水平，因为购买金额固定，股票上升时购买股数少，而股价下降时购买股数多。等股数购买法指每次购买相同股数证券的方法。由于购买股数相同，在证券价格上升时需支付较多的资金，而在证券价格下降时支付的资金较少，故购买证券的平均价格往往较高。

（二）买入时机和卖出时机的选择

1. 买入时机的选择。买入的时机，一看大势，二看价位，而且价位的高低直接影响收益率的多少，但从时机和价位两者比较看，时机较价位重要。时机的选择可参考：（1）股市下跌一段时间，长期处于低潮阶段，但已无大幅度下跌之势，而成交量却突然增加，此为“做底”阶段，可以逢低买进。（2）股市处于盘整阶段时，不少股票均有明显的高档压力点和低档支撑点可寻求，在股价不能突破支撑线之时，在此价位购进，在压力线价位卖出，可赚短线之利。（3）当利空消息频传，经济上各种悲观论调全部出笼，经济前景极为暗淡时，可买入。由于此时股票乏人问津，投资风险较大，投资人望而却步，持股者慌忙抛出，这是买入的时机。如果股市中尚有一部分人持乐观态度，说明时机不够好，低价之下还有低价可寻，投资者可以积蓄力量。当股市人人都持悲观态度时，就买进第一批股票。当股市处于整理阶段时，就可买入第二批股票。分批购入进可攻而退可守。（4）股价或股价指数的技术形态甚佳时，可配合成交量值向上突破之际积极购进。成交量与股价相配合时，成交量增加，股价必上涨，如能在股价低位时先人一步介入，获利必厚。虽偶有大户从事“骗线”操作，但一般少见，且有停损点使自己亏损有限。

2. 卖出时机的选择。选择适当的时机出售证券是投资成功的重要条件。选择证券出售时机可依据下列原则：（1）当某种证券不再符合投资者的投资目标时，就可卖掉证券。股市行情和投资者个人情况都在不断变化着，这就要求投资者不断根据变化调整投资组合的构成。（2）当市场股价上升到历史最高水平时，就卖出股票。“买低卖高”，但实际执行中，投资者在股价上涨时信心增强，不知适可而止；而在股价下跌时“世纪末心理”愈浓厚，不知在股价跌至谷底前买进。牛市中，想乘“末班车”却没搭上而亏老本。（3）当投资者预期某种证券不能再提供令人满意的收益率时，就卖出该证券。（4）如果有更好的机会可供选择，可卖出手中的证券。

如果出现下述现象，投资者可以卖掉股票：从整个股市行情来看，股价走势到达高峰，再也无力继续攀上；重大利空因素正在酝酿时；发觉有大户暗中出货；出现很多高价股的同时，出现廉价股，而且很剧烈地变动着；经常打破成交额的纪录，而且连冷门股都出现猛涨；低价股的增资与转换公司债增加而造成股市的“繁荣”等。如果投资者失去此时机，则必须期待第二次卖出的机会。下跌的股价，通常在一个月内，最迟在两三个月内，便会恢复到涨价部分的，甚至更高，这种情况一般叫“中间反弹”。

此外，投资者最好先订出“卖出目标”和尽量避免概率低的情形，不可过分妄想自己持有的股票会一枝独秀地暴涨。

【学一学】

投资就是抓时机

巴菲特曾经说过：“45 年前我看到机会却没什么钱，45 年后我有钱却找不到机会。”在他看来，投资就是把握时机。当机会来临时，巴菲特会敏锐地看到这种“赌注”。他说：“你要发现你生活与投资的优势所在。当机会来临时，你对这种优势有充分的把握，就要全力以赴，孤注一掷。”

2003 年 4 月，亚洲地区“非典”肆虐，很多投资者对投资中石油公司犹疑不定，而巴菲特却从危机中看到了机会，大胆出手买进了中石油的股票。从 2007 年 7 月 12 日开始，巴菲特陆续抛售中石油股票。这次投资是巴菲特投资生涯中经典的成功案例。到 2007 年 10 月份，巴菲特从投资石油中狂赚了 28 亿港元。

如果仔细考察巴菲特这次成功的原因，你就会发现他在投资之前，对中石油的内部和外部环境做了详尽的分析，并把握住了最好的投资时机。

首先，2003 年 4 月的中石油的股价非常低，而中石油的内在价值很大，因此它的股价必定有一个非常大的上升空间，这个时候可谓最好的购买时机。

其次，巴菲特在买进中石油股票之前，对该公司进行了详尽考察，认真研读了相关的财务报告，从中发现中石油主要从事石油及天然气的勘探、开发、生产及销售，原油及石油产品的炼制、运输、储存、销售和其他石化相关产品的生产及销售以及天然气的输送及销售。其中，天然气与管道业务是中国石油公司重点发展的业务，并很有可能成为公司未来赢利增长的动力。更重要的是，巴菲特得知中石油通过一系列的收购，稳步拓展了海外市场，并初步表现出强劲的发展势头。

此外，亚洲是当时全球经济最活跃的地区，而中国又是这个地区的经济引擎。随着中国经济的快速增长，石化、钢铁、电力等基础性行业将直接受益，而起步较晚的金融服务、汽车等行业也将快速发展。从这个角度上看，只要长期投资中石油，就能在未来获得丰厚的利润回报。因此，巴菲特对这次投资充满了信心，他果断地把握了机会，最终得到了财富之神的眷顾。

资料来源：江乐兴. 巴菲特教给年轻人的 10 堂理财课［M］. 北京：北京工业大学出版社，2011.

扩展阅读

制定证券投资策略

证券投资风险较大，尤其是股票市场本身就是一场有赢有输的较量．它不仅需要投资者有充沛的精力，丰富的知识、投资经验和承担风险的健康心理，还要针对复杂多变的市场，制定相应的投资策略，以获取投资的最大增值。

1. 以投资目的确定投资的方式。投资者的共同目的是以证券投资获得尽可能高的投资收益率。

2. 以证券质量确定投资方向。证券质量反映发行者的素质，因此应考虑以下几个因素：公司资产实力较强，经营状况良好，发展业绩卓著，利润水平颇高，投资收益高，预期在一个较高水平上，证券价格上涨，一路坚挺，市场上交易活跃。

3. 以价格变动确定投资时机。低价进，高价出，较之买卖何种证券更为重要。变幻莫测的证券市场，如何准确地把握买卖时机对投资者来说是难度最大的问题。必须对证券市场调研，预测准确，才能作出最佳投资决策。

资料来源：编者根据相关资料整理。

工作任务

任务1

1. 任务内容：制订证券投资计划。

2. 任务步骤：

（1）知识准备：熟悉证券投资计划的类型和制订证券投资计划应考虑的因素。

（2）以投资者的身份，在确定了自身投资目标后，根据投资计划的基本内容制订一份短期的证券投资计划。

（3）自我评价。

3. 任务操作提示：根据课程实训安排开展模拟投资，根据模拟资金规模、资金分配、时间安排、投资方式、投资对象，以及进入时机选择等内容制订证券投资计划。

任务2

1. 任务内容：选择投资对象和买卖时机。

2. 任务步骤：

（1）知识准备：掌握选择投资对象和确定买卖时机的基本原则。

（2）登录行情软件获取投资对象的基本资料，经过案头研究后，确定投资组合。

（3）根据市场行情变化和投资对象的价格走势分析，选择买卖时机。

（4）自我评价。

3. 任务操作提示：总结自身投资条件，拟订长期投资计划，通过基本分析和技术分析方法选择投资对象，并确定买卖时机。

模块二　运用正确的证券投资操作技巧

任务描述

本模块的主要任务是认知证券投资的主要操作技巧；能根据证券市场和股价变化的实际情况，熟练应用各种操作技巧来控制投资风险、提高投资收益。

任务一　不同市场行情的操作技巧

任务指引

所谓“牛市”，也称多头市场，指市场行情普遍看涨，延续时间较长的大升市。所谓“熊市”，也称空头市场，指行情普遍看淡，延续时间相对较长的大跌市。无论股市走势处于何种位置，牛熊之争从来都是永恒的主题。若市场行情出现股价在一个箱体内震荡，那这种情况就是所谓的盘整，也叫箱体震荡。出现这样的情况如果是股价相对的低位，那么选择上涨的概率大些；如果这样的盘整出现在股价高位，则选择下跌的概率会大些。

不同的市场行情定性也各不相同。定性不同，操作方式和技巧当然就不同，收益也大相径庭了。

问题思考

1. “牛市”“熊市”和“盘整震荡市”有哪些特征？
2. 投资过程中，投资者如何在“牛市”“熊市”和“盘整震荡期”寻找投资机会呢？

知识准备

一、牛市阶段的操作技巧

（一）牛市阶段盘面特征

牛市是指买方力量强劲、股价连连上扬、股市普遍看涨的市场行情，亦称多头市场，其盘面特征如下：

1. 人气旺盛，交投活跃，成交量明显持续放大。
2. 月线、半年线和年线均以45°以上角度向上运行。
3. 股指紧贴月线向上运行（月线拐头或股指运行至月线下方时，牛市行情结束或行情需要调整）。
4. 股指即便调整也始终在年线上方运行。
5. 牛市阶段需要调整时，股指回落到半年线或者年线附近就将企稳并再次上行。但是，如果股指以井喷方式暴涨时，由于投机过度，半年线和年线均远离股指，故半年线和年线均不可能再有支撑点。

6. 一轮牛市行情一般在 3 个月左右，大牛市行情可以跨年度达 1 年以上；弱市中的井喷行情仅可维持 1 个多月。

7. 牛市行情一旦启动个股上涨幅度一般都有一倍以上的升幅，井喷行情有两倍以上的升幅。

（二）牛市阶段操作技巧

在股票投资中，每位投资者都希望牛市能一直持续，然而，股票市场是不以人的意志为转移的，股市的上涨和下跌必然会导致牛市和熊市出现。但是，牛市也不一定会盈利，在牛市中，投资者也要掌握一定的操作技巧，这是获利的关键。经过投资者多年的经验总结，针对牛市的操作技巧主要要把握以下几种。

1. 牛市行情一旦爆发，大资金蜂拥而入时，必须敢于重仓跟进，仍采用 1/3 仓位或半仓操作者，收获肯定有限。

2. 一旦重仓介入，就要坚定持股，不要稍有震荡或稍有获利，即抛股走人。

3. 牛市操作，必须敢追领涨股各涨停板，不怕连涨 3 个涨停板，只怕你不敢在涨停板上排队。

4. 牛市操作，强者恒强，不能孤立等待回挡再介入，而是顺应时势，该追的坚决追，该观望时则观望。

5. 牛市操作，技术指标大多处于“失灵”状态。涨了还涨，连涨近 5 个涨停板的情况并不少见。

6. 牛市操作，散户要以“我是主力”的角色换位，来揣摩预测大资金的动向。不能仍站在小散户的立场上，为打一点差价而忙碌。

7. 牛市操作，个股都有机会，不可见异思迁，频追热点，结果顾此失彼，赚指数不赚钱。

8. 牛市操作，人气是股价的翅膀，人气越旺，股价越高，但如果分析时太过理性，常用市盈率做选股标准的，往往抓不到“大黑马”。

9. 牛市操作，热点多，转换快，一天几十个涨停板是正常现象，领涨股不翻番，坚决不松手。

10. 牛市操作，升幅大而快，“一天等于两个月”，不轻言见顶，不轻言调整。

二、熊市阶段操作技巧

（一）熊市盘面特征

熊市是指卖方力量强劲、股价连连下挫、股市普遍看跌的市场行情，亦称为空头市场。其盘面特征如下：

1. 人气低迷，交投甚少，成交量极度稀少；

2. 股指、月线和季线（一般 12 周）均以 45°左右角度向下运行；

3. 股指紧贴月线向下运行；

4. 股指即便反弹，半年线附近为反弹高点；

5. 熊市阶段后期，股指在见底以前的一段时间内没有反弹；

6. 熊市下跌途中的反弹行情，一般在一个多月，短命的弱势反弹行情仅维持一周以上；

7. 大熊市下跌幅度可达70%～80%，小熊市也可能有30%～50%的跌幅；

8. 上涨角度陡时，下跌的角度也陡，下跌走势更凶猛；

9. 步入熊市后，熊市下跌一般走半年左右，大熊市可以跨年度甚至达几年。

（二）熊市阶段操作技巧

我国股票市场自1990年12月成立以来，经历了多次大盘暴跌，投资者也在经历了巨大的损失后，总结出以下熊市阶段的操作技巧。

1. 板块或个股会轮涨补涨是牛市的特征，板块或个股会轮跌补跌是熊市的特征。即使是绩优股和高成长股也照跌不误，因为“覆巢之下焉有完卵”。所以熊市要清仓，而不要抱侥幸心理。

2. 牛市进场、熊市放假，以免手痒乱动。因此熊市尽量不要操作。

3. 在熊市中操作，不仅需要高超的短线技巧，而且利润十分有限，因只能靠抢反弹，稍不及时退出就要长期被套。所以熊市操作劳心费力还往往得不偿失。

4. 在熊市保住本钱为第一位，赚钱为第二位。如果参与操作持少量仓位，满仓杀进，失败的概率极大。

5. 熊市中，下影线指向哪里，以后会达到哪里。

6. 熊市中每一次带量的反弹，都是出货的机会。

7. 在熊市中，投资者的板块组合应紧跟热点走，市场中耐不住寂寞的资金在适当时机总会营造熊市中的短暂板块行情。投资者只能用一半的资金参与，并要在热点板块上捕捉战机，特别是以不同时期的热点板块中的龙头股为重点突击对象，快进快出。因为在大盘趋势整体向淡的时候，在貌似呈强的形态后面，往往蕴含着更大的风险。

8. 熊市中的择股标准：（1）庄股，可能逆市表现；（2）两次触及30日均线而不破；（3）没有经过快速拉升。

9. 熊市中，高价股一般没人要，炒作主要集中于低价股。

10. 熊市末期，即经过持续下跌一大段时间后，要重视利多传言，反看利空传言。因为此时市场几乎全是套牢盘，不会轻易“割肉”，因此庄家要编造各种利空传言，以引诱散户恐慌抛股。所以不要相信空头市场末期的坏消息。

11. 利空出尽是利多。经过连续的跌、跌、再急跌后的极度悲观气氛中的熊市末期，再听到大的利空消息时，就要果断建仓。

12. 当大多数人都失去信心的时候，就是新一轮上涨的机遇。

13. 周K线运行的转折点通常发生在黄金比率时间。单边下跌5周、8周、13周、21周和34周前后变盘的概率最高，都可能发生逆转，宜特别关注。

【看一看】

A股历次牛市熊市历程表

截至2016年底，中国A股市场已经成立了26年，这期间经历了数次牛市、熊市，从表8－1－1中，我们可以清楚地看到A股市场每一次牛市和熊市发生的原因和状况，以便为投资者总结在牛市和熊市中应采取的不同的投资策略和操作技巧。

表 8－1－1　　A 股历次牛市熊市历程（截至 2016 年）

历次牛市		历次熊市	
第一次牛市 1990 年 12 月 19 日～1992 年 5 月 26 日	1990 年 12 月 19 日上海证券交易所成立，一年内仅有 8 只股票，当时股票交易前先手工填写委托单，被编到号的人才有资格拿到委托单，能买到股票等于中了头彩，因为没人愿意抛出。这使得沪指从 96.25 开始计点，一路上扬，造就了第一次牛市。1992 年 5 月 21 日，上证所取消涨停板，将牛市推至顶峰，狂飙到 1 266.49 点	第一次熊市 1992 年 5 月 26 日～1992 年 11 月 17 日	沪指在第一轮牛市冲上 1 429 点后，市场开始价值回归，不成熟的股市波动极大。1992 年 8 月 9 日和 8 月 10 日深圳新股认购抽签表发行了，但发生了当时震惊全国的 8·10 风波，刺激沪深两市大幅下挫。为加强对证券市场的管理，1992 年 10 月中国证监会成立。这次熊市仅仅半年时间，股指跌幅却高达 73%
第二次牛市 1992 年 11 月 17 日～1993 年 2 月 16 日	1992 年，中国的改革开放到了一个坎上，有关股市未来怎么发展的问题成为一大热点，11 月 17 日，天宸股份人民币股票上市，沪指完成最后一跌，第二轮牛市启动。3 个月内快速上涨，301% 的涨幅至今为股民津津乐道。	第二次熊市 1993 年 2 月 16 日～1994 年 7 月 29 日	1994 年 A 股扩容的势头十分凶猛。随着发行额度的明确，市场进入真正的低迷期，1994 年 2 月 14 日，政府宣布 1994 年新股发行额度 55 亿元，明显要比 1993 年的 195 亿元低得多，但沪指在 3 月 10 日击破 700 点，4 个月后跌到全年最低 325 点
第三次牛市 1994 年 7 月 29 日～1994 年 9 月 13 日	1994 年 7 月 30 日（周六）相关部门出台三大利好救市，1994 年 8 月 1 日沪指跳空高开，第三次牛市启动。井喷行情随即展开，市场在不到 30 个交易日的时间上涨至 1 052.94 点	第三次熊市 1994 年 9 月 13 日～1995 年 5 月 17 日	第三次熊市时，证券市场一片萧条，在人们对股市信心丧失殆尽的时候，相关部门出台三大利好救市，沪指一个半月涨幅达 200%。但政策刺激是短暂的，随后 A 股进入第三次熊市。而早期的股市不讲究什么价值投资，业绩好坏无所谓，最重要的是流通盘要小，这样好炒。但随着股价的炒高，总有无形的手将股市打低
第四次牛市 1995 年 5 月 18 日～1995 年 5 月 22 日	证监会发出《关于暂停国债期货交易试点的紧急通知》，在期货市场上呼风唤雨的资金短线大规模杀入股票市场，掀起了一次短线暴涨，3 天时间股指就从 582 点上涨到 926 点。本轮行情充分反映了我国股市对相关“政策”的敏感程度，“股市政策市”的说法也被投资界普遍接受	第四次熊市 1995 年 5 月 22 日～1996 年 1 月 19 日	短暂的牛市过后，股市重新下跌。从 1995 年的 8 月开始，当时仅仅 3 倍市盈率的四川长虹开始悄悄走强，业绩白马股票逐步受到主流资金的关注。至 1996 年 1 月 19 日，股指达到阶段低点 512 点（市盈率 19.44 倍，6.17 元），绩优股股价普遍超跌，新一行情条件具备

续表

历次牛市		历次熊市	
第五次牛市 1996年1月19日~1997年5月12日	经过连续的下跌，新股再次发行困难，管理层被迫停发了新股，而政策也开始偏暖，券商资金面开始宽裕，各路资金也开始对优质股票进行井井有条地建仓。第五次牛市启动，崇尚绩优开始成为主流投资理念。火爆行情非同寻常，管理层连发12道金牌亦未能阻止股指上扬，直到1997年5月10日（周六）印花税由3‰上调至5‰	第五次熊市 1997年5月12日~1999年5月18日	这轮大调整也是因为过度投机，在绩优股得到了充分炒作之后，到1999年5月18日，股指已经跌至1 047点（市盈率38.09倍，平均股价9.26元）。这两年间，股市的扩容继续疯狂进行，规模出现了难以想象的扩张。严重的供需矛盾使二级市场出现极度失血，持续2年的熊市就此展开
第六次牛市 1999年5月19日~2001年6月14日	第六次牛市俗称5·19行情。5月19日人民日报发表社论，指出中国股市会有很大发展，投资者踊跃入市。2000年2月13日，证监会决定试行向二级市场配售新股，资金空前增加，网络概念股的强劲喷发推动沪指创下2 245的历史最高点	第六次熊市 2001年6月14日~2005年6月6日	“5·19”行情过后，市场最关注的就是股权分置的问题。投资者普遍认为这是利空因素，解决股权分置也成为股市下跌的理由，股指也从2 245点一路下跌到998点（市盈率15.42倍，4.77元）。经过这轮历史上最长时间的大调整，A股市场的市盈率降至合理水平，新一轮行情也在悄然酝酿当中
第七次牛市 2005年6月6日~2007年10月16日	自2005年5月股权分置改革启动展开，开放式基金大量发行，人民币升值预期，带来的境内资金流动性过剩，资金全面杀入市场。而之后伴随着基金的疯狂发行和市场乐观情绪，在5·30调高印花税都没能改变市场的运行轨迹，一路冲高至6 124点。此轮牛市曾被媒体称为全民炒股的时代	第七次熊市 2007年10月16日~2014年7月25日	随着市场的亢奋，监管部门不断提示风险，并于2007年底开始第三方存管。美国次贷危机导致全球金融风暴，大小非的减持极其低廉而产生抛出的预期，劳动力成本的上涨导致企业经营成本的上升。市场从2007年10月16日6 124点下跌，一个个整数关口被轻易攻破
第八次牛市 2014年7月25日~2015年6月19日	随着场外配资规模的增加，央行连续降息以及地方债务置换利好的推出，上证指数从2 091点急速攀升，最高达到5 178点	第八次熊市 2015年6月19日~2016年11月4日	疯牛过后，股市迅速暴跌，上演千股跌停大戏。从2015年的6月19日开始，至2016年1月29日，股指跌到阶段低点2 638点

三、盘整震荡市的操作技巧

（一）盘整市的操作技巧

盘整市是指股价起落不大，股市前景暧昧的市场行情。其特征是交易萎缩，观望气氛浓重，股价难以出现令人心跳的波动。在盘整市中的操作应注意以下几个方面。

1. 盘整市中，大量股票涨跌空间均不大，股指上下两难，但股指的相对平稳并不意味着板块的沉寂，也不意味着个股的风险均已降低。

2. 操作上应注意以下几点：

（1）多看少做，善于休养生息，利用盘整行情，多做些研究，以待行情明朗之时有备而上。

（2）注意政策导向，多研究近期和下一阶段政策面的动向及对相关板块可能带来的影响。

（3）操作上以短线为主，获利就跑，绝不恋战。

（4）多关注那些业绩优良、严重超跌处于价值洼地但近期逐步放量的中低价个股，尤其是生不逢时、上市一路下跌后盘稳的次新股。

（5）人弃我取，人取我予，不追涨杀跌，高不贪，低不惧。盘整市操作要用相反理论。例如，有些质地不错而股价跌幅已深或两三年没有较佳表现的股票，趁低买进；而有些质地不佳近期已连涨几天的股票，应起高卖出。

（6）盘整市中，许多短线技术指标提示往往是颠倒的。主力出货前，可以把图形做得好看，做成欲上攻状，诱使一些功力不深的投资者跟进，散户一进去，主力就派发。有些基本面不错，又长期超跌的股票，则很容易被庄家选中，短炒一下。但主力进货前，往往把图形做得极其难看。因此切忌心浮气躁，频繁进出，宜耐心等待风水轮转。

（7）顺应政策导向，长线眼光选股，适当滚动操作。关心当前宏观面和政策面，选择国家政策扶持的产业，获利的机会无疑要大得多。

（8）捕捉热点板块时要敏锐迅捷。因为在盘整市下，不同板块之间的短期轮动现象加剧，操作方法是：突然急涨不迟，无故急挫不杀；连拉阳线获利了结，连续暴跌分批买进。

（二）震荡市的操作技巧

震荡市是指股价跌宕起伏，股市前景不明的市场行情。其特征是短线投资增多，市场人气不稳，股价大起大落。在震荡市中的操作应注意以下几点：

1. 如是宏观基本面、政策面的利空引起的震荡，时间会比较长，幅度会比较大；如是供求面、市场面引起的震荡，时间不会太长，幅度也不会太大。

2. 一轮行情的序幕、发展、高潮与结束，普遍经历过筑底吸货的震荡阶段、拉升途中的震荡阶段、高位出货的震荡阶段和下跌途中的震荡阶段。不同阶段的震荡在操作上应用不同的方法。

3. 震荡市中很重要的一点是心态要稳。如果大盘有可能较大幅度下跌，就是觉得很好的股票也不可以买。如果大盘可能震荡，一定不要心急，要看看股价的运行通道和支撑点在哪里，在通道的中轨以上不买，只可逢低吸纳。

买入股票之后一定要设置止损点，只要在止损点之上，就一定要有耐心，要有进二退一的思想准备，只有持有一段时间才会有利润空间。在震荡市中，只在均线附近吸纳，只在历史支撑位附近吸纳，只在通道下轨吸纳。

4. 不要有短期速富心理，如对大盘趋向无把握，可先观望。

5. 在震荡市中，单边上行的个股较少，操作上可采取低吸高抛即跌多进货、涨多出货的战术，盈利的期望值不要太高，若在短时间内获利 10%，或碰到涨停板，就应先落袋为安。因为短线较大的升幅则意味着风险即将来临。

6. 在震荡市中，不明朗因素较多，波幅巨大，控制好仓位十分重要，这时最好采取半仓投资法。

7. 震荡市中，要买强势股，买有基本面支持的抗跌品种，买每天有量、有强主力在其中的个股。如在震荡下跌中保持横盘整理或小幅攀升状态的个股，说明主力实力较强，一旦大市转好应有上佳表现。

8. 在震荡市中，市场总体以过渡性热点为主，难有明显而持久的板块效应。此时市场有炒新、炒低的偏好，关键要踏准市场起伏节奏、紧跟新的热点。可追逐长期筑底、从底部启功的热点板块，当领涨的热点接近顶部，大盘又滞涨时，行情即将结束，即追逐热点要快进快出。震荡市特征是热点转换极快，个股行情只有一两天。

9. 低位震荡时要坚定持股，不为小利卖出。主力建仓后，为了不在拉升途中耗费太高的成本必然要进行一次或几次的震荡洗盘。若发现成交量极度萎缩，KDJ 和 RSI 在 20 以下，指数受压于各均线，各种指标均呈底背离状态，扩容节奏放慢，利好政策不断，就应持筹不动，越跌越买。

10. 中位震荡时要灵活操作。此时进入波段中位，主力为了节省拉升的成本，必然要制造震荡，使意志不坚者低抛筹码，再在拉升中去追高。

11. 高位震荡时要果断退出。当股指或个股长时期大幅度拉升后，已接近顶部区域，主力为达到出货目的，必然会散布利好消息，或以重大利好事件在后为由，制造股市将要大涨的气氛。而主力乘机在高位震荡中，或拉高，或拉平台，或压低大量派发手中的获利盘。

在高位横盘阶段，散户往往被热闹的补涨行情吸引，没有比较盈利和风险的概率哪个更大一些。投资者若发现放巨量，KDJ 和 RSI 在 80 以上，指数远离于 5 天、10 天、20 天均线之上，扩容节奏加快，就应逢高果断卖出。当大盘破位下行时，应不顾一切地卖出手中所有筹码，避免即将到来的连续长阴的巨大损失。

12. 下跌休息区震荡时要忍住冲动。从顶部下跌，往往会出现一个下跌休息区或中途整理区。这个阶段同样震荡剧烈，如贸然去抢反弹，可能在次高点上被套。这时应逢高继续派发手中筹码，哪怕是割肉筹码。即使发现逆势个股，也不能参与，因为逆势庄也很难做。因此除非是在整轮行情走下降通道、现处于底部启动阶段，并且有可能成为下一波市场热点的逆势牛股，才能适当买入。但在大盘止跌之前，这类股一般也涨不高。

任务二　基本的风险控制技巧

任务指引

在证券投资操作技巧中，必要的风险控制技巧，同样是投资者进行投资决策不可或缺的。

证券投资的风险通常分为两类：系统风险和非系统风险。系统风险主要有市场风险、利率风险、政治风险等，与市场的整体运行状况相关联；非系统风险主要有经营风险、违约风险、财务风险等，与某个具体的证券相关联，而与其他证券无关。

问题思考

1. 证券投资的风险有哪些是系统风险？哪些是非系统风险？
2. 投资过程中，投资者为控制风险，实现收益要遵循哪些投资原则？

知识准备

一、止损技巧

所谓止损是指停止损失，由于证券价格复杂多变，投资者之所以买入某只股票是因为看好这只股票的后市，认为其要上涨，但实际情况未必是这样，在投资者买入之后，股票价格的变化有三种可能：上升、下跌和盘整，为了锁定自己的损失，投资者可以在买股票之前给自设定一个止损价位，一旦股价跌至该价位时，立即卖出。

（一）在什么样情况下需要止损

止损在股市被称为“割肉”，这足以表明止损对于投资者来说是多么困难的一件事。止损最大的好处就是用小部分的损失换来投资者账户具有较强流动性，止损后意味着你还持有着现金，还有可能抓住下一次股价上升的机会，如果不止损，则当股价再上涨时，投资者由于资金被套而只能“望涨兴叹”。

但并不是所有情况下都需要止损，就我国证券市场而方，对于采取长期持有策略的投资者来说，如果该投资者买入持有的价位比较低，可以考虑不止损；而对于采取短期交易策略的投资者来说，则一定要学会止损，并且要坚决止损，以等待下一次的上涨机会。

（二）如何止损

止损的关键在于止损价位的确定，确定止损价位的方法有很多，不同的投资者有不同的选择，比较常用的方法有百分比法、均线法、整数价位法和关键点位跌破法等。

1. 百分比法。百分比法是指投资者确定一个止损的百分比，如10%、20%等，假如某投资者以10元的价格买入某股，他选定的止损百分比位是10%，那么，他的止损价位就是9元［10×(1－10%)＝9］，也就是说，当股价下跌到9元时，该投资要卖出止损。

2. 均线位法。均线位法是指投资者以移动平均线位作为止损依据，如30日均线、20日均线，假设某投资者设定以30日均线位为止损位，即当股价向下跌破30日均线时，该投资者就要卖出止损。

【学一学】

如何止损

某投资者在2007年5月24日以每股18元的价格买入强生控股，该投资者理想的止损价位是10%，因此，他将止损点设在16.2［18×(1－10%)＝16.2］元，在该投资者买入之后的第三个交易日，股价开始下跌，至5月31日，股价一举跌破16元的整数关口，最低探至15.2元，当天收于15.8元，该投资者于当天卖出止损，卖出价为15.9元，每股实际亏损11.7%（不考虑交易费用），这即是百分比法止损。在图8－2－1中还可以看到，投资者也可以采用均线法止损，如果投资者采用这种方法止损，那么，投资者要在百分比法止损日后的第二个或第三个交易日卖出止损。

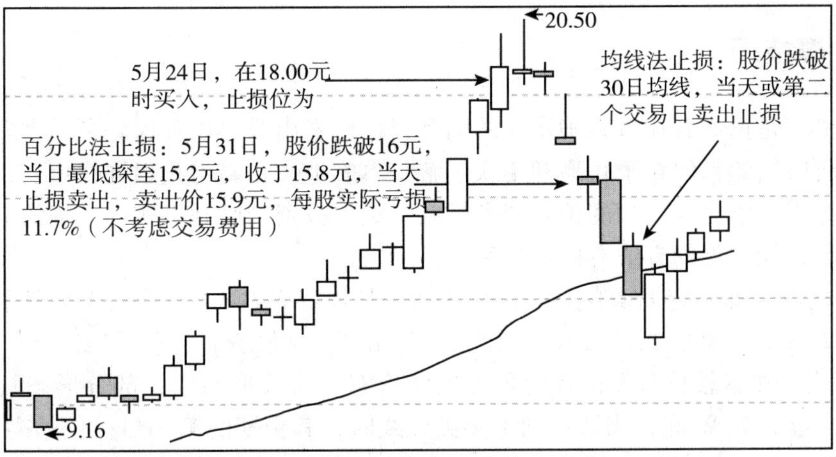

图 8－2－1　强生控股 2007 年 4～6 月的日 K 线图

3. 整数价位法。整数价位法是指投资者以某个整数价位作为止损价位，如某投资者以 6.8 元的价格买入某股票，他可以将止损点位设为 6 元。

4. 关键点位突破法。关键点位突破法是指投资者以某个关键的价位被成功向下突破为信号，卖出止损。这里的关键点位可以是前期支撑位，也可以是重要的心理关口，由投资者根据实际情况自行确定。

当然，确定止损点位的方法还有很多，但无论投资者采用何种方法确定止损价法，一定要建立在对大盘走势准确、客观的研判和把握的基础上。

【做一做】

某股票价格在近 8 年中一直处于持续下跌状态（见图 8－2－2），从最高 66.18 元一直下跌至最低不到 3 元，对于这样一种长期持续走低的股票，无论是采取长期持有策略的投资者，还是采取短期交易策略的投资者，无论在何时止损都是恰当的。试想，如果某一投资者在 60 多元的高位买进，而不及时止损，其后果会如何呢？

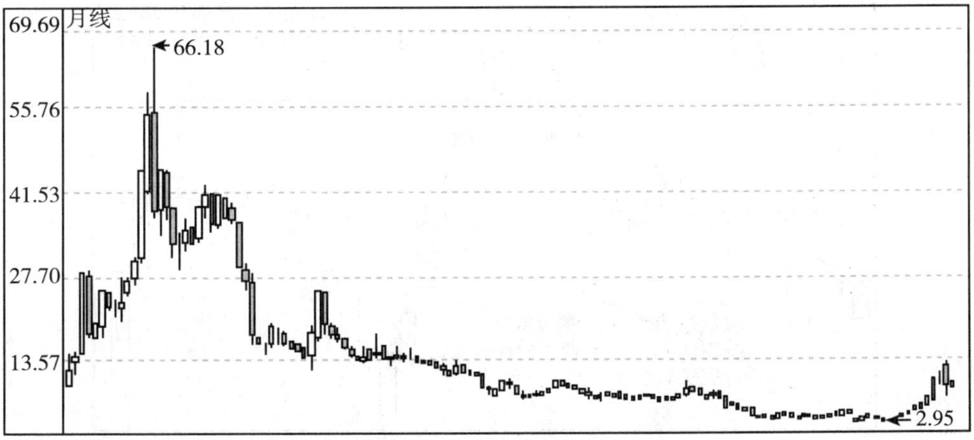

图 8－2－2　某股票的 K 线图

二、止赢技巧

所谓止赢就是投资者在事先确定好的赢利目标位卖出股票以确保赢利。大多数投资者认为止损是理所应当的，但对于止赢却不太了解，事实上，止赢与止损同样重要，投资者必须树立止赢的意识，学会在恰当的位置获利了结，确保投资的胜利果实。止赢的关键也在于止赢价位的确定，较常见的方法有以下几种。

1. 百分比法。即确定期望获利的百分比，如某投资者在 10 元钱买入某股票，其期望的赢利目标是 20%，因此，当该股股价上涨到 12 元时，该投资者获利了结。

2. 形态法。在本教材前面提及的各种反转形态和持续形态中，部分形态具有预测股价运行目标的功能，如 W 底，当股价向上突破颈线时，其预期的第一目标位的高度与 W 底的底到颈线的距离相等，因此，如果投资者在 W 形态中股价突破颈线时买入，其可以将止赢价位设到股价运行的第一目标位上。

3. 整数价位法。即确定某一整数价位作为止赢位，如某投资者在 5.6 元时买入某股票，其可以将止赢价位设为 7 元。

4. 前期高点法。一般来说，前期高点是后期的压力位，因此将止赢位设在略低于前期高点的位置也是一种比较实用的止赢方法。

当然，确定止赢价位的方法还有很多，与投资者确定止损价位时一样，止赢价位的确定一定要建立在投资者对大盘走势准确、客观的研判和把握的基础之上。

【学一学】

如何止赢

图 8-2-3 是太化股份 2007 年 5～6 月的日 K 线图，股价于 5 月 29 日创出 10.89 元的高位后迅速回落。某投资者于 6 月 6 日抄底买入，其结合前期高点位和整数位法，确定止赢价为 10 元，6 月 19 日，股价向上突破 10 元，最高到 10.28 元，收于 10.02 元。该投资者当天卖出止赢，获利率在 40% 左右。

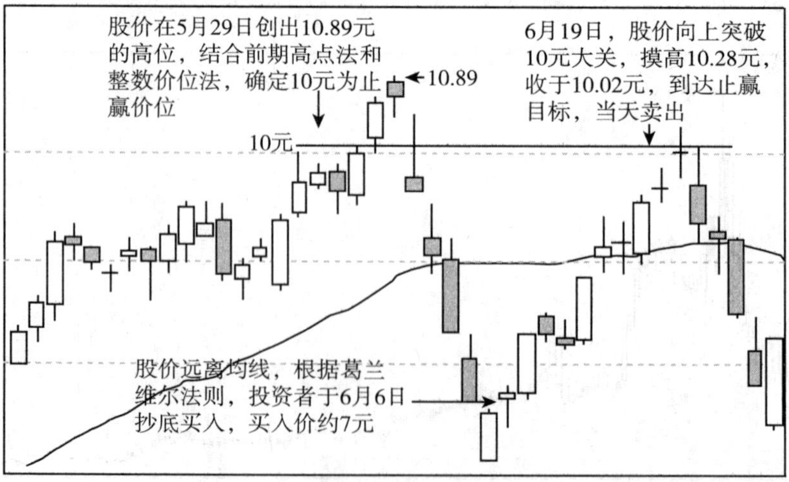

图 8-2-3 太化股份 2007 年 5～6 月日 K 线图

三、波段操作技巧

波段操作是指股价进行一个箱体整理阶段时，投资者可以采取高抛低吸的操作手法，获取阶段性投资收益。投资者进行波段操作需要具备三个前提条件：第一，大盘处于整理阶段或上升阶段，因为在这种情况下，个股快速突破箱体下方的可能性较小，投资者进行波段操作的余地较大。相反，如果大盘处于下降阶段，则个股的箱体整理时间不会持久且向下突破箱体下方的可能性较大，投资者进行波段操作余地较小。第二，个股处于明显的箱体整理阶段，股价在一个明显的上部压力线和下部支撑线之间运行，上下反复运动，持续若干次。第三，投资者对该股比较熟悉，最好曾操作过该股，这样能降低波段操作的失误率。

波段操作的方法比较简单，即高抛低吸。具体做法是：当股价上升到压力线（箱体上部）附近受压时，卖出；当股价下跌到支撑线（箱体下部）附近获得支撑时，买入（见图 8－2－4）。

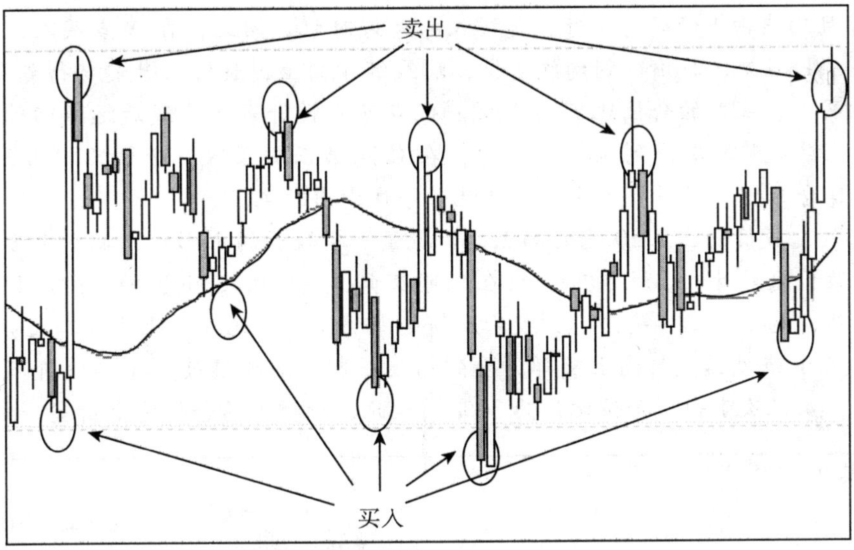

图 8－2－4　波段操作技巧

值得投资者注意的是，波段操作是一种短线交易技巧，对于投资者的盘感、交易熟练程度和心理承受能力均有较高要求，且由于交易频繁而至交易成本相对较高。因此，投资者采取波段交易技巧时要非常谨慎，确保将风险控制一个可以承受的范围之内。

四、分批操作技巧

所谓分批操作是指投资者分若干次买入和卖出股票而非一次满仓买入或空仓卖出。分批操作主要基于两点考虑：

第一，单个股票价格走势较大程度上受到大盘的影响，如果个股是上升趋势而大盘是下降趋势，则个股的上升趋势容易被逆转，一次性满仓买入的风险较大；相反，如果个股是下降趋势而大盘是上升趋势，则个股的下降趋势容易被逆转，一次性空仓卖出的风险也比较大。

第二，由于证券价格复杂多变，单个股票从基本分析和技术分析层面发出的买入或卖出信号不可能完全准确可靠，还需要等待下一步的确认，在这种情况下，投资者满仓买入或空仓卖出的风险较大。因此，从谨慎的角度考虑，投资者需要分批次地买入或卖出。

分批操作的关键在于分几次买入（卖出）、每次买入（卖出）多少的仓位，比较常见的做法是分三次买入（卖出），三次买入（卖出）的仓位比例分别是 40%、30%、30%，即所谓的越买（卖）越少。当然，这里给出的只是一个参考的标准，投资者可以结合股价变动的实际情况和自己的喜好、经验等，确定分几批次买入（卖出）和每批次买入（卖出）的仓位比例。

【学一学】

分批操作技巧

太化股份 2003 年 11 月到 2004 年 7 月的日 K 线图（见图 8－2－5）中 A 点处股价上穿 30 日均线，且均线由下降转为上升，是买入的大好时机。因此，在 A 点买入，买入的仓位比例为 40%；B 点处，股价得到均线支撑，均线继续向上，股价上升趋势得到确认，因此，在 B 点再次买入，买入的仓位比例为 30%；C 点处，股价下穿均线后迅速回升，均线继续向上，股价上升趋势再次得到确认，因此，在 C 点第三次买入，仓位比例为 30%。至此，投资者完成建仓工作，下一步的主要工作就是寻找卖出时机。

在 D 点处，股价创出 7.30 元的高点，出现了一根较长的上影线，显示卖方在此处力量较强。此时股价累计升幅已近 50%，故在此可以卖出，仓位比例为 40%；在 E 点处，股价向下突破均线，均线开始掉头向下，股价反转迹向明显，因此，在此处第二次卖出，仓位比例为 30%；在 F 点处，股价向上反弹，受到均线压制，均线继续向下，股价下降趋势得以确认，因此，第三次卖出，仓位比例为 30%。至此，投资者的仓位完全清空。

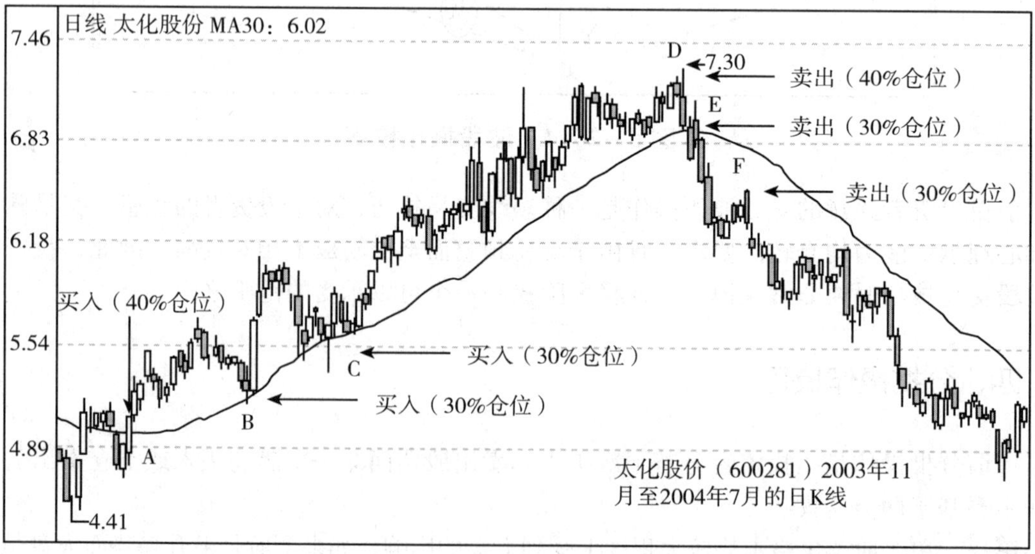

图 8－2－5　太化股份 2003 年 11 月到 2004 年 7 月的日 K 线图

五、补仓技巧

所谓补仓是指投资者在高位买入股票后，股价下跌而又不愿止损，而在低位再次买入以降低平均成本的行为。假设某投资者在 18 元时买入某股票 1 000 股，后股价下跌，他又不愿意止损，当股价下跌到 11 元时他再次买入 1 000 股（见图 8－2－6），此时他的加权持股成本为 14.5［（1 000×18＋1 000×11）÷2 000］元每股。在这种情况下，当股价反弹到 15 元附近时，他即可以解套。如果该投资者不采取补仓行为，那么，他只能等到股价反弹到 18 元附近时方可解套。显然，股价反弹到 15 元的可能性要比反弹到 18 元大得多且容易得多。

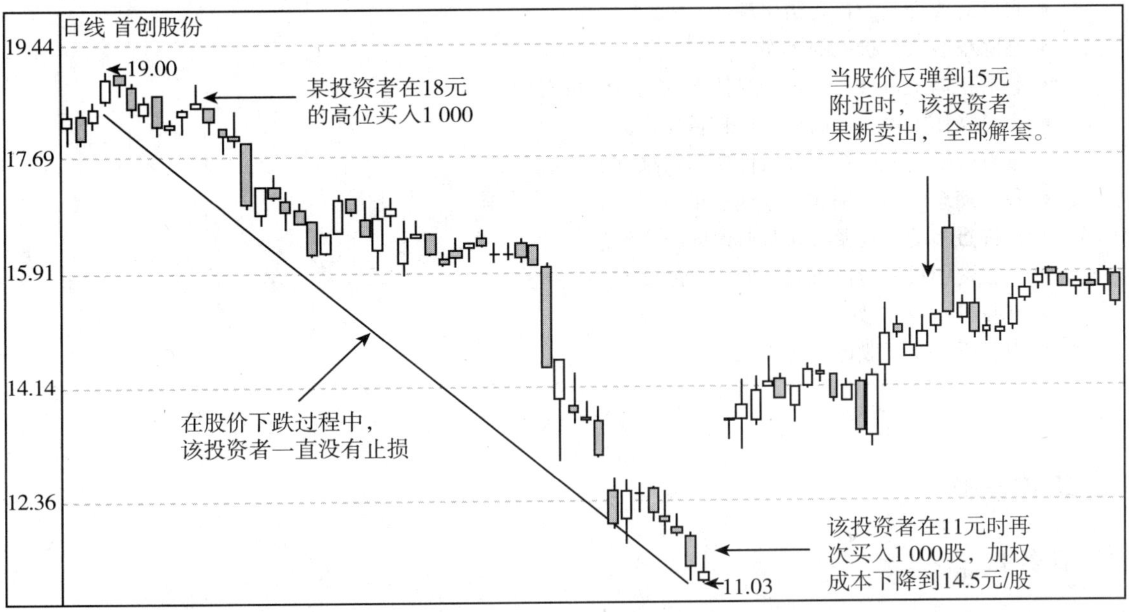

图 8－2－6　补仓技巧

补仓需要具备一个基本条件，即投资者不能满仓操作，必须要给自己留下足够的资金以应付补仓之用。补仓的优点在于降低平均持股成本，为早日解套创造条件。但值得投资者注意的是，补仓只是一种万不得已的做法，补仓只会使得投资者的仓位越来越重，操作空间和余地越来越小，并且如果补仓的位置与时机把握不准确的话，极有可能补仓失败，导致自己有更多的资金被套。因此，投资者使用补仓技巧时必须是慎之又慎，最好能及时止损而不补仓。

扩展阅读

投资操作中的误区

自从我国证券市场成立后，经过风风雨雨 20 多年，进入证券市场交易的投资者成千上万，可为什么炒股想赢钱往往却输钱呢？

有这么一个故事："曾经有一天一个年轻人问巴菲特怎样才能在最短的时间内赚到很多的钱，巴菲特什么也没说，只是一只手捂着鼻子，而另一只手指向华尔街，意思是华尔街是股市和金钱的代称。"不管这个故事是杜撰还是娱乐大众，它确实给人们以无限美好的遐想，股市是座有80%含金量的金矿，它造就了无数的百万富翁、千万富翁和亿万富翁，但同时，也使不少淘金者从富翁沦为乞丐。人生这种戏剧性改变最主要的原因是在投资理念上有很大的盲目性和在股票投资操作技巧上存在着很多误区，总而言之在资本市场中的买与卖一定要有交易的买卖依据。

在投资操作上，投资者最容易犯以下几个毛病：

- 在陌生行业中盲目"工作"。
- 不懂股票基础知识和不按原则去操作，没有买错了解决的方法。
- 使用随机的技术指标和滞后技术指标。
- 自己对成交量的自我错误理解。
- 在除权股票分析上的错误。
- 轻易相信上市公司公告和媒体上的消息分析文章。
- 实盘操作上没技术而靠赌运盲目操作。
- 没有合适的炒股软件及软件使用与操作的方法。
- 投资理念的错误是散户输钱的重要因素。
- 许许多多的投资者喜欢听所谓的小道消息。
- 在投资中投资与投机混合使用（短线与中线）。
- 在投机市场中做投资。
- 盲目听信市场股评家对股票的评论。

工作任务

任务1

1. 任务内容：不同市场行情中的操作技巧的应用。

2. 任务步骤：

（1）知识准备。掌握不同市场行情中的操作技巧，能根据证券市场和股价变化的实际情况，熟练应用不同市场行情中的操作技巧。

（2）根据市场行情变化和投资对象的价格走势分析，选择买卖时机。

（3）自我评价。

3. 任务操作提示：在课程模拟投资交易中，针对股价涨跌、盘整、震荡等情况采取相应的操作技巧选择买入或卖出时机。

任务2

1. 任务内容：控制风险的基本操作技巧的应用。

2. 任务步骤：

（1）知识准备。掌握控制风险的基本操作技巧；能根据证券市场和股价变化的实际情况，熟练应用止损、止赢、分批操作、波段操作和补仓等技巧控制投资风险，提高投资收益。

（2）根据市场行情变化和投资对象的价格走势分析，选择买卖时机，控制风险。

（3）自我评价。

3. 任务操作提示：在课程模拟投资交易中，针对所投资对象股价的波动，分别选择止损、止赢、波段操作、分批操作和补仓等操作策略，以达到控制风险的目的。

项目自测

一、单项选择题

1. 稳健保守型的投资目标在于（　　）。

A. 获取稳定收入　　B. 追求资本增值

C. 追求高额利润　　D. 实现收益与风险的最佳组合

2. 下列关于证券投资原则说法正确的是（　　）。

A. 用于证券投资的资金必须是自有资金

B. 证券投资者一定要克服贪念，切忌追涨杀跌

C. 证券投资者可以听消息操作而不必分析市场行情

D. 不切实际地抬高自己的获利目标

3. 激进型投资者往往选择（　　）进行投资。

A. 蓝筹股　　B. 优先股　　C. 成长股　　D. 国债

4. 下列可以帮助投资者确定止损价位的方法是（　　）。

A. 大盘反转　　B. 板块轮动　　C. 整数价位法　　D. 前期高点法

5. 补仓的直接目的是（　　）。

A. 控制风险　　B. 获取最大收益

C. 降低平均持股成本　　D. 保本

二、多项选择题

1. 根据投资者对风险的偏好程度不同，证券投资计划可分为（　　）。

A. 激进型　　B. 投机型　　C. 温和型　　D. 稳健型

2. 按照投资时间长短所做的不同期限的投资计划中，（　　）是常见的投资计划。

A. 短期投资计划　　B. 中期投资计划　　C. 长期投资计划　　D. 以上都是

3. 制订投资计划时应考虑下列（　　）因素。

A. 资金状况　　B. 投资者心理　　C. 投资动机　　D. 投资信息

4. 下列关于选择投资对象的策略说法正确的是（　　）。

A. 投资者应选择变现性强的证券　　B. 购买第一流公司的股票

C. 购买被高估价值的著名公司股票　　D. 选择能带来最大收益的股票

5. 下列关于牛市行情操作技巧的说法错误的是（　　）。

A. 牛市行情一旦爆发，就要坚定持股

B. 牛市行情中，操作一定要理性，可以用市盈率作选股标准

C. 牛市进场、熊市放假

D. 牛市中每一次带量的反弹，都是出货的机会

三、判断题（正确的画上√，错误的画上×）

1. 由于没有时间充分地研读与关注市场行情的变动，投资者应以选择成长股做短期投资。（　　）

2. 进入时机的选择比买卖何种证券更重要。（　　）

3. 证券投资计划通常包括资金分配、时间安排、投资方式、投资对象，以及进入时机选择等内容。（　　）

4. 当市场股价上升到历史最高水平时，就卖出股票。（　　）

5. 当利空消息频传，经济上各种悲观论调全部出笼，经济前景极为暗淡时，要卖出股票。（　　）

参考答案

项目一

一、单项选择题

1. B　2. A　3. B　4. C　5. C

二、多项选择题

1. ABC　2. BCD　3. ABCD　4. AC　5. ABD

三、判断题（将正确的画上√，错误的画上×）

1. √　2. ×　3. √　4. ×　5. ×

项目二

一、单项选择题

1. C　2. D　3. D　4. D　5. B

二、多项选择题

1. ABCD　2. ABD　3. CD　4. CD　5. ABCD

三、判断题（将正确的画上√，错误的画上×）

1. ×　2. √　3. ×　4. ×　5. √

项目三

一、单项选择题

1. A　2. B　3. D　4. C　5. D

二、多项选择题

1. ABCD　2. AD　3. ABD　4. BCD　5. AB

三、判断题（将正确的画上√，错误的画上×）

1. ×　2. √　3. √　4. √　5. ×　6. √

项目四

一、单项选择题

1. D　2. D　3. D　4. B　5. D

二、多项选择题

1. AC　2. BCD　3. ABD　4. ABCD　5. ABD

三、判断题（将正确的画上√，错误的画上×）

1. ×　2. ×　3. √　4. ×　5. ×

项目五

一、单项选择题

1. C　2. B　3. C　4. B　5. C

二、多项选择题

1. ABCD　2. ABCD　3. CD　4. BCD　5. ABCD　6. AB　7. ABCD　8. AB

三、判断题（将正确的画上√，错误的画上×）

1. √　2. ×　3. ×　4. √　5. ×

项目六

一、单项选择题

1. A　2. B　3. B　4. C　5. C　6. D

二、多项选择题

1. ABCD　2. AB　3. BCD　4. ABD　5. BCD　6. BC

三、判断题（将正确的画上√，错误的画上×）

1. ×　2. ×　3. √　4. ×　5. √

项目七

一、单项选择题

1. D　2. B　3. C　4. D　5. A

二、多项选择题

1. BD　2. AB　3. ABCD　4. ABCD　5. ABCD　6. ACD

三、判断题（将正确的画上√，错误的画上×）

1. ×　2. √　3. √　4. √　5. √　6. √　7. ×

项目八

一、单项选择题

1. B　2. B　3. C　4. D　5. A

二、多项选择题

1. ACD　2. ABC　3. ABCD　4. AB　5. BD

三、判断题（将正确的画上√，错误的画上×）

1. √　2. ×　3. √　4. √　5. ×

参考文献

[1] 束景虹. 证券投资分析 [M]. 北京: 对外经贸大学出版社, 2008: 14 - 29, 173 - 189.

[2] 邢天才. 证券投资分析 [M]. 北京: 中国财政经济出版社, 2005: 17 - 41, 204 - 228.

[3] 李国强, 李雯. 证券投资分析 [M]. 北京: 机械工业出版社, 2008.

[4] 魏娜. 实用证券投资分析教程 [M]. 辽宁: 东北大学出版社, 2010.

[5] 中国证券业协会. 证券投资分析 [M]. 北京: 中国金融出版社, 2013.

[6] 李贤. 证券理论与实务 [M]. 北京: 中国经济出版社, 2010: 156 - 175.

[7] 贺强. 证券投资学 [M]. 北京: 首都经济贸易大学出版社, 2007: 287 - 294.

[8] 本杰明·格雷厄姆, 戴维·多德. 证券分析 (第6版) [M]. 巴曙松, 陈剑译. 北京: 中国人民大学出版社, 2013.

[9] 吕红霞. 证券投资分析 [M]. 浙江: 浙江大学出版社, 2012.

[10] 张启富. 证券投资实训 [M]. 北京: 经济科学出版社, 2008: 116 - 120.

[11] 欧阳莹, 章劼. 金融投资分析技术与技巧 [M]. 上海: 复旦大学出版社, 2011.

[12] 涂宇. 零起点股票投资 [M]. 北京: 清华大学出版社, 2008: 124 - 127.

[13] 康凯彬. 新股民快速入门必读 [M]. 北京: 中国纺织出版社, 2009: 80 - 85.

[14] 约翰·墨菲. 金融市场技术分析 [M]. 陈鑫译. 上海: 上海人民出版社, 2002: 45 - 85, 193 - 205.

[15] 李向科. 证券技术分析 [M]. 3版. 北京: 中国人民大学出版社, 2004: 4 - 14, 83 - 117, 230 - 232.

[16] 刘德红. 股票投资技术分析 [M]. 2版. 北京: 经济管理出版社, 2009: 30 - 35, 123 - 138, 154 - 186.

[17] 张龄松. 股票操作学 [M]. 3版. 北京: 中国大百科全书出版社, 1997: 149 - 169.

[18] 普林格. 技术分析 [M]. 任若恩等译. 北京: 中国财政经济出版社, 2003: 129 - 138.

[19] 张行瑞. 股市技术指标大全 [M]. 上海: 上海百家出版社, 2002: 245 - 254.

[20] 周家勋, 周勤勇. 移动平均线大全 [M]. 北京: 中国财政经济出版社, 2001: 6 - 20.

[21] 丹阳. 向巴菲特学投资 向索罗斯学投机 [M]. 北京: 中国经济出版社, 2011:

76－112.

［22］莫里斯．蜡烛图精解［M］．杜焱译．北京：中国财政经济出版社，2004：43－69.

［23］张文君，赵学增．证券投资基础与实务［M］．北京：清华大学出版社，2010：344－345.

［24］王擎．15分钟玩转基金［M］．四川：西南财经大学出版社，2007.

［25］王秀芳．证券投资理论与实务［M］．北京：北京大学出版社，2006：40－41

［26］赵锡军，李向科．证券投资分析（第二版）［M］．北京：中国金融出版社，2015：116－120.